中国社会科学院　学者文选

高晋元集

中国社会科学院科研局组织编选

中国社会科学出版社

图书在版编目（CIP）数据

高晋元集／中国社会科学院科研局组织编选. —北京：中国社会
科学出版社，2007.7（2018.8重印）
（中国社会科学院学者文选）
ISBN 978 - 7 - 5004 - 6230 - 9

Ⅰ.①高… Ⅱ.①中… Ⅲ.①非洲—历史—研究 Ⅳ.①K400.7

中国版本图书馆 CIP 数据核字（2007）第 082910 号

出 版 人	赵剑英	
责任编辑	韩育良	
责任校对	张报婕	
责任印制	张雪娇	

出 版	中国社会科学出版社	
社 址	北京鼓楼西大街甲 158 号	
邮 编	100720	
网 址	http：//www.csspw.cn	
发 行 部	010 - 84083685	
门 市 部	010 - 84029450	
经 销	新华书店及其他书店	

印刷装订	北京市十月印刷有限公司	
版 次	2007 年 7 月第 1 版	
印 次	2018 年 8 月第 2 次印刷	

开 本	880×1230 1/32	
印 张	14.5	
字 数	350 千字	
定 价	75.00 元	

凡购买中国社会科学出版社图书，如有质量问题请与本社营销中心联系调换
电话：010 - 84083683

出 版 说 明

一、《中国社会科学院学者文选》是根据李铁映院长的倡议和院务会议的决定，由科研局组织编选的大型学术性丛书。它的出版，旨在积累本院学者的重要学术成果，展示他们具有代表性的学术成就。

二、《文选》的作者都是中国社会科学院具有正高级专业技术职称的资深专家、学者。他们在长期的学术生涯中，对于人文社会科学的发展作出了贡献。

三、《文选》中所收学术论文，以作者在社科院工作期间的作品为主，同时也兼顾了作者在院外工作期间的代表作；对少数在建国前成名的学者，文章选收的时间范围更宽。

中国社会科学院

科研局

1999 年 11 月 14 日

目　　录

前言 ……………………………………………………………（1）

第一部分　殖民主义和非洲民族解放运动

19 世纪末英国对非洲的殖民扩张 ……………………………（3）

试论战后非洲的民族独立战争 ………………………………（22）

肯尼亚民族独立之路 …………………………………………（47）

平民和贵族的共同斗争

　　——乌干达民族独立之路 ………………………………（65）

论英国在非洲的"间接统治" ………………………………（85）

帝国主义殖民统治在非洲的建立 ……………………………（107）

战后非洲民族独立运动概说 …………………………………（132）

黑非洲两起失败的武装斗争

　　——马达加斯加和喀麦隆起义 …………………………（154）

英国对非洲殖民政策的演变

　　——英帝国在非洲的没落 ………………………………（175）

第二部分　地区和国别研究

吉库尤族的社会政治演变 ……………………………（203）

勇敢、强悍的马赛人 ……………………………………（218）

殖民统治与肯尼亚民族资本的产生和发展 …………（224）

肯尼亚经济发展战略剖析 ………………………………（234）

坦桑尼亚、肯尼亚一党制的比较研究 …………………（266）

加纳向"宪法统治"过渡的特点 ……………………（283）

坦桑尼亚和肯尼亚发展政策的比较 …………………（297）

第三部分　当代非洲政治

东非三国关系浅说

　　——坦、肯、乌的合作和矛盾 ……………………（327）

大国在东非的角逐 ………………………………………（340）

非洲军事政变的原因和性质 …………………………（353）

非洲的多党制潮流初析 …………………………………（369）

多党民主化在非洲的发展 ………………………………（385）

联邦制在非洲：经验教训与前景 ……………………（397）

非洲政治变革的前景 ……………………………………（412）

肯尼亚多党政治能走多远 ………………………………（428）

肯尼亚多党制和三次大选初析 ………………………（438）

作者其他著作和译著目录 ………………………………（454）

作者年表 …………………………………………………（456）

前　言

　　这本文集汇集了我从事非洲研究约 40 年以来公开发表的大部分文章。内容分为三部分：殖民主义和民族解放运动；地区和国别研究；当代非洲政治。之所以围绕这三大主题进行研究和写作，一是因所在研究单位的工作需要，二是为了参加研讨会，三是出于自己的兴趣和条件。

　　20 世纪 50 年代末到 70 年代末是非洲民族解放运动"风起云涌"的高涨时期，我于 1961 年进入研究所后，民解运动就成了我长期关注的课题。后来感到民解运动与西方的殖民统治和政策分不开，所以也把它纳入研究范围。由于我只能熟练运用英语，所以集中研究英国对非洲的殖民统治和政策。不过由于工作安排和出版问题等原因，到 80 年代我才有文章问世，后来又协同吴秉真主编了《非洲民族独立简史》一书。文集中有几篇文章便来自该书。

　　在中联部时我负责东非室的工作，所以主要关注东非问题。考虑到肯尼亚的历史、政治、经济和民族等情况很有特点，外文资料也较多，我选择肯尼亚作为地区研究重点。后来回归中国社会科学院后分在政治研究室，但一直没有放弃对肯尼亚的关注和研究。所以发表的有关文章也较多。但也不限于此。为了适应约稿和参加研讨会的需要，我也写了涉及其他地区和国家的文章，如《西南部非洲的冲突》（未收入文集）以及有关南非和加纳的文章。不过，有一篇关于加纳《宪政过渡》的文章则是我在加纳作实地调研的心得。

在当代非洲政治方面，我发表的文章有全非性的，也有地区和国别的。它们反映了当代非洲的重大事变，如冷战时期美苏两霸在非洲的争夺（《大国在东非的角逐》、《西南部非洲的冲突》）、频繁的军事政变（《非洲军事政变的原因和性质》）、冷战前后非洲的一党制和多党民主化问题（有数篇文章）等。其中 1990 年发表的《非洲多党民主潮流初析》可能是国内最早对此问题公开进行论析的文章。

这本文集所收入的文章肯定存在缺点、疏漏以至错误，但我做研究工作还是认真刻苦的，在未掌握充分情况前不敢轻下结论。希望它在总体上对读者有用。如此，就不枉出这个集子了。

中国社会科学院出资为离退休研究人员出版文选，是件很有人情味的举措，也有助于推进研究工作。我在此表示感谢。也感谢西亚非洲研究所对我工作的肯定和鼓励。

2006 年 7 月 12 日

第一部分

殖民主义和非洲民族解放运动

19 世纪末英国对非洲的殖民扩张

　　19 世纪末 20 世纪初是欧洲列强（包括不那么强的葡萄牙和比利时）疯狂抢夺和瓜分非洲的时期。在多难的非洲大陆上，帝国主义群魔乱舞，侵略者狼奔豕突。作为当时最强大的帝国主义国家的英国在这一罪恶事业中表现得最为狡猾和凶狂。连同它以前的占领区，英国夺占了 20 个殖民地附属国，面积共 886 万平方公里，占非洲土地面积的 29%[①]。这个数字虽然小于法国所得（法国夺得 1079 万平方公里，占非洲土地面积的 35.6%）[②]，但是无论战略位置、气候条件或者当时所知的自然资源方面，都比法国和其他帝国主义占领区优越。英国在殖民扩张过程中屠杀了成千上万的非洲人民，将殖民主义枷锁强加于非洲人民身上，并将这种奴役性统治维持了半个多世纪，使非洲人民在政治经济文化上长期不得翻身。回顾这一时期英国对非洲的侵略和扩张史对于认识帝国主义贪婪凶暴的本质和了解今日非洲各国的形成过

---

　　① 中国社会科学院西亚非洲研究所编写组：《非洲概况》，世界知识出版社 1981 年版，第 84 页。

　　② 同上。

程都是有意义的。本文还试图对英国在非洲的殖民扩张政策的变化及其原因作一粗浅分析，欢迎批评指正。

一

英国对非洲的侵略和掠夺由来已久。从 17 世纪末开始，英国在非洲从事了一个多世纪罪恶的奴隶贸易。利物浦、曼彻斯特和伦敦等工业城市都是直接间接地靠奴隶贸易繁荣起来的。英国资本主义原始积累的底层掩埋着无数非洲奴隶的白骨。不过，直接掠捕黑奴的勾当是通过当地人进行的，英国奴隶贩子只在非洲（主要在西非）沿海建立了几个贩奴站。1807 年英国宣布废止奴隶贸易后在西非建立了一批殖民地：塞拉利昂（1808 年）、冈比亚（1816 年）、黄金海岸（1821 年），它们其实只是沿海几个占地不大的据点或堡垒而已，不包括内陆地区。19 世纪初，英国还在反对拿破仑的战争中夺取了原属荷兰的开普殖民地和原属法国的毛里求斯与塞舌尔。

此后一直到 50 年代末，是英国在非洲沿海享有"非正式帝国"或某种霸权地位的时期。英国当时拥有世界上最强大的海军，在大西洋、印度洋和地中海保持着海上霸权。它的缉私舰艇在非洲沿海追踪和搜捕贩奴船；西非从塞拉利昂到刚果河口，东非从索马里到莫桑比克的沿海都处在英国海军的"非正式控制"下。英国在反对奴隶贸易、发展合法贸易的招牌下鼓励英国人到非洲经商，并以武力和财力支持他们向内陆从事探险和商业活动。30—50 年代，英国通过威胁利诱，与非洲许多国家和部落（如埃及、摩洛哥、埃塞俄比亚以及索马里和几内亚湾沿岸各部落）签订了不平等通商条约。英国这一时期在沿海局部地区扩大了殖民地和势力范围。在南非，英国不断侵占柯萨人的土地以扩大开普殖民地的疆界，并于 1843 年从荷兰人后裔布尔人手里夺取了纳塔尔。在西非，英国于 1851 年一度占领拉各斯，次年又向拉各斯派驻领事，成为那里实际上的统治者；英国在塞拉利昂和黄金海岸的沿海据点也扩大了辖区。在东非，英国于 1840 年迫使索马里沿海统治者 "出售" 和割让了两个岛屿（穆沙群岛和奥巴特岛）①，并获得向伯贝拉派遣驻节官员的特权。英国政府还积极鼓励和资助对尼日尔河、尼罗河上游、大湖地区和中南非的探险考察活动，为进一步进行殖民扩张探路摸底。

不过，这一时期英国正积极推行自由贸易政策，它在非洲追求的主要是贸易而不是领土。列宁说："在 19 世纪 40—60 年代的英国自由竞争最兴盛的时期，英国当权的资产阶级政治家是反对殖民政策的。"② 不少人把殖民地当作是应该甩掉的多余负担，"吊在脖子上的石磨"（狄士累里）。1846—1852 年的英国政府殖民大臣格雷曾计划让西非殖民地获得像白人殖民地那样的 "自治"③。

英国政府这个时期对非洲殖民地采取这种政策看来有以下几个原因：（一）英国作为资本主义工业最发达的国家，它的工业品具有最强的竞争能力，所以英国极力提倡 "自由竞争"、"自由贸易"，而且只要用武力能迫使非洲统治者同意通商，它也不急于靠占领殖民地来保证商业利益。（二）鉴于美洲殖民地的丧失，一些政治家认为殖民地迟早是要独立的，故对扩大殖民地持消极态度，上面讲的格雷就是一个。（三）这一时期英国对外侵略的重心在东方即亚洲（首先是印度、土耳其和中国），印度的

①　中国非洲史研究会编写组：《非洲简史》（1982 年油印本）第 11 章，第 15—16 页。

②　《列宁选集》第 2 卷，人民出版社 1960 年版，第 799 页。

③　R. Robinson and J. Gallagher：Africa and the Victorians（London，1961），p. 29.

多次反英大起义，英国参与的俄土克里米亚战争，对中国的两次鸦片战争等，都发生在这个时期，英国无力多顾非洲。（四）英国对非洲内陆的面貌尚不清楚，非洲的经济价值尚属未知数，而炎热易病的自然条件也使殖民主义的野心受到限制。

但是，这并不等于说英国不想在非洲进行殖民扩张。如前所说，事实上，英国在这一阶段的后期，在非洲侵占的殖民地和势力范围都有所增加，它对非洲的侵略活动也一直未曾中断。

从1861年至1884年柏林会议前夕是英国开始加紧侵略控制非洲的阶段。非洲从东到西，从南到北，到处可见英国频繁的侵略活动。

在东非，1861年英国策动桑给巴尔和阿曼分治。1862年英法达成协议，双方"尊重桑给巴尔的独立"。但实际上桑给巴尔的两任苏丹（国王）都由英国支持上台，政治上听命于英国；1875年，英国又取得了对桑军的训练和指挥权。所以，桑给巴尔（它还在名义上管辖着东非大陆广大地区）已落入英国势力范围。在非洲之角，英国于1867—1868年借故发动侵略埃塞俄比亚的战争，一度深入埃塞俄比亚国土，攻占埃王提沃特罗斯据守的要塞马格达拉城堡，致使埃王不屈自杀。

在西非，英国于1861年宣布成立"拉各斯殖民地"，并在两三年内霸占了东迄帕尔马和勒基，西至巴格达莱的沿海地区；英国本想继续西进到科托努和波多诺伏（在达荷美境内），因遇法国竞争而作罢。英国商业公司在尼日尔河下游建立势力范围，1871年后，每年派炮艇沿河讨伐以"保护"商业活动（主要做棕榈油生意）。1872年，英国接管荷兰人在黄金海岸沿海的几个城堡，接着又派兵北侵，占领阿山蒂王国首府库马西，迫使国王割地赔款；1874年，英国将黄金海岸受"保护"的一些土邦合并，正式成立"黄金海岸殖民地"。1884年后，英国政府和商业公司在今尼日利亚的油河地区、尼日尔河下游和贝努埃河流域与当地非洲统治者签订不平等条约，诱迫他们接受英国"保护"和同意未经英国允许不与别国打交道。①

在南非，英国于 1868—1878 年兼并了巴苏陀兰、西格里夸兰和德兰士瓦，1879 年出兵 2 万人并吞祖鲁兰。1878—1881 年，英国血腥镇压了巴苏陀兰人民的起义。1881 年，英国和布尔人之间爆发第一次战争，德兰土瓦再次独立，但同意受英国"监督"。

在北非，英国于 1875 年购买了埃及赫迪夫（Khedive，一译"总督"）在苏伊士运河公司的股份（约占 44%），从而与法国共同控制了运河管理权。英、法两国又利用埃及财政困难迫使埃及赫迪夫任命英国人和法国人为内阁部长，"监督"埃及财政。1882 年 7—9 月，英国悍然出兵镇压了阿拉比领导的埃及爱国军人政变，占领埃及，结束了英、法共同控制埃及的局面。

由此可见，英国在其他欧洲列强动手争夺和瓜分非洲以前已经抢先行动，捷足先得。据统计，各殖民主义国家在 1876 年共占领非洲 10.8% 的领土②，而英国一家就占其中 41%，大大超过居第二位的法国（占 28%）③。

不过，在以上这个阶段，除了南非和西非沿海地区外，英国在非洲扩张的目标主要还不是占领殖民地，而是扩大名义上保持独立的半殖民地或势力范围。它对东非的桑给巴尔、埃塞俄比亚，西非的阿山蒂、尼日利亚中部各国的侵略活动都出于这一动机。甚至对埃及的占领原来也只是为了镇压爱国军人，扶植听命于英国的傀儡国王重新执政，"保护苏伊士运河"，也即保持埃

---

①　J. D. Hargreaves: Prelude to the Partition of West Africa (London, 1963), p. 329.

②　《列宁选集》第 2 卷，人民出版社 1960 年版，第 797 页。

③　中国社会科学院西亚非洲研究所编写组：《非洲概况》，世界知识出版社 1981 年版，第 74 页。

及的半殖民地地位。当时以自由党人格拉斯顿为首的英国内阁曾打算"尽早撤出"埃及，"不想变埃及为保护国"[1]。英国最终确定长期占领埃及是 80 年代末保守党索尔斯伯里任首相时的事[2]。

英国此时采取这种政策有其内在原因。

19 世纪 60—80 年代初是资本主义由自由竞争发展到顶点后逐渐向垄断阶段过渡的时期（通常以 1876 年为分野）。英国作为最发达的资本主义国家的地位在 70 年代末开始受到新兴资本主义国家的挑战。同时，1870 年以后，英国接连发生严重的工农业危机，资本家利润下降，工人失业，农民破产，社会不安，资产阶级想从对外扩张找出路[3]；而所向无敌的英国工业品在欧美各国的关税保护政策下几乎"被赶出了欧美"[4]，于是想在亚洲和非洲寻找新市场。此外，苏伊士运河的通航，南非钻石的发现等都促使英国加紧向非洲从事殖民扩张。

但是，这一时期英国统治阶层内部对于在非洲的扩张政策方面存在分歧。以格拉斯顿为首的自由党人为了缓和非洲人民的反抗和减少军事、行政开支，主张主要采取扩大势力范围、强迫非洲人民接受英国霸权而由英国实行幕后操纵的形式，即半殖民地形式。格拉斯顿在这个时期内曾两次组阁（1868—1874 年和1880—1885 年），他首次出任首相时曾表示要加速使殖民地脱离英国[5]，他关于要尽早撤出埃及的言论因为是在内部对其外相说

---

① Robinson & Gallagher, p. 122.

② 同上书，p. 288.

③ A. P. Newton：A Hundred Years of British Empire（1940），pp. 243—244.

④ P. J. Cain and A. G. Hopkins：The Political Economy of British Expansion Overseas, 1750—1914（The Economic History Review Vol. XXXIII, No. 4, Nov. 1980, p. 485）.

⑤ A. P. Newton, p. 233.

的，所以似乎不是虚词。英国对埃塞俄比亚、阿山蒂的先占后
撤，承认德兰士瓦的再度独立，1881 年拒绝接受桑给巴尔苏丹
要英国承认桑给巴尔为"保护国"的请求①，这些事例都说明格
拉斯顿确实无意扩大非洲殖民地，或者说是不积极的。格拉斯顿
这派人是英国殖民扩张中的"温和派"，他们的政策思想受 60
年代前盛行的所谓"小英格兰主义"（Little Englandism）的影
响。与这派人相左的是以保守党人为主组成的"急进派"（For-
ward party），他们攻击自由党人"瓦解帝国"，主张更积极地对
外（包括非洲）扩张，以"最大程度地重建我们的殖民帝
国"。② 70 年代这派人的政治代表是保守党头目本·狄士累里。
此人曾在 50 年代把殖民地比作套在脖子上的石磨，而 20 年后却
成了殖民扩张的鼓吹者。当然，自由党和保守党的分歧只是侵略
形式上的分歧，并不是说似乎自由党就不主张实行对外（包括
对非洲）侵略了。可以肯定的是，保守党的赤裸裸的帝国主义
扩张政策更能代表 19 世纪末英国殖民帝国主义的利益，所以在
帝国主义列强瓜分世界（尤其是瓜分非洲）的最激烈的时期
（1885—1902 年），英国执政的主要是保守党（执政 13 年）而不
是自由党（执政 4 年）。

二

1885 年 2 月柏林会议结束后，随着欧洲帝国主义争夺和瓜
分非洲的狂热走向高潮，英国加紧了侵略和扩张步伐；英国的政
策也不再以维持霸权、夺取势力范围或半殖民地为主要目标，而

---

① A. P. Newton, p. 271.

② 同上书，p. 234。

力图夺取尽可能多的殖民地，建立"从开普到开罗"的殖民帝国。英国在非洲的殖民地主要是在1885年以后，尤其是1890—1902年这十多年中抢到手的。

英国的扩张包含两个内容：加紧侵略和征服非洲人民，同时拼命与列强争夺地盘，完成对非洲的瓜分或再瓜分。

英国在侵略非洲人民时主要使用了两种手段：

（一）依靠武力征服和镇压。殖民主义侵略非洲从来离不开武力，而19世纪末英国使用武力更加频繁普遍，规模也大。从1890年到1900年的10年中，较大规模的征服性战争至少有三次：

征服津巴布韦（肖纳族和马塔别列族）的战争 1890年，英国殖民主义者强占肖纳族地区，1893年又出兵攻占马塔别列族地区。英国以殖民主义急先锋塞西尔·罗得斯的名字命名这片广大地区为"罗得西亚"。两族人民不堪压迫，于1896年先后发动起义，英国以优势兵力进行残酷镇压，于1897年扑灭了起义。

重新征服苏丹的战争 东北非的苏丹原属奥斯曼帝国外藩埃及管辖，1881年爆发的马赫迪起义经4年战争后攻克当时由英国总督驻守的喀土穆，实现了国家的统一和独立。1891年，英国以埃及名义发动侵略苏丹的战争，动用兵力25000人。1898年9月初恩图曼一役，英国侵略军使用新武器马克泌机枪屠杀了万余英勇冲锋的苏丹将士，再陷喀土穆，使苏丹重新丧失独立。次年，英国和埃及协议"共管"苏丹。

征服阿山蒂的战争 英国不愿看到位于黄金海岸内地的阿山蒂王国的日渐强大，于1896年派兵强占其首府库马西，迫使阿山蒂接受英国"保护"。1900年，阿山蒂人民为维护国家的象征——金凳子而发动大规模起义，英国侵略者费了半年多时间镇压了起义，于 1901 年将阿山蒂兼并为直辖殖民地。

这一时期规模最大的征服性战争是英布战争，但布尔人也是殖民侵略者，战争的性质与上述三次有所不同。

（二）使用威胁、利诱和欺骗手段同非洲各地统治者订立"保护"条约，渐置对方于殖民地地位。这也是英国使用的老方法。由于列强群起争夺，英国在这个时期加速了签订"保护"条约的活动。此项活动或者利用了对方的无知和没有经验，或者与武力压服双管齐下。单是在尼日利亚，英国与各地统治者订立的各种条约到 1886 年便有约 240 个。① 英国依靠这种手段窃取的殖民地保护国还有东非的桑给巴尔、乌干达，西非的加纳北部、塞拉利昂和冈比亚内陆，南部非洲的赞比亚和马拉维等。

英国殖民扩张的另一个内容是与列强（主要是法、德以及意、葡、比，还有布尔人）争夺和瓜分非洲。除了英布战争之外，英国与列强的争夺基本上是通过外交手段进行的。据有人统计，自 1869 年 1 月到 1908 年 2 月，英国与欧洲各国签订有关非洲的边界协议约 100 个，包括英法协议 36 个，英德协议 26 个，英葡协议 31 个②。其中最重要的协议都是 1886 年以后签订的。如 1886、1890、1893 年的英德协议，1890、1893、1898、1899 年的《英法协议》，1891 年的《英葡协议》等。这些协议以及英国和意大利、埃塞俄比亚签订的另外一些协议基本上规定了英国的非洲殖民地、保护国的疆域。英国与列强的外交谈判和划界工作都是背着非洲人民进行的，根本不考虑非洲国家和民族的历史和利益，造成了后来一些国家（如埃索、索肯）之间的边界争端，后患匪浅。这些外交谈判实质上是强盗的分赃会，也是争

---

① I. Hargreaves, p. 329.

② W. Baumgart：Imperialism（English translation 1982），p. 36.

夺的一种形式，整个过程伴随着钩心斗角。无耻的讨价还价和赤裸裸的威胁，有时甚至达到火并的边缘。

英、法争夺的范围主要是北非和西非。1882 年英国占领埃及后，法国一直企图迫使英国撤退。英国为了换取法国的妥协，在北非默认法国在突尼斯和摩洛哥的地位，在西非容忍法国抢占了较多地盘。但是当法国继续加紧向英国视为宝地的尼日尔河中下游扩张时，英国便意在必争了。1897 年 9 月 28 日，英国殖民大臣张伯伦表示为了阻挡法国由西面向尼日尔河下游推进而"甚至不惜一战"[1]。1898 年 5—6 月，英法部队在博尔古相遇对峙，一时剑拔弩张。6 月 14 日，双方以签订《尼日尔河公约》达成妥协，法国取得尼基（在达荷美境内），英国保有布萨（在尼日利亚），从而堵住了法国的东进。英、法冲突在三个月后达到顶峰——"法绍达事件"。为了争夺对尼罗河上游的控制，英、法分别派兵从北面和西面向苏丹东南部的法绍达（现名科多克）挺进。由马尔尚率领的法国远征队比克钦纳指挥的英军早到 2 个月，但兵力悬殊，处境不利。英国作出认真备战姿态，终于逼使法国认输撤退。1899 年 3 月，英，法签约划分了从的黎波里（利比亚）直到尼罗河源头长达 1950 英里的势力边界，法国取得了东自达尔富尔、西至乍得湖的中苏丹地区，英国则完全控制了尼罗河流域[2]。

英、德争夺的对象主要在东非和南部非洲。1884 年德国占领西南非洲，英国担心它继续东侵并与布尔人的共和国联成一片，故抢先于 1885 年兼并贝专纳（博茨瓦纳）。1885 年，德国又迫使桑给巴尔承认坦噶尼喀以及韦突地区（在今肯尼亚）为

---

① Robinson & Gallagher, p. 405.
② 同上书，p. 374，p. 506（table）。

德国"保护国"。英国为了在埃及和土耳其问题上取得德国支持，在东非向德国让步。1886 年 10 月，英、德达成分赃协议，限定桑给巴尔在大陆的领地仅为从鲁伍马河口至塔纳河口纵深 10 英里的沿海狭长带，加上其北部的基斯马尤、梅尔卡、摩加迪沙和瓦谢克等孤立据点；同时以温巴河口到维多利亚湖东岸一线为界，北部属英国，南部属德国，德国还保有韦突地区[①]。但英德争夺并未结束。经过讨价还价，双方于 1890 年签订《桑给巴尔—赫里果兰条约》，规定 1886 年分界线跨越维多利亚湖延伸到刚果（扎伊尔）边界，德国放弃分界线以北的权利（包括韦突地区），英国正式吞并桑给巴尔，作为报偿，德国"购买"了分界线以南原属桑给巴尔的沿海地带并取得大西洋中的赫里果兰岛[②]。条约还划定了两国在西非和南部非洲属地的边界（包括贝专纳与西南非洲，开普殖民地与西南非洲，尼亚萨兰与坦噶尼喀，黄金海岸与多哥）。

英国同大利、葡萄牙、比利时这些较弱小的殖民主义国家也有矛盾。实际上最先向英国控制尼罗河流域的战略挑战的是意大利。1889 年 5 月，意大利与埃塞俄比亚签订《乌西亚里条约》后大大增加了在埃塞俄比亚的势力，它还要求得到尼罗河重要支流阿特巴拉河上的卡萨拉，从这里可直插青、白尼罗河汇合处——喀土穆。英国认为这威胁到埃及的生存。经过为时一年的谈判，双方于 1891 年 3—4 月达成协议，意大利同意放弃对尼罗河河谷的权利[③]。葡萄牙是个国力虽小而野心很大的老殖民主义国家。它也与法德一样，梦想将印度洋和大西洋沿岸的殖民地联

---

①　Sagay and Wilson, Africa: A Modern History (1978 Evans Brothers), p. 255; Robinson & Gallagher, p. 197.

②　Robinson & Gallagher, pp. 257—258.

③　Ibid., p. 304。

成一片，特别垂涎于赞比西河流域的中部地区；但在英国的扩张面前只得步步退让。1890 年 1 月，英国给里斯本一纸最后通牒，迫使葡萄牙的远征队退出了双方有争议的希莱高地①（现属马拉维）；1891 年 6 月，两国又签订了有利于英国的划界条约②。不过，英国企图利用葡萄牙财政困难购买德拉果亚湾的计划因遭葡萄牙拒绝而未得逞。英国和比利时也曾发生小小摩擦。1892 年，比王利奥波德维尔二世为了在东北非扩大势力，派兵到达尼罗河上游，在瓦德莱升起"刚果自由国"的金星兰旗，使英国吃了一惊。英国严词要比王退出尼罗河河谷③。

英国与列强的争夺虽然有时气氛紧张，甚至发生过小规模战斗（与葡萄牙人），但基本上获得和平解决。而英国与布尔人的争夺却终于激化为一场大战。布尔人被英国挤出开普和纳塔尔后向北迁徙并夺取非洲人的土地，建立了德兰士瓦和奥伦治两个共和国。布尔人实力的发展，德兰士瓦金矿的发现，德国势力在南部非洲的增长，都使英国下决心非把整个南非抢到手不可。1895 年，罗得斯策划袭击德兰士瓦的计谋失败，英国当然不会甘心。1899 年，英国在外交上孤立布尔人后终于发动了征服布尔人的战争。英国动用兵力 25 万，费了 3 年时间，于 1902 年最终打败布尔人，取消了两个布尔共和国（德兰士瓦共和国和奥伦治自由邦）的独立。

英布战争是 19—20 世纪之交英国争夺和瓜分非洲最后也是最激烈的一战。从此，英国在非洲的殖民帝国版图基本定局，直到第一次世界大战才有新的扩大。

---

①　Robinson & Gallagher, p. 246.

②　苏斯曼诺维奇：《帝国主义对非洲的瓜分》，世界知识出版社 1962 年版，第 96 页。

③　R. O. Collins, The Partition of Africa（1962 John Wiley & Sons.），p. 15.

在英国侵略和争夺非洲的最后阶段，特许商业公司发挥了殖民"先锋"作用。一些想在非洲牟取暴利的商人兼冒险家常常是殖民地的开拓者。他们拥有自己的武装，既赚钱又掠地。英政府为了减少行政和军费开支以及在与列强争夺时避免发生政府间的直接冲突，也乐于由私人公司打头阵开辟、扩大、管理殖民地和势力范围。英政府给这些公司颁发特许状（charter），使之在规定地区享有行政、司法、收税和外交等权以及实际上的贸易垄断地位。19 世纪末，英国在非洲的这类特许公司有三家：西非的皇家尼日尔公司、东非的皇家不列颠东非公司、南非的英国南非公司。

皇家尼日尔公司建于 1886 年，其前身是 1879 年乔治·果尔迪创立的联合非洲公司（1882 年改名国民非洲公司）。这家公司的势力范围在今尼日利亚的中部和北部。英国同法国争夺尼日尔河中游就是由它出面进行的。1890 年举行的英、法谈判中，英国首相索尔斯伯里提出要把这家公司的北部领地一直推到北纬 17 度线，他说："在此问题上，我国的利益就是皇家尼日尔公司的利益"[①]。只是到 1900 年，英国为加强殖民地统治才由政府接管公司辖区，建立了"北尼日利亚保护国"。

皇家不列颠东非公司的前身是 1887 年威廉·麦金农建立的不列颠东非协会。1886 年，英、德签订划分东非势力范围的协定后，英国并未派员实行占领和统治。它担心德国抢占协定未作规定的乌干达地区和蚕食其势力范围，于 1888 年向麦金农的公司颁发特许状，鼓励这家公司向东非内地推进。后者于 1890 年派卢加德率兵夺取了乌干达（包括布干达、托罗、安科勒等王国）。皇家不列颠东非公司对乌干达和现肯尼亚地区的统治维持

---

① Robinson & Gallagher, p. 388.

到 1893 年后因财力不济，由英政府接管。

英国南非公司获得政府特许最晚（1889 年），但实力最雄厚，势力也最大。其大老板就是罗得斯。19 世纪 70 年代此人在开普靠钻石开采业发了大财，他是最早声称要建立"从开普到开罗"的殖民帝国的野心家。英国对津巴布韦的侵略和征服便是通过南非公司进行的。1894 年，英政府又将赞比西河以北地区交由南非公司管理，命名为"北罗得西亚"（现赞比亚）。南非公司对南、北罗得西亚的政治统治到 20 世纪 20 年代才移交给英国政府[①]。殖民主义者卢加德说，多亏了南非公司和它的创始人罗得斯，英国国旗得以从开普角飘扬到坦噶尼喀湖和尼亚萨湖[②]。

据统计，上述三家特许公司为英帝国增加了 100 万平方英里领土和 2500 万人口[③]，充当了英国殖民扩张的罪恶工具。

三

由此可见，英国在非洲的殖民侵略和扩张政策既有延续性，在不同时期又有变化；特别是在 19 世纪末 20 世纪初这个时期，英国的政策发生了激变，即由主要只关心沿海贸易发展到狂热地夺取非洲殖民地，由"不鼓励瓜分非洲"[④]，变为最积极地参加对非洲的瓜分和再瓜分。发生这一激变的原因是什么？主要似有三个：

第一是适应英国资本主义发展的需要。19 世纪末，西欧各主要资本主义国家进入了帝国主义阶段——金融资本时代，"竞争变

---

① Encyclopaedie Britannica (Vol. 4), p. 240.
② Lugard, The Dual Mandate in British Tropical Africa (Edinburgh, 1922), p. 23.
③ 同上。
④ R. Collins, p. 11.

为垄断"①。各国资本家的垄断性同盟为了追逐超额利润和对付外国同业的竞争,迫切要求加速分割世界,以便垄断地占有殖民地,也就是垄断地控制原料来源、商品市场和投资场所。列宁说:"金融资本必然力图扩大经济领土,甚至一般领土","金融资本也估计到可能获得的原料来源……总想尽量夺取更多的土地"②。英国当然也不例外。同时,这个时期英国工业发展速度的相对下降(与美、德相比)和欧美各国的保护主义政策,使英国工业品在欧美传统市场上大幅度失势——1896—1900 年英国对欧美的出口值比 1871—1875 年减少 19%③,所以英国工商业资本迫切要求开辟新市场。1888 年,塞菲尔德和伯明翰的制造商便曾为此向政府发出这样的呼吁④。由工业危机造成的工人失业等社会问题也促使一些帝国主义分子转向殖民地找出路。塞西尔·罗得斯 1896 年对友人鼓吹:"为了使联合王国 4000 万居民避免残酷内战,我们这些殖民主义政治家应当占领新的领土,来安置过剩的人口,为工厂和矿山出产的商品找到新的销售地区。"⑤

到什么地方去开辟新市场、"占领新领土"呢?最理想的地方是非洲。因为此时世界的其余地方已经为列强基本分割完毕(包括殖民地半殖民地和附属国),只有非洲还存在广大"无主"土地:1876 年非洲尚有近 90% 的土地未遭列强分割。几十年地理"探险"的成果、交通技术的发展、医药的改善也已经使深入热带非洲成为可能。

---

① 《列宁选集》第 2 卷,人民出版社 1960 年版,第 748 页。

② 同上,第 805 页。

③ The Economic History Review, Vol. XXXIII, NO. 4, Nov. 1980, p. 484.

④ B. Porter, Critics of Empire—British Radical Attitudes to Colonization in Africa 1895—1914(1968),p. 45.

⑤ 《列宁选集》第 2 卷,人民出版社 1960 年版,第 800 页。

第二是受列强激烈争夺的刺激。19 世纪末，欧洲列强出于不同动机，争先恐后地到非洲争夺和扩大地盘。法国是与英国争夺非洲的老对手，它在 1870 年普法战争中败北后企图从海外殖民地捞回损失，在非洲大肆从事扩张活动；特别是 1882 年英国侵占埃及后，法国加紧在西非、北非和东非夺取殖民地。英国入侵北尼日利亚和南苏丹的一个原因便是与法国争夺对这些地区的控制。葡萄牙和布尔人在南部非洲的扩张图谋也与英国的扩张野心发生了冲突。特别是此时又冒出了新的竞争者：德国、比利时和意大利，尤其是德国。普法战争后德国完成统一大业，工业突飞猛进，"特别是煤炭和钢铁的发展，比英国快得多"[1]。1871 年，德国的钢铁产量只及英国的约 26%，到 1900 年便超过了英国[2]。工业总产值也紧紧逼近英国。随着工业和军事力量的迅速膨胀，德国猛烈对外侵略。在非洲，它竭力向英国一度享有的霸权挑战，抢占殖民地保护国，积极推动瓜分非洲。英国侵占贝专纳、乌干达和肯尼亚以至发动英布战争，都有防止被德国夺去的因素。总之，列强的争夺大大刺激了英国夺取殖民地的政策。当然，"刺激"是相互的。无非是一群强盗在抢掠财宝时你挤我夺，谁也不想"吃亏"而已。有人说，此时英国帝国主义是防御性的，德国帝国主义则是侵略性的[3]。但对非洲人民来说，它们都是穷凶极恶的侵略者，只有先到后来之分，哪里谈得上什么"防御性"呢？

第三是帝国主义思潮的泛滥。这里所说的帝国主义思潮主要有两个内容：一是鼓吹扩大帝国，而"帝国"当然是同殖民地联系在一起的。二是宣扬种族主义。这两种密切相关的思想对英

---

① 《列宁选集》第 2 卷，人民出版社 1960 年版，第 819 页。

② 张芝联等编：《世界通史》近代部分，下册，第 53 页。

③ W. Baumgart, Imperialism (English translation, Oxford 1982), p. 67.

国社会并不是新东西，但到 19 世纪末渗透到了社会各阶层，充斥于文学、历史、哲学和新闻等各个上层建筑领域。一度在政府中有其代表的"小英格兰主义"至此偃旗息鼓。德国学者博姆加特认为英国"文化界最重要的帝国主义发言人"是在印度当过记者的基伯林（R. Kipling），他的报道"体现了不列颠帝国的思想意识，把英国的殖民政策当作宗教使命来加以颂扬"①。而英国学界和政界流行的"社会达尔文主义"则把达尔文关于动植物的生存竞争和自然选择学说应用于人类社会的发展，鼓吹盎格鲁—撒克逊人是优等人种，理应统治落后种族（指亚非人民）。这些帝国主义和种族主义思想的泛滥不仅毒化公众意识，也深刻影响了资产阶级当权派，如罗斯伯利（当过外交大臣、首相，是著名的"自由帝国主义者"）、张伯伦、罗得斯。张伯伦称英国种族为"世上前所未见的最伟大的统治种族"②（重点号为笔者所加），他主张英国"现在就必须坚决进行帝国扩张，否则就永远不能进行了"。③ 罗得斯说得更露骨："要是你不希望发生内战，你就应当成为帝国主义者"④，"我的主导目的是扩大不列颠帝国"⑤。19 世纪末的帝国主义思潮来源于帝国主义经济土壤，它是为帝国主义殖民主义扩张服务的，同时又进一步推动了殖民扩张政策。正如列宁所说，金融资本的意识形态"加强了夺取殖民地的趋向"⑥。张伯伦和罗得斯其实并没有取得政府最高职位，一个是殖民大臣，一个是殖民地总理，但由于他们的

---

① W. Baumgart, p. 55.
② 同上书，p. 89。
③ Robinson & Gallagher, p. 404.
④ 转引自《列宁选集》第 2 卷，人民出版社 1960 年版，第 800 页。
⑤ W. Baumgart, p. 132.
⑥ 同④，第 805 页。

思想行动代表了资本帝国主义的发展趋势，所以能左右英国的殖民政策。他们得势之时正是英国对非洲扩张最猛烈的阶段。

19世纪末导致英国对非政策发生激变的原因就是如此。英国的目的是在非洲夺取最多最好的殖民地。当然，具体到不同地区，英国进行争夺的动机还有所不同。有些主要是为了经济利益，有些主要是出于战略考虑，还有些是为了防止落入其他列强之手。英国重点争夺的南非和埃及显然是兼顾了它们的经济和战略价值的。那里不仅有英国较多的投资，有丰富的矿产（南非有钻石、黄金）和原料（埃及有棉花），而且南非的好望角航道和埃及的苏伊士运河都是英国通往其东方帝国——印度和远东的必经之路，埃及对保持英国在地中海以至中东的地位也十分重要。此外，对苏丹和乌干达的侵占最初主要是一种战略考虑，即为了确保尼罗河源头和上游，防止别国控制这个地区，从而威胁英国在埃及的统治。索马里北部可作为控制亚丁湾和红海的战略据点。西非的尼日利亚、黄金海岸和南部非洲的津巴布韦、赞比亚主要是在经济上吸引了英国资本家和殖民主义者；而荒漠的贝专纳、加纳北部、塞拉利昂内陆等在经济和战略上暂时似都没有多大价值的地方，英国仅仅为了防止落入别国之手而占领的，如同列宁所说：帝国主义争夺领土"目的不完全是直接为了自己，主要还是为了削弱敌方，摧毁敌方的霸权"。①

*　　　　　*　　　　　*

19世纪末20世纪初，英国没有实现其建立从开普到开罗的殖民帝国的梦想，但也破坏了其他帝国主义建立从印度洋到大西

---

① 《列宁选集》第2卷，人民出版社1960年版，第812页。

洋的殖民帝国的类似美梦，它在瓜分非洲的强盗事业中获得了最肥厚的赃物，抢占了非洲在战略、经济上最优越的地区。以此为基地，英国在 1914 年爆发的第一次世界大战中由于占领了德属坦噶尼喀而终于将其在南非和北非的殖民地经过东非而连成一片。

英国在殖民扩张过程中依仗军事和技术优势，滥肆烧杀抢掠和征服，给非洲人民造成深重灾难；各地非洲人民进行了此伏彼起、英勇不屈的抵抗和斗争，关于这方面的史实应有专文加以铺叙论述，这里就不多说了。

（原载《西亚非洲》1983 年第 3 期）

试论战后非洲的民族独立战争

第二次世界大战后，民族独立运动以雷霆万钧之势席卷非洲大陆。从 1951 年到 1980 年的 30 年内，有 47 个非洲殖民地附属国摆脱西方长期的殖民统治，跻身于世界独立国家之林，开辟了非洲历史的新纪元。非洲民族独立运动大体上采取了和平的和武装的两种斗争道路。战后绝大多数非洲殖民地附属国是依靠群众运动和宪法改革等和平道路赢得独立的，依靠武装斗争赢得独立的仅 5 国，即：阿尔及利亚、几内亚比绍、莫桑比克、安哥拉和津巴布韦。在通过和平斗争道路取得独立的国家中有 5 国也曾进行了一个时期的武装斗争，它们是马达加斯加、肯尼亚、突尼斯、摩洛哥和喀麦隆。此外，纳米比亚人民于 1966 年掀起反对南非殖民统治的武装斗争，至今仍在进行。

上述 11 个殖民地附属国的武装斗争是以推翻外国殖民统治、争取民族独立为最终目标的，它们在性质上属于民族独立战争。这 11 国的面积占战后获得独立的 47 国总面积的大约 30%。武装斗争虽然只在 5 国取胜，但其影响和意义却大大超过了 5 国或 11 国的范围。它敲响了殖民帝国的丧钟，为非洲民族运动史谱写了光辉的篇章。本文试图就非洲民族独立战争的起因、特点和意义作一初步探讨。

起　因

自 19 世纪末 20 世纪初非洲沦为帝国主义殖民地以后，非洲人民一天也没有停止过反对殖民压迫的斗争。但是在第二次世界大战以前，非洲人民的反殖斗争除了埃及、突尼斯等北非一些地区外都没有提出民族独立的目标，不少地方爆发的武装反抗中只有摩洛哥的里夫起义带有民族独立战争的性质。阿比西尼亚的抗意战争应属反侵略战争的范畴。可是战后的 30 多年内，在民族独立运动普遍高涨的形势下，非洲出现了几乎连续不断的民族独立战争，不仅波及从北到南、从东到西各个地区，而且持续时间都比较长：阿尔及利亚 7 年半（1954—1961 年）、几内亚比绍 11 年（1963—1974 年）、莫桑比克 11 年（1964—1975 年）、安哥拉 14 年（1961—1975 年）、津巴布韦 14 年（1966—1980 年），纳米比亚的武装斗争已经进行了 20 年。

毋庸讳言，武装斗争，不管是长期的民族独立战争，或是持续时间较短的武装暴动，都必然带来比和平斗争大得多的牺牲、破坏和痛苦。那么，既然大多数非洲殖民地附属国可以通过宪法改革道路和平地取得独立，少数殖民地附属国为什么不能走同样的路，而要诉诸武装斗争呢？它们不打仗是否也能达到独立的目的呢？答案是否定的。原因在于这些地区存在着与其他地区不同的客观条件，也可说是特殊性。这就是：（一）殖民帝国在这些地区有较大的政治、经济和战略利益；（二）这些地区存在着较多的欧洲移民和尖锐的土地问题；（三）殖民当局的残酷镇压和合法斗争的无效。结果，殖民主义与非洲人民的矛盾在这里特别尖锐，独立运动不能不以最激烈的形式来进行。

一　殖民帝国拥有较大的政治经济和战略利益

殖民地的存在是殖民帝国强权的象征，是其进行政治军事扩张的前进基地和榨取超额利润的来源。第二次世界大战后，在大战中遭到削弱的英法等老殖民主义极想恢复和振兴原来的殖民帝国。但事与愿违，它们在亚洲的殖民统治首先动摇以至崩溃（印度、巴基斯坦、缅甸和中东各国独立，印支和马来亚爆发反殖战争等），因而非洲殖民地的继续存在，尤其是后来进行武装斗争的这些地区，对它们就更加重要了。

阿尔及利亚是法国统治时间最长的非洲殖民地，从 1830 年入侵算起已一百多年。阿尔及利亚地大物博，并据有重要战略地位：北滨地中海与法国隔海相望，南面跨过撒哈拉沙漠可直插法属非洲。经济上，阿尔及利亚曾是法国最大的海外投资和销售市场，法国在那里的投资超过它在北非和其他殖民地投资的总和。50 年代初，法国在阿投资共达 4200 亿法郎；从 1947—1953 年，24 家在阿开业的法国大公司所获纯利由 4.62 亿法郎增加到 65.79 亿法郎[①]，6 年内增长 13 倍。战后在撒哈拉地区又发现了丰富的石油等矿藏资源，成为法国一本万利的新财源。法国在阿尔及利亚还有百万移民可资利用。因此，战后法国不仅把阿尔及利亚视为摆脱经济困境和复兴法兰西殖民帝国的重要依靠，而且也是它维持其非洲殖民体系的主要堡垒。阿尔及利亚对法国的重要性是别的北非殖民地难与相比的，所以它可以允许突尼斯和摩洛哥在 1956 年独立，却要拼命镇压阿尔及利亚人民的起义。

肯尼亚和津巴布韦是英国控制英属东非和中非的中心。两地

---

① ［英］雷蒙·巴尔勃：《阿尔及利亚真相》，见《国际问题译丛》1955 年第 5 期，第 103 页。

都有较多的白人移民和较多的英国投资，其中英国在津巴布韦的投资更多些：1978 年为 2.1 亿英镑①（一说达 7.2 亿英镑）②，大大超过英国在非洲其他地区（除南非和尼日利亚外）的资本投资。肯尼亚由于其濒临印度洋和靠近中东的地理位置，在战后初期英国的战略防务中占有重要地位。1946 年英国报纸透露，英国计划以肯尼亚为中心"建立一个新的联邦防御体系"（《每日邮报》），报纸还宣传"东非洲可望成为英国陆军在原子时代的主要训练场，以及新的防御体系中的一个主要补给基地"（《每日快报》）。③ 这是英国要维持对肯尼亚的殖民统治的有力脚注。津巴布韦的政治地位与肯尼亚不同，早在 20 年代初英国就给了它（实际是给当地白人）以自治权，但英国仍享有宗主权，加上它的大量投资，英国的态度也很明确。1961 年英国联邦事务部政务次长德文希尔公爵公开声称："不能给予非洲人在南罗得西亚的统治权，因为那里的复杂的工业组织不可以放在没有经验的人们手中"④，明确反对非洲人掌权，更不用说独立了。所以，1966 年爆发的津巴布韦武装斗争所反对的罗得西亚白人政权实际上得到作为宗主国英国的纵容和支持，因为它要保护"那里的复杂的工业组织"（也就是英国为首的垄断资本），至少初期是如此。

　　安哥拉、莫桑比克等葡属殖民地对葡萄牙具有特殊价值。葡萄牙是欧洲的落后国，国土狭小，资源贫乏，工农业都不发达。它在其殖民地的资本投资还不如英国、美国和南非等外来资本

---

①　英国《英国实业》，1981 年 2 月 27 日。

②　南非《星报》1980 年 4 月 26 日。

③　[英] 帕姆·杜德：《英国和英帝国危机》（中译本），世界知识出版社 1954 年版，第 274 页。

④　[英] 理查德·吉卜逊：《非洲解放运动》（中译本），第 216 页。

多。但是殖民地本身（约为葡萄牙本土面积的 22.7 倍）却是它最大的资产。葡萄牙凭借政治统治对殖民地进行经济和超经济剥削：掠夺土地、矿产、原料，榨取廉价劳力，推销制成品，控制殖民地（1951 年后称"海外领地"）的外汇收入①，殖民地还"为葡萄牙的大批贫苦而又常常失业的人提供一个向外移民的出路"②。几内亚比绍已故领导人阿米尔卡·卡布拉尔曾正确地指出，葡萄牙落后的经济基础使它没有能力实行新殖民主义政策。如果说，英法从殖民地撤出政治势力后还可以保留它们在那里的经济势力和利益，葡萄牙却做不到这点。因为它一旦放弃政治统治，它在殖民地的区区经济势力也无法保持，整个帝国的"世界威望"便完了③。没有殖民地，葡萄牙不过是欧洲一小国而已。所以当 60 年代初英、法、比等殖民国家都被迫适应非洲的"变革之风"而允许非洲国家纷纷独立时，葡萄牙仍顽固地抓住殖民地不放，1961 年 6 月，葡萄牙总理萨拉查说："葡萄牙永远也不会同意讨论海外领地的自决问题。"④

二　存在较多的欧洲移民以及与此有关的尖锐的土地问题和种族压迫

殖民地有一些来自宗主国的移民是普遍现象。但是在进行长期武装斗争的非洲殖民地国家里，欧洲（白人）移民的数量比其他非洲地区要多得多。举例说，50 年代初尼日利亚共有欧洲

---

① ［莫］爱德华多·蒙德拉纳：《为莫桑比克而斗争》（中译本），上海人民出版社 1976 年版，第 80 页。

② 同上书，第 77 页。

③ ［英］巴齐尔·戴维逊：《人民的事业》，英国 1981 年版，第 120 页。

④ ［美］惠勒、佩利西埃：《安哥拉》（中译本），商务印书馆 1973 年版，第 351 页。

和亚洲居民 1.5 万人[1]，坦噶尼喀有欧洲居民 2 万人[2]，而面积比这两国都小得多的肯尼亚却有约 6 万欧洲人[3]。其他各地的情况如下：

国名	年份	欧洲居民
阿尔及利亚	1954	约 100 万
津巴布韦	1970	24.9 万
安哥拉	1960	17.2 万
莫桑比克	1960	8.5 万
纳米比亚	1970	9.1 万

上述这些地方存在数量较多的欧洲或白人居民是殖民政策的结果。这些地方因为气候温和、土地肥沃或者资源丰富而引起殖民主义者的垂涎。殖民政府采取了向这里大量移民的政策，以便在黑人大陆建立"白人的国家"。这些欧洲或白人居民中有行政官员、企业主、商人、职员、神职人员、教师等，而人数不多但影响巨大的是一个农场主集团。殖民政府在这些殖民地以法律的名义大规模剥夺非洲人的土地，然后转让（租赁或出售）给白人移民，制造出了这个农场主阶层，同时也造成了一个无地缺地的非洲农民阶层，从而导致了一些地方尖锐的土地问题。

1954 年，阿尔及利亚 2.5 万户欧洲农户占有土地 272 万公顷，平均每户 108 公顷，而当地农民每户仅有地 14 公顷，为欧

---

[1]　［美］詹姆士·科尔曼：《尼日利亚：民族主义的背景》，美国 1958 年版，第 33 页。

[2]　［英］朱迪丝·李斯托韦尔：《坦噶尼喀的形成》，英国 1965 年版，第 260 页。

[3]　［英］贾克·沃迪斯：《非洲——风暴的根源》（中文版），世界知识出版社1962 年版，第 3 页。

洲人的八分之一，此外还有 62.5 万户农民（约 200 万人）没有土地①。

在肯尼亚，根据法律归欧洲人独占的"白人高地"面积共 16700 平方英里（合 430 多万公顷）。也就是说，占肯尼亚总人口仅 1% 的 6 万欧洲人（包括 4000 农场主）竟占有肯尼亚 30% 的上等土地。②

在津巴布韦，根据 1969 年的土地法令，人口仅占总人口 5% 的白人可占地 4500 万英亩，与占总人口 95% 的非洲人占地数量相等③。约 6700 名白人农场主占有的土地比 68 万个非洲农民多 100 倍④，有些地方 40% 的非洲青年农民没有土地⑤。

根据 60 年代初的奥登达尔委员会的报告，西南非洲（纳米比亚）60.4% 土地属于占人口 11.5% 的白人⑥。

不仅如此，白人占有的大都为水草丰美土壤肥沃之地，而原来居住在这块土地上的非洲人却被赶到常常是贫瘠干燥的保留地内。殖民主义掠夺非洲人土地的手段也极蛮横和残酷。战后肯尼亚土地问题最为尖锐，它是引起肯尼亚武装斗争（茅茅起义）的主要原因。起义者的口号就是"把白人偷去的土地夺回来"，起义武装号称"土地和自由军"。土地问题也是津巴布韦民族主

---

① 叶娃·普丽斯蒂：《斗争中的阿尔及利亚》，世界知识出版社 1962 年版，第 22 页。

② ［英］贾克·沃迪斯：《非洲——风暴的根源》，第 3、5 页。

③ ［英］乌·鲍曼：《罗得西亚的政治》，英国 1973 年版，第 12—13 页。

④ ［英］罗吉·列德尔：《从罗得西亚到津巴布非：土地问题》，英国 1978 年版，第 7 页。

⑤ ［英］戴维·马丁和菲立斯·约翰森：《为津巴布韦而斗争》，英国 1981 年版，第 55 页。

⑥ ［英］勒吉纳·格林等编：《纳米比亚——最后的殖民地》，英国朗曼出版公司 1981 年版，第 96 页。

义运动的核心内容之一。各民族主义政党都谴责殖民当局的《土地分配法》和《土地占有法》，要求实行土改。1972年津巴布韦非洲民族联盟重新发动的游击战，首先得到失去土地的农民的支持，他们构成游击队的主体。

从殖民主义一方来看，白人移民、特别是那些占有大量土地的白人农场主集团通常是当地反对民族独立运动最有力的反动势力。他们在镇压非洲人方面往往比宗主国还坚决凶狠。1955年法国驻阿尔及利亚总督苏斯戴尔成立的由武装的殖民者组成的保安队便是如此。后来最顽固地拒绝与阿尔及利亚民族解放阵线谈判的也是当地的欧洲种植园主集团和右翼军人。罗得西亚史密斯白人少数政权的执政党"罗得西亚阵线"是白人庄园主的政党，它上台后不久罗得西亚就单方面地宣布"独立"（1965年），企图以此阻挡非洲人的民族独立运动。白人农场主集团之所以特别顽固，是因为他们依靠和投资的生产资料是无法搬动的土地，并且有不少农场主移居到殖民地已经几代，他们不愿失去已经习惯的优越条件，尽管这是以牺牲非洲人利益为代价的。

在殖民统治下白人移民较多的地区除了土地问题外，种族矛盾也特别尖锐。殖民主义就意味着民族压迫和种族歧视；而白人移民愈多的地方，这类压迫和歧视便愈厉害愈明显，因而矛盾也愈尖锐。它激起的愤懑和反抗也更激烈。

三　殖民当局顽固坚持殖民统治，对非洲人民进行残酷镇压，使合法斗争归于无效

由于上述两种原因，殖民主义拼命要维护它们在这些殖民地附属国的统治和利益。1954年11月法国内政部长密特朗说：阿尔及利亚过去是将来也仍然是法兰西的一部分；从法兰德斯到刚果只有一个统一的法兰西国家，而对付民族主义者的唯一有效手段是在军事上采取毫不姑息的行动①！1951 年再次担任英国首相的丘吉尔则抱着他的老方针：不让大英帝国解体②。英法的政策是这样，葡萄牙、南非和罗得西亚白人政权的顽固态度更不言可知。在这种形势下，这些地区的非洲民族主义者能否通过宪法道路用和平合法手段争得民族权利和民族独立呢？实际上，他们是曾经试图这样做的，结果却遭到无情的镇压。

第二次世界大战后阿尔及利亚的两个民族主义政党（"拥护阿尔及利亚宣言民主联盟"和"争取民主自由胜利党"）积极参加了法国导演的议会选举，并在 1946—1947 年的选举中取得很大胜利。这当然违背殖民主义者的愿望。从 1948 年开始，殖民当局就设置骗局，千方百计使这两党的候选人无法当选，甚至捏造"阴谋案"，以"危害国家安全"的罪名将两党大部分候选人关进监狱③。

肯尼亚和喀麦隆的民族主义者都进行了多年的和平合法斗争。从 20 年代起肯尼亚人就为收回被夺走的土地和改善经济社会处境而一次次地向英国请愿申诉，战后成立的"肯尼亚非洲人联盟"继续进行各种合法斗争，但是，英国和殖民当局拒不满足肯尼亚人的合理要求。领导喀麦隆反法武装斗争的喀麦隆人民联盟于 1948 年成立后便进行了各种非暴力活动。它的领导人参加了领地议会竞选，三次去联合国请愿、作证。但是，这个最早提出喀麦隆独立要求的党却遭到殖民当局的极端仇视，它的集

---

①　叶娃·普丽斯蒂：《斗争中的阿尔及利亚》，世界知识出版社 1962 年版，第 92 页。

②　[英]戴维·戈兹沃西：《1945—1961 年英国政治中的殖民地问题》，英国 1971 年版，第 315 页。

③　叶娃·普丽斯蒂：《斗争中的阿尔及利亚》，世界知识出版社 1962 年版，第 76—77 页。

会被驱散，刊物被没收，领导人受到监视、迫害。殖民当局还扶植与它敌对的当地团体向它寻衅闹事。1955 年 5 月喀麦隆人民联盟终于遭到取缔，迫使它转入地下并走上了武装反抗的道路①。

津巴布韦的民族主义者也想走宪法改革道路，或者争取国际支持以迫使白人种族主义政权同意非洲人多数的应享权利。恩科莫曾一再到国外呼吁游说，穆加贝也曾到联合国请愿。但白人政权不允许非洲人从事民族独立运动。非洲人建立的政党（如非洲人国民大会、民族民主党、津巴布韦非洲人民联盟、津巴布韦非洲民族联盟）一个挨一个地被宣布为非法，遭到查禁，其领导人不是被捕入狱就只好流亡国外。

葡萄牙对安哥拉、莫桑比克等葡属殖民地民族主义者的迫害和镇压比罗得西亚白人政权有过之无不及。从 1926 年起葡萄牙就处在独裁政治统治下。它对殖民地的统治更加严酷。葡萄牙的秘密警察像盖世太保那样监视殖民地人民的行动，取缔民族主义组织，搜捕民族主义者，镇压和屠杀罢工工人。1960 年莫桑比克北部木韦达的一次和平示威遭到殖民军警的蓄谋镇压，有 500 多人被当场打死②。葡属殖民地的民族主义政党只能处在地下或以国外为活动基地。

纳米比亚人民反对南非殖民统治的斗争起初仅限于罢工、示威、请愿等非暴力方法，但是遭到了殖民当局的残酷镇压。1959 年在温得和克的一次和平示威中，军警向手无寸铁的平民开火，

①　参见 ［英］理查德·约瑟夫：《喀麦隆的激进民族主义》，牛津 1977 年版，第 172、200—201、246—249、285—288 页。1960 年 1 月喀麦隆独立后，喀人盟继续坚持武装斗争，但其性质已属内战了，不属本文讨论范围。

②　［莫］蒙德拉纳：《为莫桑比克而斗争》，上海人民出版社 1976 年版，第 124—125 页。

当场打死 11 人，打伤 50 多人。1963 年，南非把国内的《安全法》施行到纳米比亚，严厉限制公共集会，扩大警察的活动区，滥肆捕人，并将西南非洲人民组织的成员解雇、开除和赶出城镇地区，致使"解放斗争越来越无法单纯通过宪法的、非暴力方法来进行"①。

可见，非洲民族主义者走上武装斗争道路是他们吸取痛苦的经验教训后作出的抉择。阿尔及利亚民族主义者在 40 年代末 50 年代初经过多次讨论后认定阿尔及利亚不通过武装斗争是不可能争得自由的②。莫桑比克解放阵线最早的领导人蒙德拉纳说："到 1961 年时，两个结论是明显的了。第一，葡萄牙不会承认自决和独立的原则，也不会允许它统治下的民主权利有任何扩大……第二，温和的政治行动，如罢工、示威、请愿等，只会导致参加者自己的毁灭。因此，我们面前只剩下这两种选择：要么无尽期地长此生活在高压的帝国统治下，要么找到某种用武力来反抗葡萄牙的办法……"③ 纳米比亚西南非洲人民组织主席努乔马也说："只是在我们寻求和平解决的一切努力以僵局结束后，我的组织才决定进行武装反抗，因为它是向我们开放的唯一出路。"④

总之，战后殖民主义和白人种族主义为了维护它们的殖民利益，顽固坚持其对非洲的殖民统治，不愿让殖民地人民自决和独立，并血腥镇压非洲人民哪怕是和平的反抗，从而堵死了非洲人民通过合法斗争获得民族独立的道路，这是非洲一些地区爆发民族独立战争的根本原因。

---

① ［芬兰］基莫·基尔居嫩：《民族反抗和解放斗争》，载 ［英］ 勒吉纳·格林等：《纳米比亚——最后的殖民地》，第 156 页。

② 叶娃·普丽斯蒂：《斗争中的阿尔及利亚》，第 82 页。

③ ［莫］蒙德拉纳：《为莫桑比克而斗争》，第 135 页。

④ ［英］勒吉纳·格林等：《纳米比亚——最后的殖民地》，第 156 页。

　　当然，武装斗争的发动和坚持还需要主观条件，首先是要有一批主张采取暴力斗争的领导人。如果领导人是非暴力主义者，结果可能大不一样。例如与喀麦隆情况类似的象牙海岸和坦噶尼喀①就没有爆发武装斗争。有些地区（如尼亚萨兰、中央刚果、乍得）群众自发的暴力反抗在遭到镇压后迅速偃息，这与缺乏领导人有密切关系。

特　　点

　　非洲的民族独立战争是第二次世界大战后殖民主义体系走向崩溃、世界特别是亚非拉反帝运动高涨的国际环境下，在一个社会经济落后而民族—部族问题十分复杂的殖民地大陆发生的，它具有自身的许多特点，尤其在与战后亚洲的民族解放战争相对照时更加明显。这些特点主要有：

一　几乎都在民族主义政党尤其是较激进的民族主义政党的领导下进行

　　战后亚洲各国的民族解放战争都是由各国共产党领导的，例如中国、印支三国和马来亚均是如此。非洲的民族独立战争则不同，它们几乎都由民族主义政党，主要是反帝更坚决的激进民族主义政党所领导。其原因一方面是因为有关的非洲国家或者尚未建立共产党（如在撒哈拉以南非洲地区），或者虽然出现了共产党组织（如北非的阿尔及利亚、摩洛哥、突尼斯），但是力量弱小，政治和组织上都不成熟，无力领导武装斗争；实际上，阿尔及利亚共产党最初是法国共产党的一个支部，受法共的影响，它

---

① 坦噶尼喀与喀麦隆一样是联合国托管地并于 50 年代掀起了民族独立运动。

最初不赞成武装斗争道路，后来才改变政策，但是始终没有能够作为一个组织加入领导解放战争的阿尔及利亚民族解放阵线。有些阿共党员以个人身份参加了解放阵线和战争。另一方面，要求摆脱殖民统治、争取国家独立的民族主义已成为战后非洲最有号召力的旗帜，是非洲工人、农民、知识分子、企业主、商贩以至封建贵族和部落上层分子等各阶层人民都能接受的政治目标。因此，以民族独立为斗争纲领的各种民族主义政党成了战后非洲民族主义运动的当然领导者，其中一部分反帝反殖立场更坚决的激进派组织走上了武装斗争道路，发动和领导了民族独立战争。这类激进民族主义政党包括阿尔及利亚民族解放阵线、几内亚和佛得角非洲独立党、莫桑比克解放阵线、安哥拉人民解放运动、安哥拉民族解放阵线、争取安哥拉彻底独立全国联盟、津巴布韦非洲民族联盟、津巴布韦非洲人民联盟、西南非洲人民组织以及喀麦隆人民联盟等。这里所谓"激进"，是指它们坚决反对殖民统治、决意以一切手段争取独立而言，不牵涉它们的意识形态和其他政策。个别国家的党（如喀麦隆人民联盟）只是因为派人参加了社会主义国家组织的世界和平大会、世界青年联欢节或世界工联大会，或者在其宣传刊物上用了几句马克思主义的用语①，被殖民当局贴上了"共产主义"标签。其用意是在用歪曲了的共产主义形象，吓唬不明真相的非洲人民，甚至也吓唬了自己。

上述民族主义政党的所在国大多还存在着另外一些民族主义政党。它们可分为三类：一类是同样采取了激进路线的，但因力量弱小而未成气候，如莫桑比克革命委员会；一类是采取温和路线的，它们也要求独立，但并不迫切，不主张也不参加武装斗

---

① ［美］维克托·勒维讷：《喀麦隆——从委任统治到独立》，上海人民出版社1973年版，第325页。

争，在武装斗争胜利发展的形势下，这类政党是民族独立运动的落伍者，如阿尔及利亚的梅萨利派、西南非洲民族联盟等；还有一类是与宗主国合作的宪法道路派，它们主张通过宪法改良逐步取得独立，反对甚至参与镇压民族武装斗争，典型的例子是喀麦隆的一些非洲人政党等。

二　部族因素对一些国家的民族独立战争有深刻影响

非洲大部分国家部族众多，农村盛行氏族部落（若干部落组成一个部族）制度。由于历史原因，不少部族之间存在隔阂和矛盾。这些情况势必在民族独立战争中有所反映。当然，也有少数国家因部族成分较少或矛盾不大，部族因素没有产生大的影响或成为突出问题，如阿尔及利亚。但是，在进行民族独立战争的多数国家，部族因素是起了复杂影响的，其中有积极的方面，而更多的是消极影响。具体表现在三个方面：

（一）民族主义者把某个或某些部族作为发动和进行武装斗争的主要依靠力量。肯尼亚、安哥拉、津巴布韦以及喀麦隆都是如此。肯尼亚的反英武装斗争主要依靠了吉库尤族人，喀麦隆的反法武装斗争主要依靠了巴米累克族人和巴萨族人①，安哥拉人民联盟（安哥拉民族解放阵线的前身）1960 年发动反葡武装斗争时主要依靠的是巴刚果族人。1967 年发动反葡武装斗争的争取安哥拉彻底独立全国联盟主要依靠奥维姆本杜族人，津巴布韦的"民盟"和"人盟"则分别依靠肖纳族人和马塔别列族人。

领导武装斗争的非洲民族主义者无疑是以民族独立即建立民族国家（而不是部族国家）为目标的，他们之所以倾向于利用和依靠部族力量，看来在很大程度上是非洲部族社会提供的客观

---

①　［英］理查德·约瑟夫：《喀麦隆的激进民族主义》，牛津 1977 年版，第 348 页。

条件决定的。这就是：1. 同部族的人居住集中，并具有共同的语言文化、风俗习惯和经济生活，部族成员之间有强烈的认同感，即使移居城市或流入他乡后也如此。2. 在殖民统治下，非洲部落制度虽有变化，但阶级分化并不尖锐，同族人通常遭受同样或类似的压迫、剥削和奴役，只有极少数人投靠殖民当局并甘当其鹰犬。部族社会的这些客观条件使民族主义者较易利用自己的部族出身在同胞中激发同仇敌忾情绪，团结反殖。他们还可以通过有威望的部落酋长、头人、氏族长者接近群众开展工作。莫桑比克的反殖战士提供了生动的例子①。在这一点上，部族因素有它的积极意义。当然，民族主义者在利用部族因素时决不应牺牲民族利益、民族目标，否则很容易坠入部族主义的泥坑。

（二）部族因素被殖民主义者利用来分裂殖民地人民，孤立和打击那些积极参加武装斗争的部族，达到削弱和扑灭民族主义武装力量的目的。英国、法国、葡萄牙都使用了这个手法。1952年肯尼亚反英武装斗争（茅茅起义）爆发后，英国殖民当局极力宣传起义的部族性，散布吉库尤族要杀害、抢劫和统治肯尼亚其他部族的谎言，挑动部族主义、部族仇恨，以便孤立起义的吉库尤人②。法国殖民当局则反复宣传领导反法起义的喀麦隆人民联盟仅仅得到巴萨族人和一部分巴米累克族人的支持③，企图否定反法斗争的民族主义性质。葡萄牙殖民当局在莫桑比克北部挑拨马库瓦人和瑶族人同参加反葡战争较多的马孔德人和尼扬贾人作对，诬说马孔德人"要压迫和统治马库瓦人"；同时，它又不

---

① ［美］阿伦·伊萨克曼和巴巴拉·伊萨克曼：《莫桑比克——从殖民主义到革命（1900—1982年）》，美国1983年版，第83—84页。

② ［美］唐纳德·巴奈特、［肯］卡拉里·恩加马：《茅茅内幕》，美国1966年版，第411—412页。

③ ［英］理查德·约瑟夫：《喀麦隆的激进民族主义》，牛津1977年版，第240页。

怀好意地宣传马孔德人在莫桑比克解放阵线中人数虽多，但他们"受到垄断领导岗位的南部通加族人和隆加族人的愚弄"①。殖民当局的挑拨离间和煽起的部族主义情绪为各国的民族独立战争增添了困难，使之蒙受了不同程度的损失。

（三）部族的隔阂和矛盾同政见分歧以及权力之争纠缠一起，导致民族主义力量的分裂，甚至以部族主义冲击民族主义。前者在津巴布韦和安哥拉较明显。如前所述，两国民族主义党在发动反殖斗争时都利用了不同部族的团结精神，这在初期是必要和自然的。随着斗争的展开，从反殖和民族利益出发，它们应走向联合斗争。但实际上津巴布韦两派（以肖纳族占多数的"民盟"和以马塔别列族占多数的"人盟"）却各自为战，不相配合。只是到胜利前夕为了政治谈判的需要，两派才在名义上合并成立统一的"津巴布韦爱国阵线"，而其实仍各行其道，壁垒森严。安哥拉的三派（其中"人运"并无明显部族背景）不仅没有联合对敌，有时还相互伏击残杀，干扰反殖斗争。民族主义力量的严重分裂当然有政治原因，但部族背景也不可忽视。此外，民族主义政党内部也可能受到部族情绪以至部族主义的严重干扰。莫桑比克解放阵线一个中央委员兼省书记②因进行商业投机和剥削活动受到批评和反对后，想求助于他所属的马孔德族的"部族忠诚"以保持自己的地位，甚至计划发动分裂主义的马孔德族运动，想争取德尔加多角省一省的独立③。此人后因参与内部暗杀阴谋而被解除一切

---

① ［美］阿伦·伊萨克曼等：《莫桑比克——从殖民主义到革命（1900—1982年）》，美国1983年版，第102页。

② 德尔加多角省的拉扎洛·恩卡文达姆（Lazaro Nkavandame）。

③ ［美］阿伦·伊萨克曼等：《莫桑比克——从殖民主义到革命（1900—1982年）》，美国1983年版，第96页。

职务，最后终于投靠葡萄牙殖民当局去了①。这是部族主义在非洲民族主义运动内部恶性发展的突出例子。

在后两种情况下，部族因素所起的作用当然是十分消极有害的。

三　战争方式主要是小规模的农村游击战

非洲民族独立战争与战后亚洲的民族解放战争有所不同。亚洲有的国家（如马来亚）以游击战为主，而另一些国家（如越南）则从游击战发展到能够进行大兵团攻坚战了。非洲民族独立战争方式主要是小规模的农村游击战，这个特点是由敌我军事力量对比悬殊的客观形势决定的。殖民国家在兵力、物力、火力等各方面占绝对优势，并且控制了城市和主要交通线。相比之下，民族主义武装人数少，装备低劣，无法与敌人正面作战，也难在城市立足。但是，他们得到民众的拥护，有广大的农村、山脉或森林作为隐蔽和活动基地，大多数还得到国外的有效援助。因此，农村游击战不仅是非洲民族主义者不得不采用的战争形式，也是他们克敌制胜的最好的战术。

非洲民族主义者为了掌握游击战的规律付出了血的代价。他们或者过早地攻击了敌人的大城市和据点，或者没有及早重视农村根据地的建立，结果使民族武装遭到严重损失和挫折。从阿尔及利亚到津巴布韦都有这种经验教训。除了吸取本身的经验教训之外，非洲自由战士还很重视学习中国、南斯拉夫、越南和其他国家的经验。众所周知，毛泽东和格瓦拉有关游击战的著作成了他们的教科书。

---

① ［美］阿伦·伊萨克曼等：《莫桑比克——从殖民主义到革命（1900—1982 年)》，美国 1983 年版，第 98 页。

由于主观条件的差别，非洲各国游击战的发展规模和水平是不平衡的。阿尔及利亚的游击战争规模最大，组织水平也很高。"所使用的游击战略和技术在各种意义上说都是现代的"①。1954年9月，阿尔及利亚民族主义战士在奥雷斯山打响了反法起义的第一枪，五年后民族解放军便发展到约15万人②；全国划分了军区和军分区，部队中设立了营、连、排等战斗建制和政委制，创造了许多个农村解放区。民族解放军抗击法军（包括殖民军）70万人左右，前后歼敌数万人，消耗法国军费50亿—100亿美元③。法国殖民军对民族解放军实行围剿、扫荡、封锁、搜索、突袭等各种战术，在靠近突尼斯的边境构筑百里"防线"，将百万阿拉伯农民驱入"集居村"，企图隔断民族解放军同外界和人民的联系。这些战术确实给民族解放军造成很大困难和伤亡，但并没有能够挽救殖民主义者的失败。阿尔及利亚民族武装一度在首府阿尔及尔发动城市游击战，震撼了敌人的心脏地区，扩大了民族解放阵线及其武装的影响；不过，民族主义力量在这次战斗中损失较大。民族解放阵线内部对阿尔及尔之战的评价也存在分歧④。

安哥拉、几内亚比绍、莫桑比克等葡属殖民地人民在60年代发动反葡起义后，坚持了长期游击战。民族武装袭击敌哨所，伏击巡逻队，破坏运输线，逐步发展到攻击敌军基地和设防城镇，同时建立和逐步扩大了解放区和游击区。几内亚比绍的民族

① ［美］肯尼思·格朗迪：《非洲游击斗争》，纽约1971年版，第89页。
② 叶娃·普丽斯蒂：《斗争中的阿尔及利亚》，世界知识出版社1962年版，第121页。
③ 同上书，第178页；［美］肯尼思·格朗迪：《非洲游击斗争》，纽约1971年版，第88页。
④ ［英］巴齐尔·戴维逊：《人民的事业》，英国1981年版，第81页。

武装在独立前夕解放了三分之二的国土①。莫桑比克的民族武装在巩固了北部两省（德尔加多角省和尼亚萨省）的解放区后，重新在太特省开辟了游击战区，并派部队向南渗透到了莫桑比克峰腰部的马尼卡—索法拉省，直抵萨韦河岸②。安哥拉的民族武装坚持了西部丹博斯森林的游击基地，1966 年后又在安哥拉东部地广人稀地区开辟了新战线，建立解放区。各地进行的规模不大但越来越频繁的游击活动在军事上和经济上给了葡萄牙以沉重压力和打击：1971 年葡萄牙派往非洲镇压起义的军队达 13 万至 15 万人，占其总兵力的 60%；1970 年后用于镇压非洲独立运动的开支每年超过 30 亿—40 亿埃斯库多，约占政府预算支出的一半③。据里斯本官方数字，到 1974 年 5 月前，葡军伤亡共 3.4 万余人，另有 8.4 万人"生病"④。军事挫折和沉重的经济负担是导致葡萄牙独裁政权垮台的主要原因。

津巴布韦的武装斗争一度遭受挫折，原因是多方面的，包括作战路线不当和没有发动群众等。之后，民族武装力量总结了经验教训，加强政治军事训练，学习游击战的战略战术，重视了对群众的宣传和发动，建立了后方基地和农村根据地，机动灵活地打击敌人的薄弱点（如敌之农村行政机构和边远地区的白人农场）。到战争后期，民族武装一共发展到 3 万人⑤，能够成功地用炮火袭击索尔兹伯里等大中城市和重要的经济军事设施，包括空军基地、飞机场、油库等，并在全国三分之一的地区建立了解

---

① ［英］巴齐尔·戴维逊：《人民的事业》，英国 1981 年版，第 137 页。

② 同上书，第 135 页；［莫］蒙德拉纳：《为莫桑比克而斗争》尾附图。

③ 同上书，第 124—125 页。

④ 同上书，第 179 页。

⑤ 中国社会科学院西亚非洲研究所编写组：《非洲概况》，世界知识出版社 1981 年版，第 317 页。

放区或半解放区。

当然，并不是所有的游击战都取得了胜利。像肯尼亚、喀麦隆等国的游击战是以失败告终的。这说明游击战仅是一种作战形式，它的成败取决于许多因素，例如有没有政党的有力领导，有没有纪律严明、英勇作战的军队，能否发动和团结各族人民并与群众保持密切联系，有没有正确的战略战术，是否得到有效的国际支援等等。

四 国际援助，主要是非洲邻国和社会主义国家的援助对战争的胜利起了重要作用

非洲五国民族独立战争的胜利当然首先应归功于本国人民的艰苦奋斗和流血牺牲。但是，如果没有国际支援也是不可想象的。国际支援包括政治和外交的支持声援，而更重要的是军事和后勤方面的实际援助。这方面非洲先获独立的邻国发挥了突出作用。70 年代中期，坦桑尼亚、赞比亚、莫桑比克等非洲独立国召开首次"前线国家"会议，商讨支援南部非洲未独立地区（首先是津巴布韦）独立斗争的政策措施，正式成立了"前线国家"组织。后来博茨瓦纳和安哥拉也加入了这个享有国际声誉的组织。就其意义来说，从前突尼斯、埃及和摩洛哥之对于阿尔及利亚，几内亚之对于几内亚比绍，坦桑尼亚以及赞比亚之对于莫桑比克，赞比亚、刚果人民共和国以及扎伊尔之对于安哥拉等，实际上都起到了"前线国家"的作用，它们对有关国家的独立事业作出了特殊贡献。这些先获独立的非洲国家由于紧靠作战国家的有利位置，所以能够为非洲自由战士提供：

最便利的国外政治基地——领导武装斗争的各国政党在这些邻国设立了总部、办事处甚至流亡政府。从这里既可以指导国内斗争，又可从事宣传和争取外援的工作。

最便利的后勤和物资转运基地——来自非洲以外地区的武器装备和物资都先在这里集中、贮存，然后源源输送到战区。

最便利的训练和进击基地——从这里受训完毕的游击战士可迅速派往国内参战，在完成任务或者处境不利时又可越境撤回，在这里得到休整、保护。

津巴布韦、莫桑比克、安哥拉等地的反殖武装斗争实际上都是民族主义者从邻国派人带枪潜入国内发动的。领导机构也长期设在邻国，例如阿尔及利亚民族解放阵线总部及其临时政府设在突尼斯，几内亚比绍和佛得角非洲独立党的总部设在几内亚，津巴布韦"民盟"和"人盟"的总部分别设在赞比亚和莫桑比克，莫桑比克解放阵线的总部设在坦桑尼亚，安哥拉三派的总部设在扎伊尔、刚果和赞比亚。有的解放组织（如几比的党）还在邻国（如几内亚）开设了医院和学校。

当然，支援非洲民族独立战争的不仅仅有非洲的邻国或"前线国家"。例如独立后的阿尔及利亚为相距甚远的莫桑比克、安哥拉和几内亚比绍都训练过自由战士。1963 年创立的非洲统一组织设立了非洲解放委员会（总部在达累斯萨拉姆），专门负责对非洲自由战士的援助工作。中国人民在武器、物资、经费和训练等方面也提供了不少实际援助，从而为非洲的民族独立事业作出了贡献。

值得注意的是，对非洲反殖武装斗争的国际支持几乎都来自社会主义国家，西方各国政府多冷眼旁观，甚至间接地支持殖民国家对民族武装的军事镇压。最显著的例子是北大西洋公约组织成员国给葡萄牙的军事援助。葡萄牙用来屠杀非洲自由战士和居民的飞机主要来自美国以及法国，联邦德国等西方盟国①。这种

---

① ［英］巴齐尔·戴维逊：《人民的事业》，英国 1981 年版，第 126 页。

援助格局对有关非洲国家独立后的对外政策很有影响。

有些非洲国家（如马达加斯加和肯尼亚）武装斗争之所以失败，除了其他因素，缺乏国际支援是重要原因之一。这两国的反殖武装起义发生在 40 年代末 50 年代初，当时非洲大部分国家还没有独立。马达加斯加岛孤悬于印度洋，肯尼亚周围邻国几乎都是英国殖民地和势力范围。民族武装孤军奋斗，终于失败。喀麦隆属类似情况，喀人盟虽得到几内亚和埃及的支持，但它们离开喀麦隆太远了。

意　义

武装斗争或民族独立战争是民族独立运动最激烈的形式。第二次世界大战后非洲只有少数殖民地附属国采用这种形式争取民族独立，依靠这种形式获得独立的更少。但是，对于武装斗争的意义仍应给予充分而实事求是的估价。既不要将它绝对化，似乎只有通过武装斗争取得的独立才是真独，否则便是假独立，这种带极"左"色彩的武断已为历史所否定；但也不要缩小以至否定它的意义，以为没有武装斗争非洲各国照样可以获得独立，理由是大多数非洲独立国家并没有经过武装斗争，这也是一种误解。非洲一些国家的武装斗争——民族独立战争的伟大意义在于：

（一）它为本国赢得了民族独立，并加速了非洲其他国家的独立进程，从而也加速了帝国主义非洲殖民体系的崩溃。阿尔及利亚等 5 国的独立无疑是依靠武装斗争取得的，它们虽然在最后都经过了政治谈判，但是没有长期的武装斗争，也不会有这种谈判和最后的政治解决。因为如前面所分析的那样，法、葡殖民主义和罗得西亚白人种族主义本来是不肯放弃对上述 5 国的殖民统治的，只是由于非洲人民坚韧不拔、英勇顽强的长期武装斗争，在军事、经济和政治上对殖民主义形成了越来越大的压力，才迫使它们走到谈判桌旁。非洲人民为此付出了高昂的代价，单是阿尔及利亚人民死于战争的即近 100 万人，约 8000 座村庄遭毁灭①。但是，没有这些牺牲，独立还将是遥远的目标。

武装斗争的意义当然不仅限于为有关的 5 国赢得了独立，它的影响超越了国界，扩展到全非洲。例如北非的突尼斯和摩洛哥都在 1956 年取得独立，这首先是突、摩两国人民开展民族独立斗争包括武装斗争的结果，但也要部分地归功于阿尔及利亚的民族独立战争。因为后者迫使法国为了集中力量镇压阿尔及利亚人民而向突、摩两国人民作了让步，这是显而易见的。

有些国家（如肯尼亚和喀麦隆）争取独立的武装斗争是失败了，人们（包括本国人）对它们的评价是大相径庭的。有的学者强调"茅茅"起义同肯尼亚的独立"没有直接关系"②。这种观点从表面看来似乎也有理，"茅茅"起义确是被镇压下去了，领导人非死即降。但是，历史事件的意义常常不能用本身的成败来估价的。无可怀疑，"茅茅"起义是促使英国考虑改变对肯尼亚以至其他英属非洲殖民政策的重要因素，虽然不是唯一的因素。或者说，没有肯尼亚和 50 年代其他亚非国家的武装斗争（马来亚的反英战争、埃及收回苏伊士运河权利的斗争），英国势将继续执行它在战后宣布的"循序渐进地"给殖民地以"英联邦内自治"③ 的计划；在那种情况下，包括肯尼亚在内的英属

---

① ［英］巴齐尔·戴维逊：《人民的事业》，英国 1981 年版，第 85 页。

② 内罗毕大学教师亨利·姆旺齐。肯尼亚《每周评论》1984 年 10 月 5 日，第 39 页。

③ ［英］戴维·戈兹沃西：《1945—1961 年英国政治中的殖民地问题》，英国 1971 年版，第 17、24 页。

非洲殖民地附属国的独立将会推迟，甚至像某些西方学者所说的，至少要推迟半个世纪[①]。

总之，50 年代非洲的反殖武装斗争沉重打击了英、法这两个老牌殖民帝国，动摇了它们继续进行殖民统治的意志和能力，促使它们加速实行"非殖民化"政策，这是 50 年代末和 60 年代初一系列非洲国家得以通过宪法改革获得独立的重要背景。

（二）民族独立战争的胜利提高了非洲人民的民族尊严和国际政治地位，表明长期深受压迫、蔑视的非洲人民有决心也有能力依靠自己前仆后继、英勇机智的斗争，在全世界爱好正义事业的国家和人民的支援下，争取自身的独立、自由。回顾非洲的近百年史，除了 19 世纪末埃塞俄比亚战胜意大利帝国主义的入侵外，非洲人民反抗帝国主义侵略和镇压的战争无不以失败告终。这样便在人们心目中形成一种观念：落后、原始、软弱的非洲人民想用暴力反抗强大的帝国主义殖民统治都是无效的，他们的命运只能受帝国主义主宰，他们应有的民主权利包括选择自己政府的权利都要靠殖民主义的恩赐。第二次世界大战后非洲民族独立战争的光辉业绩打破了这种迷信，显示了非洲各族人民拼死争取独立自由的顽强意志和战斗精神，为此他们博得了世界人民的尊敬。

当然，武装斗争并不是独立运动的唯一形式。非洲人民进行的其他形式的斗争，如罢工、罢市、示威游行、请愿、议会斗争以及各种"非暴力的积极行动"，都为殖民统治的寿终正寝敲起了丧钟。

（三）非洲民族独立战争的胜利为至今仍处在殖民统治下的

[①]　［英］莫里斯—琼斯、格·菲希尔编：《非殖民化及其以后》，英国 1980 年版，第 53 页。

纳米比亚人民树立了光辉榜样，鼓舞他们坚持武装斗争，去夺取最后胜利。纳米比亚是非洲大陆最后一块殖民地。由西南非洲人民组织领导的反对南非殖民统治的武装斗争已经进行了 20 年，至今仍面临困难复杂的局面。这是因为民族主义者面对的是一个特别顽固凶恶的敌人——得到西方垄断资本集团支持的南非种族—殖民主义。它的老巢就在边界那边（这与英、法、葡等欧洲殖民帝国不同），在地理上非常便于对纳米比亚人民的镇压。敌人显然也吸取了经验教训，对民族主义武装设在邻国的营地采取了越境袭击的蛮横行动，对有关国家（主要是安哥拉）进行赤裸裸的威胁和侵略。1985 年以来，南非当局玩弄"内部解决"花招，企图在排除西南非洲人民组织的情况下建立傀儡政权，制造纳米比亚假独立。南非当局还在美国支持下，一再把纳米比亚的独立同古巴从安哥拉撤军这两件风马牛不相关的事硬相联系，把后者作为前者的先决条件。凡此种种都说明南非并不真想让纳米比亚取得完全独立。面临这种形势，国际社会对南非施加巨大压力是必要的，但归根到底，南非当局只有在纳米比亚境内受到它难以承受的日益沉重的打击（包括军事打击）时，纳米比亚才有获得真正独立的希望。而这不正是战后进行民族独立战争的非洲各国的历史经验吗？1986 年 5 月，西南非洲人民组织主席努乔马出访欧、亚各国时一再表示纳米比亚人民将加强武装斗争以争取独立，从纳米比亚境内也传来了民族武装开展对敌攻击的消息。非洲各国武装斗争的成功经验正在继续鼓舞纳米比亚人民坚持斗争，去夺取最后胜利。

（原载《西亚非洲》1986 年第 5 期）

肯尼亚民族独立之路

在英属非洲殖民地中，肯尼亚是除南罗得西亚（今津巴布韦）外白人移民最多的地方①。他们在英国政府扶植和袒护下占有几百万公顷的土地（主要在"白人高地"），开办了几千个农场、种植园，拥有很大经济和政治势力。所谓"白人高地"，是英国政府根据自定的"法令"从非洲人手里巧取豪夺来的。从20世纪20年代起，非洲人就组织政治团体为收回失地，反对种族歧视和争取政治经济社会权利而斗争。最著名的有"东非人协会"、"吉库尤中央协会"、"卡维隆多中央协会"等。肯尼亚独立后的首任总统乔莫·肯雅塔就当过吉库尤中央协会的总书记，他曾作为该协会的代表两次赴英进行请愿等政治活动。1940年，英国以该协会同意大利人有联系为由，宣布取缔该协会，并逮捕其领导人。第二次世界大战后，英国打算继续依靠白人移民维持对肯尼亚的殖民统治，并实施新的移民计划，对非洲农民进行更多的掠夺和剥削，从而大大激化了

---

① 1948年有近3万人，务农者占10%；1960年增加到9.1万人，务农者占6%。据［肯］庇·奥丁戈：《肯尼亚高地》，内罗毕1971年版，第40页。

早已存在的土地问题和种族矛盾。另一方面，第二次世界大战给肯尼亚政治带来了新因素：民族平等和自决思想的传播，工人力量的增长，几万退伍军人的归来等等。总之，大战使非洲人民反对殖民统治争取民族解放的觉悟大大提高。英国对此的反应是，首次允许非洲人在立法机构中有一名代表，但不由非洲人选举而由总督任命。它还制定了主要对白人移民有利的经济和教育发展规划。但是，对非洲人的压迫限制和歧视政策并无实质变化。在这种背景下，肯尼亚人民反对殖民压迫、争取民族平等和独立的斗争势不可当地爆发了。这一延续18年的斗争可分为三个时期：1946—1952年以肯尼亚非洲人联盟为代表的群众运动发展和高涨时期；1953—1959年是武装斗争和反对所谓"多种族主义"宪法时期；1959—1963年是加紧为建立一个独立和统一国家而奋斗时期。三个时期，各具特色，反映了肯尼亚民族独立运动的丰富内容。

一

第二次世界大战后肯尼亚很快掀起了群众运动的高潮。1944年10月成立了第一个非洲人全国性政治团体—肯尼亚非洲人联盟，1946年建立了第一个非洲人工会组织和地方农民协会。工人罢工和农民抗议事件接连发生，具有斗争传统的吉库尤人进行越来越紧张的秘密组织活动。这些斗争活动由于领导人的相互渗透和联系而彼此呼应，在组织上表现为肯尼亚非洲人联盟的壮大和走向激进化；最后，这些群众斗争在遭到殖民当局的镇压后终于发展为武装起义。

肯尼亚非洲人联盟是由一些知识分子、政府公务人员和个别商人创立的，最初的目的是支持立法会议中的非洲人代表艾留德·马舒①。头两届主席是哈里·舒库和詹姆士·吉丘鲁。1947
年 6 月肯雅塔当选为主席。从 1946—1952 年，非洲人联盟不断
地向英国和肯尼亚政府提出请愿、备忘录或抗议，要求改善非洲
人的政治、经济、教育、社会等处境，包括要求给非洲人更多的
立法会议席位，收回失地（主要指白人高地），实行免费小学义
务教育，废除歧视性身份卡，提高工人工资等。更重要的是，该
联盟的政治要求在几年中发生了质的飞跃：1947 年要求非洲人
自治；1951 年 5 月它要求将立法会议中的非洲人代表由 4 名增
加到 12 名，并要求参与中央和地方行政机构；同年 6 月以后，
它进一步提出独立的要求。在斗争方式上，该联盟主要采取公开
合法的斗争，但在同时，该联盟也参与了秘密组织活动——吉库
尤人的宣誓运动。大约在 1948 年底，该联盟有些领导人派人
"慢慢地搜集武器，作为最终对付欧洲移民和政府之用"②。1951
年 6 月后，一些领导人"在肯尼亚非洲人联盟机构之外"又成
立了名为"议会"和"30 人团"的秘密机构，准备在非洲人联
盟最高层领导人被捕后接管领导工作。③

　　肯尼亚非洲人联盟在政治目标和斗争方式上从温和走向激
进，这有内外两种原因。外部原因是受 1947 年后印度等亚洲国
家独立的鼓舞和国内工农运动的推动，1949 年 9 月肯尼亚白人
移民宣布要建立"英属东非自治领"的"肯尼亚计划"刺激了
非洲人的民族情绪，而英国殖民当局蔑视和顽固拒绝非洲人合理
要求的政策也激怒了一部分民族主义者，促使他们考虑采取合法

---

　　①　非洲人联盟建立后在政府压力下一度改名为"肯尼亚非洲人学习联盟"，
1946 年恢复原名。［英］约翰·斯潘塞：《肯尼亚非洲人联盟》，英国 1985 年版，第
128—129 页。

　　②　［英］约翰·斯潘塞：《肯尼亚非洲人联盟》，英国 1985 年，第 208 页。

　　③　［肯］奥京加·奥廷加：《尚未自由》，英国 1967 年版，第 111 页。

斗争之外的其他方法。在肯尼亚非洲人联盟内部，1948 年后的领导人成分发生了变化。一些有较强民族主义思想的工人运动领导人和退伍军人参加了各级领导机构，取代了原来的温和派。具有决定性影响的是 1951 年 6 月内罗毕支部改选，弗雷德·库巴依、比尔达·卡吉亚和约翰·蒙盖三名工会领导人掌握了联盟支部领导权，前两人还参加了联盟的中央委员会。之后，以非洲人联盟为代表的肯尼亚人民反对殖民统治的斗争明显激化了。

肯尼亚非洲人联盟的斗争从一开始就不是孤立的。第二次世界大战中壮大了的非洲工人阶级在战后组织了各种产业工会，其中建立最早、力量最大的是运输和有关工人联合会①，它以内罗毕为总部，有会员五千人。但工人斗争首先是在东非最大港口城市蒙巴萨开始的。1947 年月 1 月，蒙巴萨工人在什盖·基巴契亚领导下为抗议工资低和住房条件恶劣而举行了为期一周的大罢工，并在当天成立了非洲工人联合会。它是肯尼亚第一个全领地性非洲人工会。这次大罢工取得了胜利。在后来七个月中，非洲工人联合会在全国许多城镇建立了分会，组织了多次小规模罢工。这一时期，工会与肯尼亚非洲人联盟进行合作，利用彼此的基础发展组织和扩大成员。8 月 22 日，殖民当局突然逮捕基巴契亚等工会领袖，沉重打击了以蒙巴萨为基地的工会运动。之后，工运中心移到了内罗毕。运输和有关工人联合会主席库巴依利用非洲工人联合会和肯尼亚非洲人联盟支部的老关系到各地建立工会分会。在他创议下，1949 年 5 月 1 日成立了有 5 个产业工会和其他工会组成的"东非工会大会"，由库巴依任主席，印度人马坎·辛格任总书记。大会章程中不仅提出了广泛的经济要

---

① 最初名叫"内罗毕出租汽车司机联合会"，后又改名为"肯尼亚非洲公路运输和技师联合会"。

求，还提出了各种政治要求，如要求言论、出版、结社、集会、迁移等自由，要求参加行政和立法机关，工人有选举和被选举权等等①。到1949年底，工会在反映非洲人愿望方面已成为比肯尼亚非洲人联盟更富有战斗性的工具。从1949年10月到1950年1月，东非工会大会发动了多次罢工和请愿斗争。4月23日，肯尼亚非洲人联盟和东非印度人国民大会在内罗毕联合组织了一次群众大会，通过了马坎·辛格和库巴依提出的动议：要求"早日实现东非各领地的完全独立②。库巴依具体要求肯尼亚在"三年内独立"③。这是肯尼亚人首次明确提出民族独立口号。会后，工会大会加紧进行宣传鼓动工作。5月15日，殖民当局借故逮捕了库巴依和马坎·辛格。内罗毕工人举行总罢工表示抗议。但是这次罢工遭到非洲人议员马舒和非洲人联盟内温和派的反对和指责。工人运动再次受到挫折。库巴依获释后，与卡吉亚等其他工会领导人一起通过改选控制了肯尼亚非洲人联盟内罗毕支部，并参加了联盟中央机构。这些与劳动人民有密切联系并具有组织才能的人给联盟带来了新的活力；在他们的影响下，肯尼亚中部的秘密反殖活动——"茅茅"运动也空前活跃起来。

所谓"茅茅"运动，最初是吉库尤人在战后发起的秘密宣誓运动。早在战前，吉库尤人就曾利用宣誓为政治目的服务。大战后，在简称"姆巴里"的吉库尤土地事务委员会和前吉库尤中央协会领导人的组织下，宣誓活动由基安布扩大到尼耶里和霍尔堡等中央省各地区以及其他吉库尤人居住区，包括裂谷省以至

---

① ［肯］贝士威尔·奥戈特编：《肯尼亚殖民地的政治和民族主义》，肯尼亚1972年版，第237—240页。

② 同上书，第246页。

③ ［英］D. A. 劳伍、艾莉森·史密斯编：《东非史》第3卷，牛津1976年版，第127页。

坦噶尼喀北部。最初的宣誓内容主要是忠诚、保密和团结。目的
是通过宣誓复兴吉库尤中央协会，进而实现吉库尤人的大团结。
1947 年肯尼亚非洲人联盟由肯雅塔出任主席后，其影响逐渐取
代了一直被迫处在地下的吉库尤中央协会。一些宣誓集会常常成
为鼓动与会者参加联盟的场合。1948 年底，宣誓运动发展到内
罗毕。通过库巴依和约翰·蒙盖等人的工作，许多工会干部、汽
车司机、失业者以至几百名妓女都参加了宣誓。当时发生了一系
列促使宣誓运动日趋激烈的事件：1947—1949 年蒙巴萨和内罗
毕等地的罢工斗争，殖民当局强迫吉库尤农民迁出奥伦古鲁纳，
几万吉库尤族"斯夸特"被赶出"白人高地"，白人移民宣布
"肯尼亚规划"，等等。从此，宣誓开始包含"争取自由"的内
容。宣誓常在深夜秘密举行，形式粗鄙原始，带有宗教巫术色
彩，但有强烈政治内容。随着运动的蔓延，有些地方出现了强迫
和暴力行为。殖民当局觉察到这个运动的存在后，于 1950 年 8
月宣布取缔它所谓的"茅茅协会"。这当然不可能阻挡本来就是
秘密进行的运动的发展。甚至一些政府公职人员、基督教领袖、
政界人士、商人、酋长、巡警等都参加了宣誓。[①] 1951 年 6 月，
内罗毕的肯尼亚非洲人联盟激进派得势后，成立了名为"穆希
木"的秘密机构（后称"中央委员会"）[②]，事实上接管了宣誓
运动的领导职能。它派遣内罗毕的汽车司机定期把宣誓主持团送
到各地，扩大宣誓活动并加强各地的联络。鉴于请愿政策的无
效，这些激进派主张必要时应准备暴力斗争，作为迫使英国改变
政策的手段。他们在 1952 年加紧了搜集和储存武器弹药的活动，

---

① ［美］罗斯伯格、诺丁汉姆：《"茅茅"之谜》，美国 1966 年版，第 247 页。
② 同上书，第 274 页。

并派人到森林中做武装反抗的准备①。大约在同年 5 月以后，宣誓中加进了"杀敌、杀欧洲人"和"驱欧"等内容。这一时期，有些地区发生多起向亲政府的乡村头人和告密者的住房以及白人农场纵火，伤害白人农场的牛群以至打死乡村头人等暴力事件。有些民族主义运动内的温和派（如肯尼亚非洲人联盟前副主席汤姆·姆博特拉等）也受到谋杀威胁。这些恐怖活动不一定都是有计划有领导地进行的，但它们反映许多非洲人已不满足于少数人进行的和平请愿活动，决心用暴力来表达他们对殖民统治的愤怒和怨气了。1952 年 10 月 7 日，以亲政府著称的瓦鲁休大酋长遇刺身亡。到任不久的英国殖民总督巴林于 10 月 20 日宣布紧急状态，随后殖民当局又将肯雅塔、卡吉亚、库巴依、保罗·恩盖等 183 名肯尼亚非洲人联盟各级领导人逮捕关押，他们被认为是"茅茅"运动的策划者。紧急状态的宣布和肯雅塔等大批民族主义领导人的被捕标志着肯尼亚民族独立运动第一回合的结束。

二

从 1953 年起肯尼亚民族独立运动进入第二阶段：一方面在山区进行武装斗争，另一方面在议会内外开展反对所谓多种族主义的斗争。这两条战线的斗争是由不同的民族主义者领导进行的。

殖民当局在宣布紧急状态和搜捕民族主义领导人后，接着又采取一系列镇压和迫害非洲人（主要针对吉库尤人）的措施，如实行新的通行证法，查封非洲人刊物，增加警察岗哨，将十多

---

① ［美］罗斯伯格、诺丁汉姆：《"茅茅"之谜》，美国 1966 年版，第 274 页。

万吉库尤人从内罗毕等城市和白人农场赶到难以维生的保留地，使许多人倾家荡产，妻离子散。恐怖、绝望、悲愤的气氛弥漫中部地区。数月之内，吉库尤人及其近亲恩布人和梅鲁人成群结队涌进山区森林，组成许多支号称"土地自由军"的游击队。到1954年年中，总数约达1.5万人①，其中大部分在阿伯德雷山，主要领导人是德登·基马蒂和斯坦利·马森吉，其余在肯尼亚山，主要领导人是瓦鲁休·依托特。在最初近一年时间内，游击队采取主动出击的态势。他们利用高山深谷密林为掩护，避实就虚，突破敌人的封锁，袭击白人农场、保留地警察哨所和亲政府分子的住宅，伏击敌巡逻队。这期间，游击队从内罗毕和保留地得到数量不大但源源不断的后勤供应和新兵补充。以基马蒂为首的游击队领导人先后成立"肯尼亚防务会议"（1953年8月）和"肯尼亚议会"（1954年2月），试图统一领导和指挥游击斗争。由于地形复杂、山林阻隔和敌人的封锁袭击，游击队之间的联系极难，基马蒂等人的努力收效不大。他们想突破包围向其他地区和部族发展并争取外援的计划也未能成功。从1953年下半年起，形势日趋恶化。英国增兵换将，以6万兵力（包括1万正规军、近3万吉库尤乡卫队、2万警察）围攻起义军，并且使用了重型轰炸机、装甲车等大规模杀伤武器。② 1954年1月，依托特被俘投降，供出了有关起义军的重要情报，并加入殖民当局的劝降活动。年中，殖民当局发动"铁砧行动"，在内罗毕等城镇围捕吉库尤人，破坏了起义军的地下组织；同时把保留地内约一百万吉库尤人、恩布人和梅鲁人驱入有岗哨监视的"新村"，从

---

① ［美］罗斯伯格、诺丁汉姆：《"茅茅"之谜》，第297页。一说有3万人，见［肯］奥廷加：《尚未自由》，第117页。

② ［美］巴奈特、［肯］恩加马：《茅茅内幕》，美国1966年版，第211页。

而彻底破坏了游击队与内罗毕和保留地的联系，切断了游击队的供应和情报来源。在极端艰难困苦的条件下，起义军坚持抵抗。基巴蒂和恩加马（"肯尼亚议会"秘书）在答复依托特的劝降书中提出要以英国给予肯尼亚完全独立和分配土地等为条件[①]，表达了起义领导人坚定的民族主义立场和斗争决心。1955 年 3 月，基巴蒂召集"议会"开会，成立"非洲人政府"，基巴蒂当选为总理。会议重申了坚持斗争反对投降的精神。会后，拥有兵力最多的马森吉进行分裂投降活动。此时，殖民军已发动"锤子战役"，以一师兵力大举进攻起义军。游击队弹尽粮绝，士气低落，无力进行有效抵抗，只能分散躲避，争取生存。1956 年 10 月 21 日，基马蒂被俘。起义军残部约千人躲进深山密林。至此，以吉库尤人为主体的武装斗争失败了。

关于"茅茅"起义的意义，众说纷纭，至今在肯尼亚国内也有不同估价，甚至发生激烈争论[②]。但论者大都承认它是反殖民主义运动。"茅茅"起义告诉英国：旧的统治方式已经不行了，它促使英国加速在肯尼亚进行政治改革。

在森林战事还未停息，紧急状态尚未解除的时候，英国在 1954—1959 年先后推出了两部宪法。根据 1954 年 3 月出笼、1957 年修改的"李特尔顿宪法"，肯尼亚建立了所谓多种族的部长会议，首次给非洲人 1 个（1957 年增加到 2 个）部长职位，而欧洲人则有 3 个（1957 年增加到 4 个）部长职位；宪法规定立法会议的非洲人代表实行有条件有限制的直接选举，名额由 4 名增加到 8 名，另有 2 名由总督指定；而欧洲人代表共有 38 名，其中大部分是总督任命的或在职的当然代表，其

---

① ［美］巴奈特、［肯］恩加马：《茅茅内幕》，第 350—352 页。
② 见肯尼亚《每周评论》（1986 年 1 月 10 日）中"'茅茅'是什么？"一文。

余 14 名则由普选产生；立法会议中还有若干名印、巴人和阿拉伯人代表①。"李特尔顿宪法"由于它明显的不公平而立即受到非洲人的反对和抵制；它在白人移民中也引起了重大分歧，因为一部分白人移民反对多种族政治，主张按种族划区分治②。1957 年 11 月出笼的"伦诺克斯－波依德宪法"对非洲人作了新的让步。它同意给非洲人增加 6 个经选举产生的立法会议席位，即由 8 席增加到 14 席；但同时增设由三大种族平均分配的"特别席位"（初定为各 4 席），由欧洲人代表占多数的立法会议本身遴选③。

"李特尔顿宪法"和"伦诺克斯－波依德宪法"被称为"多种族主义"的宪法。它们向非洲人作了一点让步，但绝不是要实行种族平等。其目的在笼络少数非洲上层人士，在保持欧洲移民特权的前提下继续维护英国的殖民统治。两部宪法都为少数白人移民保留大大多于其人数比例的政府职位和立法会议议席，明白无误地反映了英国的意图。可作佐证的是，从 1953 年至 1959 年，在英国的支持下，肯尼亚的欧洲移民由 4.2 万人迅速增加到 6 万人④，目的显然是要增强欧洲移民的力量。直到 1959 年 4 月，宪法之一的制造者殖民大臣伦诺克斯－波依德还在英国下院声称，他"无法设想出一个时间，到那时英国政府就能够放弃它对肯尼亚福利和命运的最终责任"⑤。

两部宪法出笼后立即遭到肯尼亚人民的反对。首先对"李

---

① ［肯］索·勃贡科：《1945—1963 年的肯尼亚》，内罗毕 1980 年版，第 183 页。
② 同上书，第 139—141 页。白人移民中主要为支持宪法的布伦戴尔派和反对宪法的"白人高地派"，另有一些"独立人士"。
③ 同上书，第 194 页。
④ ［英］劳伍·史密斯：《东非史》第 3 卷，牛津 1976 年版，第 578 页。
⑤ ［英］莫里斯—琼斯、格·菲希尔编：《非殖民化及其以后》，英国 1980 年版，第 6 页。

特尔顿宪法"表示不满和异议的是马舒等立法会议中的非洲人代表。但他们不久在实际上同意了多种族原则，仅要求给非洲人两个而不是一个部长职位，并以辞职相威胁。英国政府以欧洲移民反对为由予以拒绝。对此，立法会议的非洲人代表毫无办法，也未辞职。代表之一的奥汉加还接受了政府社会发展部部长职位。显然，较早进入立法会议的这些非洲政治人物已经不再能代表广大非洲人民的意愿，不能适应迅速发展的民族独立运动的要求，他们的地位很快被一批新起的民族主义者所取代。这些新人中最活跃的有奥京加·奥廷加、汤姆·姆博亚、阿格云—柯代克、罗纳德·恩加拉和朱利斯·基亚诺等。前三人都是肯尼亚第二大族卢奥族人。奥廷加由兴办实业起家，依靠并得到发展迅速的卢奥族传统团体——卢奥族联盟的支持。姆博亚是内罗毕工会运动的组织者，并得到英国工会和国际自由工联的支持。阿格云—柯代克是1955年10月殖民当局局部地开放党禁后最先企图重建全国性非洲人政党的民族主义者，他的力量主要在内罗毕。这些崭露头角的民族主义者几乎都反对多种族主义，提出了比立法会议非洲人代表们远为激进和具体的政治主张："建立一人一票原则的民主制"，"实行成人普选"，"给非洲农民、商人和企业主更多的贷款"，"向非洲人开放白人高地"，等等。这些人还有很强的组织和宣传活动能力。在1957年3月举行的立法会议选举中，他们击败多数在任的温和派代表（包括老资格的马舒和奥汉加）而进入了立法会议。他们建立了"非洲人当选代表组织"，把立法会议当作宣传其主张的讲坛和反对多种族主义的重要工具。他们宣布"取消李特尔顿宪法"，拒绝接受部长职位，要求取消立法会议的"特别席位"并给非洲人增加12个代表名额。1959年2月，这些非洲人代表发动了持续将近1年的抵制立法会议常会的斗争，要求英国召开制宪会议，进行宪法改革。

同时，他们联合立法会议中的亚洲人代表和 1 名欧洲人代表，组成"选区民选代表组织"，共同派遣代表团到伦敦请愿。

非洲民族主义者们不仅进行议会斗争，也十分重视争取和教育群众的工作。他们出版报刊，到各地召集群众大会，发表宣传民族主义的文章和演说，获得了各地党派团体和群众的广泛响应和支持。非洲民族主义者一往无前的斗志争取了亚洲移民的同情和支持，同时也加深了白人集团的分化。温和派布伦戴尔辞去了政府农业部长的职务，创建"新肯尼亚党"，主张取消种族壁垒，开放白人高地，并同意非洲人提出的召开制宪会议的要求①。以布列格斯为代表的一派人则另外组织了"联合党"。

1959 年 7—8 月，立法会议的非洲人代表们先后建立了以马辛迪·穆里洛为主席的肯尼亚民族党和由奥廷加、基亚诺、姆博亚领导的肯尼亚独立运动。两党宗旨相近，分歧在于前者是多种族党，后者只吸收非洲人，独立运动提的口号也显得更激进一些——要求 1960 年实现自治，而民族党要求 1968 年自治。

在蓬勃发展的民族主义运动冲击下，英国政府于 1959 年 4 月宣布同意在 1960 年召开制宪会议。10 月，殖民当局发表白皮书，同意取消在教育和进入白人高地等方面的肤色壁垒。11 月，殖民大臣麦克劳德决定结束肯尼亚的紧急状态，并为召开制宪会议进行积极准备。为了团结斗争，非洲人的两个民族主义党决定成立联合代表团，共赴制宪会议。

事态说明，英国鼓吹多年的两个多种族主义宪法到此已相继破产，企图阻挡民族主义浪潮的堤坝行将坍塌。肯尼亚民族独立运动进入了最后阶段。

---

① ［肯］索·勃贡科：《1945—1963 年的肯尼亚》，内罗毕 1980 年版，第 213页。

三

1959—1960 年之交，肯尼亚民族独立运动出现了重大转折。1 月 18 日，英国在伦敦召开第一次肯尼亚制宪会议。由恩加拉和姆博亚率领的非洲人代表团提出了"一人一票"和在多数人统治下实现独立的明确要求。这与欧洲移民代表之一布列格斯提出的保持现状的主张针锋相对。经过紧张磋商，英国拿出了最终方案，即后来的新宪法。根据它的规定，立法会议中将首次由非洲人的民选代表占多数（在 65 席中占 37 席）①，在部长会议的 12 名部长中非洲人占 1/3。新方案虽然没有满足非洲人的全部要求，但向这个方向迈出了一大步。联系到殖民大臣在伦敦会议开幕式上所作关于肯尼亚将建立"威斯敏斯特式"的议会制独立国家的讲话，以及几乎在同一时间麦克米伦首相所作的"变革之风吹遍非洲大陆"、英国政策必须适应非洲民族觉悟的著名讲话，可以说英国此时已经不再企图依靠欧洲移民势力继续统治肯尼亚，而准备给予肯尼亚独立了。这是英国殖民政策的急剧转变。引起这一转变的最重要因素首先是非洲人民在独立问题上的不妥协斗争，这一斗争继"茅茅"起义后在 50 年代末又掀起了高潮；其次是受整个非洲民族独立运动的推动，这个运动已促使法国和比利时改变政策，决定让其殖民地独立，这对英国不能没有影响；第三是保守党本身的演变，一批思想较开明的人代替索尔兹伯里、李特尔顿等传统主义派进入下院和内阁，他们的主张（不可否认还有一部分工党的主张）影响了以麦克米伦为首相的英国政府。殖民大臣麦克劳德说他上任后"有意加速了（非洲

---

① ［肯］索·勃贡科：《1945—1963 年的肯尼亚》，内罗毕 1980 年版，第 226 页。

的）独立进程"，因为"在我看来任何其他的政策都可能在非洲引起可怕的流血。这是问题的核心"[①]。这是英国官方对于改变殖民政策的最坦率的解释了。

但是，肯尼亚并没有能够很快取得独立，这一划时代的日期在第一次伦敦会议后又过了将近4年才来到。在这以前，非洲民族主义者还要排除一系列障碍，其中最主要的有两个：殖民当局迟迟不肯释放肯雅塔和民族主义运动内部的党派与政策分歧。

肯雅塔于1953年以"操纵"，"茅茅"运动的罪名被判处7年徒刑，殖民当局将他和另外几位肯尼亚非洲人联盟领导人长期关禁在西北部偏僻荒凉的洛基唐。但是他在非洲人心目中仍然是肯尼亚最有威望的民族主义领袖。从1958年起，民族主义者多次通过官方渠道或组织群众集会和游行示威，要求释放肯雅塔。1960年底，新成立的两大非洲人政党（肯尼亚非洲民族联盟和肯尼亚非洲民主联盟）都不仅要求释放肯雅塔，而且提名他担任即将成立的政府总理。肯尼亚非洲民族联盟因殖民当局拒不答允这个要求而坚决抵制1961年2月大选后建立的肯尼亚过渡政府。肯雅塔的名字同争取肯尼亚独立的斗争已不可分地联系在一起。"肯雅塔和乌呼鲁（自由）"或"乌呼鲁（自由）和肯雅塔"的口号响遍肯尼亚的城市和乡村。但是，殖民当局和欧洲移民总把他当作恐怖活动的组织者，雷尼森总督称他是"黑暗和死亡的领头人"[②]。在肯雅塔服刑期满后，殖民当局迫于各方面的压力，将他由洛德瓦尔迁徙到离内罗毕较近的马拉拉尔，但仍严格限制他的行动，直到1961年8月，肯雅塔才真正获释，不久即参加了政府。正如

---

① ［肯］索·勃贡科：《1945—1963年的肯尼亚》，第239页。

② 参见［匈］西克·安德烈：《黑非洲史》第4卷上册，上海译文出版社1979年版，第146页。

姆博亚所说，如果殖民当局早表现得明智一些，"肯尼亚的历史可能大不相同，独立的日期可能会大大提前"①。

肯尼亚独立日期姗姗来迟的另一重要原因是民族主义队伍的分裂和重大政策分歧。1960年2月伦敦会议后，殖民当局宣布允许肯尼亚非洲人重新组织全国性政党（不再限定要"多种族"的）。3月和6月，肯尼亚非洲民族联盟（简称"卡努"）和肯尼亚非洲民主联盟（简称"卡杜"）相继成立。"卡努"是在已遭取缔的肯尼亚非洲人联盟的基础上重建的，原推选仍身陷图圄的肯雅塔为主席，因殖民当局不予核准，改由吉丘鲁代理，奥廷加为副主席，姆博亚为总书记。原定正副司库是恩加拉和莫伊，他们不接受此职，而与穆里洛等人领导的卡伦金联盟、马萨伊联合阵线和滨海非洲人联盟等小党派组建"卡杜"，由恩加拉任主席，穆里洛任副主席，莫伊为书记②。两党都有明显的部族背景。"卡努"的主要领导人来自最大两个部族即吉库尤族和卢奥族；"卡杜"的主要领导人来自卢希亚族、卡伦金族和其他小部族。平心而论，"卡努"是以联合非洲各族人民共同争取民族独立为目的的，它的领导人组成是由客观斗争历史所形成的。而"卡杜"的建立则反映了少数部族对吉库尤和卢奥两大族的疑虑和不信任。他们担心两大族在独立后在权力分配和土地问题上不照顾他们的利益。这种部族隔阂和矛盾在很大程度上是殖民统治（政策和宣传）的结果。某些非洲领导人也可能企图借助部族主义达到争权的自私目的。但是两党都反对殖民统治，要求国家独立。它们在释放肯雅塔和其他政治纲领上几乎没有什么不同。

---

① ［肯］汤姆·姆博亚：《自由和自由以后》，美国1963年版，第131页。

② ［匈］西克·安德烈：《黑非洲史》第4卷上册，上海译文出版社1979年版，第114页。

1961 年 6 月，两党领导人曾一起宣布要为肯尼亚在 1961 年独立而共同战斗。① 不过，实际上在 1961 年 2 月议会选举后，两党的政策分歧就已暴露。"卡努"在这次选举中获多数票，但因肯雅塔仍未获释而拒绝参政。结果"卡杜"却有条件地②答应参加政府。"卡努"对此进行了谴责。之后，分歧扩大，焦点是肯尼亚独立后采用何种政体之争。"卡努"主张建立强有力的中央政府和一院制议会。"卡杜"则主张实行地区分权制，将全国分为 6 个地区（Regions），由中央政府控制国防、外交、货币和高教，而由地区政府管理土地、中小学教育、当地税收、警察和地方行政；议会实行上、下两院制。"卡杜"的地区主义计划有可能是在欧洲移民代表帮助下制定的③，当然也得到欧洲移民各派的支持。

1962 年 2 月 14 日至 4 月 6 日，第二次制宪会议在伦敦举行。"卡努"和"卡杜"各持己见，进行了长达 7 星期的争论。最后，"卡努"作了让步，会议达成了大体以"卡杜"的主张为蓝本的协议。肯尼亚建立了有各党参加的联合政府。但宪法问题仍属悬案，独立日期也不能确定。

为了制定一项双方都能接受的宪法，英国于 1962 年 7 月和 1963 年 2 月两次派大臣到肯尼亚商谈，试图消除两大党的分歧，均未成功。但两党同意先建立自治政府，由非洲人出任总理。经过激烈竞争后，"卡努"再次在大选中取胜。1963 年 6 月 1 日，肯尼亚实行内部自治。"卡努"主席肯雅塔就任政府总理，兼任外交、国防和公安部长。

---

① ［匈］西克·安德烈：《黑非洲史》第 4 卷上册，第 159 页。

② "卡杜"的条件是恩加拉要做"政府事务负责人"和将肯雅塔迁回他家乡，并由政府出资为他造一栋住房。殖民当局同意了。同上书，第 150—151 页。

③ ［肯］奥京加·奥廷加：《尚未自由》，英国 1967 年版，第 226 页。

肯尼亚自治以后，坚持中央集权制的"卡努"对"卡杜"的分裂主义倾向和英国的模棱态度继续进行了坚决斗争。在9月25日—10月19日举行的最后一次制宪会议以前，"卡杜"领导人恩加拉扬言要使用武力在卡伦金地区、马萨伊兰和滨海地带建立独立国。在制宪会议进行期间，"卡杜"执委会通过决议，要建立一个包括裂谷省、西方省、东北区和一部分滨海省在内的独立国，以纳库鲁为首都，恩加拉为总统。① 在制宪会议上以肯雅塔为首的"卡努"代表团坚持必须加强中央政府的权力和权威，削弱地区和部落机构的权力，要求根据这条原则修改宪法。英国殖民大臣表示担心"卡杜"的少数部族可能采取暴力割据从而使英国议会拒绝通过独立法案，要"卡努"放弃修宪要求②；鉴于英国政府态度暧昧，"卡努"代表团表示将退出会议回国，并将不顾英国政府同意与否而自行宣告独立。肯雅塔还认定"卡杜"的分裂威胁不过是一种讹诈手段，不必认真考虑。次日，"卡杜"果然否认了分裂打算。由于人心所向和"卡努"的坚定立场，英国政府终于根据"卡努"的建议确定了新宪法的文本：增加中央政府对管理警察和公共事务的权力，但暂时保留地区制度，等独立后再说等。"卡杜"代表没有在协议上签字，并在会后继续发出分裂主义威胁。但是大势所趋，"卡努"的胜利已成定局。在这种形势下，"卡杜"领导人渐次倒戈，最后于1964年11月解散组织，全部加入"卡努"，并在政府中担任了重要职务。这当然已是后话。

肯雅塔出任自治政府总理后，对欧洲移民采取了宽容态度和温和政策，稳住了大部分心怀疑惧的欧洲移民。有些欧洲移民领

---

① ［匈］西克·安德烈：《黑非洲史》第4卷上册，1979年版，第205页。

② ［肯］奥廷加：《尚未自由》，英国1967年版，第238页。

袖如布鲁斯·麦肯齐和汉弗莱·斯莱德长期分别担任了政府部长和众议院议长之职。①

应该提到的是，早在独立以前"卡努"内部也出现了所谓激进派和温和派（指奥廷加和姆博亚）的尖锐倾轧。奥廷加被认为是亲东方派，姆博亚被认为是亲西方的。这种内争一直存在到独立以后，但它未能阻碍肯尼亚独立事业的前进。

1963 年 12 月 12 日，英国女王的特使菲利普亲王在内罗毕自由广场庄严宣布肯尼亚独立，并把权力交给肯雅塔。

肯尼亚的新时代开始了。

（原载于《西亚非洲》1987 年第 3 期）

---

① ［英］盖伊·阿诺德著：《肯雅塔和肯尼亚政治》，内罗毕 1974 年版，第 168 页。

平民和贵族的共同斗争

——乌干达民族独立之路

乌干达的特殊政治环境

第二次世界大战后不久，东非的乌干达掀起了民族民主运动，经过 17 年的斗争，于 1962 年 10 月 9 日获得独立。乌干达人民的斗争是在特殊的内部环境下进行的：英国统治下的乌干达境内存在着布干达、托罗、布尼奥罗和安科累 4 个封建部族王国。它们共占乌干达总面积的一半多。其中布干达面积最大（占总面积 1/6 左右），人口最多（占总人口的约 1/5）。由于布干达经济相对地较发达和地处乌干达政治中心，所以它对乌干达的政治发展具有决定性影响。乌干达的这种特殊环境是历史和英国的殖民政策造成的。

19 世纪末英国侵占乌干达地区时，这里处在小国林立状态，其中布干达王国相传有 500 年历史。当时它已建立了以卡巴卡（国王）为首的中央集权制度，和萨扎（县）、贡博洛拉（区）、米鲁卡（分区）三级行政机构。布干达也是这一带最强大的王国。它也最早与英国殖民主义者签订"保护"条约①。1897—
1899 年，卡巴卡姆旺加曾两次起兵反对英国的殖民统治，并与
他从前的敌人、始终坚持抗英的布尼奥罗国王卡巴雷加携手联
合，终因力弱失败。但是布干达统治集团中的亲殖民主义派却协
助英国镇压了各地的反抗，征服了乌干达其他地区。这使布干达
获得了有别于其他地区的地位。英国让姆旺加的 7 岁幼子多第·
契瓦继任王位，由首相、财长、大法官三大臣摄政。根据 1900
年英国与布干达签订的协定，英国承认卡巴卡及其政府，但以他
们"忠于"英国政府为条件。协定规定布干达王国的地位相当
于一个行政省（乌干达设 4 省），下辖 20 县（其中 6 个县原属
布尼奥罗王国）；卡巴卡保留任命王国议会（"卢基科"）成员、
政府大臣和县、区级首长的权力，但需经英国总督批准；卢基科
受"保护国"政府控制，布干达法庭从属于"保护国"法庭；
卡巴卡、王室成员和布干达政府官员领取"保护国"政府的津
贴和薪金。协定规定对布干达人征收茅屋税、枪支税，收入上缴
"保护国"政府。如税收增加超过一定数额，卡巴卡、各大臣、
县长可相应地要求增加津贴、薪金。县长除负责收税外，还有权
要村镇提供劳务保养公路。协定还规定布干达的一半以上土地
（一万多平方英里的森林、"未耕地"和荒地）归英王所有，另
外近一半土地（8000 平方英里）由卢基科负责分配给卡巴卡、
王室成员、政府大臣和县、区、分区各级酋长，作为他们的私有
地。② 因为是按平方英里划分的，故称这种土地为"梅洛"地
（"梅洛"为英语"英里"的谐音）。

① 英国政府和布干达最早的"保护"条约签于 1894 年。但在这以前，卢加德
作为皇家不列颠东非公司代表同布干达已签订了至少两个"保护"条约。
② 1900 年英布协定当时称 1900 年乌干达协定，见［英］劳伍、普拉特：《布
干达和英国的统治》，伦敦 1960 年版，第 350—366 页附录二。

　　1900 年英布协定给了布干达有限的自治权。随着经济、文教、社会事业的发展，殖民政府（即所谓"保护国"政府）委派官员（几乎都是欧洲人）进行直接管理，布干达无权插手。

　　英国与其他三王国先后也签订了类似的协定[①]，但它们的地位只相当于介乎省、县之间的地区（District）级，除了保存传统的王位或王国议会外，实际行政管理权操在地方殖民当局（首先是县专员）之手，与非王国地区差不多。

　　1900 年的英布协定确定了布干达传统统治阶层（以卡巴卡为首的布干达贵族）的双重地位和政治上的两面性。他们屈从于殖民国家并为其负责地方的治安、税收和劳务（包括强迫劳动），为此而获得殖民国家保证的传统统治地位、薪给和大片私有土地作为报偿，因而成了殖民政府统治、压迫、剥削布干达普通人民的工具。他们与布干达人民之间存在着阶级矛盾，主要是官僚地主与农民的矛盾；另一方面，由于布干达丧失了独立，以卡巴卡为首的贵族失去了过去享有的绝对统治权，而处于从属地位，他们同殖民政府也存在着统治与被统治、控制与被控制的矛盾，即民族矛盾。在这一点上，他们与普通人民利益有一致之处。

　　布干达贵族的这种双重地位决定了他们对政治运动包括民族民主运动也必然持两面态度。他们可能同殖民当局一起镇压人民，但在其根本利益受到殖民主义威胁或反殖斗争高涨、尤其是民族独立运动不可逆转时，他们也可能同人民一起反抗殖民当局，甚至成为民族独立运动的重要力量。这已为 1900 年以后半个多世纪的历史事件所证实。在第二次世界大战以前的几十年

――――――――――

　　① 1900 年的《托罗协定》、1901 年的《安科累协定》、1933 年的《布尼奥罗协定》。

中，乌干达（包括布干达）人民的反殖斗争处在低潮时期，布干达贵族同殖民当局发生过几次争吵，如 20—30 年代关于建立东非联邦（当时叫"紧密联盟"）之争和布干达首相同地区殖民长官的权力之争等。但是，总的来说，这个时期布干达贵族是殖民主义的驯顺工具。正是他们对殖民当局的"忠诚"而不是什么"老百姓自愿的默认"保证了这个时期英国殖民统治的稳定，"没有发生非洲人反对殖民统治本身的政治活动"。①

但是，第二次世界大战后的客观事变终于将布干达贵族也卷进了反殖民主义浪潮。有的学者称他们是"官僚民族主义"②（bureaucratic nationalism）。正是他们与广大平民的共同斗争推进了民族主义运动，保证了乌干达独立事业的胜利。不过，这条独立之路是经过曲折过程才终于找到的。当然，民族主义运动最先和最积极的参加者不是布干达贵族，而是乌干达的平民。

平民的斗争——从巴塔卡运动到乌干达国民大会党

平民或普通人民，是指除贵族或统治阶层外乌干达的广大人民群众，包括农民、工人、知识分子、商人、中小地主和酋长、中下级政府官员，甚至还包括极少数高级酋长和官员。早在 20 年代，布干达就出现了影响深远的巴塔卡运动。"巴塔卡"（Bataka）原意是掌管氏族土地的氏族长。他们中的一部分人在《1900 年英布协定》后失去了上述传统权利，而与普通农民一样降为佃农。所以，他们强烈反对 1900 年协定和该协定给予高级

---

①　[英] 哈劳和契尔伏等：《东非史》第 2 卷，牛津 1965 年版，第 476 页。

②　[美] 戴维·阿普特著：《乌干达的政治王国》（美国普林斯顿大学出版社 1961 年版）一书的副题是"对官僚民族主义的研究"。

酋长（他们已成为大官僚地主）的特权。1921 年，他们建立了巴塔卡协会，组织请愿活动，要求恢复传统权利，分享农民上缴的税收，"扩大卢基科的代表性"。他们同官府和高级酋长的对立得到普通农民的同情和支持。1928 年殖民政府施行新的限制地租数额的"土地法"（《布苏鲁和恩武乔法》），减轻了佃农的地租负担，保证了租佃权；这固然与英国希望鼓励经济作物（首先是棉花）生产、保证其原料需求和财政收入有关，但巴塔卡运动也起了推动作用。此后，运动的矛头逐渐转向了控制棉花收购和初步加工的印度中间商和厂主。

30 年代，随着农村经济和城市建设的发展以及新的社会阶层（资本主义农场主、富裕农民、文职人员、商贩、城市工人、自由职业者等）的出现和扩大，代表他们利益的社会政治团体纷纷出现，如乌干达非洲人文职人员协会、布干达平民会、乌干达汽车驾驶员协会等，而影响最大的是 1938 年成立的"金杜子孙会"或称"金杜之子会"。"金杜子孙会"取名于布干达传说中的开国始祖金杜。入会者不仅有"资本主义农场主和商人"，还有酋长、氏族头人和布干达高级官员。它支持卡巴卡，但反对租赁地主、印欧商人和布干达"政治买办"[1]（指过于屈从殖民当局的大臣和老酋长）。它要求提高棉花和咖啡收购价，实行自由贸易和免费教育，反对高等教育为少数高级酋长子弟所垄断。它得到布干达各阶层人民的广泛支持，但并没有发展成为一个反殖民统治的民族主义政党，虽然它的斗争带有反殖民主义的一些因素。

第二次世界大战后不久，布干达爆发了新的巴塔卡运动。领导运动的是巴塔卡党和乌干达非洲农场主联盟，前者的创始人史帕达斯·穆卡萨、詹姆士·米梯及后者的创始人伊格纳休斯·穆

---

[1]　［丹］J. J. 乔京森：《乌干达现代史》，伦敦 1981 年版，第 180 页。

萨齐从前都是金杜子孙会的领导人。巴塔卡党成立于 1945—1946 年间，顾名思义，它同 20—30 年代的巴塔卡协会有些渊源，但其社会基础要广泛得多：它的成员中不仅有氏族长老和地主，更多的是普通农民、小店主以及从事传统职业如制造树皮布和皮鼓的其他氏族成员。[①] 巴塔卡党每月组织几千人的群众集会，宣传它的政治和经济主张，包括要求卢基科民主化，改组现政府，反对英国殖民部关于成立东非高级委员会的第 191 号和第 210 号文件，以及反对印度人垄断棉花和咖啡的销售和加工等。在这些宗旨上，巴塔卡党与 1948 年成立的乌干达非洲农场主联盟完全一致。实际上，两个组织的成员互相渗透交叉，它们都代表了富裕农民和农场主的利益。政治上，巴塔卡党更受保守势力的仇视。1948 年 8 月，布干达政府大臣和 16 个萨扎酋长（县长）曾联名要求殖民当局取缔该党。因事出无名，殖民当局没有采取行动。[②]

1949 年 4 月，上述两组织发动群众在布干达王宫前举行集会，并派代表会见和向卡巴卡提出了下述要求：开放民主，给人民以选举酋长的权力；卢基科 89 名成员中应有 60 名经选举产生；取消（布干达）现任政府；农民生产的棉花可由农民自己轧；农民可向国外出售自己的产品即进行自由贸易。[③] 次日，由于警察企图驱散集会群众和逮捕为首分子而发生冲突，群众的愤怒情绪迅速传播到各地。于是发生了向政府办公楼和官员住宅纵火以及抢劫酋长住宅和印度人商店、轧棉厂的暴力行为。殖民当局宣布布干达处于紧急状态，逮捕 1700 余人，并取缔了巴塔卡

---

① ［美］戴维·阿普特：《乌干达的政治王国》，美国 1961 年版，第 248 页。

② ［丹］J. J. 乔京森：《乌干达现代史》，伦敦 1981 年版，第 185 页。

③ ［英］劳伍、普拉特：《布干达和英国统治》，牛津大学出版社 1960 年版，第 281 页。

党和乌干达非洲农场主联盟。

战后巴塔卡党和乌干达非洲农场主联盟的全部活动，特别是1949年的请愿斗争，是布干达农村资产阶级领导的民主运动。它广泛传播了民主改革思想，打击了以"父道主义"的社会改良而踌躇满志的殖民统治，从而推进了布干达和全乌干达的政治改革，提高了非洲人的经济地位。1950年，卢基科经选举的代表名额增加到了50名；在乌干达立法会议中非洲议员由3名增加到8名。① 在经济方面，殖民当局于1951年认识到"有必要让非洲人参加经营轧棉业，而不要把他们的努力完全限制在种植棉花上"。② 这些大多属于巴塔卡运动要求的范围。

但是，战后巴塔卡运动同样没有提出自治、独立的要求③，运动也仅限于布干达地区。巴塔卡党的精神武器是"布干达社会的传统"或"基干达民族的传统"。④ 所以，它还不能算是真正的民族主义政党，巴塔卡运动也还不是真正的民族主义运动。但它们揭开了战后乌干达民族民主运动的序幕，并为之准备了组织基础。

乌干达第一个民族主义政党是乌干达国民大会党（The Uganda National Congress，以下简称国大党），它成立于1952年3月，创始人之一的伊·穆萨齐原是乌干达非洲农场主联盟领导人，他在该联盟被取缔后又创建了乌干达非洲农场主合伙者联合会，并与剑桥大学毕业生阿布·马扬加等人一起创建国大党。国大党的19名中央委员会委员中有10名是知识分子（律师、新闻

---

① 乌干达立法会议成立于20年代初，1945年才有第一名非洲议员。

② ［英］肯尼思·英厄姆：《现代乌干达的形成》（中译本），商务印书馆1973年版，第366页。

③ 苏联有的著作说1949年4月布干达的一次集会上提出了乌干达独立的要求。因缺乏旁证，存疑。

④ ［美］戴维·阿普特：《乌干达的政治王国》，美国1961年版，第250、310页。

工作者、文书、小学校长、留学生），5 名是商人。其地方支部的领导人以农场主兼商人居多数，也有少数酋长。国大党最先提出了实现乌干达各部族统一、乌干达早日自治（self-government）以及根据全体公民的共同选册举行普选等民族主义主张。它在党章中还提出了反帝、反殖、反对种族主义和建立"民主社会主义社会"的目标。[①]

　　根据这样的宗旨，国大党打破地区和部族界限，向全国寻求支持，并领导各地区的斗争。它初期的力量主要在布干达，但在布索加、托罗、兰戈、阿乔利等地区也有很多支持者，开展了卓有成绩的活动。如布索加的国大党支部坚决反对殖民当局任命的一个县长，并抵制了1955年地区议会法令的实施。托罗的国大党支部在地区议会中组成了强有力的集团，为托罗取得类似布干达那样的自治地位而斗争，得到了托罗国王的同情。阿乔利的国大党支部将阿乔利人团结在自己周围，反对被当地人认为是外来统治者的当地酋长。兰戈支部领导人提出了反对多种族政府原则和要求在1955年建立全部由非洲人组成的议会的主张。在布干达，国大党领导人当选为卢基科代表。在全国范围内，国大党关于统一、自治和独立以及直接选举等主张得到普遍赞同，深得人心。特别是1953年发生了殖民当局流放卡巴卡事件后，国大党积极参加了声势浩大的要求放回卡巴卡的运动；它派遣代表团到英国请愿，在国内发动抵制欧洲人和印度人商店的运动，使它在国内外的影响达到了鼎盛时期。党员发展到约一万人，积极支持者达到五万人左右。[②]

---

　　① ［美］戴维·阿普特：《乌干达的政治王国》，美国 1961 年版，第 320 页注 25、第 315 页注 21。

　　② 同上书，第 332 页。

　　1954 年以后，乌干达又成立了不少政党，如统一大会党、进步党、民主党、全乌干达党、乌干达民族主义运动党、乌干达人民党等等。这些党也都要求自治和反对英国政府放逐卡巴卡，但除民主党外，力量都很小，"未能对国大党构成严重挑战"。

　　但是，由于殖民政府的敌视，党内的地方主义和中央委员会内部的矛盾，国大党未能在民族独立运动中发挥更大作用。自卡巴卡回国后，国大党（还有其他政党）在布干达的地位受到贵族势力的排挤，因为它关于直接选举、参加立法会议和建立中央集权国家等主张与布干达贵族势力相抵触，政党势力的扩大也威胁传统势力的地位。而国大党本身则因组织松散和中央领导人在布干达问题和对外关系等重大问题上存在政见分歧，因而几经分裂，不少领导人退党另起炉灶，留下的也分为几派。一个分裂的国大党当然不可能发挥更大作用，1958 年在布干达卢基科选举中，它仅得 3 席，比民主党的 19 席相差甚远，甚至不如保守的全布干达党（即全乌干达党，它得 4 席）。① 这反映国大党在布干达已经失势。同年，在乌干达立法会议选举中，国大党仅获 3 席，而新建立的乌干达人民联盟却占 7 席。② 国大党的民族主义者已到了不采取新的有效的策略，便不能领导乌干达的民族独立运动继续前进的关键时刻了。

贵族的斗争——"卡巴卡危机"及其意义

　　正如上文所说，以卡巴卡为首的布干达贵族是乌干达民族独立运动中一个关键而复杂的因素。战后乌干达平民的斗争目标最

----

①　［美］戴维·阿普特：《乌干达的政治王国》，美国 1961 年版，第 387 页。
②　［乌］S. R. 卡鲁吉雷：《乌干达政治史》，内罗毕 1980 年版，第 165 页。

初主要是争取政治民主，改革贵族的专制统治和改善经济地位。他们的斗争对象首先是布干达贵族和印度商人，虽然不直接针对传统君主卡巴卡。1949 年的民主运动触发了普遍骚动，布干达贵族协助殖民当局进行了镇压，充当了殖民主义帮凶的角色。但是，他们不久也被卷入了反殖斗争的浪潮。鉴于布干达在全国政治、经济和文化中所处的中心地位，以及卡巴卡在具有王权主义传统观念的布干达人民中的巨大影响，布干达发生的一切牵动着整个乌干达的神经，这是其他地区或王国不可相比的。

50 年代初，布干达贵族首先在"东非联邦"问题上与殖民政府爆发了对抗。

早在 20 年代，英国就曾酝酿将它的东非领地（肯尼亚、乌干达、坦噶尼喀和桑给巴尔等）结成联邦，当时称"紧密联盟"。由于受到乌干达各种族（包括白人）的强烈反对，计划被搁置起来。二次大战期间，为适应战事需要，英国在东非设立不少区域性管理机构。战后不久，英国终于设立了东非高级委员会和中央立法会议，前者由东非三领地（肯、乌、坦）的殖民总督主持，任务是管理东非的铁路、航空和邮电等事业；后者为协商和咨询机构。英国殖民部在有关文件中宣称它的目的并不是要实现东非的政治联合即建立联邦[①]，但这近乎是"此地无银三百两"的表白，令人难以置信。1953 年 6 月 30 日，殖民大臣李特尔顿在议会讲话时一语泄露了天机。他在吹捧了英国政府和白人种族主义者炮制的"中非联邦"后说，整个东非各领地也可能结成一个联邦。[②]

---

① ［匈］西克·安德烈：《黑非洲史》（中译本）第 4 卷上册，上海译文出版社 1979 年版，第 8 页。

② ［英］劳伍、普拉特：《布干达和英国的统治》，牛津大学出版社 1960 年版，第 323 页。

　　布干达政府的大臣们得知李特尔顿讲话的消息后写信给英国驻乌干达总督科恩，对英国过去关于不建立联邦的保证表示不信任，指责殖民大臣的讲话"严重损害了布干达人和英国人之间的良好关系"。①

　　科恩总督在给卡巴卡的复信中说，报上所载殖民大臣的话不是全文而只是一种解释，殖民部已保证在联邦问题上不考虑改变政策，并说"未来的发展将充分考虑当地的公众舆论"②。

　　但是，他没有排除将来建立联邦的可能性，而且所谓"公众舆论"的作用也值得怀疑，因为尽管尼亚萨兰人民表示了强烈反对，白人种族主义控制的"中非联邦"还是在1953年成立了。1953年8月6日，卡巴卡穆特萨二世在给殖民大臣的信中以尼亚萨兰为例，表达了布干达人的担心。接着，他向英国提出两个新要求：布干达事务由殖民部移交给外交部负责，确定布干达的独立日期。在这以前，卢基科已提出同样的要求。8月10日，布尼奥罗、托罗和安科累三王国的国王也写信给殖民总督表示反对建立联邦。10月初，这三位传统统治者又与卡巴卡一起联合要求英国政府全面修改它与四国之间的关系。

　　卡巴卡的表态一下子使他变成了反殖民主义斗士。从激进的乌干达国民大会党到保守的全布干达党都举行集会支持卡巴卡的立场。接着，卢基科又进一步要求卡巴卡不要向乌干达立法会议提出布干达议员的名单，实即拒绝承认这个全国性立法机构。

　　至此，双方争论的焦点实际上已从东非联邦问题转移到了布干达要求独立和不承认乌干达立法会议的问题上了。

　　① ［英］劳伍、普拉特：《布干达和英国的统治》，牛津大学出版社1960年版，第324页。
　　② 同上。

　　英国政府派科恩总督与卡巴卡进行了六次会谈。科恩要卡巴卡放弃所提要求，否则他将不实行 1952 年他上任后所答应的改革，包括将某些地方事务的管理权移交给布干达政府。他援引《1900 年英布协定》，强要卡巴卡接受殖民政府的建议并负责向卢基科传达。卡巴卡拒绝了这个无理要求，表示如果非要他在忠于殖民政府和忠于人民之间作出选择的话，他将肯定选择忠于人民的立场。

　　1953 年 11 月 30 日，恼羞成怒的殖民当局宣布"不再承认"卡巴卡，将他放逐英国，并要卢基科立即选出新卡巴卡取代穆特萨二世。英国政府宣称这个决定是"不可更改的"[①]。它的谋士们以为，只要采取一下高压姿态，布干达人（包括布干达贵族）闹过一阵之后，就会安静下来选出新卡巴卡，照旧俯首贴耳地听命于殖民政府。不料，放逐卡巴卡不仅激起布干达人更深沉的反殖情绪，而且引起了乌干达国内外的震惊、抗议和批评，酿成为持续两年的"卡巴卡危机"。

　　布干达人听从卡巴卡"保持平静"的劝说，没有采取激烈的反殖行动，但他们毫不动摇地坚持要求放回卡巴卡。卢基科和国大党先后派代表团去伦敦请愿。国大党还在布干达发动了抵制印、欧人商店的运动；卢基科在与英国政府举行的宪法谈判中坚持以放归卡巴卡为执行谈判协议的前提。

　　在此情况下，英国终于缓和了态度，同意在卢基科草签谈判协议后放回穆特萨二世。1955 年 10 月 17 日，布干达到处装饰了鲜艳夺目的凯旋门，夜晚举行了火炬游行。卡巴卡在举国欢腾中胜利返回门戈（布干达王宫）。

<hr>

　　① ［美］戴维·阿普特：《乌干达的政治王国》，美国普林斯顿出版社 1961 年版，第 293 页。

持续两年的"卡巴卡危机"的意义有三：（一）它使半个世纪以来站在殖民当局一边镇压人民运动的布干达贵族转到了被压迫人民一边；（二）它为布干达贵族和乌干达平民提供了进行共同斗争的主题，使两条战线的斗争第一次结合起来，促进了乌干达民族主义的传播；（三）它导致了1954年7—9月的纳米伦贝会议，在此基础上签订了1955年布干达协定。这项新协定不仅规定了布干达实行"君主立宪"的方案，还具体规定在乌干达立法会议的60名成员中非洲人应占30名，其中18名由间接选举产生。非洲代表在立法会议中力量的增强为促进宪法发展创造了有利条件。

在"卡巴卡危机"期间，以卡巴卡为首的布干达贵族得到了全国普遍的同情和支持，卡巴卡成了民族主义的化身，声望极高。但是，布干达贵族没有能利用大好形势主动将斗争扩大为争取乌干达民族独立的斗争。他们的部族主义或地区民族主义和狭隘眼光决定了他们不可能担当乌干达民族独立领导者的角色。

布干达分离主义受挫和民主党的得势

1955年的布干达协定结束了"卡巴卡危机"，但是并没有结束布干达贵族与殖民政府的矛盾。协定实际上使布干达取得了内部自治地位，扩大了行政管理权（包括初等教育、农村卫生和农业服务等部门）。但是，协定还规定布干达承认它继续是乌干达的组成部分，并同意派5名代表出席乌干达立法会议。1956年，双方同意布干达作为最先进地区将在1958年首先进行直接选举，选出立法会议的代表，其他地区暂不举行。由于其他地区代表的坚持，英国在1957年10月宣布同意乌干达全境同时举行直接选举。

　　但是，布干达贵族突然在直接选举问题上变了卦。1957 年 11 月卢基科要求推迟选举，1958 年 3 月又正式通过决议反对直接选举。结果，1958 年 10 月乌干达举行立法会议直接选举时，布干达没有参加。此外，安科累、布吉苏和卡拉莫加也因各种原因没有举行选举。

　　接着，卢基科又反对总督任命的宪法委员会（怀尔德委员会）及其报告，尽管这个委员会有 2/3 的委员是非洲人，在其报告中包含了不少积极建议：根据共同选民册在 1961 年直接选举乌干达国民议会，建立部长会议制的内部自治，为 1962 年建立中央集权的独立的乌干达铺平道路等。

　　布干达贵族所真正关心的是布干达在未来乌干达国家中的特殊地位。1960 年卡巴卡赴伦敦参加宪法谈判，他要求英国给予布干达以联邦地位。同年 10 月，卢基科因不满英国的答复，宣布决定脱离乌干达。它在给英国女王的备忘录中要求布干达自治或至少与中央政府建立联邦关系，要求布干达拥有自己的军队、警察和最高法院。由于英国拒绝考虑这些要求，卢基科于 1960 年 12 月 30 日宣布布干达结束英国的保护并于 1961 年 1 月 1 日独立。[①]

　　随后，布干达政府抵制了 1961 年 3 月举行的乌干达国民议会首次大选。在它的威胁和影响下，布干达只有近 3% 的选民参加投票。

　　但是，从 1956—1961 年布干达贵族的这些斗争并没有取得他们希望的结果。与"卡巴卡危机"时相反，他们没有得到其他地区的支持或配合，处在几乎完全孤立的状态。正因为如此，殖民当局对他们一次次提出的要求不予重视。而同时，宪法发展

---

　　① ［英］A. I. 理查兹："后记"，见 L. A. 福勒斯主编：《国王的人》，伦敦 1964 年版，第 370—373 页。

计划也并未因为他们的抵制而停止执行。1961 年 3 月的大选有 120 多万选民（包括布干达的 3.5 万人）参加投票，7 个政党参加竞选。布干达 21 个选区的全部议席为民主党所囊括，加上它在其他地区所获议席，民主党获得了这次大选的胜利。该党主席贝内迪克托·基瓦努卡出任首席部长。1962 年 3 月乌干达建立首届自治政府，基瓦努卡就任总理。

　　1961 年大选的结果标志着布干达贵族的挫折。其根本原因在于布干达贵族从狭隘的本部族和本地区利益出发，采取了分裂主义的单干做法。卢基科所提单独独立的要求在 50 年代末已经失去了前几年那样的意义，因为 1953 年提出独立口号在乌干达具有首创性，目标是反对殖民统治的；而此时独立已成大势所趋，以致英国殖民大臣在 1960 年 9 月也表示希望乌干达先自治而后走向独立了。[①] 可见，布干达贵族不愿参加立法会议和要求联邦地位以至单独独立，其矛头已不是针对殖民政府，而是对向乌干达其他地区的。他们怀有凌驾于其他地区和部族之上的明显企图：公开宣传未来的乌干达国家应由卡巴卡担任国家元首。这样地强加于人当然是不得人心的。此外，从政治地理和财政经济上看，单独独立显然也不切实际。

　　民主党在 1961 年大选中取胜则并非偶然。民主党起源于布干达，但它面向全国。除在布干达外，它在北部的西尼罗、阿乔利、兰戈地区和西南部的安科累、基盖齐以及布尼奥罗等地区也努力吸收党员，争取全国性支持。民主党有明显的天主教背景，它的领导人和成员大多数是天主教徒。在布干达和全乌干达，天主教徒多于基督教新教徒，但在政府官职方面处在劣势地位。它

---

　　① ［匈］西克·安德烈：《黑非洲史》（中译本）第 4 卷上册，上海译文出版社 1979 年版，第 282 页。

为天主教徒鸣不平，主张根据教徒在人口中的比例分配酋长职
位，并由占多数的天主教徒控制国家。它得到人数众多的天主教
徒的拥护是毫不足怪的。同时，民主党又不是纯粹的天主教党，
它也向非天主教徒开放，其领导人中也有新教徒。所以，它在有
些新教徒占优势的地区如布尼奥罗、东阿乔利和特索南部也得到
很大支持。

在政治主张上，民主党以温和闻名，它主张通过参加立法会
议和政府，最终使乌干达取得独立，但首先要争取增加非洲人的
代表名额和实行文官系统的非洲化。同时，它反对布干达贵族的
分离主义，主张建立统一的乌干达国家。这些主张无疑是得人
心的。

最后，民主党的领导层比较稳定，没有发生像国大党那样的
多次分裂。这有利于争取群众。

在布干达贵族失策、国大党一再分裂而新党立脚未稳之际，
民主党依靠自己的上述优势，在 1961 年 3 月大选中初战告捷，
组织了乌干达首届自治政府。

不过，民主党的胜利也没有保持很久。这可能是因为贝·基
瓦努卡当首席部长时表现了"极权主义和缺乏策略"，以致"他
的政府在乌干达所有地区丧失了信誉"[1]，但这还不是全部原因。

共同斗争的胜利

布干达贵族从分离主义的失败中吸取了教训。他们一反敌视
政党活动的态度，于 1961 年 6 月支持创立了自己的党——卡巴

---

[1] ［英］A. I. 理查兹："后记"，见［英］福勒斯主编：《国王的人》，伦敦
1964 年版，第 380—381 页。

卡耶卡党（Kabaka Yekka），意为"国王唯一"党（The King A-lone）。最初，它是一群不大知名的布干达人发起的支持卡巴卡的运动，很快取得了布干达各界人士的响应和布干达政府的全力支持。它的领导人中包括不少政府大臣和国大党、进步党的前领导人。他们代表了不同政治倾向：如财政大臣阿莫斯·桑帕是坚决主张分离的"新传统主义"派，而国大党前领导人阿布·马扬加、卢因巴齐—扎基、戈弗莱·比奈萨和进步党前领导人穆里拉等则是主张乌干达统一的民族主义激进派。有人称卡巴卡耶卡党是"民粹派和传统的门戈统治集团的不自在的结合"①。它吸引了布干达几乎所有尊崇王权的人，特别是农民。但它并不仅仅是"富农（Kulaks）组织的党"②。它的领导成员中有较大比例的知识分子和商人。1962 年 9 月它选出了第一任党主席——布干达首相金杜，但它实际上受卡巴卡控制。它的地方支部就是各级行政机构。结果，在布干达不是政党接管政府，而是政府接管了政党。

卡巴卡耶卡党的建立增强了布干达贵族的组织和政治力量，但以此还不足以击败它的对手民主党。因为卡巴卡耶卡党终究只是个地区性政党，势力达不到其他地区。恰恰在这一点上，它与人民大会党有共同利益，并终于与之结成了联盟。

人民大会党是国大党奥博特派和乌干达人民联盟在 1960 年3 月合并而建立的新党。密尔顿·奥博特是兰戈人，新教徒，1948 年毕业于麦克雷雷学院，获文理科博士学位。自 1950—1956 他在肯尼亚工作，在这期间他参加了肯尼亚民族主义运动和工会运动，取得了政治活动和组织工作的经验。1957 年他

---

① ［丹］J. J. 乔京森：《乌干达现代史》，伦敦 1981 年版，第 215 页。
② ［乌］M. 马姆达尼：《乌干达的政治和阶级构成》，纽约 1976 年版，第 220 页。

回国后加入了国大党（兰戈支部），不久当选为立法会议代表并成为国大党议员集团的领袖。他以思想激进闻名，人称"民族民主主义者"①。1959 年他与温和派首领穆萨齐分道扬镳。奥博特派的支持者主要来自乌干达北部和东部，尤以兰戈和阿乔利地区为多。穆萨齐派的成员主要是布干达人。

乌干达人民联盟是 1958 年 10 月立法会议选举之后成立的。创建人是立法会议内来自布干达以外地区的 7 名议员，他们都是各地区"受尊敬的领袖"，如布索加的纳迪奥普、布尼奥罗的马盖齐等。② 人民联盟主张维护各地区传统领袖的地位和尊严，并表示反帝、反殖和反对殖民当局对不同地区的不平等待遇，不同意布干达应享有特殊地位。显然，人民联盟与国大党奥博特派既有共同语言也有不协调之处（如在对待传统领袖方面）。主要由于奥博特的"远见、正确的政策和善于与不同集团妥协"③，两派于 1960 年 3 月合并为乌干达人民大会党。奥博特任主席，马盖齐任总书记。人民大会党还得到工会组织的支持。它成为乌干达第一大党。但是，它在关键地区——布干达力量薄弱；原国大党领袖穆萨齐加入了卡巴卡耶卡党。与同样具有全国影响的民主党相比，它并不占绝对优势。

为了战胜民主党，也为了争取布干达加入统一的乌干达，奥博特在 1961 年民主党取胜后，通过阿布·马扬加的牵线，在伦敦与卡巴卡进行了谈判。人民大会党同意支持布干达在 1961 年和 1962 年伦敦制宪会议上提出的要求：在独立后给布干达以权力很大的联邦地位，推迟解决布干达和布尼奥罗之间

① ［印］维加依·古普塔：《奥博特——第二次解放》，新德里维卡斯出版社1983 年版，第 13 页。
② ［乌］S. R. 卡鲁吉雷：《乌干达政治史》，内罗毕 1980 年版，第 166 页。
③ ［印］维加依·古普塔：《奥博特——第二次解放》，新德里 1983 年版，第 14 页。

的 "失地"① 之争，独立后将关键的部长职位授予布干达，布干达派驻国民议会的代表经间接选举产生，人民大会党还暗示可提名卡巴卡为独立后乌干达的国家元首，而布干达则同意在布干达抵制民主党，并支持人民大会党组织乌干达政府。②

后来的事态几乎完全按这个秘密协议发展。1961 年 12 月，人民大会党和卡巴卡耶卡党正式结为联盟。

1962 年 2 月，布干达卢基科举行首次直接选举。人民大会党同意不参加竞选。所以这次选举在卡巴卡耶卡党和民主党之间角逐。结果，卡巴卡耶卡党大获全胜：在 66 席中赢得 63 席，民主党仅 3 席。

同年 4 月，乌干达举行第二次大选，人民大会党—卡巴卡耶卡党联盟又大胜民主党。首届国民议会的议席分配情况是：人民大会党 43 席，卡巴卡耶卡党 24 席，民主党 24 席，加上特别议席，两党联盟比民主党共多 34 席。1962 年 5 月，奥博特就任联合政府总理。

1962 年 10 月 9 日，乌干达宣告独立。翌年成立共和国。布干达和另外三王国以及布索加特区获联邦地位。卡巴卡穆特萨二世当选为共和国总统。

乌干达的独立是乌干达历史上的划时代事件。它是人民大会党和卡巴卡耶卡党联盟的胜利。这个胜利要归功于奥博特的明智的妥协政策。这种政策导致了两党联盟的建立，取得了对民主党的压倒优势，解决了乌干达的政治僵局。但是，这一妥协也为独立后的乌干达留下了许多隐患，如布尼奥罗 "失地" 问题，布

---

① 根据《1900 年英布协定》，布尼奥罗有 6 个县划归布干达管辖。布尼奥罗一直要求归还给它，特别是其中布尼奥罗人占居民多数的 2 个县。
② ［丹］J. J. 乔京森：《乌干达现代史》，伦敦 1981 年版，第 200、202 页。

干达等联邦王国与中央政府的关系问题等。它们后来成了乌干达独立初年政治动荡的根源和两党联盟破裂的因素。

但是，奥博特为了独立的早日来到而采取的与布干达贵族以及各地传统领袖结盟的政策在当时应该说是正确的，"肯定地表现了不同凡响的政治明智和灵活性"① （英国学者 A. I. 理查兹语）。

（原载《西亚非洲》1988 年第 5 期）

---

① ［英］L. A. 福勒斯：《国王的人》，伦敦 1964 年版，第 378 页。

论英国在非洲的"间接统治"

19世纪末20世纪初，当时的世界第一强国英国在短短二十多年内夺取了非洲几百万平方公里土地，征服和占领了几十个大大小小的非洲国家和政治实体，成为非洲最大的殖民帝国。即使经过合并以后，英国在非洲也还有约二十个殖民地附属国。为了治理这么多分布面广、总面积比英国大几十倍而国情大不相同的附属领地，英国在实践中总结出了一套"间接统治"制度，也可说是一种政策。它是英国在非洲实行的殖民政策的重要组成部分，是英国殖民统治的特色，对大部分英属非洲地区的政治社会演变和非洲民族主义运动都有深刻影响。本文拟从其起源、基本内容、传播、效果及其终止等方面作一初步论述，希望引起同行和读者的兴趣。

间接统治制度的起源

顾名思义，间接统治是与直接统治相对而言。简言之，直接统治是指征服者不顾当地传统而直接派遣和任命官员对被征服者或殖民地进行统治的一种行政方法。而间接统治则是指征服者通过当地的传统首领或政治机构对被征服者或殖民地实施统治的一种行政方法。作为一种统治方法，间接统治"既不新奇，也不是英国所特有"①，它"像人类的迁徙和征服史一样古老"②，从古罗马到法兰西帝国，以及英国在它较早占领的亚洲和非洲一些地方，如印度、斐济、南非、苏丹、布干达等，都有利用当地传统首领和机构进行统治的先例。不过，只是在 20 世纪头一二十年，间接统治才由一种统治方法发展成为一套有特定内涵的殖民统治制度和政策。它的最早的发源地是北尼日利亚。有的西方学者认为间接统治制度初步形成于 1902—1912 年之间③，这与我国有些作者认为它在整个尼日利亚确立于 1900—1914 年之说④歧义不大。

北尼日利亚因何能成为间接统治制度的发源地？主要似有三个原因：

首先是由于英国殖民统治的实际需要。19—20 世纪之交的几年内，英国征服和占领了尼日利亚北部各国，总面积约 18 万平方英里，居民约 1000 多万人。这是英国在热带非洲占领的地域最大、人口最多的地区。接着就产生了如何对这一片地区进行统治的问题。为了达到省钱（节省行政开支）、省力（派驻较少行政官员）而有效（维持殖民秩序）的目的，当然以利用当地现成的传统首领和政治机构为上策。事实上，当时英国占领者没有足够的财力和人力——英国在北尼日利亚的行政官员起初仅

---

① ［美］吉福德、路易斯：《英国和德国在非洲》，耶鲁大学出版社 1967 年版，第 352 页。

② ［英］马吉丽·佩勒姆：《尼日利亚的土著政府》，伦敦 1937 年版，第 345 页。

③ ［美］吉福德、路易斯：《英国和德国在非洲》，耶鲁大学出版社 1967 年版，第 352 页。

④ 张象、姚西伊：《英国对尼日利亚的间接统治》，载《西亚非洲》1986 年版第 1 期。

11 人，到 1906 年也不过 75 人①，又不了解当地的风俗习惯，而且交通不便，即使想进行直接统治也难以实施。同时，间接统治还可为征服者起到防备或减少殖民地反抗的缓冲作用。关于这一点，英国侵略尼日利亚的殖民主义急先锋、皇家尼日尔公司老板乔治·戈尔迪早在 1898 年就说："如果考虑到土著种族的福利和为了避免危险的叛乱，目前就必须执行按非洲人的原则通过土著统治者实行统治的总政策。"② 这里，"考虑土著种族的福利"之说当然纯属虚伪，"避免危险的叛乱"倒是实话。

二是北尼日利亚为实行间接统治制度提供了客观条件。北尼日利亚在 19 世纪初随着伊斯兰教的传播曾经建立了一个以索科托为中心的统一强盛的封建国家。但到 19 世纪末，索科托的统治势力已经衰落，北尼日利亚形成了十多个艾米尔国割据并立的局面，但它们仍奉索科托为政教中心，每岁向索科托素丹纳贡以示臣服。这些艾米尔国都建立了自己的以艾米尔（政教领袖）为首的行政系统，有自己的司法和税收制度，很便于征服者改造为殖民统治服务。而把这些艾米尔对索科托素丹的臣服变为对英国的臣服，也极易被前者所接受。

三是得力于英国驻北尼日利亚最早三任高级专员的实践和鼓吹，其中尤以弗雷德里克·卢加德的作用为最大。间接统治制度的形成恐非卢加德一人之力，但他是首创者，是他首先把间接统治方法系统化和总结为一种理论。卢加德曾作为英国下级军官在印度服役，1890 年后为英国征服乌干达和北尼日利亚立下了汗马功劳。1900—1906 年他任北尼日利亚首任高级专员（当地最

---

① ［美］吉福德、路易斯：《英国和法国在非洲》，耶鲁大学出版社 1967 年版，第 358 页。

② ［英］马吉丽·佩勒姆：《尼日利亚的土著政府》，伦敦 1937 年版，第 35 页。

高殖民官员）。他在东非时就著书立说，主张利用乌干达的传统政府机构统治乌干达。这个间接统治原则他自己在乌干达没来得及贯彻，他在调到北尼日利亚后便付诸实行了。卢加德在任期内发布了许多"公告"和"指示"，写了许多殖民地年报，其中规定和解说了间接统治的原则、方法和实践。这个时期他最重要的著作是《政治备忘录》（后又几经修改）。1906 年卢加德调离北尼日利亚后，他的两位继任者佩西·吉鲁阿特和赫斯克·贝尔都"接受、确认并能干地发展了"卢加德倡议的统治原则。① 譬如作为间接统治经济支柱的土著金库起先只在少数几个艾米尔国试行，在他的继任者任期内才逐步推广到其他艾米尔国和土邦。他们在施政上与卢加德不尽一致，有人说他们实行的是"非干预性"间接统治，而卢加德主张"干预性"间接统治②，但两者同属间接统治。

间接统治制度的基本内容

由于卢加德等人的实践和鼓吹，间接统治很快由一种统治方法演化成形为一套有专门含义的统治制度。它包含了四个要素：承认英国的宗主权、建立土著当局、土著法院和土著金库。

承认英国的宗主权即最高统治权是间接统治的前提。卢加德在率领殖民军征服北尼日利亚各国后，一开始就对当地原统治民族——富拉尼族的首领们明确宣布：英国享有对北尼日利亚的征服权。他在 1902 年给英国政府的报告中说："富拉尼人根据不久

---

① ［英］马吉丽·佩勒姆：《尼日利亚的土著政府》，伦敦 1937 年版，第 60 页。
② ［英］迈克尔·克劳德：《殖民统治下的西非》，伦敦 1968 年版，第 217—218 页。

前的征服权而保持了他们的宗主权……我本人认为，根据同样的征服权把如此获得的宗主权转交给英国政府并无不公正之处。这种宗主权包括一切土地的最终所有权，任命艾米尔和国家官员之权以及立法权和征税权。"①

在行政管理上，英国在北尼日利亚保护国派驻高级专员（相当于殖民地总督）作为英王代表，统辖保护国的一切军政大权。（1914 年尼日利亚统一后，南、北尼日利亚改由一名副总督、后来称首席专员治理，行政地位就降级了）。保护国内划分为若干省（Province）和分省（Division，这个名词在别处一般译为地区下的"区"）。每省派一驻节官（Resident）管辖，他是全省行政和司法首脑。驻节官通过下属官员"监督和指导土著统治者"，名义上对后者只起"参议和顾问"作用，但照卢加德所说，"他提供的咨询务必遵守，其权威得到英国政府的支持。"②每省以下一般分为三、四个分省，各设一名地区长官（District Officer）治理，配备若干助理地区长官（assistant district officers）协助他管理所属各地区。地区长官既是省法院督察（commissioner），又是所在地区的行政和司法首脑；他除了审理案件和管理邮政、海关、警察、建筑工程等部门外，还代表英国军政方面同土著首领联系，"负责经常地监督土著法院（的工作）"③。高级专员（或总督）、驻节官、地区长官们是英国宗主权的具体执行者。

间接统治制度的核心是建立土著当局（Native Authority）。在北尼日利亚，土著当局主要指索科托的素丹、各艾米尔国的艾

---

① ［英］马吉丽·佩勒姆：《尼日利亚的土著政府》，伦敦 1937 年版，第 43 页。

② ［英］弗雷德里克·卢加德：《英属热带非洲的双重委任统治》，英国 1922 年版，第 128 页。

③ 同上书，第 134 页。

米尔和部落集团的最高酋长或酋长，有些地方可能是以酋长为首的酋长会议（Chief-in-Council）这类传统行政机构。他们是非洲人的传统统治者。英国将他们征服或降服后，以他们接受英王的宗主权为条件，承认他们的传统地位，颁布法令确认其为"土著当局"，作为英国在殖民地的"行政机构的组成部分"。他们有权任免下级酋长和官员，有权给当地居民分配土地，并在土著法院协助下仲裁土地纠纷。土著当局的管辖地区大小十分悬殊，大的艾米尔国和土邦相当于省或地区，拥有几十万至上百万人口，而小的只相当于区、乡，拥有几千或几万人，有些不过是几百人的村落或小族体。较大的土著当局下设地区（District）和村（Village）两级，由地区头人和村头人负责。较小的土著当局——艾米尔可兼任地区头人。这些土著首领按所辖地区大小分别受驻节官、地区长官和助理地区长官的监督、指导、"咨询"或"协助"。土著首领按传统习惯世袭或选举产生，但要得到殖民当局的批准，后者还保留废黜权。土著首领和官员按级领取政府薪金（由土著金库支付），不再依靠属民的贡赋。土著当局的任务是维持地方治安，为政府收税和派工，并负责一些地方建设。卢加德强调说，这些土著统治者的权力来自宗主国君主，他们除非为殖民地政府服务，便没有他们的权利和地位。[①]

建立税收制度和土著金库（Native Treasury），这是间接统治的经济基础。收税是殖民统治者从殖民地人民身上榨取行政费用和劳动力的重要方法。此外，卢加德还认为缴税是被统治者对政府"忠诚"的表示，而殖民政府给予帮助它统治殖民地人民的土著统治者的酬金也要由殖民地人民支付。所以他十分重视税收

---

① ［英］弗雷德里克·卢加德：《英属热带非洲的双重委任统治》，英国1922年版，第203页。

问题。北尼日利亚的穆斯林国家在英国人侵占前已有税收制度，捐税项目繁多：什一税、牲畜税、某些行业的特别税、烟草等作物的作物税以及马路捐、市场捐、死亡捐（盛行于博尔努），等等。此外，当地统治者还依靠掠取和役使奴隶、出售土地和收受臣民的贡赋而获得收入。英国人建立殖民统治后，宣布禁止掠奴和奴隶制，并决定调整税收，统一税制。根据卢加德的意见，英国殖民当局在北尼日利亚主要征收一种"不纯粹的"所得税。其总额由驻节官根据各地的财产和劳动收入作出估计后确定，然后落实到各区各村，由村头人负责向村民征收，再由地区头人从各村征集后上缴土著政府。征税过程要受英国官员监督。这些税金构成土著金库的主要收入来源，其他收入还有法院所得诉讼费、罚款等。土著金库由土著政府负责管理。卢加德强调，征收税金要以土著统治者的名义进行，并要非洲农民认识到这是代替从前所缴的贡赋，"而不是白种人额外向他们征税"①。这当属欺人之谈。因为土著金库收到的税金有一半以上要缴给殖民政府，只有25%到50%由土著政府保留。后者的一半作为土著首领和高级官员的薪金，其余用作地方的行政和发展费用。

间接统治制度的第四要素是土著法院（Native Court）或土著法庭（Native Tribunal）。北尼日利亚的艾米尔国设有传统的司法机构。英国殖民主义者占领尼日利亚后，参照英国法律制度建立了高等法院和省法院（省法院制度是卢加德的创造，主要任务是审理非土著民和城镇的案件），并颁布法令将非洲人的传统司法机构改为"土著法院"，从属于土著当局。土著法院的首脑由艾米尔或最高酋长担任，成员由他们任命，但要获得英国驻节

① ［英］弗里德里克·卢加德：《英属热带非洲的双重委任统治》，英国1922年版，第242页。

官批准方能任职。土著法院只对当地非洲居民有司法权,其权限为按土著习惯法或土著当局通过的地方法（bylaw）审理民事案件。土著法院与省法院无隶属关系,但要受省法院督察即英国地区长官的"经常监督",而省驻节官则有权随时出席土著法院,并有权下令对土著法院审理过的案件进行复审、修改判决或将案件移交由他主持的省法院审理。① 1906 年,英国在北尼日利亚正式确定的土著法院共 109 个,分为 4 等,各有权限。其中只有索科托、卡诺、博尔努和扎里亚等 9 个土著法院有判处死刑的权力,但土著当局在执行判决前须将案情记录呈送殖民总督批准。②

以上是北尼日利亚间接统治制度的基本内容。它们主要是在较先进的有国家组织的地区实行。在较原始的、政治管理机构不发达的地区,英国起初较多地实行直接统治;卢加德认为这样就破坏了当地的"天然机构"和"土著统治的基础",主张在这些地区和部落也应推行间接统治制度。③

间接统治可以被看作是一种"土著地方自治",但土著当局（包括那些在当地居民中权势很大的大艾米尔）享有的"自治"权其实极为有限。卢加德为他们规定了许多限制:他们无权掌握军队,他们控制的警察不能带火器;他们无权自行征税或调整税额,如需征收特别捐税须经总督批准或法令授权;他们无权立法,立法权属于殖民地中央政府;他们无权调拨用于公共目的和商业需要的土地,也无权向外国人出租土地,这种权力属于总督和殖民政府;他们无权管理外国人和居住在市镇上的外来居民。

---

① ［英］马吉丽·佩勒姆:《尼日利亚土著政府》,伦敦 1937 年版,第 55 页。

② 同上书,第 57 页。

③ ［英］弗里德里克·卢加德:《英属热带非洲的双重委任统治》,英国 1922 年版,第 219—221 页。

最后，英国总督保留批准或挑选土著首领继任者的权力和废黜土著首领的权力。①

总之，土著当局除无国防、外交权之外，在立法、司法、征税、土地分配、居民管理、本人的任免等方面都受制于殖民当局。卢加德告诫下属要"尊重"土著首领，允许土著首领保留显赫庄严的礼仪，但这不过是为了更好地利用他们为殖民统治效力而已。

间接统治制度的推广

在北尼日利亚初步形成的间接统治制度首先被推广到整个尼日利亚。这是势在必然的。因为1912年英国政府将卢加德从香港调回尼日利亚，并授权他负责南、北尼日利亚的合并工作。1914年卢加德被任命为合并后的尼日利亚大总督，直到1918年卸任。在此期间，卢加德将他认为在北部行之有效的统治原则和方法逐步在南尼日利亚推行。为此他修改了他的《政治备忘录》，颁布了一系列新的《土著当局法》、《土著收入法》、《土著法院法》等法令，以适应南方的情况。1922年他出版了《英属热带非洲的双重委任统治》一书，全面地论述和发展了他的殖民统治（包括间接统治）的见解，该书几乎成了英国殖民地官员的必备教科书。卢加德的不少同事和下属官员也著书立说，介绍和鼓吹间接统治制度。有些人后来被派到英国的其他非洲领地担任总督或高级官员，成为间接统治制度的积极推行者。他们中有罗纳德·卡梅隆（1925—1931年任坦噶尼喀总督）、戈厄斯

---

① ［英］弗里德里克·卢加德：《英属热带非洲的双重委任统治》，英国1922年版，第205—207页。

（1925—1932 年任乌干达总督）、H. R. 帕尔默（1930—1933 年任冈比亚总督）、詹姆士·马克斯韦尔（1927—1931 年任北罗得西亚总督）以及查尔斯·阿登—克拉克（1936—1942 年任贝专纳驻节专员）等。其中声名和影响最大的是卡梅隆，他在坦噶尼喀从事的间接统治"实验"被英国政府推荐作了北罗得西亚和尼亚萨兰模仿的样板。①

在 20—30 年代，一些英国学者（当然还有新闻界）也参加了对间接统治政策的讨论和宣扬。著名社会人类学家马林诺斯基从人类学研究课题的角度表示"同情间接统治的支持者"②。非洲问题专家马吉丽·佩勒姆是卢加德的崇拜者，她写了《坦噶尼喀的土著政府制度》（1931 年）、《非洲的间接统治问题》（1934 年）、《尼日利亚的土著政府》（1937 年）等等不少文章和专著，从维护和改善殖民统治的立场出发，肯定和发挥了卢加德的间接统治理论和原则。

这些行政官员和学者以及其他人的实践和著述对英国政府决策者确定把间接统治当作官方政策加以推行起了较大影响。还有些人（包括拉特里和赫赫有名的黑利勋爵）对间接统治中的一些问题提出了批评，但由此引起的辩论似乎使间接统治在当时更加时髦了。自 20 年代起，间接统治制度被有意识地先后推行到英属非洲的其他领地，甚至白人种族主义统治的南非联邦也在间接统治思想的影响下，"稍稍地向承认土著首领和法院的方向迈进"③。不过，英属非洲各领地之间以至各领地内部不同地区之

---

① ［美］吉福德、路易斯：《英国和德国在非洲》，耶鲁大学出版社 1967 年版，第 378 页。

② 同上书，第 382 页。

③ ［英］马吉丽·佩勒姆：《1930—1949 年殖民政策论集》，伦敦 1967 年版，第 95 页。

间，在历史、政治经济状况和社会结构方面存在许多差异，而且各地殖民总督的积极程度不一，因而间接统治制度在各地的推广过程十分繁杂，形式五花八门。从不同地区的实施情况看，大致可概括为以下几种做法：一曰恢复传统，二曰调整体制，三曰人为地制造土著政治首领。

第一种方法是所谓恢复传统，是指恢复那些被殖民统治者消灭或废除的非洲人传统首领的地位，把直接统治变为间接统治。属于这类地区的有坦噶尼喀、北罗得西亚和黄金海岸的阿散蒂等地。坦噶尼喀最初（19世纪末）被德国侵占。德国人在大部分、特别是用武力占领的地区实行直接统治。德国殖民政府不仅派驻地区长官，也直接任命地区以下的区长（"阿基达"）和村长（"宗伯"），基本上不考虑当地传统。这就是所谓"阿基达制度"。第一次世界大战后坦噶尼喀转归英国委任统治。首任总督比亚特基本上保存了德国人的行政制度。1925年，曾任尼日利亚首席秘书的卡梅隆接任总督后，着手全面推行间接统治制度。他将全坦划分为省（初为11个）、地区（48个），设省专员、地区专员管辖，地区以下取消"阿基达制度"，改建土著当局。1926年他颁布坦噶尼喀《土著当局法令》，宣布各地由非洲人的传统权力机构进行治理。到1927年，他确认679个土著当局①，后来经合并减为约407个②。一些在德国人统治时期失去世袭地位的部落和土著首领恢复了传统首领地位，如赫赫族的姆克瓦瓦（抗德英雄姆克瓦瓦之子）、香巴阿国的金亚希等；有些因反抗德国侵略而被摧毁的部落权力也得到了恢复，如西部的翁扬尹贝

---

① ［美］诺曼·贝涅特：《非洲和欧洲》，纽约1984年版，第115页。
② ［英］黑利勋爵：《英属非洲领地的土著政府》第4部分，伦敦1951年版，第16页。

和乌松戈族都恢复了对周围小酋长国的领导权。① 北罗得西亚在1923 年前受英国南非公司管理，基本上实行直接统治。1924—1927 年英国首任总督主张欧洲人向北罗移民、政治上由欧洲人管理，即沿用直接统治方法。1927 年詹姆士·马克斯韦尔继任总督后决定改变行政方法，实行间接统治。1929 年颁布了建立土著当局和土著法院的法令。次年4 月法令生效时，北罗共建立了45 个高级土著当局、296 个初级土著当局、36 个一级土著法院和317 个二级土著法院，从而恢复了当地非洲传统首领的地位。但北罗没有建立土著金库，土著当局"不承担财政责任"——没有财权。黄金海岸的阿散蒂邦联于1896 年被英国侵占，邦联被解散，国王和一些首领遭流放，英国派驻地区专员进行直接统治，并任命了一些没有传统地位的人当酋长。为了实行间接统治原则，英国于1921 年宣布不再要求占有阿散蒂的民族象征物——金凳子（它曾引起大规模反英起义）；1926 年，英国放回阿散蒂王普兰佩，让他当了库马西的"奥曼罕内"（大酋长）；1935 年又恢复了已经解散的阿散蒂邦联，由普兰佩二世任"阿散蒂罕内"（阿散蒂王）。从而"大大地改善了（殖民）政府与人民的关系"②。

第二种方法是所谓调整体制，系指在原来采取某些间接统治方法的地方根据北尼日利亚的模式进行调整改革，建立全套间接统治制度。目的是加强殖民控制和使土著机构更好地为殖民统治服务。属于这类地区的包括南尼日利亚的西区、黄金海岸殖民地（不包括阿散蒂和北方领地）和南部非洲的贝专纳等等。南尼日

---

① ［英］约翰·艾利夫：《坦噶尼喀现代史》，剑桥大学出版社1979 年版，第330 页。

② ［英］黑利勋爵：《英属非洲领地的土著政府》第3 部分，伦敦1951 年版，第233 页。

利亚西部各城邦在 19 世纪末先后被英国征服或降服，1900 年成为南尼日利亚保护国的西方省。英国主要根据签订的几十个双边条约和协定对这些原城邦进行管辖，行政关系比较混乱。英国派驻各城邦的驻节官只起领事作用。1900 年建立的"土著会议"实际上是地区长官领导的法院，只起司法职能，而不是土著政府。有些城邦如阿贝渥库塔享有很大独立性。1914 年南、北尼日利亚合并后，卢加德着手引入北尼的土著当局制度。首先他取消了同各城邦所订条约，明文规定总督在立法、行政和维持法律秩序方面的权威。1916 年颁布第 14 号土著当局法令，逐步建立了土著行政程序，特别是实行了直接税制，设立了土著金库。与北部不同的是，西区的土著当局根据传统大多不是由首领一人构成，而是由首领及其议事会共同组成，首领仅仅充当喉舌而已，他的地位必须依靠由世袭称号持有者和社会代表组成的议事会的支持。1945 年西区的土著当局有 137 个，1947 年减为 86 个，1950 年再减为 47 个。[①]

黄金海岸殖民地建于 1874 年。1878 年后英国殖民当局给了当地各土邦（State）酋长及其议事会（土邦会议）以制定地方法和司法方面的较多行动自由。从 1894—1922 年英国殖民当局至少 5 次想改变司法制度，因当地酋长和非洲人团体反对而作罢。之后，英国政府要求殖民当局按北尼原则改革土著行政制度。1927 年黄金海岸殖民当局通过《土著政府（殖民地）法令》，1939 年又通过《土著政府金库法令》，前者主要是加强总督和省专员在司法方面的权力，后者则规定各邦必须建立土著金库，并由政府对其支出进行审核。1944 年又通过两项法令，对

---

① ［英］黑利勋爵：《英属非洲领地的土著政府》第 3 部分，伦敦 1951 年版，第 113 页。

土著政府进行"全面改革",以便"用一种统一制度"代替原来的"双重制度",使中央政府和土著政府成为"一个政府机器上的两个部件"。① 不过,1944 年的法令规定总督可任命非传统酋长及其议事会为土著当局,这同最初倡导的间接统治原则大相径庭了。

英国在贝专纳(现博茨瓦纳)建立"保护国"(1885 年)后,在较长时间内利用了当地酋长"维护法律和秩序"。1920 年建立了土著咨询会议,作为英国驻节专员(保护国首脑)的咨询机构,其成员由部落议事会("克戈特拉")推选,而更多的情况下系由酋长选派。所以人们认为这里早就实行了间接统治。从殖民当局的角度看,土著酋长的权力保存过大。1934 年殖民当局颁布土著行政和土著法庭文告,目的是"限定酋长权力,以便对他们加以控制,并为间接统治的新发展做好准备"②。1936 年曾在尼日利亚任职 16 年的阿登—克拉克到贝专纳任驻节专员,他根据尼日利亚的经验改组了土著政府。1938 年又整顿土著金库,规定它们可留下 35% 的土著税收,酋长们由此领取固定薪水。1943 年他又颁布文告,恢复"克戈特拉"作为部落主要咨询机构的地位;司法方面恢复"克戈特拉审讯"的传统做法。当地一位重要部落首领(巴曼瓦托族摄政酋长特希凯迪·卡马)"由于研究了卢加德的《英属热带非洲的双重委任统治》的结果",也表示愿意同阿登—克拉克合作。③ 这些改革使殖民当局加强了对地方政权的控制。

---

① [英] 黑利勋爵:《英属非洲领地的土著政府》第 3 部分,伦敦 1951 年版,第 204 页。

② [英] 理查德·史蒂文斯:《莱索托、博茨瓦纳、斯威士兰》中译本,山东人民出版社 1979 年版,第 227 页。

③ 同上书,第 231 页。

英国推广间接统治制度的第三种方法是人为地划定政治实体，指派土著首领。这主要发生在一些社会发展比较落后、殖民主义入侵前尚未形成国家组织、甚至也没有高度集权的政治首领的地区。如在尼日利亚东南部、乌干达北部和坦噶尼喀、肯尼亚的许多地方都是如此。英国人在这些地方先划定行政区域，组织土著会议，任命土著首领，给予他们合法的地方统治权。这类土著首领被称为"委任酋长"，普遍存在于上述地区。英国人在挑选委任酋长时也希望找到有传统地位的人，但他们通常更喜欢一些能说会道、善于奉承英国人而不一定有传统地位的人担任此职。如肯尼亚吉库尤族地区的一名酋长本来是地区专员的一名仆从，因得宠而得到提拔。这类委任酋长常常依仗殖民当局为靠山鱼肉乡民，作威作福，因而遭到当地人民的反感和反对。1929年在尼日利亚东部的伊博族地区爆发的"阿巴骚乱"就是因当地人民积蓄了对"委任酋长"的不满而引起的，他们也反对头年强加的直接税制（这是加强间接统治的措施）。为了提高间接统治的行政效率，英国在坦噶尼喀和尼日利亚等地还实行了把分散的小部落、小族体合并为较大部落、行政实体的政策。如坦噶尼喀的尼亚库萨部落、苏库马联盟等就是这一政策的产物。此外，英国殖民当局还把有些部落的宗教首领当作政治首领，如把坦噶尼喀和肯尼亚马萨伊人的祭司（Laibon）当成了"最高酋长"。

除此以外，英国对少数地方的间接统治是通过协定方式确认的，而不是像在北尼日利亚和大多数地方那样由英国殖民政府颁布法令、公告来决定。最典型的是乌干达境内的 4 个部族王国，尤其是在布干达王国。根据 1900 年的英布协定，英国享有对布干达的宗主权，并在布干达的卡巴卡（国王）忠于英王的条件下保留其王位和王国议会以及三级地区行政管理体制。布干达王国获得了乌干达境内省级自治行政地位。托罗、安科累和布尼奥罗等王国后来也与英国签订协定，但只获得地区级行政地位，"自治"程度也更少。英国对布干达的特殊统治方式算不算间接统治？这个问题甚至在英国殖民总督之间也有歧见。1935—1940年的乌干达总督否认布干达处在间接统治下；而他的前任和后继者都认为布干达是间接统治的"绝好例子"和"样板"。①

间接统治的效果

间接统治的效果怎样？英国有人认为间接统治政策"几乎完全没有效率"②，这种观点似有过于简单片面之嫌。客观地说，这个问题从不同角度可作出不同的回答。

从英国殖民统治的角度来说，间接统治至少有三种效果：

（一）它帮助英国殖民主义解决了行政人员不足的问题和减轻了殖民地的行政开支，使英国保持殖民地成为可能。从一定意义上说，英国殖民主义通过间接统治制度与非洲封建势力或部落上层势力建立了共同统治非洲人民的伙伴关系。这些非洲封建主和部落酋长虽然失去了从前享有的绝对政治权力和属民的按习惯向他们缴纳的贡赋，但他们对属民的管辖权得到英国殖民当局的保证，同时获得了固定的薪金收入，有些传统首领还得到了过去没有的对大片土地的私有权（如在乌干达）。30年代，坦噶尼喀的土著金库有60%多的收入用于日常行政开支，主要是发给酋长的薪金。1927年，哈亚族8个酋长的薪

---

① ［英］D. A. 劳伍、R. C. 普拉特：《布干达和英国的统治》，牛津大学出版社1960年版，第163、178页。

② ［英］安德鲁·库尔森：《坦桑尼亚的政治经济》，牛津1982年版，第96页。

金共达 2 万镑，占土著金库收入的 50%。还有一些酋长取得了他们从前并不享受的政治权力和社会地位。殖民当局给了他们好处，他们也拥护殖民统治。在非洲民族独立运动中，他们大多数属于保守势力，甚至成为殖民主义镇压人民的工具。例外的属少数。

（二）它在一定程度上缓和了英国殖民统治同非洲被压迫人民之间的矛盾，帮助英国减少了受非洲人民反抗的风险。归根到底，间接统治和直接统治一样都是殖民统治。间接统治无疑是更狡猾的一种方法或制度，因为赤裸裸的外国殖民统治容易激起反感和对抗，而通过当地代理人实行较隐秘的外国统治则较易被当地人所接受。这也正是英国实行间接统治的目的之一。前文已说过，皇家尼日尔公司老板戈尔迪早就主张"为了避免危险的叛乱"而实行间接统治政策。吉鲁阿特和米切尔等殖民官员也发表过类似或更直率的主张。[①] 他们比鼓吹殖民统治对统治者和被统治者双方都有利的卢加德要老实。从这个意义上说，英国的间接统治政策是有效的。

（三）间接统治制度对英国殖民统治也有不利结果：它引起了大部分非洲知识阶层同殖民当局的对立。这是殖民统治包括间接统治本身的内在矛盾造成的。殖民统治为了本身的运转需要兴办教育，以培养一部分非洲人做技工、工匠、教员、文书、下级行政官和法律工作者等等。为此，基督教教会和殖民政府创办小学，后来又开办了中学以至大学，极少数人还出国留学。于是出现了人数越来越多的当地知识分子阶层。最初他们大部分是酋长子弟，其中不少人被吸收进了土著当局和后来的地方政府，但更

---

① ［英］劳伍、普拉特：《布干达和英国的统治》牛津大学出版社 1960 年版，第 165—166 页。

多的人成了自由职业者。他们接受了欧式教育，接触了世界和西方民主思想，逐步提高了反帝反殖的民族主义觉悟。作为第一步，他们要求在殖民地的立法机构和地方议会中有发言权。而这正是间接统治制度倡导者和多数实施者忌讳的。卢加德曾说：英国殖民政策的一条原则是广大土著人民的利益不应从属于少数人的意志，不管他们是欧洲人还是受过教育的土著。① 其实，"从属于欧洲人"早已成为事实，他真正反对的是"从属于受过教育的土著"即非洲知识分子。他认为"在非洲目前条件下……不能产生有代表性的受过教育的人"②。不仅是卢加德，即使是被认为比较开明的卡梅隆也歧视非洲知识分子：他以找不到能用英语进行辩论的非洲人为理由，拒绝吸收非洲人代表参加在1926年成立的坦噶尼喀立法会议，而实际上这样的非洲人是大有人在的。③

英国人既不愿意在全领地性的立法会议中给非洲知识分子享受充分权利，又在地方政府中强调土著当局和传统酋长的权威，使知识分子得不到他们企望的政治地位，这就不可避免地在这个政治思想上最为活跃的社会阶层中引起不满和对立。无论是英属西非、中非或东非，现代民族主义运动或政治斗争都首先是由知识阶层发起和领导的，这与英国的间接统治政策不无关系。

对非洲人民来说，间接统治作为殖民统治的一种方法和制度，产生了很大的消极影响。

（一）它起了欺骗和麻痹人民的作用。在交通不便的农村，普通人民可能一辈子碰不到统治他们国家并在政治和经济上压

---

① ［英］弗里德里克·卢加德：《英属热带非洲的双重委任统治》，英国1922年版，第116页。

② 同上书，第195页。

③ ［英］安得鲁·库尔森：《坦桑尼亚的政治经济》，牛津1982年版，第96页。

迫、掠夺他们的外国殖民官员，所以在较长一段时间内也不容易产生强烈的反殖民主义激情。这也许是第二次世界大战以前英属非洲地区（除白人移民较多的地区外）农村较少爆发直接的反殖斗争的一个原因。

（二）它维护和扶植了封建部落制度和以部落首领为代表的落后保守势力，助长了部落主义、地区主义和封建主义，阻碍了现代民主思想、民族主义和民族领袖的产生和成长。这是殖民地社会尤其是农村地区落后闭塞和第二次世界大战前英属非洲很难涌现杰出领袖人物的重要社会原因。

间接统治政策的终止

20 世纪 20—30 年代末，英国官方因它在非洲实行了间接统治政策（或制度）而踌躇满志。1930 年一位殖民官员在他的文章中表示深信间接统治"乃是我们殖民帝国现时最有意义的运动，值得政治学者们仔细关心"[1]。虽然他的有些同行和作者提出了一些批评，这并未妨碍这项政策在绝大部分英属非洲的普遍推行。但在第二次世界大战后不久，英国政府很快放弃了这一已经推行几十年并备受钟爱的政策。1947 年 2 月 25 日，殖民大臣克里希·琼斯通告非洲殖民地总督，宣布英国殖民部不再把间接统治当作传家宝（household god，直译为"家庭守护神"）并宣布取消"间接统治"的称谓。[2] 这当然不仅仅是一个名词和称谓的变更问题，它反映的是战后英国的殖民政策的变化。

---

① 转引自［美］吉福德和路易斯：《英国和德国在非洲》，耶鲁大学出版社1967 年版，第 383 页。

② ［英］莫里斯－琼斯和格·菲希尔编：《非殖民化及其后来》，伦敦 1980 年版，第 64 页。

简单地说，战后初期英国并没有打算在短期内放弃对非洲殖民地的统治。但在对非洲的殖民政策上有以下变化：一是将"非殖民化"问题提上了日程：殖民部开始认真考虑通过缓慢和渐进的宪法改革在未来几十年内给大多数非洲殖民地以"英联邦内的自治"；二是增加给殖民地（包括非洲）的财政拨款和经济援助，用于开发殖民地资源，发展社会经济和基础设施，其目的主要是解决英国本身对原料、食品和美元的需要，并缓和国际和殖民地人民的不满；三是逐步扩大非洲殖民地政府的基础，增加或吸收少数非洲人参政，包括参加中央的立法和行政机构，但主要是参加地方的议会和政府机构。1947 年 2 月殖民大臣的通告说："我们成功的关键是建立一个有效和民主的地方政府制度。"[①]

为了贯彻上述政策变化，尤其是后两点，就不能不改变间接统治原则。因为社会经济事业的发展（虽然十分有限）要求有知识技术的人参加领导和管理，而大多数土著当局——酋长或酋长会议成员缺乏文化知识，没有能力管理地方上的发展工程，他们已不完全适应英国新政策的要求。同时，英国要在殖民地建立"有效和民主的地方政府制度"，也需要通过地方选举把不仅是那些代表农村"传统分子"的酋长、头人，而且要把"新兴中产阶级、农场主、产业工人和少数知识分子"[②]也吸收进地方政府，以代替原来完全由酋长们把持的土著政府。

英国在战后初期的这种政策变化还有一个目的：应付战后非洲人民（特别是过去受排斥的知识分子）不断提高的政治要求，

① ［意］鲁道夫·冯·阿尔伯提尼：《非殖民化》，纽约英文版，1982 年，第216 页。

② 同上书，第 217 页。

把非洲民族主义者引导到英国人设计的宪法改革轨道，希望将来由这样一批在地方政府经过训练的非洲温和派分子接管殖民地政权。

不过，英国政府特别是它派驻各地的殖民当局并不想完全抛弃曾经协助英国统治殖民地人民的部落酋长势力——它在非洲的殖民统治基础，而不过是要扩大这个基础，拉拢一些新兴势力而已。实际上，在蓬勃发展的民族解放运动面前，许多英属非洲领地的殖民当局都继续利用部落酋长等土著当局来对抗和削弱民族主义力量。一位英国学者认为40年代末坦噶尼喀殖民政府实行的战略同英国殖民部的政策存在根本差别，说它对以坦噶尼喀非洲民族联盟为代表的非洲民族主义者充满敌意，不同意它代表人民说话，而企图把酋长当作非洲人天然的得到承认的领导人，等等。① 其实，坦噶尼喀这类地方的殖民当局同英国殖民部即使步调不大一致，但他们之间不可能有根本矛盾。因为英国殖民部命令取消"间接统治"（最初仅是其称谓），建立"有效和民主的地方政府制度"，其根本目的无非是为了延长对殖民地的统治和控制，并使殖民地的政治发展有利于英国的根本利益。这也必然是英国派驻其非洲领地的殖民当局的想法。不同的是，殖民部可能更易感受到战后亚非民族解放运动的巨大压力，因而对改变政策的紧迫感比各地（如坦噶尼喀）殖民政府更为强烈。

总之，1947年英国政府宣布取消"间接统治"的称呼标志着这一制度和政策的破产，它预示着英国整个非洲殖民统治的末日也即将来临。势不可当的非洲民族独立运动大大超过了英国设

---

① ［英］C. 普拉特：《坦桑尼亚的关键阶段：1945—1968年》，剑桥大学出版社1978年版，第12页。

计的"非殖民化"和政策改变计划，它最终扫除了英国一切形式的殖民统治，不管是直接统治、间接统治或者两种方式兼而有之的统治。

（原载《西亚非洲》1989 年第 3 期）

帝国主义殖民统治在非洲的建立

    非洲是世界第二大洲，面积 3029 万平方公里。这里曾经出现过像古埃及那样灿烂的古代文明。在中世纪，非洲有些地区的社会和文化发展水平与欧亚许多国家相比也并不逊色。但是到 19 世纪末 20 世纪初，整个非洲除个别国家外几乎全部沦为欧洲列强的殖民地、保护国，成了一个被奴役的"黑暗大陆"。非洲的殖民地化主要是在上述这个跨度约 30 多年的时期内完成的。但在这以前，非洲已经遭受欧洲殖民主义 400 多年的侵略和蹂躏。本文将首先回顾这段历史，然后再叙述和分析 19 世纪末以后帝国主义对非洲的扩张、征服和瓜分，以及非洲人民对此作出的反应。

一 19 世纪 70 年代以前欧洲殖民主义在非洲的罪恶活动

    非洲与欧洲仅有一海之隔。希腊、意大利、西班牙、葡萄牙与北非的距离都很近。在非洲西北角与欧洲西南角最近处之间只隔 8 英里（约 13 公里）宽的直布罗陀海峡。所以，地中海两岸的居民自古就有频繁的交往。古罗马帝国曾经征服并长期统治过埃及和突尼斯，北非的摩尔人在 11—15 世纪也曾侵入和统治过伊比利亚半岛（葡萄牙和西班牙）。由于地理关系，西亚和北非的交往更早更密切；7 世纪后，北非被来自西亚的伊斯兰阿拉伯人征服，后来又落入土耳其奥斯曼帝国的版图（摩洛哥除外），一直延续到 19 世纪末。

1415 年，葡萄牙人占领了摩洛哥的休达，这可能是欧洲人在非洲建立最早并保持最久的一块殖民地，但也可视为海峡两岸各国长期争斗的继续。15 世纪以前，欧洲人对撒哈拉以南的非洲几乎一无所知，也没有什么直接往来。从 15 世纪上半叶起，葡萄牙人为了寻找不经过地中海而通往东方的新航路和寻找黄金（最初还为了寻找基督教盟友以对付伊斯兰教的传播），开始了沿大西洋西非海岸南下的地理探察。葡萄牙人的地理探察和地理发现为欧非的经济文化交流创造了条件，对于因受自然条件限制而处在闭塞落后状态的非洲（主要是撒哈拉以南的非洲）本应是特别有利的。不幸的是，葡萄牙人和后来的欧洲各国殖民主义者在最初的 300 多年中只是对黄金、象牙和其他财富、特别是奴隶有兴趣，此后其重点开始转向进行殖民扩张、夺取土地和势力范围。这两个时期都属欧洲资本主义上升阶段，而先进的欧洲给落后的非洲带来的却不是文明，而是灾难。在四个多世纪中，在他们侵占几乎整个非洲以前，欧洲殖民主义在非洲干了以下的罪恶勾当：

首先，最令人发指的是罪恶的奴隶贸易。奴隶制和少量的奴隶买卖在非洲早已存在。这里讲的奴隶贸易特指大规模地在非洲捕猎黑人，将他们当作奴隶并像商品一样贩卖到美洲等异国他乡，再转卖给那里的种植园或矿山从事苦役般的劳动生产。最早进行奴隶贸易的是葡萄牙人。葡萄牙人最初只将奴隶运到他们占领的非洲沿海岛屿（佛得角、圣多美岛等）从事种植园劳动，大约在

16 世纪初欧洲人开始了横跨大西洋的贸易，将黑人运到美洲出售。
16 世纪，这种贸易几乎完全由葡萄牙人操纵。接着，荷兰、英国、
法国等国的商人也跟踪而至，竞相效尤。在 17—18 世纪奴隶贸易
的鼎盛时期，几乎所有欧洲国家都加入了这桩昧心的买卖，并进
行激烈竞争。这是海上贸易、海上霸权和殖民地争夺的组成部分。
结果，英国成为最大贩奴国，其次是法国、葡萄牙和新建立的美
国。奴隶贸易是欧洲资本主义原始积累的重要手段。马克思在
《资本论》中说"非洲变成商业性地猎获黑人的场所"乃是"标
志着资本主义生产时代的曙光"的因素之一。① 奴隶贸易促进了
英、法等国许多工业城市的兴起、发展和繁荣，帮助了美洲的开
发，但却给非洲本身造成了惨绝人寰、后患无穷的浩劫。它使非
洲丧失了数以千万计的青壮年，由它刺激起来的掠奴战争破坏了
非洲许多地区正常的生活和生产活动，使人口锐减，田园荒芜，
从而严重摧残了非洲的社会生产力；非洲部落之间习以为常的掠
奴战争导致和加剧了部落之间的仇视和敌对，阻碍了非洲各地区
社会经济文化的正常发展和人民之间的正常交往，从而使当时已
经落后的非洲（尤其是黑非洲）更加落后。奴隶贸易造成无数家
庭的破碎，骨肉离散，人身的被奴役、欺凌、杀戮，这中间所包
含的非洲人民的痛苦血泪就难以言表了。

　　18 世纪末至 19 世纪上叶，英、法等国继丹麦之后先后宣布
禁止奴隶贸易。这是由于资本主义的发展，欧洲列强感觉到将非
洲人留在非洲从事原料生产对自己更为有利。此外，美洲各国的
独立，奴隶的频繁起义和欧洲兴起的废奴运动也都打击了奴隶贸
易。不过，非法的奴隶贸易仍在很大规模上进行，一直延续到
19 世纪末才停止。阿拉伯人和非洲的一些奴隶主也积极参与了

---

① 《马克思恩格斯选集》第 2 卷，第 255 页。

不人道的奴隶贸易，但罪恶之源无疑是欧洲殖民主义。奴隶贸易是欧洲殖民主义带给非洲人民的最大灾难，但不是唯一的。

　　第二，强占殖民地。欧洲殖民主义在 19 世纪末着手瓜分整个非洲以前，已经对非洲的一些地区实行殖民占领。根据地理学家阿·苏潘的计算，到 1876 年西方列强占领的非洲殖民地占非洲土地面积的 10.8%。它们分布在非洲的南北两端和东西部两侧沿海。

　　列强对这些非洲殖民地的占领大致可分为两个阶段。第一阶段从 15 世纪中叶到 18 世纪末，在这个阶段中，由于奴隶贸易和其他需要，欧洲殖民主义者在非洲沿海（主要是在西非）建立了一连串的商站和据点，并且进行了频仍的角逐、纷争。最早在非洲抢占殖民地的欧洲国家也是葡萄牙。如前所述，15 世纪上半叶葡萄牙人出于经济和政治目的开始了对西非海岸的探察。他们从北大西洋南下，经几内亚湾，到刚果河口，于 15 世纪末绕过非洲南端的好望角进入了印度洋，又北航来到东非沿海。一路之上，葡萄牙人建立了许多据点和堡垒。其中多数成了葡萄牙的殖民地，如佛得角群岛、圣多美和普林西比、安哥拉沿海的罗安达、莫桑比克沿海的索法拉和莫桑比克镇等。他们还侵占过西非黄金海岸的一些据点和东非的基尔瓦、蒙巴萨、马林迪等地，但没有能保住。16 世纪末以后，荷兰、英国、法国以及瑞典、丹麦、勃兰登堡（普鲁士）等欧洲国家都先后加入了日益兴旺的大西洋贸易竞争（首先是奴隶贸易），它们都在非洲（主要是西非）沿海设立商站、据点。仅在黄金海岸一地，欧洲人就构筑了 40 座要塞。① 随着欧洲各国国力（包括海上力量）的消长以

----

　　① 苏联科学院非洲研究所：《非洲史 1800—1918 年》上册，上海人民出版社 1977 年版，第 32 页。

及彼此的竞争和争夺（在东非沿海主要是葡萄牙人与土耳其人、阿拉伯人的角逐），非洲沿海有不少殖民据点在一二百年内几度易手。

总的来说，19世纪以前欧洲列强在非洲侵占的殖民地不多，面积很小而且绝大多数在沿海。其中最大的一块殖民地是1652年荷兰人建立的开普殖民地。它最初是一个中途后勤站，为荷兰人去东印度提供必需品，后来发展成为白人的移民地。英国在18世纪取得了海上霸权，并多次打败了与它争雄的法国；但英国当时无意在非洲扩大殖民地，所以它将一度占领的法国殖民地如塞内加尔及荷兰的开普殖民地交还给了法、荷。

从19世纪初到70年代可视为欧洲列强占领非洲殖民地的第二阶段。在这个阶段中，最强的两个殖民国家英国和法国都积极展开了殖民扩张活动。19世纪上半叶发生了两起重大事件：1806年英国夺取荷兰的开普殖民地；1830—1847年法国对阿尔及利亚的殖民征服。到70年代，英国还建立了冈比亚、塞拉利昂、黄金海岸（今加纳，不包括阿散蒂及其以北地区）、拉各斯等殖民地；法国还占有了塞内加尔以及象牙海岸——奴隶海岸之间的一些据点和商站；葡萄牙仍占有安哥拉和莫桑比克沿海地区以及佛得角、圣多美和普林西比等岛屿；西班牙则占有非洲西北部原属摩洛哥的一片地区和赤道几内亚。此外，开普殖民地的荷兰人后裔布尔人为了逃避英国人的统治，从1836年开始向东北方向实行武装大迁徙。他们夺取非洲人的土地，先后建立了纳塔利亚（纳塔尔）、德兰士瓦和奥伦治三个独立国。其中纳塔利亚寿命很短（1839—1843年），其余两国一直存在了近半个世纪。在北非，土耳其人继续在名义上统治着埃及、苏丹、昔兰尼加、的黎波里和突尼斯。不过，奥斯曼帝国早已衰落，已经自顾不暇了。

第三，夺取势力范围，变非洲国家为半殖民地。到 19 世纪中叶，欧洲列强除了加紧用武力直接占领殖民地外，还依靠军事和经济力量向非洲国家渗透，强迫它们订立不平等条约，将它们纳入各自的势力范围，或者变成列强共同宰割的半殖民地。属于这类国家的有埃及、突尼斯、摩洛哥、桑给巴尔等。

19 世纪中叶，法国强占了阿尔及利亚以后，进而觊觎摩洛哥、突尼斯以至埃及。但在这些地方法国遇到了英国、意大利、西班牙等其他欧洲国家的激烈竞争。在形式上，这使北非一些国家得以免受某一强国的侵占而维持了一定程度的政治独立（埃及和突尼斯名义上属奥斯曼帝国，实际上行政是独立的）。但是，列强通过不平等条约在这些国家取得了治外法权和领事裁判权，获得了购买大片土地、铺设铁路、开凿运河等等的租让权利，还通过巨额贷款控制了埃及和突尼斯的财政经济，从而使这些国家逐渐丧失许多主权，变成了欧洲列强的半殖民地。最典型的是埃及。埃及在穆罕默德·阿里统治时期（1806—1848 年）实行了政治经济改革，开办了现代工厂，发展了工农业生产、对外贸易和文教事业；在军事上拥兵 20 万，称雄于近东，甚至出兵占领了苏丹、叙利亚、黎巴嫩和巴勒斯坦等地。但是在1839—1840 年的埃土战争中，由于英国等欧洲列强支持土耳其，埃及失败投降，被迫削减兵员十分之九，退出除苏丹外的全部占领地，并接受 1838 年的英土商约。根据这个不平等的商约，英国商品像潮水般地涌进埃及，冲垮了兴办不久的埃及工厂，英商及其代办还攫取了原由埃及政府垄断的棉花收购业务。埃及很快降为英国等国的棉花供应地。列强还利用埃及政府无节制地大兴土木、大举外债和进行对外战争所造成的国库衰竭、财政崩溃和无力偿债的困境，趁机取得了对苏伊士运河的控制权，进而对埃及财政建立英法两国"双重监督制"，完全控制了埃及政府的收入和支出。至此，埃及实际上已成为外国的附庸。

突尼斯的情况与埃及有些类似。19 世纪 60 年代，突尼斯国势衰敝，财政极端困难，因而不得不在以关税为抵押的苛刻条件下向法国借债。60 年代末，突尼斯又遭自然灾害，无力偿付外债。作为最大债主的法国趁机伙同英、意等国组成国际委员会，对突尼斯的财政实施国际"监督"，严重侵害了突尼斯的主权。

东非的桑给巴尔落入了英国的势力范围。从 19 世纪上半叶起，英国依仗其称霸一时的海军力量，在追捕贩奴船的名义下横行于大西洋西非沿海，并闯到了印度洋的东非沿海。桑给巴尔的统治者阿拉伯人萨伊德·赛义德（1804—1856 年）除统治桑给巴尔和阿拉伯半岛上的阿曼外，还管辖着从德尔加多角到拉木之间的东非海岸；阿拉伯人的势力沿商路深入到今天的坦桑尼亚内地，直达坦噶尼喀湖。1856 年赛义德去世后，英国趁其儿子争权之机，以武力支持其第四子马吉德继任素丹。1861 年，英国驻印度总督坎宁又出面裁决桑给巴尔和阿曼统治者的纠纷，确定两地永远分治。此后，桑给巴尔政府几乎完全听命于英国领事，仅仅维持表面的独立。

第四，恃强凌弱、侵犯领土和主权，对非洲人民肆意烧杀劫掠，仅在 19 世纪就发生了下述一些重要事件。

从 1807—1874 年的 60 多年中，英国对阿散蒂发动了七次侵略战争。在 1831 年的第五次战争后，英国迫使阿散蒂放弃了对黄金海岸沿海地区的宗主权。在 1873—1874 年的第七次战争中，英军强占库马西，在撤退前放火焚烧这座阿散蒂的首都，使许多文化珍品毁于火海。1867 年底，英国借故侵入埃塞俄比亚，于次年 4 月攻占由埃皇西奥多二世亲自指挥守卫的马格达拉要塞，致使埃皇不屈自杀。西奥多死后，埃塞俄比亚再度陷入了封建邦国混战的局面，这是英国侵略的恶果。

法国在 19 世纪上、中叶也曾多次侵入摩洛哥、马达加斯加等国，占领两国的土地，动辄对两国的港口城市进行野蛮炮轰（摩洛哥的丹吉尔、摩加多尔、萨累港，马达加斯加的塔马塔夫等都曾遭此厄运）。只是由于两国人民的反抗，加上英、美等国出于本身利益考虑而进行的干预，这些国家才未遭法国的占领。

由此可见，在 19 世纪末以前欧洲殖民主义已在非洲干了许多坏事，它们之所以没有全部侵占非洲，除了列强相互牵制和非洲人民的反抗外，还由于当时殖民主义者的扩张矛头主要在亚洲（包括印度、中国、印尼、伊朗等），同时非洲内陆交通不便，情况莫测，疫病流行，也是殖民主义者暂时徘徊于沿海和局部地区的原因。19 世纪中叶以后，欧洲人急剧增加了对非洲内陆的地理探险和传教活动。这些活动为欧洲列强向非洲内陆大举扩张起了哨探作用，当然这并不是要一笔抹杀像利文斯敦这些个别探险家对地理发现的科学贡献。蒸汽机的广泛运用（铁路机车、汽艇）和奎宁等医药的发明都为进入非洲内陆提供了客观条件。一个殖民主义竞相争夺和分割非洲的狂潮终于逐渐形成，它像猛兽一样张开血盆大口扑向非洲。

二 帝国主义侵略和瓜分非洲的狂潮

19 世纪末，西欧资本主义发展到了垄断阶段即帝国主义阶段，殖民主义列强争夺和分割世界的活动达到了高潮。同时，它们对非洲的侵略和扩张也达到了疯狂的程度。这就是非洲史上帝国主义"瓜分非洲"或"争夺非洲"的时期。这个时期的跨度大致是从 1876 年到 1917 年。对于这个问题，国内外著作有不同意见。我们选定 1876 年为上限，因为早在 20 世纪初欧洲地理学家阿·苏潘在分析和统计 19 世纪末欧洲列强对殖民地（主要是在非洲）的领土扩张时就以 1876 年为起点①，而列宁也认为"这一年选得很恰当，因为这个时候正是西欧资本主义垄断前的阶段整个地说来已经发展完毕的时期"②。1876 年也正是在布鲁塞尔召开国际地理学会议的一年，这次会议揭开了欧洲列强瓜分非洲的序幕。这个时期的下限定在 1917 年而不是列宁主张的 1914 年③，因为非洲的瓜分是在 1917 年第一次世界大战结束后才成为定局的。

　　瓜分非洲是欧洲列强自 19 世纪初以来加紧侵略非洲的继续。但与前一时期相比，列强在这个新时期的侵略活动在规模、性质、手法和相互关系等方面都具有新的特征。

　　第一个特征，除了英、法、葡萄牙这些老殖民帝国外，后起的资本强国——德国、比利时和意大利也积极加入了对非洲的扩张和争夺。比利时国王利奥波德二世在这个阶段初期表现得最为活跃。列宁称他是"生意人、金融家、奸商"。他是比利时金融资本和帝国势力的代表，怀有建立一个殖民帝国的野心。他起初没有获得议会的支持，在世界各地（包括中国台湾）的殖民活动都碰了壁，但终于在非洲找到了机会。1876 年 9 月，由他创议和主持在布鲁塞尔召开了国际地理学会议，会上成立了国际中非考察与文化协会，即"国际非洲协会"。利奥波德任协会主席。1878 年，他又成立了"上刚果研究委员会"，1882 年改名为"国际刚果协会"。他以这个组织的名义派遣许多支探险队深入刚果河流域和其他地区，用威胁、欺骗的办法与当地统治者、部落酋长订立了几百个条约，骗得了大片地域的主权。在 1884

---

① 《列宁选集》第 2 卷，人民出版社 1960 年版，第 797 页。
② 同上书，第 801 页。
③ 同上。

年11月到1885年2月举行的柏林会议上，利奥波德利用列强的矛盾，促使会议通过决议建立"刚果独立国"（一译"刚果自由邦"），由他本人任这个新国家的君主。它比比利时本身要大70多倍！

另一个新兴殖民帝国德国在19世纪中叶还处在封建邦国割据的分裂状态。1871年普法战争后，德意志各邦实现了统一。此后德国资本主义加速发展，工业资本膨胀，它促使德国狂热地对外扩张。德国首相俾斯麦由不提倡建立殖民地一变而为起劲地鼓吹殖民扩张。德国在非洲的南北东西各地都与其他欧洲列强（主要是英、法）展开激烈竞争。从1884年起在短短6年之内，德国就侵占了喀麦隆、西南非洲、德属东非（包括坦噶尼喀、卢旺达和布隆迪）和多哥等地，其面积约比德国本土大6.8倍。

意大利也是在19世纪70年代初才获得统一的，因而较晚加入殖民竞争。它的侵略矛头主要在北非和东北非。1871年它想攫取突尼斯，因英、法干涉而被迫退兵。1882年意大利正式占领靠近曼德海峡的阿萨布；1885年意军在英国帮助下占领红海沿海的马萨瓦；1890年建立厄立特里亚殖民地。1889—1892年，意大利与索马里各地素丹及英国驻桑给巴尔领事分别签约，取得了对索马里大部地区的保护权，并于1908年成立"意属索马里"。意大利资本积极向利比亚渗透。1911年意军9万人侵占利比亚沿海地区。但意大利企图征服埃塞俄比亚的进军连吃败仗，1896年阿杜瓦一役后终于认输。

第二个特征是，列强在这个新时期已不满足于对沿海据点和局部地区的占领，而着眼于对整个大陆的分割和占有；同时也不再满足于一般地拥有势力范围，不再容许非洲各国享有哪怕是名义上的独立——半殖民地地位，而竭力剥夺其保留的最后一点点主权，以便垄断地占有殖民地。这就是说，原来没有占领的地方要去占领，原来大家共享利益的地方要把它变为一家独享利益的地方。这表明帝国主义对非洲的侵略在广度和深度上发生了质的变化。它们从沿海的据点出发，必要时从母国直接派兵，争先恐后地深入内地，以各种方法宣布并实行对非洲各地的"保护"和占领；同时划定势力范围，作为各方进行殖民征服的地盘。此时的殖民主义正如泛滥的汹汹洪水，所过之处，无论是较原始的部落实体，正在发展的大小酋长国，或者已有严密制度的国家组织，统统被它吞噬殆尽，其扩张势头之猛可以从下列数字中看出：1876 年殖民主义列强占有的非洲殖民地占非洲土地面积的10.8%，1885 年增加到 25%，1900 年激增到 90.4%，1912 年再增加到 96%。① 至此，非洲便基本上被分割完毕了。这种迅猛的殖民扩张正是瓜分非洲时期最突出的特征。

　　第三个特征是广泛和大规模地使用武力征服，同时充分利用冒险家和私人公司的殖民主义狂热性。这是这一时期欧洲列强侵略和分割非洲在方法上的特征。武力征服从来是殖民主义扩张的主要手段。此时不同的是使用武力的次数特别集中和频繁，规模也大。欧洲殖民主义者在非洲各地发动的大大小小的侵略战争不计其数，少说也有几百次。其中动用兵力几万人以上的便有英国侵占埃及、征服苏丹和兼并布尔人共和国的战争，有法国侵占和征服突尼斯、马达加斯加的战争，有意大利侵占利比亚的战争等6 起。此外，英国侵占阿散蒂、尼日利亚和津巴布韦，法国侵占达荷美、西苏丹和中苏丹，德国侵占坦噶尼喀、喀麦隆和西南非洲，葡萄牙侵占安哥拉和莫桑比克内陆等地区时，也无不是依靠"火和剑"进行了残酷的烧杀屠戮才得逞的。这种大规模的频繁的血腥行为反映了新兴帝国主义的侵略性和野蛮性，说明它的吹

---

　　① 参见杨人楩：《非洲通史简编》，人民出版社 1984 年版，第 265、271 页。

鼓手所宣扬的到非洲"传播文明"的高调是十足的伪善。作为殖民扩张的辅助办法，殖民主义者经常首先派代表渗入非洲各地，用威胁利诱的手段诱使各地统治者与之签订条约，声明放弃主权而接受"保护"。不过，这种欺骗手段也总是以武力为后盾的。马塔贝列人识破了这种殖民骗局而进行反抗时，英国殖民主义者残酷的武力征服便接踵而至了。

列强为了进行殖民扩张和征服，除了政府直接出面外，还广泛利用了私人办的"特许公司"，给予它们在非洲进行缔约、司法、收税、行政以至拥兵征伐的特权。这些特许公司成了政府在非洲的代理机构，得到政府的密切配合和大力支持。例如，英国征服尼日利亚南部时主要利用了乔治·戈尔迪的皇家尼日尔公司（尼日利亚北部则是英国政府直接派兵征服的）[①]；英国侵占南、北罗得西亚和尼亚萨兰是假手于塞西尔·罗得斯的英国南非公司实现的；威廉·麦金农的英国东非帝国公司则帮助英国取得了肯尼亚和乌干达。替比利时国王占领刚果（扎伊尔）的"国际刚果协会"实际上也是一种特许公司。卡尔·彼得斯的德国东非公司则充当了德国侵占坦噶尼喀的工具。此外，由这些特许公司或政府直接雇佣的一些满脑子殖民主义思想的冒险家如斯坦利、布拉柴、卢加德（他后来成了高级殖民官员）等都在列强分割非洲的丑恶事业中起过重要作用。

第四个特征是1914年以前的约40年间，帝国主义列强争夺和分割非洲过程中的利益冲突基本上是背着非洲人通过外交交易——以非洲土地为筹码进行讨价还价的分赃方式解决的。

好比来自不同山头的各路强盗在抢掠同一个目标时难免发生

---

① ［英］迈克尔·克劳德：《殖民统治下的西非》，伦敦哈钦森出版公司1968年版，第129—130页。

争夺。为了避免火并，强盗们之间便要作出一些共同遵守的规定，或者在利益均沾的基础上进行分赃。这就产生了 1884—1885 年的柏林会议。这次会议是欧洲列强之间就分割非洲问题举行的最早一次大型分赃会议，与会国有 14 个，包括英、法、德、比、葡、意、荷、西、俄、奥匈帝国、丹麦、瑞典以及土耳其和美国。会议的最初目的是解决列强在刚果河口、刚果河流域主权问题上的争夺。经过三个多月的讨价还价和幕后活动，会议最后确定以刚果河为界，北部划归法国，南部划归比利时，而英、德等国则获得了在比属刚果、刚果河流域和尼日尔河流域进行自由贸易的权利。柏林会议还规定了列强分割非洲沿海土地的"有效占领"原则，后来这条原则扩大到了非洲内陆。

列强之间的外交分赃在非洲各地都是明目张胆地进行的。以列强争夺最剧烈的北非为例，早在 1878 年的一次柏林会议上，英法两国就做了一笔交易：英国（还有德国）答应不阻挠法国占领突尼斯，而法国则同意承认英国占领塞浦路斯。[①] 根据 1900—1902 年法国和意大利达成的协议，两国允许对方分别在摩洛哥和利比亚有"行动自由"。1904 年 4 月，英法缔结协定，法国完全承认英国在埃及的统治，而英国则承认法国在摩洛哥的"特殊利益"。根据同年 10 月法国和西班牙缔结的条约，西班牙有权占领摩洛哥北部和西南部，法国占据其余地区。[②] 1911 年 11 月，法国又将与喀麦隆毗邻的赤道非洲地区让给德国。作为交换，德国承认法国对摩洛哥有保护权。[③]

在东非进行激烈争夺的英德两国也于 1886 年和 1890 年两次

[①]　苏联科学院非洲研究所：《非洲史 1800—1918 年》下册，上海人民出版社 1977 年版，第 427 页。

[②]　同上书，第 398 页。

[③]　同上书，第 405 页。

缔约，前者大体划定了英德在东非的势力范围，即从海岸附近的温加河口起至维多利亚湖东岸止划线为界，北部（肯尼亚）归英国，南部（坦噶尼喀）归德国；而后者即 1890 年的英德协定（又称赫尔戈兰—桑给巴尔条约）则将乌干达和德占韦突地区（在肯尼亚沿海）交给了英国，德国还承认桑给巴尔为英国保护地，作为补偿，英国同意将北海中离德国很近的赫尔戈兰岛给了德国。英德还划分了两国在西南非洲的势力范围和多哥、黄金海岸的边界。①

1890 年英德达成妥协后，英法之间又展开了紧张的讨价还价。同年 8 月双方签署宣言，法国承认了英国对桑给巴尔的"保护"地位，英国则表示不干涉法国在马达加斯加和中、西苏丹广大地区的行动。英国在西非向法国作了较大让步，主要是为了缓和两国在埃及和地中海方面的矛盾。②

总之，在 1914 年爆发第一次世界大战以前，列强之间的外交交易是它们瓜分非洲的主要方法。它们的代表围着谈判桌上的非洲地图，常常按经纬度直线划定各方的势力范围，在发兵侵占前先进行书面上的瓜分。尽管如此，列强之间对非洲的争夺仍是激烈的，有几次濒于军事摊牌：英法在尼日利亚西部边境的对峙（1898 年初），英法在苏丹法绍达的遭遇（1898 年 9 月），德国军舰在摩洛哥海港阿加迪尔的示威（1911 年）以及英葡士兵在尼亚萨兰南部希雷高地的冲突等。这些引起剑拔弩张甚至交火的事件最终都因一方退让或双方妥协而和平解决了。唯一的例外是英国和布尔人争夺南非的斗争终于爆发为一场大战（1900—

---

① ［英］罗宾森、加拉格：《非洲和维多利亚时代》，英国麦克米伦出版公司 1981 年第 2 版，第 293—294 页。

② 同上书，第 303—304 页。

1902 年）。不过，布尔人本身对非洲当地人也是侵略者。唯一真正的受害者是非洲人民。

第五个特征是列强对非洲的瓜分构成帝国主义争夺世界霸权的一部分，最终通过世界大战才成为定局。

在第一次世界大战前（1912 年）欧洲列强已将非洲基本分割完毕。1914 年列强占有非洲殖民地情况。[①]

	面积（万平方公里）	占非洲面积百分比%	人口（万人）	占非洲总人口百分比%
英属殖民地	902.1	30.0	5166.0	37.8
法属殖民地	1038.7	35.0	3850.0	28.2
德属殖民地	244.7	8.0	1152.7	8.4
意属殖民地	239.7	7.9	136.8	1.0
比属殖民地	234.6	7.9	1500.7	11.0
葡属殖民地	206.2	6.9	835.2	6.1

欧洲列强占有非洲殖民地面积之大小，人口之多寡，主要由三个因素所决定：侵非时间的早晚，国力的强弱，外交斗争的结果。

例如英法两国侵非的时间较早且有强大实力，所以占有殖民地的面积与人口最大最多。其中英国所占土地面积虽不如法国，但多是自然经济条件较好的地区，人口也多，并且有较多的战略要地。葡萄牙早已衰落，国力也小，但它在非洲有几百年的殖民根基，并利用列强之间的矛盾而得以保有相当于国土 22 倍多的

---

① 转引自杨人楩：《非洲通史简编》，人民出版社 1984 年版，第 274—275 页。其中"占非洲总人口百分比"一项系根据当时非洲人口为 13656 万人计算。

非洲殖民地。德国虽然强盛，但终因是后起者，所以占有殖民地的面积远不及英法。

1914 年前，欧洲列强对非洲的争夺和分割由于上述三因素达成了暂时的平衡。但是这种平衡因列强在世界范围的争霸而很快被打破了。1914 年帝国主义之间爆发了重新分割世界的第一次世界大战，非洲也成了战场。但主要战场在欧洲，战争的胜负也是在欧洲战场上决定的。德国的败北使它丧失了在非洲的全部殖民地：德属东非的主要部分（坦噶尼喀）转归英国，小部分（卢旺达和布隆迪）改属比利时，西南非洲交给了南非，多哥与喀麦隆均由英法分管。至此，列强对非洲的瓜分成为定局。

应指出的是，列强对非洲的瓜分在大部地区最初只是纸面上的，实际的占领在 19 世纪 90 年代达到最高潮。对有些地区的占领或征服到 20 世纪 20 年代（如索马里）以至 30 年代（如利比亚）才完成。

以上是帝国主义瓜分非洲时期的主要特征。

作为一种历史现象，19 世纪末欧洲列强为何突然掀起这股瓜分非洲的狂潮？

根本原因是 19 世纪末西欧各国资本主义的高度发展和发展不平衡引起了垄断倾向和激烈竞争的结果。

19 世纪下半叶西欧各国的科学技术、工业金融组织和国家结构都迅速发展，各主要国家的工业资本和财政资本相应膨胀，有些国家发生了暂时的生产过剩现象。这必然引起这些国家对商品市场、原料产地以至投资场所需求的空前增长，以及随之而来的竞争的激化。欧美一些国家在本国及其海外领地开始实行贸易保护主义，这使长期盛行的自由贸易体系难以适应新的形势。换言之，只有垄断地占有殖民地和势力范围方能保证列强最大限度地享有各种利益，结果导致了世界范围的争夺殖民地和势力范围的高潮，其政治外交上的表现是争夺世界霸权。瓜分非洲正是这一争夺的重要组成部分。因为到 19 世纪最后 20 余年，世界其余部分已经被基本分割完毕，只有非洲尚有未被列强染指的大片"无主"土地，所以争夺非洲便成了这个时期最显著的特点。正如列宁所说："资本主义愈发达，原料愈缺乏，竞争和追逐全世界原料来源的斗争愈紧张，那么占据殖民地的斗争也就愈激烈。"[①] 当时，不仅英法，而且尤其是新发达起来的德比等资本主义列强，无不以急切的心情扑向非洲，"唯恐在争夺世界上尚未分割的最后几块土地或重新分割已经分割掉的一些土地的疯狂斗争中落后于他人，因此总想不择手段地尽量夺取更多的土地，不管这块土地好坏如何，也不管它在什么地方"。[②] 列宁的这些话生动地描绘了列强争相侵占非洲的焦急神态和疯狂实践，说明列强为什么不仅要抢占那些农产和矿藏丰富的地区，而且也争抢那些人烟稀少、炎热荒凉的沙漠地区。

　　除了争夺原料产地外，对于商品市场的追逐也是驱使列强争夺非洲的重要原因。它们的目标不仅包括南北两端经济较发达的地区，也包括热带非洲。这些地方后来的发展可能没有完全达到列强的愿望，但确是它们当初争夺这些地区的动机。例如从塞内加尔内地到尼日尔河上游一带长期是一些法国人梦想的"黄金国"。1879 年以后法国对西非扩张的主要原因便是垂涎那里的经济潜力、商业利润，甚至设想将"尼日尔苏丹"地区变成法国的"第二个印度"。[③] 1877 年法国驻塞内加尔总督向法国政府指出：为了防止西苏丹的令人羡慕的市场不落入英国人之手，法国

---

① 《列宁选集》第 2 卷，人民出版社 1960 年版，第 804 页。

② 同上书，第 805 页。

③ ［英］纽伯里、坎亚—福斯特纳：《法国政策和争夺西非的根源》，载英国《非洲史杂志》1969 年第 2 期，第 263 页。

就必须将图科洛尔人赶出上塞内加尔，占领塞内加尔—尼日尔河河谷，并夺取巴马科。① 法国人后来正是这么做的。比利时国王利奥波德积极抢占刚果的真正目的也是为了建立"一种小家气的商业垄断"。② 英国帝国主义分子罗得斯更是赤裸裸地主张"占领新的领土，来安置过剩的人口，取得推销我国工厂和矿山出产的商品的新区域"。③

列强竞相争夺非洲的另一重要原因是帝国主义霸权思想和争霸心理的膨胀。欧洲列强不仅从纯经济的目的出发力图多占殖民地附属国，而且随着它们经济和军事实力的增长，它们产生了在政治上控制和统治弱国、称霸世界的霸权主义野心。落后积弱的非洲为这一野心提供了最容易实现的场所。列强的霸权主义野心集中表现为英国企图建立"从开普到开罗"的殖民帝国，法国企图建立从大西洋岸到红海边的殖民帝国，德国企图建立联结西南非洲和德属东非的殖民帝国，甚至实力不强的葡萄牙也想扩大殖民领地，把安哥拉和莫桑比克连成一片。这种追逐霸权的欲望推动列强一起扑向非洲，并在这里发生碰撞，形成几个帝国主义国家同时侵略非洲和在非洲争霸并瓜分非洲的局面。

三　非洲人民的反侵略斗争

哪里有侵略，哪里就会有反抗。侵略越疯狂，反抗也越激烈。非洲人民反抗殖民侵略的斗争从欧洲殖民主义入侵之时起便开始了。不过，当初欧洲殖民主义者在非洲沿海设立殖民据点

---

① 　转引自英国《非洲史杂志》第 10 卷，1969 年第 2 期，第 259 页。
② 　[英] 奥立弗、费奇合著：《非洲简史》，美国 1965 年版，第 184 页。
③ 　转引自《列宁选集》第 2 卷，人民出版社 1960 年版，第 800 页。

时，非洲人并不了解可能产生的后果，所以除个别地方外便任其所为，甚至表示欢迎也是有的。进入 19 世纪后，当殖民列强悍然发动以侵占殖民地为目的的侵略战争时，非洲人民便毫不犹豫地进行了英勇的不屈不挠的抵抗。例如北非有阿尔及利亚卡德尔领导的抗法战争，西非有阿散蒂人进行的多次抗英战争，南非有祖鲁国恰卡和丁刚领导的抵抗布尔人的战争，东非有马达加斯加人抵抗法国入侵的斗争等。从整个非洲来看，这些抗战和斗争是局部的、零星的。这与当时殖民主义侵略的目标仍限于非洲沿海和局部地区有关。到 19 世纪末 20 世纪初，随着帝国主义掀起的侵略和瓜分非洲的狂潮，非洲人民也纷纷燃起了反侵略的斗争烽火，它们此伏彼起，连绵不断，几乎燃遍了整个大陆。其中规模和影响较大的反侵略斗争和抗战有十多起：

1. 埃及艾哈迈德·阿拉比领导的抗英战争（1882 年）。

2. 由阿赫马杜领导的"图库勒尔帝国"的抗法斗争（1881—1893 年）。

3. 由萨摩里·杜尔领导的"瓦苏鲁国"的抗法斗争（1881—1898 年）。

4. 由贝汉津领导的达荷美的抗法斗争（1889—1894 年）。

5. 由开芝瓦约领导的祖鲁国家的抗英战争（1879 年）。

6. 由洛本古拉和其他部族首领领导的马塔贝列国家的抗英战争（1893—1896 年）。

7. 西南非洲赫雷罗族和纳马族的抗德战争和起义（1888—1889 年，1904—1907 年）。

8. 马达加斯加人民的抗法斗争（1885—1895 年，1895—1915 年）。

9. 坦噶尼喀人民的抗德斗争（1888—1889 年布希里和赫里的反抗，1891—1898 年姆克瓦瓦领导的赫赫族抗德战争，

1905—1907 年马及马及起义）。

10. 苏丹人民反对英国和埃及统治的起义（1881—1885 年）和马赫迪国家的抗英战争（1896—1899 年）。

11. 埃塞俄比亚帝国抗击意大利的战争（1886—1888 年，1894—1896 年）。

12. 由穆罕默德·本·阿卜迪勒·哈桑领导的索马里人民反抗英国和意大利殖民者的起义（1899—1921 年）。

以上所举只是一些规模较大或持续时间较长的著名的反殖斗争。各地非洲人民反对殖民侵略的斗争其实是不可胜计的。像塞内加尔、象牙海岸、塞拉利昂、阿散蒂、尼日利亚、乍得、扎伊尔、乌干达等地的人民无不进行了长时间的抗战或起义。在喀麦隆的许多地区，"德国人每前进一步都不得不进行战斗"①。在肯尼亚中部高原，英国人在每个山脊都遇到了抵抗。

非洲人民的抗战在有些国家和地区坚持了很长时间并有过辉煌的战绩。一些非洲领导人表现了杰出的军事才能。以下仅举三例：

1881 年东苏丹人民发动的马赫迪起义在打败了埃及和英国的联合镇压后于 1885 年建立了独立的马赫迪国家。1883 年 11 月，起义军歼灭了由英国将军希克思和一小批英国军官指挥的埃及远征军万余人。之后，起义军迫使加扎勒河省总督英国人莱普顿投降，赤道省总督德国人埃明帕夏则不得不弃职南逃。1885 年 1 月 23 日，起义军在攻克苏丹大总督府所在地喀土穆的战斗中，杀死了英国大总督戈登。此人曾经帮助清朝政府镇压太平天国运动。马赫迪起义的胜利将英国的殖民势力扫除出苏丹达 12 年之久。

另一个杰出例子是西非的萨摩里·杜尔的抗法战争。萨摩里

---

① 苏联科学院非洲研究所：《非洲史 1800—1918 年》，上海人民出版社 1977 年版，第 635 页。

在 1870—1886 年间以比桑杜古为中心建立了一个伊斯兰帝国，有的学者称它为瓦苏鲁国或直呼为萨摩里帝国。19 世纪 80 年代，正是萨摩里为其国家开疆拓土时期，但遇到了法国的殖民扩张。双方多次开仗，互有胜负。1885 年，萨摩里军曾一度打得殖民军从尼日尔河右岸退到塞内加尔河上游的堡垒。1891 年后，法国再次大举侵犯，萨摩里军同殖民军进行了 7 年战争，历经 13 次激战。在抗战中，萨摩里的卓越的军事和行政才能连法国人也为之赞叹，称他是"（西）苏丹的拿破仑"[①]。他在外交上利用了英、法矛盾，从英国统治区（弗利敦）购买武器，并设立了自己的兵工厂。在军事上他重视获取敌人的情报，学习敌人的先进战术，开展了避实击虚的游击战；并且分兵两路，一面在西部进行抗战，一面东向扩土，使军队退有所依。这种有组织的军事转战当然是被迫的，具有不稳定性，但也使他在强敌压境下得以坚持较长时间的抗战。

　　19 世纪末非洲最辉煌的反殖民侵略战绩是埃塞俄比亚人创造的。当时最猖狂地侵略埃塞俄比亚和蚕食其领土的是意大利。1885 年，意军在英国协助下占领了红海港口马萨瓦，接着又侵入内地。1887 年 1 月，提格雷军民在多加利一役中歼灭意军 500 余人，迫使意军退回马萨瓦。年底，意军又大举内侵，埃皇约翰四世发兵 10 万准备迎击。由于国际环境和疫病关系，双方没有交战。1889 年两国缔结和约即《乌查理条约》。但这并没有阻止意军继续蚕食埃塞俄比亚领土。1895 年，意大利以为时机已到，发动了大规模进攻，目的在征服埃塞俄比亚。埃皇孟尼利克二世号召全国军民进行抗战。他组织了 11 万余人的大军，拥有 40 门

---

　　① ［英］迈克尔·克劳德：《殖民统治下的西非》，伦敦哈钦森出版公司 1968 年版，第 87 页。

大炮。1895 年 12 月后，埃军连战连捷。1896 年 3 月，埃军在阿杜瓦战役中大败意军，歼敌 1.5 万人（意军共 1.7 万人）。意大利损兵折将之余只得被迫议和，承认了埃塞俄比亚的完全独立，退出了所侵占的领土，并赔款约 200 万美元。

埃塞俄比亚是 19 世纪末打败帝国主义武装侵略而维护了主权和独立的唯一的非洲国家。它的胜利有多种原因：

1. 国大兵多，地形有利。

2. 全国上下军民包括各地封建主在埃皇领导下，齐心协力，团结对敌。

3. 军事上做了较充分的物质准备，包括训练士兵、侦察敌情和购置枪炮等。

4. 利用了列强之间的矛盾，取得了法、俄的支持。

5. 指挥得当，士气旺盛。

6. 敌方——意大利本身兵力不足，指挥失误。

相比之下，非洲其他国家和地区的反侵略斗争由于缺乏埃塞俄比亚具有的上述综合的有利因素，终于不免于失败。它们本身还存在着一些致命弱点：

1. 经济技术落后、原始。除了埃及外，非洲各国特别是黑非洲没有什么工业，农业也极落后，不能为抗战提供充分的物质基础。军事装备尤差，多数国家或部落基本上是用弓箭刀矛和少量老式枪械对付机枪大炮。有些国家从欧洲人那里购置了较新式的枪炮，但数量有限。落后的武器装备决定了落后的作战技术。阿拉伯人和富拉尼人的骑兵很勇猛惯战，但他们在机枪和速射枪扫射下进行的密集冲锋只能造成大量牺牲。恩图曼一役中，苏丹马赫迪骑兵 2 万人向敌阵连续冲锋，几乎全军覆没。这次失败已决定了马赫迪国的命运。南非的祖鲁人也长于战场冲锋和白刃战，1879 年他们曾多次打败英军；伊散德瓦纳山一役歼灭英军

1300 名，其中多数是欧洲人。恩格斯曾赞扬过他们。但是，他们的武器装备毕竟过于原始，在决战时终于吃了大亏。祖鲁兰不久就被英国并吞了。

2. 社会政治发展落后，不少地区甚至没有形成国家组织，只有部落机构或小酋长国。它们人口少、辖地小，自卫能力极弱。殖民主义者不需用很大力气就可将它们各个击破，或者仅需派几个探险队和公司代表就可迫使几百个部落和其他政治实体臣服。以尼日利亚为例，19 世纪末，尼南部建立了许多小城邦和艾米尔国，像贝宁、伊巴丹、伊洛林、阿贝奥库塔、布罗赫米埃、努佩、奥波博、伊杰布奥德、奥尼查、布拉斯等等。这些小国对英国殖民者都进行了武装反抗，甚至打了一些小胜仗。但终因国小力弱，难以进行持久抵抗。侵略者一般只要出动几艘兵舰和几百人的部队（侵占贝宁例外）便能达到目的。黑非洲的许多地方与此类似。

3. 非洲各国或各部族各自为战，极少能联合对付殖民侵略。北非各国早就处在欧洲列强的军事和财政控制下，外交行动也受到严密监视，客观上很难得到联合对抗的机会。在黑非洲，如果当地统治者主观上有联合抗击殖民者的愿望，他们是可以建立起联合阵线的。可惜怀有这种政治远见和气度的领袖如凤毛麟角。萨摩里曾写信向阿赫马杜提出了联合抗敌、南北夹击法国人的战略建议。但遭到了拒绝。[1] 等到阿赫马杜改变主意时，大势已去。英国一学者认为，如果萨摩里、阿赫马杜和索科托素丹一开始便结成同盟对抗侵略者，殖民征服的历史可能大不一样。[2] 索科托的

① ［英］迈克尔·克劳德：《殖民统治下的西非》，伦敦哈钦森出版公司 1968 年版，第 86—87 页。

② 同上书，第 86 页。

素丹也是在大败之余才号召北尼日利亚所有的艾米尔联合抗击英国殖民者，并因此取得了一些小胜，但为时也晚了。西非的卡约尔人、索宁凯人，尼日利亚各城邦，中非的瓦达伊人、卡松戈人，南部非洲的祖鲁人、马塔贝列人、恩戈尼人、赫雷鲁人，东非的赫赫人、瑶人、布尼奥罗人等等，都进行了英勇无畏的抗战，但都是各打各的，不相为谋，力量单薄，在强敌面前失败是必然的。

4. 由于历史原因或殖民主义者的挑拨离间，非洲不少相邻的国家和部族在欧洲列强大举入侵的严重时刻，不仅不能联合抵抗，反而加深仇视敌对，相互侵掠，直至发动战争，削弱了抗殖力量；有些国家或地方的统治者甚至为殖民主义者所利用，充当了殖民侵略的工具。

19 世纪 70 年代初，埃及和埃塞俄比亚发生边界纠纷。1875—1876 年间，两埃爆发几次大战，双方都受到很大损失。由于远征，埃及耗资更大，从而加深了财政危机。这是埃及统治者出售其苏伊士运河股权的原因之一。在这以后，埃及便更深地陷入了英法的财政、政治和军事控制之下。

苏丹马赫迪国家与埃塞俄比亚在 1885—1889 年间也打了几场大规模战争，双方用兵都达数万人。战争削弱了马赫迪军的力量，使它后来在抵抗英国侵略时处在虚弱的地位。

在黑非洲，部族的内争和部族之间的仇视常被欧洲列强利用来作为进行殖民征服的契机。有些非洲统治者想借欧洲人之力打击本部族或其他部族的对手，结果让欧洲殖民者坐收渔人之利的例子也不胜枚举。比如，19 世纪末坦噶尼喀北部的查加族人建立了好多个各自为政的酋长国，其中的马兰古酋长国的酋长马利埃勾结并帮助德国人打败了抗德的基博肖、莫希等酋长国，他本人成了查加族和乞力马扎罗地区最有势力的统治者，当然必须以接受德国殖民统治为代价。不久，德国侵略者又得以调集几千名查加族士兵屠杀、抢掠和征服了相邻的阿鲁沙人和梅鲁人。[①] 在乌干达，英国殖民主义者利用屈服了的布干达国，命它出兵几万人协助英国征服了抗英的布尼奥罗和其他国家与地区。布干达统治者为此得到了英国人的奖赏，但是要以"忠于"英国国王为前提。在西非，黄金海岸的芳蒂人与阿散蒂人也是世仇，芳蒂人在英国侵略和征服阿散蒂国的长期过程中一直是英国人的"盟友"，但芳蒂人也更早地丧失了独立。

19世纪末，欧洲帝国主义列强怀着自私和卑劣的目的，依靠先进的技术、知识和武器将殖民统治强加于非洲人民。各地非洲人民进行了英勇不屈的抗战和起义，留下了许多可歌可泣、永远值得纪念的悲壮业绩。但是，他们并没有能缚住帝国主义的凶恶魔爪。无论是封建君主的英明勇武，还是具有强大凝聚力的部族传统，或者由原始宗教迷信构成的神秘屏障，都抵挡不住方兴未艾的资本扩张势力。非洲终不免于套上了沉重、屈辱和后患无穷的殖民枷锁，由此遭受资本帝国主义长期的掠夺、榨取和压迫。非洲沦为殖民地的历史典型地揭示了一条真理：落后难免挨打受欺，分裂内争必加速沦亡。当然，非洲人民不畏强暴的反抗精神也表明，这些落后弱小民族绝不甘心受欧洲强大异族的压迫和统治，他们被压抑的反抗之火一旦时机到来，便会喷薄而出，为自己开辟自由之路。

（原载吴秉真、高晋元主编：《非洲民族独立简史》，世界知识出版社1993年版，第2—24页）

---

① ［英］约翰·艾利夫：《坦噶尼喀现代史》，剑桥大学出版社1979年版，第101—102页。

战后非洲民族独立运动概说

　　在两次世界大战之间，帝国主义统治下的非洲各族人民曾不断掀起各种斗争。但除极少数国家和地区外，当时大部分地区的斗争不是为了推翻殖民统治和争取民族独立，而仅限于争取局部地改善在殖民统治下的政治经济和社会地位，例如反对种族歧视要求平等待遇，要求归还土地、减轻捐税、提高工资、改善生活和教育条件等。整个说来，民族主义斗争方兴未艾。第二次世界大战期间，民族主义斗争自当让位于反法西斯战争。到大战结束时，非洲只有三个独立国：埃及、埃塞俄比亚和利比里亚（未算南非）。但是战后不久，非洲人民迅速走向民族觉醒。反对殖民统治、争取民族自治和独立的运动很快席卷整个大陆。新的独立国家纷纷出现。到战后的第 35 年——1980 年，非洲各国除纳米比亚外已全部获得独立；而这最后一块殖民地在历经险阻后也于 1990 年完成了独立进程。至此，整个非洲大陆都摆脱了殖民枷锁，完成了民族独立的伟大历史使命。本文现就战后非洲民族独立运动兴起和发展的国际环境、非洲内部的原因和条件、几次高潮、运动的特点和意义诸方面作一概说。

有利的国际环境

第二次世界大战以后，国际局势发生了重大变化，形成了十分有利于非洲民族独立运动的外部环境，主要有亚洲民族解放运动的胜利发展，社会主义阵营的扩大和存在，联合国发挥的积极影响，帝国主义国家的内部矛盾以及非洲国家的相互支援。

（一）亚洲民族解放运动的胜利发展。战后亚洲殖民地半殖民地人民首先举起了反帝反殖争取独立解放的大旗。在抗日战争中经受了锻炼的越南、马来亚人民发动了民族武装起义，对战后卷土重来的法国和英国殖民主义进行英勇抗战。越南人民取得了重大胜利，于1954年迫使法国退出了印度支那，巩固了17度线以北的人民政权，接着又进行了震动世界的抗美战争。1947年，拥有几亿人口的印度和巴基斯坦人民经过长期不屈不挠的斗争后赢得了独立。40年代末获得独立的还有叙利亚、黎巴嫩、锡兰、缅甸、印尼等许多亚洲国家。50年代，伊朗、伊拉克、也门和阿曼等西亚各国也掀起了各种反帝斗争。特别是中国人民的解放和新中国的崛起对非洲产生了深远影响。由于亚洲人民有着与非洲人民相似的被侵略被压迫的痛苦经历，他们的独立解放和进行的斗争在心理上极大地鼓舞和推动了非洲人民的斗争。不仅如此，已获独立解放的亚洲各国，尤其是社会主义中国还向非洲人民提供了政治、军事、财力和人员培训等方面的实际支援。这种援助对非洲一些地区胜利地开展反殖武装斗争发挥了有效的作用。

1955年4月，在印尼万隆举行的亚非会议标志着战后亚非两洲蓬勃兴起的反帝反殖潮流的汇合。它增强了亚非人民的反帝团结，给非洲民族独立运动以新的推动。会后，北非和西非掀起了民族独立斗争的新高潮。

（二）社会主义阵营的形成和存在。战前，世界上只有苏联一个社会主义国家，战后苏联变成了超级大国，东欧和东亚出现了一系列新的社会主义国家，形成了与帝国主义世界对垒的社会主义阵营。社会主义的本质应该是反对殖民统治、反对民族压迫而支持殖民地人民的独立解放的。社会主义中国坚持了这个原则。社会主义阵营（西方称之为"共产主义集团"或"东方集团"）的存在本身客观上也有助于对殖民国家施加精神压力，促使它们作出有利于殖民地人民的让步，以求防止殖民地人民转向"东方"寻求援助。实际上，斗争中的殖民地人民也肯定要向同情他们的社会主义各国寻求支援。关于中国的援助，已如上述。至于苏联，它的对外政策常常违背社会主义原则而带有扩张主义和霸权主义因素，但它同西方殖民主义存在着矛盾，它和其他东欧国家给予非洲某些地区的民族解放运动的援助（包括军援）在一定程度上有利于反殖斗争。

（三）联合国发挥的积极作用。联合国正式成立于1945年10月24日。在这以后的最初十多年内，由于美、英、法等帝国主义国家的操纵和作梗，它对非洲的民族独立事业没什么贡献，甚至还起过消极作用（如1960年在扎伊尔）；但是，联合国的建立毕竟对被压迫民族是有利的。随着亚非成员国的增加和反殖民主义力量的不断壮大，联合国日益发挥了积极作用。例如，联合国建立了国际托管制度，将大战前的国联委任统治地改为托管地，并把增进托管地"趋向自治或独立之逐渐发展"作为其基本目的[①]。联合国每三年向托管地派代表团进行实地调查和听取当地人的意见，"鼓励了民族主义"；同时，联合国大会也为非

---

① 《国际条约集（1945—1947年）》，世界知识出版社1959年版，第53页。

洲民族主义者及其支持者提供了国际讲坛：到 1961 年底，联大和托管理事会分别举行了 177 次和 41 次意见听取会，听取托管地请愿者的意见。这些请愿活动虽然很少产生实际结果，但在托管地激起了巨大的政治热情，提高了民族主义者及其代表的政党的威信。如坦噶尼喀、喀麦隆等均如此。60 年代以后，联合国讨论和通过了许多有关非殖民化的决议，在政治上打击了殖民主义和种族主义，鼓舞和支持了民族解放斗争。例如，1960 年第 15 届联大通过了《关于给予殖民地国家和人民独立的宣言》，1972 年联合国非殖民化委员会通过了关于葡萄牙统治地区和南罗得西亚问题的各项决议。尤其是 1978 年联大托管理事会通过的关于纳米比亚独立问题的 435 号决议，成了纳米比亚人民反对南非殖民统治的有力武器。

（四）帝国主义阵营的内部矛盾。首先是殖民国家与美国的矛盾。英法等殖民国家在大战中受到沉重打击，战后已降为需要美国支援的二等国，它们在殖民地也已不能为所欲为。而美国则崛起为世界头等强国和资本主义世界的盟主。它与英法等殖民国家结成了针对苏联集团的战略联盟。但在殖民地问题上，美国从其全球战略和本国利益考虑，有时默认或支持英、法、葡等殖民国家对殖民地的统治和对非洲人民的镇压，有时就可能自行其是，而与殖民国家发生矛盾，甚至对它们施加压力，促其作出妥协。例如，1956 年美国一反多年的消极态度，在联大托管会讨论给托管地自治和独立的时间表问题时，支持了为托管地的政治进展规定一个中间目标的主张，使殖民国家大为恼火。同年，美国在埃及苏伊士运河事件中反对英国出兵埃及而同英国发生尖锐矛盾，成为英国撤兵的重要原因。60 年代初，美国代表在安理会发言主张葡属非洲人民加速走向自决，并在联大投票赞成谴责葡萄牙殖民政策的决议。肯尼迪政府还支持安哥拉的霍尔敦·罗伯托的反葡斗争。美国对南非的种族隔离政策也持否定态度。所有这些都在客观上有利于非洲人民的斗争。当然，美国政策中还有支持殖民国家以及企图将非洲人民的斗争引入自己所需轨道的一面，这就另当别论了。

其次殖民国家本国人民和舆论的反殖民主义态度。第二次世界大战后世界各国包括殖民地宗主国的人民普遍提高了政治觉悟，认识到殖民主义是过时的罪恶的制度，因而不少人同情和支持殖民地人民争取独立的斗争，而反对或不支持本国政府的镇压政策。

再次是殖民国家统治阶层内部出现了日益尖锐的矛盾，即坚持帝国主义、种族主义立场的保守派同比较务实的开明派、改革派的矛盾。随着非洲民族解放运动的蓬勃发展，后一派人逐渐得势。他们目睹顽固坚持殖民统治和镇压政策必须付出的巨大代价，权衡利弊，主张修正政策，加快实现"非殖民化"。1959 年戴高乐决定谈判解决阿尔及利亚问题，1960 年麦克米伦承认"改革之风"吹遍非洲，1974 年葡萄牙发生进步军事政变，部分地都是上述矛盾发展的积极结果。

（五）非洲独立国家的支援。由于民族独立运动发展不平衡和不同殖民国家的不同政策，非洲国家获得独立的时间也不同。一部分国家（如利比亚、突尼斯、摩洛哥、苏丹、加纳、几内亚）在 50 年代就宣告独立；到 60 年代末，前英法所属殖民地几乎全部相继摆脱殖民统治，而葡属非洲各国到 70 年代才独立，纳米比亚在 80 年代还在进行斗争。非洲各国人民争取独立的斗争是相互支援的。但先获独立的国家有可能给未独立国人民以更多的支持。除了双边援助外，先获独立的国家还建立了非洲统一组织、前线国家组织等机构，向未独立地区的解放斗争提供集体援助。

非洲民族独立运动正是在以上大好的国际环境下得到了迅猛发展。当然，如果非洲没有本身的内在原因和条件，运动的兴起和发展也是不可能的。

非洲的内部原因和条件

战后非洲民族独立运动的迅速兴起和蓬勃发展有以下内在的政治思想和社会经济等各种原因和条件：

（一）非洲人民大大提高了民族觉悟，不愿继续忍受殖民主义的压迫、歧视和奴役，要求政治平等、民族自治和独立。第二次世界大战是世界民主力量同法西斯力量的一场决战。为了动员非洲人民支持反法西斯战争，英法等殖民国家都向非洲人作出了战后改善他们政治经济地位的许诺。大战中，美国等盟国还作了许多反对殖民主义、提倡自决和自由平等的宣传。战后，亚洲人民的独立解放极大地鼓舞了非洲人民的斗志。反殖民主义思想在非洲得到广泛传播。这种民族觉悟首先体现在一部分参加过第二次世界大战的非洲军人和知识分子身上。数以几十万计的非洲士兵在非洲、欧洲和亚洲经历了枪林弹雨的考验，分享了战胜法西斯军队的欢乐，耳闻目睹了关于平等自由的言论和实践。他们回国后在非洲人民中间讲述他们的经历和战绩，为打破欧洲殖民统治不可改变的神话和提高非洲人的民族觉悟作出了重要贡献。他们中有不少人参加了反对殖民统治争取民族权利的斗争：在马达加斯加、加纳、肯尼亚、坦噶尼喀、阿尔及利亚等地都有他们中的优秀分子站在反殖群众运动或武装斗争的前列。非洲知识分子泛指所有具有初中以上教育程度的非洲人。由于有阅读书刊、收听广播以及同国内外知识界交往等条件，他们可能最早接触和接受民族主义思想，是非洲人中最早觉悟的部分。又由于他们的工作岗位散布在政府、教育、新闻、法律和工商企业等部门，他们又成为传播民族主义思想的主要渠道。尤其是一些到欧美留过学的知识分子，他们在国外接触到了许多新观念，包括资产阶级民主思想、泛非主义、各种社会主义以至马克思主义等。他们回国后积极组建政党，创办报纸，宣传民族主义并参加政治斗争，成了反殖民族独立运动的灵魂。

总之，民族主义的传播为非洲民族独立运动提供了必要的政治思想基础。

（二）殖民地社会经济的发展引起了深刻的社会变化，为开展非洲民族独立运动提供了物质条件。第二次世界大战在一定程度上刺激了非洲经济（主要是工矿、交通和商业）的发展。战后，殖民国家为了适应本身的政治和经济需要，采取了"开发"殖民地资源的政策，扩大了对殖民地的投资计划。它产生了重要的社会结果：

1. 在大战期间和战后，非洲的道路、邮电等基础设施有明显扩大和改进。英法等国在非洲殖民地都修建了新的铁路、公路，改良了公路路面，造了新的发电站。它们主要是为运输军需品和农矿产品以及为工厂矿山提供能源服务的，但在客观上为非洲民族主义者沟通讯息，传播民族主义，发展组织和开展活动提供了方便条件。同时，社会经济的发展加速了非洲的城市化。城市人口迅速增加，小市镇变成了较大的城市。例如：阿克拉、达喀尔、拉各斯、伊巴丹、巴马科、利奥波德维尔、班吉等城镇的人口战前都只有几万人（拉各斯例外，有十几万人），1955 年增加到 10 万至 30 余万人[①]。城市的发展为民族

---

① ［英］托马斯·霍奇金：《殖民地非洲的民族主义》，伦敦 1956 年版，第 67 页；［英］贾克·沃迪斯：《非洲——风暴的根源》，世界知识出版社 1962 年版，第 122 页。

主义者提供了聚会场所和组织中心。因为城市（特别是首都）的扩大使越来越多的来自不同地区和部族的非洲人得以相会在一起，建立政治组织，共商斗争大计，然后从这里向全国发展组织，指导斗争。非洲的民族主义运动正是从城市首先兴起，再发展到农村的。

2. 非洲民族资产阶级、小资产阶级的成长和人数的增加。第二次世界大战以前，非洲本地资产阶级主要集中在北非（埃及），西非也有少量商业和农业资产阶级，东非则几乎没有。第二次世界大战期间和战后，不少非洲人从事商品性农业生产，积累了资金。一部分人投资于扩大农场或兼营商业、运输、农产品加工等，成为新兴的本地资产阶级（有些只能算小资产阶级）。例如肯尼亚的非洲人办起了蔬菜脱水厂、燃料木炭销售公司和其他实业，象牙海岸非洲人办起了可可和咖啡种植园，尼日利亚非洲人办起了银行、出版公司，各地还有更多的非洲人开办了规模不大的商店。这些新兴的实业阶级资金短少，又备受殖民政府的限制和欧洲人、亚洲人工商资本的竞争和排挤，所以很难发展。他们很快认识到，非洲人政治上的无权是他们获得发展的根本障碍，所以积极投身于争取自治和独立的斗争。他们人数不多（特别是可称为非洲资产阶级者），但因拥有较多财产，具有较高的文化程度，不少人出身贵族家庭或本人就是酋长，社会地位较高，因此在非洲人中有号召力。像西非的阿齐克韦、乌弗埃—博瓦尼，东非的奥京加·奥廷加等人，都是在民族独立运动中发挥重要作用的新兴非洲实业家阶级的代表人物。

3. 工资劳动者和工人阶级队伍的不断壮大。据有的作者估计，40年代初撒哈拉以南非洲（包括苏丹）受雇于欧洲人企业的非洲职工有814万余人；到50年代末，这个数字已增加到

1000—1200 万人①，如加上北非工人数目，非洲工人阶级的队伍估计达 1300—1400 万人。这还不包括农业工人在内。重要的是，这支队伍虽然基本上是由非熟练的流动工人所组成的，但随着战后制造业和基础设施的发展，半熟练工人和固定工人的比例不断扩大。同时，非洲工人的组织程度也不断加强。行业性工会和跨行业的全领地性工会纷纷出现，工会会员成倍增加。例如坦噶尼喀 1952 年还只有 2 个工会，301 名会员，到 1958 年便有 18 个工会，44600 名会员，1961 年工会会员增加到近 20 万人，约占工人总数的一半②。非洲工会为反对种族歧视、要求提高工资和改善劳动条件而多次举行罢工斗争，规模较大的如 1945 年尼日利亚和乌干达的总罢工，1947 年肯尼亚和坦噶尼喀的大罢工，1947—1950 年法属非洲的一系列罢工，1952 年法属西非铁路工人总罢工，等等。这些罢工虽然主要属于经济斗争，但客观上都打击了殖民统治。而且，随着形势发展，工人运动与走向高涨的民族独立运动紧密配合，成为后者的重要方面军。不少地方的工会领导人发展成为民族独立运动的领导人，如几内亚的塞古·杜尔，塞拉利昂的史蒂文斯，喀麦隆的乌姆·尼奥勃，坦噶尼喀的拉希迪·卡瓦瓦，肯尼亚的弗雷德·库巴依和汤姆·姆博亚，而北罗得西亚的"几乎所有工会领导人几乎都参加了民族主义运动"③。

4. 非洲知识分子队伍的扩大。战后，殖民国家为了开发殖

---

① ［英］贾克·沃迪斯：《非洲——风暴的根源》，世界知识出版社 1962 年版，第 114—115 页。

② ［坦］G. 卡哈马、T. C. 马里亚姆科诺、［英］S. 韦尔斯合著：《坦桑尼亚经济挑战》，英国 1986 年版，第 19 页。

③ ［尼日利亚］沃古·阿纳纳巴：《非洲工会运动》，工人出版社 1982 年版，第 57 页。

民地资源和行政管理的需要，增加拨款发展殖民地教育。英、法、比等国都在各自的殖民地增设中小学校，还建立了几所大学。这些学校培养的一大部分非洲学生和从国外归来的人数不多但能量很大的非洲留学生构成了非洲社会一个新兴的知识阶层。从这个阶层中涌现出一批投身于国家独立事业的仁人志士，像西非的阿齐克韦、恩克鲁玛、桑戈尔、卡布拉尔，东非的尼雷尔、奥博特，南部非洲的恩科莫、卡翁达、内图、蒙德拉纳、穆加贝，等等。他们都是上过大学、得过学位或留过洋的非洲知识分子。他们成了非洲民族独立运动的全国性领导人。还有不少知识分子（特别是为数较多的中小知识分子）则成了民族主义政党和各种社会团体的各级领导人或骨干，他们是领导和群众之间的纽带，由于他们进行了广泛的基层组织活动，民族独立斗争才得以深入开展。所以，知识分子队伍的扩大不仅大大有助于传播民族主义思想，而且为运动准备了许多领导骨干。殖民国家也能拉拢一部分知识分子，但终究是极少数。

（三）殖民国家竭力想维持对非洲殖民地的统治，政治上拖延甚至顽固地拒绝给予殖民地人民以自治和独立，经济上继续对他们肆意剥削和掠夺，致使非洲人民经济生活困苦以至恶化，因而激起他们的强烈不满和反抗。战后初期，无论英法或比利时，更不用说葡萄牙和南非，都不打算退出各自的殖民地。英国口头上答应要"引导"殖民地逐步取得自治、独立，而实际上极尽拖延之能事，力图使"宪法改革"按照它的设想"循序渐进"，借以最大限度地保持其殖民利益；法国迟迟不肯放弃"大法兰西"意识和控制殖民地的最终权力，不同意殖民地脱离法国而独立；葡萄牙和南非更是顽固地拒绝进行任何可能走向非洲人自治的改革。这些殖民国家（还有比利时和南罗得西亚白人种族主义政权）对坚决要求独立的非洲民族主义者都进行了残酷镇压和迫害，从而使非洲人民忍无可忍，不少地区（马达加斯加、肯尼亚、突尼斯、摩洛哥、阿尔及利亚、喀麦隆、津巴布韦、几内亚比绍、安哥拉、莫桑比克和纳米比亚等）先后爆发了大规模的反殖武装斗争——民族独立战争。没有爆发武装斗争的地区也都掀起了广泛的群众运动和持续的议会斗争。这些斗争的爆发在相当大程度上是由于经济原因，包括土地问题和非洲人生活境况的极端贫困和恶化。早在第二次世界大战以前，殖民主义者在非洲便以各种蛮横手段强占和剥夺了非洲人的大片土地，供欧洲人开辟农场、种植园和矿山。这类被欧洲人占有的土地在南非占89%，在南罗得西亚和斯威士兰占49%，在比属刚果占9%，在肯尼亚占7%，在尼亚萨兰和西南非洲占5%，在北罗得西亚占3%。[①] 实际上，单是百分比还不能完全反映问题，因为欧洲人占有的土地几乎都是最好的土地，而把贫瘠的不毛之地（当然也有一部分好地）留给了非洲人作为"保留地"。土地的不足和苛重的捐税迫使非洲人为挣钱谋生而到欧洲人的农场、种植园、矿山和城镇出卖劳力；在那里，又由于工资低微，劳动强度大，生活困苦不堪。所以，要求归还土地、提高工资一向是非洲人为之斗争的两大内容。第二次世界大战后，殖民主义者不仅不想改弦更张，反而变本加厉地夺取非洲人的土地，给他们制造更多的苦难。如在肯尼亚和坦噶尼喀，都发生了为欧洲人的利益而强迫非洲人从他们居住的土地上迁到更差的地方去的事件。这些事件成了重大的反殖斗争的导火线。在许多没有这类土地问题的地区，非洲农民因不堪殖民政府战后继续对他们横征暴敛，各种形式的强迫劳动和欺压，也随时准备奋起斗争。与此同时，战后非

---

① 转引自［英］贾克·沃迪斯：《非洲——风暴的根源》，世界知识出版社1962年版，第2页。

洲许多地区（如东非的坦噶尼喀、肯尼亚，西非的黄金海岸、塞拉利昂，等等）城市职工的实际工资都低于战前，而且居住条件十分恶劣，有时还要挨饿，这是战后各地爆发多次工人大罢工的主要原因。

总之，战后由于民族主义思想的传播，非洲人民不愿继续忍受殖民主义的统治和压迫，他们要求平等、自治和独立，但是殖民主义者不肯轻易放弃殖民统治和既得利益，他们政治上的顽固态度和镇压政策以及经济上对非洲人民的掠夺与剥削不能不激起非洲人民的强烈不满和反抗；而战后非洲社会经济的发展为民族独立运动的蓬勃发展又提供了必要的物质条件和社会阶级基础。在这种国内条件下，加上有利的国际环境，非洲民族独立运动的迅速走向高涨便成为历史发展的必然了。

三次高潮

非洲民族独立运动在各地的发展是不平衡的。总的说来，从开展争取独立斗争和赢得独立的时间来看，北部最早，西、东、中部其次，南部较晚。当然，其中也有例外。这种不平衡性主要是由非洲各地不同的政治、经济、社会条件和殖民国家的不同政策所造成的。在整个发展过程中，非洲民族独立运动出现了三次高潮。

第一次高潮发生在战后初期至 40 年代末。在这几年内，北非各国和撒哈拉以南少数地区几乎同时展开了反对殖民统治、要求自治或独立的各种斗争，组织了大规模的罢工、罢课，罢市和示威游行，有些地方还掀起了反殖武装起义。主要事件如 1945年 5 月阿尔及利亚各大城市居民为庆祝反法西斯战争胜利和要求立即独立而举行大规模示威游行；1946—1948 年埃及人民为废除 1936 年英埃不平等条约以实现国家的真正独立而展开反英大示威、大罢工；1947—1948 年由于摩洛哥素丹（国王）支持民族独立运动、对抗法国殖民当局而形成"摩洛哥危机"；1947—1949 年马达加斯加的反法武装起义。此外，东非的肯尼亚、坦噶尼喀、乌干达，西非的尼日利亚、黄金海岸都爆发了空前的大罢工和群众运动，它们虽然没有提出自治和独立口号，但都在不同程度上打击了殖民统治，推动了民族主义运动的发展。

40 年代后期民族独立运动的首次高潮之所以出现在北非和个别黑非洲地区，主要有两个原因：一是这些地区原来的社会发展水平较高，在殖民统治前便建立了较成熟的国家机构，民族主义观念较早形成。埃及在 20 年代便取得了名义上的独立，但它的爱国志士和各党派从未停止争取完全独立的斗争。其他地区在大战期间或战后不久也都建立了以自治和独立为奋斗目标的民族主义政党，肩负起了领导斗争的历史使命。二是由于这些地区接近战区或本身就是战场等地理因素，因而受第二次世界大战的影响较大，同时还受到战后亚洲民族解放运动的直接启迪，民族主义情绪较早趋向高涨。

但是这次高潮没有能导致独立国家的出现。各国人民的斗争或者在遭到镇压后暂时后退（如阿尔及利亚、马达加斯加、埃及），或者在与殖民国家达成某种妥协后暂缓了势头（如摩洛哥、突尼斯）。造成这种结果的原因有两个：一是各国民族主义力量组织程度尚差，实力也较弱小，并且缺乏斗争经验；二是战后初期英法等殖民国家都想维护和改善殖民统治而无意退出非洲，它们在同意进行宪法改良的同时，对殖民地的独立运动采取了严厉镇压的政策。所以，可以说，战后非洲民族独立运动的第一次高潮被殖民主义用各种方法压制了下去。但新的更大的高潮已在酝酿之中。

　　第二次也是最大的一次高潮发生在50年代中期到60年代初的约十年内。这是非洲政治发生翻天覆地变化的年代。在这个时期的前半期，民族主义政党如雨后春笋般地在非洲各地涌现，它们先后举起反帝反殖争取独立的旗帜，对殖民统治积极开展了和平的或武装的斗争。北非人民继续起着斗争前锋的作用：突、摩、阿纷纷发动了反法武装起义，埃及在1952年七月革命后加强了反英斗争，于1954年迫使英军撤出苏伊士运河区，收回了运河主权，接着又打败了英、法、以合伙对埃及的武装侵略。1951年，利比亚成为战后第一个赢得独立的非洲国家，1956年又有三个北非国家——突尼斯、摩洛哥、苏丹宣告独立。独立运动也迅速在撒哈拉以南发展。肯尼亚、喀麦隆、安哥拉、葡属几内亚和莫桑比克先后燃起武装斗争之火，与阿尔及利亚解放战争遥相呼应。除了武装斗争外，非洲各地人民还通过向联合国请愿、游行示威、罢工罢课和进行议会斗争等各种和平方式向殖民当局发起挑战，要求自治和独立。1957年，加纳成为战后黑非洲第一个独立国；1958年，几内亚又在法属黑非洲率先独立。加纳和几内亚的独立预兆着黑非洲民族独立运动最高潮的来临：从1960年到1964年，共有27个非洲国家（包括北非的阿尔及利亚）宣布独立。其中1960年一年内独立的国家就有17个，这一年被称为"非洲年"。作为这一高潮的余波，60年代末又有一些非洲国家获得独立。至此，原来处于英、法、比、意、西各殖民国家桎梏下的非洲殖民地附属国（除个别小国外）都得到了解放。只有葡萄牙和南部非洲的白人种族主义仍顽固地坚持其殖民统治。

　　第三次高潮发生在70年代，目标是冲垮殖民主义和白人种族主义在葡属非洲、南罗得西亚和纳米比亚的顽固堡垒。由于葡萄牙、南非、南罗得西亚的统治者拒绝非洲人对独立和多数人统治的正当要求，并对非洲民族主义者进行残酷迫害和镇压，这就逼使后者不得不用暴力对付暴力。所以，武装斗争成为这个时期的主要斗争形式。如前所述，安哥拉、葡属几内亚，莫桑比克都在60年代初发动了游击战，津巴布韦和纳米比亚也都在1966年打响了第一枪。经过多少次挫折、无数战士的流血牺牲和不断地总结经验教训，这些地区的民族武装从小到大，越战越强，给敌人以日益沉重的打击。加上国际支援和葡萄牙国内的变革，这些地区（除纳米比亚外）终于在1973—1980年间先后打破了殖民主义和白人种族主义的反动堡垒，赢得了独立。同期内取得独立的还有科摩罗、圣多美和普林西比、吉布提和塞舌尔等小国，至此，来自海外、延续了几个世纪的殖民统治便全部结束，非洲民族解放的第一位任务——赢得政治独立的任务基本完成。剩下最后一个殖民地——南非统治下的纳米比亚，它的最终独立也是大势所趋了。

几个特点

非洲民族独立运动与亚洲的民族解放运动一样，都是第二次世界大战后具有伟大政治和历史意义的世界大事。亚非人民的共同命运和遭遇促使他们走上团结斗争的道路。但由于两洲所处社会历史条件不全相同，两洲人民的斗争除共性外又各有特点。非洲民族独立运动有以下特点：

第一个特点：非洲民族独立运动在性质上是反帝民族革命，斗争对象是帝国主义直接强加在非洲人民头上的外国殖民统治和极少数非洲走卒。这与亚洲有些国家（如中国）的反帝反封建的民族民主革命在性质和革命对象上不完全一样。这是因为亚洲有些国家（如中国）是半封建半殖民地社会，它们在名义和法律上都是独立国。统治这些国家的是与帝国主义勾结在一起的本国官僚资产阶级和封建地主阶级，它们是革命的对象。而非洲除个别独立国家外属于完全丧失独立的殖民地社会，它们完全受外国统治。外国统治者即使利用了一些非洲国家原有的传统统治者作为全国性的（如在摩洛哥、突尼斯）或地方性的（如在尼日利亚、黄金海岸、乌干达等许多地方）统治工具，但外国殖民政府（通过总督和各级欧洲官员）依然根据它们自己制定的法律保持着最高统治权。非洲殖民地不存在占统治地位的非洲官僚资产阶级和封建地主阶级。非洲确实存在一批封建王公贵族和部族首领，但他们同样在不同程度上受外国统治者的欺压和控制，因此他们不仅不是运动的对象，而且可以参加民族独立运动，少数人甚至可起领导作用。或者说，非洲民族独立运动并不包含反封建任务。

第二个特点：非洲各国的民族独立运动几乎都由民族主义政党领导，而没有一个国家是由共产党领导的，这与亚洲有些国家（如中国、越南、马来亚）的民族解放运动不同。这是因为非洲绝大多数地区还没有建立共产党，即使极少数地区出现了共产党组织，它们也基础较差，力量薄弱。个别的民族主义政党中可能有共产党人参加，甚至在其中担任重要职务，但这并不能改变这些政党的性质和基本纲领。非洲共产党力量的微弱是由非洲的社会历史条件决定的。主要是因为非洲各地处在现代化大企业中的固定和有组织的产业工人为数不多，工人阶级还没有发展成为自为的阶级，马克思主义还没有广泛传播并被接受。这样，争取民族独立的担子就只能落在民族主义者及其政党的肩上，这些政党正是适应民族独立运动的需要而出现的，绝大部分成立于50年代以及其后。许多民族主义政党是由几个以至几十个社会团体和小党派合并组成，通常每个殖民地同时有几个政党并存。据有人统计，到 1961 年，非洲各地大大小小的民族主义政党有 147 个，其中除 8 个外都成立于战后。① 它们实质上是团结各部族、部落和各阶级、阶层的统一战线组织。这从它们普遍采用的名称——"大会"、"阵线"、"联盟"——上也能得到反映。它们没有明显划一的阶级属性，从其领导人构成来看，以小资产阶级和知识分子占主导地位，还有一部分工会工作者、王公贵族、部族首领和屈指可数的民族资本家。

民族主义政党之所以拥有号召力，是因为它们提出的民族主义纲领口号——反帝反殖、要求自治独立和改善人民政治经济地位——符合广大人民的需要。它们还把争取独立的斗争同各地人民为解决具体问题而进行的斗争结合起来，同要求归还被殖民主义夺去的土地、减轻捐税、提高工资和农产品收购价格，反对种族歧视和强迫迁移、强迫改变耕作方法等等的斗争结合起来，同工人运动、农民运动、合作社运动以至宗教非洲化运动结合起来，因而使民族独立运动得到人民群众广泛的参加和拥护。

第三个特点：非洲民族独立运动基本上采取了暴力和非暴力两种斗争方式进行，采取前一种方式的是少数（11 个地区），采取后一种方式的占多数（30 多个地区）。少数地区的非洲人民之所以采取暴力即武装斗争的方式争取独立，主要有三个原因：（1）殖民国家在这些地区有特殊的政治经济和战略利益，坚决不肯放弃殖民统治。（2）这些地区几乎都存在较多的欧洲移民，特别是有势力的农场主集团，由于殖民政府对他们的偏袒，这些地区的土地问题和种族矛盾特别尖锐。（3）民族主义者受到种种迫害和镇压，在合法斗争无效的情况下，一些相信枪杆子里能出政权的志士走上了组织和发动武装斗争的道路。

① 见《西亚非洲》双月刊 1981 年第 3 期蜀岗的文章。

大多数进行武装斗争的非洲殖民地经过多年的艰苦战斗和流血牺牲，最后迫使殖民国家在谈判桌上同意了它们的独立。像突尼斯、摩洛哥、阿尔及利亚、几内亚比绍、安哥拉、莫桑比克、津巴布韦以至纳米比亚都是如此。也有些地区的武装斗争因力量悬殊、缺乏有效的国际援助等而遭到失败，如马达加斯加、肯尼亚和喀麦隆等国。

另一方面，非洲大多数地区（包括采取过武装斗争而遭失败的上述三国）最后都通过非暴力手段获得了独立。其原因除本文前面分析的国际和非洲本身的有利环境和条件外，具体地说，还由于殖民地人民不屈不挠的斗争——包括声势浩大的群众运动和坚持不懈的议会内外的斗争，由于非洲各地之间的相互支援——特别是已经胜利的和失败了的武装斗争对殖民国家的打击和教训，此外，还由于国际上对非洲民族独立斗争的积极支持，所有这些因素加在一起形成的强大压力，迫使殖民国家改变了政策，实行宪法改革，逐步向非洲人交权。

第四个特点：部族主义是非洲民族独立运动中的复杂因素，不少非洲国家争取独立的过程也是克服部族主义干扰的过程。

非洲各国几乎都是多部族国家。部族是较原始的氏族部落向民族过渡中的一种人类族体。非洲各地由于社会、经济、文化发展极不平衡，部落、部族、民族三种族体同时存在，以部族居多，为叙述方便起见，本文统称"部族"。殖民国家利用部族制度（包括酋长制）进行殖民统治的政策加强了非洲人的部族意识。在民族独立运动初期，部族意识起过积极作用。第二次世界大战后非洲各地出现了许多部族团体，它们最初以谋求社会福利为宗旨，逐步卷入政治，支持民族主义活动，有些部族团体发展为政党，还有一些民族主义政党虽然不是由部族团体发展而来，但明显地以部族或地区为基础，例如尼日利亚的行动派和北方人民大会党、乌干达的卡巴卡耶卡党、比属刚果的阿巴科党、喀麦隆的喀麦隆联盟、安哥拉的人民联盟等等。在发动武装斗争的地区，民族主义者常常首先在自己所属部族和地区进行反殖鼓动，组织和发动起义。例如，肯尼亚"茅茅"起义的参加者绝大部分是吉库尤族人，喀麦隆反法武装最初主要依靠巴萨族和巴米累克族人，安哥拉北部起义者主要是巴刚果人，津巴布韦两大派民族主义者分别依靠肖纳族人和马塔贝列族人……

但是，部族意识或地区意识离部族主义、地区主义不过一步之遥。后者是一种只顾本部族、本地区的局部利益而不顾国家整体利益的思想行为。它对民族独立运动是有害的。在进行宪法改革斗争的地区，部族主义—地区主义加上政治主张和个人意见分歧，往往导致建立以部族或地区为基础的众多的政党，并为各自的利益进行竞争、对抗、争吵，干扰了民族独立进程的顺利发展，如在尼日利亚、肯尼亚。在进行武装斗争的地区，部族主义则造成民族主义武装的分裂，使他们不仅不能团结对敌，有时还相互攻击杀伤，削弱了对敌力量。例如在安哥拉、津巴布韦便发生过这类事件。殖民主义者也竭力煽动部族主义情绪，挑拨离间民族主义政党之间及各政党内部的关系。如英国在肯尼亚，法国在喀麦隆，葡萄牙在莫桑比克都干了这种勾当，从而使各国的反殖武装斗争增加了困难和麻烦，蒙受了损失。

但无论是殖民主义挑起的还是非洲内部滋生的部族主义或地区主义都不能挡住民族独立运动的洪流奔腾前进。非洲民族主义者高举民族主义的旗帜，排除干扰，努力达成内部妥协，最终实现了国家的独立和统一。当然，非洲的部族问题十分复杂，许多非洲国家独立后仍面临着发展民族主义、克服部族主义的艰巨任务。

第五个特点：非洲民族独立运动具有强烈的泛非性，即整个非洲大陆的人民在争取民族独立斗争中紧密地相互支援、共同战斗。

这一特殊现象在世界各洲（包括亚洲）绝无仅有。它的形成主要有两个原因：一是非洲人民几乎都处在欧洲帝国主义的殖民统治下，遭受同样的压迫和掠夺，怀有同样的争取独立解放的要求和目标。所以，他们比较容易同仇敌忾，团结战斗。二是受泛非主义的思想影响。特别是一些战后泛非主义运动的核心分子如恩克鲁玛、肯雅塔以及稍晚的尼雷尔等，都担任了各国民族独立运动的领导人，他们很自然地会在他们领导的运动和国家政策中贯彻泛非主义思想。1958 年，即加纳独立的第二年，恩克鲁玛在加纳首都阿克拉主持召开了第一届非洲独立国家会议和第一届全非人民大会。1960、1961 年，第二届、第三届全非人民大会又先后在突尼斯和埃及举行。这些会议大大鼓舞和推进了非洲未独立地区的民族独立运动。1958 年，尼雷尔、姆博亚等东非的民族主义者在作为观察员参加了第一届非洲独立国家会议后，于同年建立了东非、中非泛非自由运动组织，以协调这两个地区非洲人民的反帝斗争，争取这些地区的"迅速解放"。尤为重要的是，1963 年 5 月，31 个非洲独立国家（不包括多哥和南非）在埃塞俄比亚首都亚的斯亚贝巴建立了"非洲统一组织"，它把支持非洲未独立地区的解放运动当作一项主要任务，并在坦桑尼亚首都达累斯萨拉姆设立了解放委员会总部，具体负责对未独立地区民族解放运动的援助工作。1975 年成立的前线国家组织，对津巴布韦、纳米比亚的独立事业作出了重要贡献。在联合国，非洲独立国家常以一个声音谴责帝国主义、殖民主义和种族主义，声援未独立解放地区非洲人民的正义斗争。许多非洲国家还向正在为独立解放而战斗的非洲兄弟提供各种双边援助，包括提供领导党的总部或临时政府所在地，提供训练或宣传基地、过境通道、人员培训、活动经费和物资援助等等。为此，它们不惜承受殖民国家的打击报复，作出了很多牺牲。许多非洲国家的独立如果没有非洲各国集体的或双边的援助是很难设想的。

伟大意义

第二次世界大战后蓬勃兴起的非洲民族独立运动及其胜利结果是 20 世纪具有伟大世界意义的历史事件。它沉重地打击了殖民主义和白人种族主义，并最终导致了罪恶的殖民主义体系的瓦解。殖民主义在非洲已横行几百年，它是民族之间进行掠夺、奴役、压迫、镇压、屠杀、欺凌和歧视的代名词，是许多罪恶和非正义的渊薮。第二次世界大战后，由于反对殖民统治的民族主义思想的广泛传播，殖民主义才声名狼藉，遭到世人普遍反对和唾弃。殖民主义国家在此情况下也不得不考虑修饰门面，改变政策。但是，如果没有民族独立运动的不断冲击，这些长期统治非洲的老大帝国断不可能接受"改革之风"和帝国大厦倒塌的冷酷现实，无论是较识时务的英、法、比，或者是更为顽固反动的葡萄牙殖民主义和南部非洲白人种族主义，概莫如此。由于非洲在地域上是西方殖民主义体系中最后也是最大的组成部分，非洲殖民地的"陷落"也就宣告了整个西方殖民主义体系的崩溃。如果把殖民主义比作人类肌体上的毒瘤，非洲民族独立运动与亚洲民族解放运动一样，起了将其割除的手术刀的作用，从而为人类的健康进步作出了历史性贡献。

非洲民族独立运动的胜利使非洲几十个国家的几亿人民挣脱了殖民主义枷锁而获得独立解放，从而为非洲各国的自主发展开辟了道路。在殖民主义长期统治下，非洲被外来势力任意摆布，成了一个政治上受压无权、经济上畸形虚弱、文化上原始落后的社会。归根到底，这是外来殖民主义剥夺了它的主权的结果。民族独立运动最重要的意义就在于被压迫民族从殖民主义者手中争回了独立自主权。从此，非洲各国在政治上得以平等资格跻身于世界民族之林，无须随人俯仰（至少理论上如此）；在经济上可按各国自己的意愿和条件进行筹划，逐步改造殖民统治下造成的畸形经济，争取正常发展；在文化上可以大力开拓受殖民主义抑制的文教事业，并在继承和发扬非洲优秀文化以及吸收世界优秀文化成果的基础上发展非洲的新文化。所有这一切如果没有国家的独立自主都是无法实现的。当然，要改变非洲经济文化落后面貌是异常艰巨的任务，非洲国家独立后还有漫长曲折的路要走。

非洲各国的独立显著地壮大了第三世界的队伍，增强了世界人民反帝反殖反霸的力量。联合国中的非洲会员国由成立时的 3 个增加到 60 年代末的 41 个和 80 年代初的 50 个（不算南非），占会员国总数的约 1/3。这大大提高了这个世界最重要的国际组织中正义的声音。正是从 60 年代起在几十个非洲新独立国先后加入联合国以后，联合国通过了无数谴责帝国主义、殖民主义、霸权主义和种族主义的决议，极大地提高了这个组织的战斗性和威望。中国能够在 1971 年恢复在联合国中的席位也得力于众多的非洲友好国家的支持。非洲各国和中国的独立解放为非、中人民更好地相互支持合作和共同发展创造了十分有利的条件。

（原载吴秉真、高晋元主编：《非洲民族独立简史》，世界知识出版社 1993 年版，第 105—124 页）

黑非洲两起失败的武装斗争

——马达加斯加和喀麦隆起义

第二次世界大战后，非洲共有 11 个殖民地附属国爆发了以摆脱帝国主义或种族主义殖民统治、争取民族独立为目标的武装斗争，其中大多数赢得了不同程度的胜利：阿尔及利亚、几内亚比绍、莫桑比克、安哥拉和津巴布韦主要靠坚持长期武装斗争而赢得了独立；突尼斯和摩洛哥在进行一个时期的武装斗争后与宗主国达成妥协并获得了独立；同南非殖民统治进行了 20 多年武装对抗的纳米比亚人民于 1990 年 3 月按联合国决议实现独立。唯有马达加斯加、肯尼亚和喀麦隆争取独立的武装斗争以失败告终。这三起武装斗争的失败与其余地区的胜利适成鲜明对照，是非洲民族独立斗争史上的突出事件。关于肯尼亚的武装斗争，国内外介绍较多。也见拙文《"茅茅"起义的兴起和失败》（载《西亚非洲》1984 年第 4 期）。本文只讲马达加斯加和喀麦隆的武装起义。

武装起义的爆发和经过

1947 年 3 月 29 日深夜，马达加斯加的许多地区几乎同时爆发了反对法国殖民统治的武装行动。起义者袭击了首都塔那那利佛以东的木腊芒加、岛北端的迭戈苏瓦雷斯以及东海岸的塔马塔夫、多凡堡等许多地方。起义者还计划袭击塔那那利佛，只是在最后一分钟因判断失误（以为敌方已有防备和增派了援兵）而没有实施袭击。当时法国在马达加斯加仅有约 6500 名正规军，其中 1500 名法国人，4000 名马尔加什人，1000 名塞内加尔人。①此外还有几千名警察分散在各地。由于装备简陋和准备不足，起义军对木腊芒加、迭戈苏瓦雷斯、塔马塔夫和多凡堡等重要城市的袭击未能奏功，也没有缴获到大量武器，而且伤亡严重。但是最初的挫折没有阻止更多的人加入起义队伍。不到半年，起义活动扩大到了全岛约 1/6（一说 1/3）的地区，主要是在东海岸和森林区以及部分高原地区。参加起义的农民估计在 30 万人以上②。起义军一度攻占了马纳卡拉和除市区外的整个马南扎里地区，控制了安比拉、安吉罗和阿诺西贝等地。他们还袭击了伏希佩诺和法腊方加纳的警察站，截断了安比卢贝与迭戈苏瓦雷斯之间的交通。起义军一度逼近塔那那利佛（30 公里处）。

　　法国为了镇压起义，接连向马岛派遣增援部队。到 1948 年5 月，占领军已达 1.8 万人。同年 3 月，法国调皮埃尔·德·契维涅为行政长官，取代实施镇压"不够坚决"的德·科贝。契维涅到任后明确表示他的任务是"粉碎叛乱和镇压一切以独立为目标的政治活动"③。在法国殖民军警的残酷镇压下，起义地区不断缩小，人员遭大量杀戮。许多人被俘、被迫投降或逃进深山密林。1949 年初，最后一批游击队放下武器。起义遂告完全

　　① ［美］阿瑟·斯特拉顿：《大红岛》，美国和加拿大 1964 年版，第 245 页。
　　② ［马］赖·腊伯马南扎腊：《马尔加什民族史》（中译本），三联书店 1972 年版，第 250 页。
　　③ ［英］默文·布朗：《马达加斯加的再发现》，伦敦 1974 年版，第 268 页。

失败。

　　根据殖民政府 1950 年的一份文件说，在整个起义期间共有 11342 人死亡，其中被起义军杀死的 1826 人（包括 1646 名马尔加什人、140 名法国人、19 名中国人、17 名塞内加尔人、2 名印度人和 2 名叙利亚人），被政府军杀死的 4126 人（马尔加什人），另有 5390 人在森林中死于饥寒。[①] 不过殖民当局在这以前（1948 年）曾估计有 6 至 8 万马尔加什人死亡。一些研究者认为官方 1948 年的数字较符合实际[②]。由于法国殖民主义者对起义人民的肆意屠杀，负责指挥这一"讨伐"行动的法国将军皮埃尔·加尔贝获得了"马达加斯加屠夫"的丑名[③]。

　　1947 年马达加斯加的起义是谁组织和发动的？法国认定是成立才一年多的马尔加什民主复兴运动（从前译民主革新运动），所以逮捕和审讯该党领导人，并判处其中 6 人（包括主席拉塞塔、副主席拉奥汉吉）死刑[④]，10 人（包括总书记腊贝马南扎拉）终身强劳和无期徒刑。先后因参与"叛乱"而被判刑的还有五六千人。马尔加什民主复兴运动也被解散。但该党上述三位主要领导人都否认同起义有关系。以他们为首的该党政治局曾在 3 月 20 日开会讨论马岛各种社会力量对立的紧张局势，并于 3 月 27 日即起义前两天向各支部打电报，告诫全体党员"在各种企图引起马尔加什人民骚乱并破坏马尔加什民主复兴运动之

　　① ［英］雷蒙·肯特：《从马达加斯加到马尔加什共和国》，英国 1962 年版，第 96 页。

　　② 同上书，第 97 页；［英］默文·布朗：《马达加斯加的再发现》，伦敦 1974 年版，第 268 页。

　　③ ［美］阿瑟·斯特拉顿：《大红岛》，美国和加拿大 1964 年版，第 247 页。

　　④ 拉塞塔和拉奥汉吉等后获减刑，1954 年又与腊贝马南扎拉等一起获赦释免。后来，后两人参加了齐拉纳纳政府。

和平政策的阴谋诡计和挑衅面前保持镇静沉着"①。但法国政府
说这封电报是为起义"预先安排的信号"，这实在有点强词夺
理。事实上，马尔加什民主复兴运动与起义的关系要复杂得多，
下面将予以分析。相比之下，约九年后爆发的喀麦隆的武装斗争
则明确无误地是在一个民族主义党——喀麦隆人民联盟的领导下
进行的。

　　1956 年 12 月，喀麦隆人民联盟（以下简称"人盟"）在法
属喀麦隆的萨纳加海滨地区掀起了反法武装斗争。游击活动很快
发展到伍里、巴萨、雅温得、杜阿拉、埃博洛瓦、巴菲亚等许多
地区。1958 年春拥有 50 多万人口的巴米累克地区也爆发了起
义，并蔓延到相邻的蒙戈地区。喀人盟于 1956 年 12 月初成立了
全国组织委员会具体指挥起义武装，1959 年又成立了"民族解
放军"。其人数由最初的几百人，经 3 年的曲折斗争，发展到
1959 年底的约两万多人②。他们的武器开始时只有刀、矛和猎
枪，后来从法国殖民军警手里缴获了一部分步枪、冲锋枪和机枪
等装备，此外还从国外获得数量不多的枪支。起义武装采取爆
炸、袭击、伏击等游击战术打击敌人，其对象除敌军警外，还包
括为殖民当局效力的传统酋长和反人盟分子。游击活动在萨纳加
海滨、巴米累克和蒙戈三地区最活跃。由于社会经济原因（社
会阶级和贫富分化、土地问题等），这些地区的人民积极支持反
法武装斗争；同时这些地区的地形和地理位置也对武装斗争有
利：萨纳加海滨地区森林茂密，而巴米累克和蒙戈两地则处在与
英属喀麦隆交界地区，便于游击队出没。

---

　　①　［英］雷蒙·肯特：《从马达加斯加到马尔加什共和国》，英国 1962 年版，
第 109 页。
　　②　雅菲：《喀麦隆》，世界知识出版社 1960 年版，第 59 页。

　　为了镇压喀麦隆人民的武装斗争，法国大举增兵喀麦隆。
1957 年 12 月，法国一下就派去 8 个营和 2 个连的兵力，包括 2
至 3 连法国兵。驻喀殖民军队最多时达 8 万余人①。殖民当局在
各地肆意妄为，将村民们驱入堡垒村，建立"绥靖区"，对起义
者"进行大规模的、无疑是残酷的兜捕"②。有人说，截至 1957
年底，"叛乱者被逮捕的约有 100 至 150 人"③；另据报道，被殖
民当局监禁的人最多时曾达 6.4 万人④。

　　1958 年 9 月，在萨纳加海滨地区领导武装斗争的人盟总书
记乌姆·尼奥勃在他的家乡布姆尼贝附近被政府巡逻兵杀害
（也有人怀疑他是被内奸出卖后遇害的）。尼奥勃是人盟创始人，
杰出的民族主义者。他的政治思想和组织才能为人盟团结广泛社
会阶层和发展壮大作出了重要贡献。在当地巴萨族人中间，他是
个神出鬼没、刀枪不入的传奇式人物。甚至他的政敌也都公认他
性格坚强，为人正直、诚恳、忠诚⑤。一位对人盟颇多微词的美
国作者也称他是"喀麦隆民族主义力量的象征"⑥。他的死对人
盟及其领导的武装斗争事业是不可弥补的损失和重大打击。他死
后不久，约 2500 多名游击队员放下了武器⑦。他的助手马伊·
马蒂普率一部分人归顺政府并参加了议会选举。殖民当局认为在

　　①　雅菲：《喀麦隆》，世界知识出版社 1960 年版，第 32 页。

　　②　[英] 理查·约瑟夫：《喀麦隆的激进民族主义：喀人盟造反的社会根源》，
牛津大学出版社 1977 年版，第 346 页。

　　③　[美] 维克托·勒维讷：《喀麦隆——从委任统治到独立》，上海人民出版社
1973 年版，第 355 页。

　　④　雅菲：《喀麦隆》，世界知识出版社 1960 年版，第 32 页。

　　⑤　[美] 维克托·勒维讷：《喀麦隆——从委任统治到独立》，上海人民出版社
1973 年版，第 368 页。

　　⑥　同上。

　　⑦　[英] 戴维·加迪尼尔：《喀麦隆——联合国对法国政策的挑战》，牛津大学
出版社 1963 年版，第 87 页。

森林中剩下的"叛乱分子"已不足百人了。萨纳加海滨地区的斗争一时趋于沉寂。

但是武装斗争并没有像殖民当局希望的那样由此结束。在人盟主席费立克斯·穆米埃等人领导下，不久它在巴米累克和蒙戈等地广泛、猛烈地发展。特别是 1959 年 6 月到 10 月，游击队积极出击：仅在 7—8 两月即歼敌 300 多人，炸毁飞机 3 架和仓库数座。游击活动直抵敌统治中心——杜阿拉和雅温得两大城市。这一进攻势头使殖民当局十分恐慌，在全国 21 个省中的 20 个省宣布了紧急状态。前面提到的那位美国作者说："这次暴动（指反法武装袭击活动——引者）掀起了席卷喀麦隆的恐怖和紧张的新浪潮。"①

但是，不久喀麦隆的政治形势发生了历史性转折，它不能不影响武装斗争的发展。根据联合国 1959 年 3 月通过的决议，在法国的同意下，法属喀麦隆于 1960 年 1 月 1 日宣告独立。但最早提出独立要求的喀麦隆人民联盟被排除在政府之外。人盟领导人称新政府为"傀儡政权"，独立是"假独立"。他们在一些外国的支持下，继续从设在国外的总部指挥国内的游击战争。而新政权在进行政治招降的同时，继续依靠法国部队对付人盟武装。1960 年 11 月，人盟主席穆米埃在瑞士遭法国特务组织下毒身亡。但此后两年，人盟仍在国内发动了一些较大规模的战斗。据人盟副主席阿贝尔·金格说，1961 年 1—2 月，民族解放军在蒙戈、巴米累克、埃代阿、恩干贝和亚巴西地区与法军的战斗中毙敌 80 多名。4 月，人盟武装又攻击了卢姆、潘约和恩干贝等地

---

① ［美］维克托·勒维讷：《喀麦隆——从委任统治到独立》，上海人民出版社 1973 年版，第 371 页。

法军的营地。① 另据人盟在阿克拉发表的公报称，1961 年 8 月，人盟武装进攻并占领了西南部巴班比地区重镇恩冬，并部分地控制了这个地区。②

但在 1962 年以后，人盟的武装活动渐趋稀少。其性质实际上也已发生变化：由一场反对外国殖民统治的民族独立战争演变为一场独立国家的内战。游击战士纷纷脱队，武装力量不断缩小以致陷于瘫痪。1965 年 8 月，人盟领导人奥山地·阿法纳潜入国内领导斗争，于 1966 年 5 月被政府军袭杀于雅温得郊外森林。③ 1968 年，阿贝尔·金格病故。1970 年 8 月，另一在国内坚持武装斗争的副主席欧内斯特·乌安迪被政府捕获，于次年 1 月处死。70 年代初，人盟残余分子仍进行了一些零星武装活动，但已流于"武装盗匪"行径了。实际上，人盟领导的一场曾经震动世界的反法武装斗争在喀麦隆宣告独立时便很难避免以失败悲剧结尾了。

武装斗争的起因

在战后兴起的非洲民族独立运动中，法属黑非洲有 14 个殖民地附属国始终依靠和平合法的斗争获得了民族独立，只有马达加斯加和喀麦隆走上了武装斗争道路。马、喀两国的武装斗争是战后两国兴起的激进民族主义同法国殖民政策相互对立和不妥协的产物。

第二次世界大战后，马、喀两国都兴起了一股激进民族主义

---

① 新华社驻科纳克里记者 1961 年 6 月 6 日报道。
② 新华社：《今日新闻》1961 年 9 月 14 日报道。
③ 中国英文刊物：《号召（The Call）》，1967 年 12 月号，第 18—19 页。

思潮，出现了一批民族主义激进派。他们痛恨外国殖民统治，强烈要求立即或尽早实现民族独立，并坚信只有采取包括暴力在内的一切斗争方法才能达到目的。他们在马达加斯加的代表是马尔加什民主复兴运动的激进派，在喀麦隆的代表是喀麦隆人民联盟。

马尔加什民主复兴运动（以下简称民复运动）是一些马尔加什政治活动家和知识分子于 1946 年 2 月在巴黎建立的。它很快得到国内各阶层的拥护，并成为战后马达加斯加成立最早、组织最广泛的全国性民族主义政党。民复运动内部存在明显的两派：温和派和激进派。该党的三个主要领导人即主席约瑟夫·拉塞塔、副主席约瑟夫·拉奥汉吉和总书记贾克·腊伯马南扎拉属于温和派，他们主张争取马达加斯加内部事务的完全自治直至在法兰西联邦内独立。在他们领导下，民复运动参加了法国在马达加斯加举行的地方和领地议会选举并取得很大胜利：在全岛五大省的选举中获两省的全部议席，两省的大部议席和一省的少数议席；在全岛的代表议会中获 9 席，仅次于另一个党。① 民复运动三位主要领导人还当选为马达加斯加派往法国国民议会的代表。由此看来，拉塞塔等三领导人不大可能在 1947 年组织和发动武装起义。拉塞塔在 1947 年 5 月还在法国国民议会发言表示相信"在我们的讨论中产生的宪法过去给了现在还给我们以不用暴力实现我们的民族理想的机会"，重申"在法兰西联邦内独立"的要求。② 但是，民复运动内还有一个激进派。其成员包括政治局中的少数成员如塔塔·麦克斯、J. B. 拉伯阿托安德罗以及附属

---

① ［英］雷蒙·肯特：《从马达加斯加到马尔加什共和国》，英国 1962 年版，第 94 页。

② ［马］赖·腊伯马南扎腊：《马尔加什民族史》（中译本），三联书店 1972 年版，第 223—224 页。

于民复运动的两个秘密组织——马尔加什国民党和民族主义青年组织，他们主张争取马达加斯加立即的完全独立，"不耐烦利用缓慢的法律程序逐步获得主权"①。拉伯阿托安德罗曾对民复运动主要领导人说，"人民已经受够了苦。……青年们藐视你们的因循和缺乏决断的政策，正在脱离民复运动。我们要求行动；现在是采取行动的时候了。"② 后来起义的多数军事指挥员（如拉科通德拉贝"大元帅"、朗德里亚马罗马纳马中尉）都是民族主义青年组织的成员。

战后马达加斯加激进民族主义思潮和激进派的产生有三个社会基础：少数知识分子、部分退伍军人和贫苦农民。第一是知识分子，他们通常是社会上最敏感的阶层。由于他们接触报刊、书籍、广播等讯息渠道最多，以及他们同国外的交往，所以第二次世界大战时兴起的反殖民主义和民族民主思想自然地最先在他们中间产生和传播，并通过他们传播到其他阶层。马达加斯加也不例外。他们参与创建了民复运动，其中一部分与下层群众较接近的人走向了激进化。

第二是退伍军人。第二次世界大战期间约有 1.5 万马尔加什人在法国军队中服役。他们在法国和北非等地参加了反法西斯战争，不少人战绩卓著③。这些军人在海外出生入死地战斗了几年，分享了战胜法西斯以后的喜悦，但在回国后却发现他们的祖国和自己仍受着他们为之流血牺牲的国家的压迫和奴役，生活没

---

① ［美］弗吉尼亚·汤普生和理查·阿德洛夫：《马尔加什共和国——今日马达加斯加》，斯坦福大学出版社 1965 年版，第 58 页。
② ［英］雷蒙·肯特：《从马达加斯加到马尔加什共和国》，英国 1962 年版，第 108 页。
③ ［美］阿瑟·斯特拉顿：《大红岛》，美国和加拿大 1964 年版，第 255 页；［美］汤普生、阿德洛夫：《马尔加什共和国——今日马达加斯加》，斯坦福大学出版社 1965 年版，第 37 页。

有改善，殖民者照样维持种族优越地位。这些不能不使他们感到愤愤不平。他们的思想容易倾向激进，而且由于他们受过实战锻炼，许多人便成了起义的骨干。例如最初袭击木腊芒加的起义军就是由这些"在法国受过训练并在抵抗德意占领军的游击战中得到锻炼的马尔加什职业军人、大部分是军士"打的头阵。①

第三个社会基础是贫苦农民，主要是东部沿海和高地的农民。这里是马达加斯加农业最发达的地区，土地肥沃，生产了全国几乎全部出口作物。但这里的农民也最受殖民主义掠夺土地和强征劳工之苦。法国殖民者在这里占有几千个农场和上百万公顷的租让地，而许多马尔加什农民却没有足够的土地可耕。特别是在第二次世界大战期间和战后初年，维希政府及后来的自由法国政府设立了大米分配局，根据"定额制"从马尔加什农民手中强征大米，剥夺了他们的传统主食，加上殖民政府的各种横征暴敛，农民满怀怨恨，很容易激起暴力反抗。他们构成了起义军的主力。

促使马达加斯加民族主义激进化的一个国际因素是1945年后同属法国殖民统治的越南在胡志明领导下发动了反法民族解放战争，它为马达加斯加树立了榜样。

与马达加斯加相比，喀麦隆的激进民族主义既有相同之处，也有自身的特点。二者的相同之处即共性是它们都要求立即实现国家独立，为此不惜使用暴力；它们的社会基础都包括少数知识分子和部分贫苦农民。法国殖民统治在喀麦隆南部的萨纳加海滨地区造成的矛盾特别尖锐：殖民当局只管把这里当作掠取森林、橡胶、矿产等资源和廉价劳动力的场所，而极少提供基本设施或关心农民的生产生活。结果，一方面欧洲人从这里开办的森林采伐、锯木、炼铝等资本集约企业和种植园中大发其财，并展示优

---

① ［美］阿瑟·斯特顿：《大红岛》，美国和加拿大1964年版，第241页。

裕的生活；另一方面广大农村却极端落后、闭塞，当地农民（主要是巴萨族）和农工收入低微，生活困苦。同时，这里因教会活动而产生了较多的有文化的人，但他们的出路很少。这种尖锐矛盾使萨纳加海滨地区成了起义发源地。

　　喀麦隆激进民族主义还有自身的特点。首先，它掌握了喀麦隆最大民族主义政党——人盟的主要领导人，而不是像马尔加什民复运动那样仅为一部分次要的领导人所接受。人盟的总书记，主席和几位副主席都主张并且实际领导了武装斗争。而民复运动的主要领导人（包括主席、副主席和总书记）对武装起义持保留或游移态度，虽然他们对起义的组织很可能是知情的。其次，喀麦隆激进民族主义的社会基础中退伍军人的因素不多，但有较多的城市贫民和工人成分。战后，杜阿拉等城市人口增长较快（杜阿拉的纽贝尔区在1947—1952年间人口增长约一倍，达近7万人），他们大多数没有技术，收入低微，失业率高（纽贝尔区达15%—20%），生活贫困而且极不安定，成了"人盟激进派的募兵场所"①。人盟在被取缔前，总部便设在杜阿拉的纽贝尔区。人盟同工会组织的关系也很密切，总书记尼奥勃也是工会运动领导人。第三，喀麦隆激进民族主义受国外的影响较大，其武装斗争的思想部分地来自本国的实践，部分地来自国外的政治理论影响。一位研究喀麦隆的美国作者说，人盟创始人之一费立克斯·穆米埃医生1953年从国外回来后，"公开赞扬马克思主义的教导，并采取了直接行动"②。毋庸讳言，暴力或武装斗争学说是马克思主义革命理论的重要组成部分。

---

　　① ［英］理查·约瑟夫：《卢本·翁·尼奥勃和"喀麦隆"叛乱》，载英国《非洲事务》1974年10月号，第431页。
　　② ［美］维克托·勒维讷：《喀麦隆——从委任统治到独立》（中译本），上海人民出版社1973年版，第324页。

但是，马、喀两国的激进民族主义并不是生性好斗，并在一开始就走上了武装斗争的道路。事实上，在这以前他们都曾试图用和平合法的手段达到目的。他们都发动和组织过工农及市民的群众斗争，参加了议会选举，但不仅没能赢得他们要求的民族独立，反而遭到了法国政府和殖民当局的敌视和种种限制、排挤、迫害以致镇压，使他们陷于极困难的处境，不得不采取极端手段。法国之所以这样做，是为了维护它的殖民统治和既得利益（以致未来的利益）。因此，法国对民族主义激进派的上述政策是导致马、喀爆发武装斗争的另一大原因。

从第二次世界大战结束到1958年戴高乐复出前的十多年内，法国在国内外进步力量的压力下，对黑非洲的殖民政策进行了断断续续的修补，逐步向非洲人民开放了一些政治权利。但是，它并没有打算放弃殖民统治或允许黑非洲各国脱离法兰西联邦而独立。它所作的政治和宪法上的改革，目的是在向民族主义作一些让步的同时改善法国的控制。1956年6月通过的大肆宣扬的"根本法"，也限于允许其海外领地和托管地扩大选举权和建立享有若干自治权的当地人政府，而无意给予独立。可以说，法国从一开始就很仇视黑非洲那些最先提出要摆脱其统治和要求独立的激进政党。

马尔加什民主复兴运动在1946年成立后就提出了国家独立的政纲，这是当时梦想复兴殖民帝国的法国政府所不容许的。但民复运动得到马达加斯加各阶层人民的广泛拥护，并且迅速发展为一个拥有10万基本成员和50万以上积极同情者的全国性大党①。对此，法国深感不安。它一面拒绝了民复运动领导人（也

---

① ［马］赖·腊伯马南扎腊：《马尔加什民族史》（中译本），三联书店1972年版，第198页。

是马达加斯加派往巴黎制定议会的代表）的一切建议，包括在法兰西联邦内独立的并不十分激进的要求，一面扶植和支持与民复运动对抗的党派，主要是马尔加什"被剥夺者党"，并对民复运动的活动严加压制。岛上的宪兵和警察成倍增加，许多民复运动积极分子和它的支持者遭到逮捕。除了法国政府外，强烈反对民复运动的还有居住在马达加斯加岛上的5万法国移民。他们中有政府官员、工商业主、技术管理人员、神职人员以及几千个种植园主。这些人担心失去既得利益，对法国政府实行的有限改革也表示异议，当然更反对马达加斯加独立。他们敌视民复运动在乎必然。在选举马达加斯加代表议会时，他们支持不要求独立的"被剥夺者党"，帮助后者在代表议会中获得了超过在地方选举中占绝对优势的民复运动的议席（12席对9席）。

法国政府在马岛独立问题上的老爷式顽固态度和政策，殖民当局对民复运动的压制和迫害，法国移民的敌对活动，加上长期殖民统治给马岛人民造成的困苦和压抑，这些都促使民复运动中要求立即完全独立的激进派感到难以忍受。

法国对待喀麦隆人民联盟的态度更为严厉。喀麦隆原是德国殖民地，第一次世界大战后分为两部分，由国际联盟交英国和法国"委任统治"。第二次世界大战后，法国本想兼并法属喀麦隆，后与联合国达成妥协，法属喀麦隆成为联合国"托管地"，但交给法国"作为法国领土的组成部分"进行治理①。使法国恼火的是，喀麦隆人民联盟在1948年成立不久就率先提出了"独立和统一"（"统一"指法属喀麦隆和英属喀麦隆统一为一个国家）的政纲并进行了有力的宣传。法国政府认为人盟的"亲共"倾向（包括同

---

① ［英］载维·加迪尼尔：《喀麦隆——联合国对法国政策的挑战》，牛津大学出版社1963年版，第9页。

法共的密切关系）、它对越南和阿尔及利亚反法民族解放战争的支持，尤其是它在各地发动和支持的各种群众斗争——农民反对酋长、村长对抗区长、工人反抗欧洲雇主、人民抗拒殖民政府等，都触犯了法国的殖民利益。所以一开始就对人盟采取扼制和敌视政策。殖民当局把加入人盟的政府公职人员调到边远地区，不准人盟使用公用设施开会，并严格限制其活动。殖民当局还鼓励成立亲政府政党（如喀麦隆社会进化党、喀麦隆民主集团等）以对抗人盟。在 1951 年和 1952 年的喀麦隆代表议会和领地议会选举中，部分地由于殖民当局做的手脚，人盟候选人包括深得人心的尼奥勃全部落选。此后，人盟一直没能在中央和地方议会中占一席之地。这就堵住了人盟通过议会取得政权的道路。

1952 年后，人盟加紧试图通过联合国的干预迫使法国实行更多的政治改革和最终给予喀麦隆独立。尼奥勃三次在联大有关委员会会议上发言陈述人盟主张，人盟还向联合国递交了成千上万份请愿书。1952 年 1 月和 1953 年 12 月，联大两次通过决议，要求托管国当局采取实际步骤推进托管地走向自治或独立，包括建立立法和行政代表机构并扩大其权力，实行成人普选和直接选举，确定独立期限等。但法国坚持认为联合国托管制的最终目标是"自管"（self-administration）而不是"自治"（self-government）或独立。它在联合国通过决议后的 3 年多内不执行决议。在政治改革方面仅将 1946 年设立的"代表议会"改为"领地议会"，增加了一些议席，而权限不变。

面对人盟组织和影响力的日趋扩大——到 1955 年初人盟成员已达 3 万余人，另有至少 8 万同情者[①]，同时它的政治纲领中

---

① ［英］理查·约瑟夫：《喀麦隆的激进民族主义》，牛津大学出版社 1977 年版，第 239 页。

包括独立和统一在内的要求也逐渐为喀麦隆其他政党所接受，法国在 1955 年初一方面表示要加速政治社会改革以笼络人心，一方面加紧了对人盟的扼制、迫害和镇压。一些得到殖民当局支持的喀麦隆党派团体也加紧了对人盟的攻击和骚扰。严峻的形势促使人盟及其支持者作出了强烈反应：举行声讨集会，组织罢工和示威游行，冲击敌对派别的会场，建立抵抗委员会进行武装自卫等。严重的对抗终于发展为 5 月下旬的一系列暴力冲突，酿成了"五月暴乱"。殖民当局趁机在各地血腥镇压人盟，逮捕人盟干部，打死打伤人盟成员和民众几千人。它还假手人盟的对立党派团体烧、砸人盟的总部和各地支部。7 月，人盟（还有它的青年和妇女组织）被正式取缔，其领导人被迫逃亡国外或转入地下。这是殖民当局蓄意"粉碎"人盟的政策结果。

但人盟并没有立即转向武装斗争。在此后约一年半内，它力图恢复其合法地位和争取政府释放被囚禁的人盟成员及其支持者，甚至还希望在此条件下参加将在 1956 年 12 月举行的喀麦隆新议会选举。但是，法国拒绝了人盟的和解条件，法国国民议会拒绝通过大赦令。这就逼使人盟在政治上面临或者屈服或者暴力对抗两种抉择。人盟领导人选择了后者。1956 年 12 月，人盟成立了军事机构——全国组织委员会，决定破坏议会选举，并在萨纳加海滨地区发动武装袭击，开始了有组织的武装起义。

即使在 1956 年 12 月以后，人盟总书记尼奥勃仍对政治解决怀着一线希望。1957 年 5 月，他给法国高级专员和殖民政府总理一封公开信，建议实行和解，再次要求大赦和取消对人盟的禁令以及法国承认喀麦隆独立的权利，同年 8 月，尼奥勃又同意由一位天主教主教作为人盟与政府间对话的中介人。主要由于法国和喀麦隆当局的顽固态度，双方未能弥合分歧。1957 年 9 月，人盟重新发动了广泛袭击。大规模的武装斗争终于不可避免了。

武装斗争的失败

如前所说，第二次世界大战以后非洲先后有 11 个殖民地附属国爆发了争取民族独立的武装斗争，其中大多数取得了胜利，只有少数（马、喀、肯）遭到失败。为什么大致同一历史时期的武装斗争——争取民族独立战争却有如此不同的结局？从获得胜利的这类武装斗争的经验来看，它们取胜之道似有几条：一要有意志统一、组织坚强的政党的领导；二要有纪律严明、作战勇敢而装备逐步改善的人民军队；三要得到社会各阶层和多数民众的拥护和支持；四要有正确的政策和斗争策略，避免重大失误；五要获得有效的国际支援。有此五条，即使武装斗争初期民族主义力量十分弱小，甚至遭遇挫折，但必能不断总结经验教训，在强敌的围剿镇压下逐渐发展壮大，越战越强，能给敌人以沉重打击，直至迫敌进行政治谈判，从而取得最后胜利。从阿尔及利亚到津巴布韦等莫非如此。而马达加斯加和喀麦隆民族武装斗争的失败看来与上述五个主客观条件方面不同程度的欠缺有关。

关于党的领导。马达加斯加的武装起义是由马尔加什民主复兴运动的部分领导人组织和发动的。但民复运动成立时间短：1946 年成立，第二年就爆发了武装起义，它虽然发展很迅速，但组织松散，没有形成统一坚强的领导核心。民复运动领导层分为明显的激进和温和两派，而三位最有影响的主要领导人恰恰属于温和派，他们对武装斗争持保留、游移态度，也没有作反抗镇压的组织准备。而在武装起义爆发后不久，他们和其他重要领导人就被殖民当局逮捕。民复运动也于 1947 年 5 月被宣布解散。在其后延续两年多的游击斗争中没有再见民复运动发挥组织和领导作用。在东南部一些农村地区（如塔纳族地区）统率农民武装的是一些巫医和占卜师，他们鼓动农民的精神武器是祖先的阴灵和据说能使子弹变水的护身符。在这类首领领导下的斗争势难持久。喀麦隆的武装斗争倒是始终在一个民族主义政党领导下进行的。人盟也有良好严密的组织系统和较完整的政纲。但人盟领导核心内部也存在分歧。特别是在总书记尼奥勃和主席穆米埃先后遇害后，人盟失去了主心骨而几度分裂。先是尼奥勃的助手马蒂普在尼奥勃死后率一部分人归顺政府，参加了议会选举。穆米埃去世后，人盟领导层又发生内讧，没有再形成有权威的领导。这些不能不削弱人盟的号召力和领导能力。当然，就人盟来说，这也许不是它失败的主要原因。

　　关于建立人民军队。马达加斯加的起义在许多地区同时爆发，这说明起义是有领导有组织的。但起义的准备看来比较仓促，领导者没有来得及建立有组织的人民武装。在最初的袭击受挫后，起义队伍就成为一盘散沙，失去了统一领导和指挥。虽然起义农民据说多达 30 万之众，且有适于开展游击战的高山密林作为依靠，但他们力量分散，武器也很原始，而用符咒鼓起的勇气只能造成自身大量的伤亡。喀麦隆人民联盟发动起义前便设立了一个负责武装斗争的中央机构——全国组织委员会，起义后又建立了民族解放军，兵力最多时号称有 6 万人，并拥有一定数量的现代化轻武器（步枪、冲锋枪、机枪等）。但民族解放军也没有摆脱分散、游击状态，其实际武装人员估计大大低于上述它宣布的数字。由于缺乏可靠基地，这支武装实际上很难发展壮大。正如有人指出，人盟的失败是因为它没有能集合起足够的武装力量，像越南的越盟、突尼斯的新宪政党、摩洛哥的独立党和阿尔及利亚的民族解放阵线那样迫使法国人接受谈判解决。①

---

　　① ［英］默文·布朗：《马达加斯加的再发现》，伦敦 1974 年版，第 267 页。

在取得民众的拥护方面，两国的武装斗争都有成绩，否则不可能有那么多人参加起义，并坚持数年之久。但是，这种支持是局部和地区性的，甚至带有部族、部落性质，这势必限制武装力量的发展。马达加斯加的起义仅限于东部沿海和高山森林地区，南部、西部和北部的许多部族、部落没有参加，有些地方的部落民对起义"实际上采取了敌视态度"①。也就是说，全岛 2/3 至 5/6 的地区保持平静，这使殖民当局得以集中力量围剿东部地区的起义武装。喀麦隆武装斗争的参加者主要来自巴萨族和巴米累克族。这两个部族虽是喀麦隆上百个部族中的大族，但人口合计也仅约 75 万人，约为当时喀麦隆人口的 1/4。而且这两族中都存在人盟的反对派。在全国范围内与人盟为敌的还有在北部占统治地位的伊斯兰势力、南方强大的基督教会、特别是不少亲政府的政党团体和由部落酋长把持的"传统"部落协会。这些代表不同地区和部落势力的党派团体都有一定群众基础，其中有些后来参加了政府，掌握了政权，成了人盟的劲敌。

在政策和策略方面，马、喀的武装起义者可能都犯了致命的错误。马达加斯加的起义武装很快失去了民复运动的统一领导，当然也难以实行什么正确的政策和策略。有些地方的反法起义同部落、家族和政党之间的算老账搅在一起②；在另外一些地方，起义者"不分肤色地大规模屠杀官员、医生、教员这类人"③，他们不仅摧毁法国移民的种植园，杀害或拷打移民，还摧毁更多的马尔加什人的农场，把受过教育的农场主和他们的子女当作

---

①　[英] 理查·约瑟夫：《喀麦隆的激进民族主义》，牛津大学出版社 1977 年版，第 4 页。

②　[英] 默文·布朗：《马达加斯加的再发现》，伦敦 1974 年版，第 268 页。

③　[美] 汤普生·阿德洛夫：《马尔加什共和国——今日马达加斯加》，斯坦福大学出版社 1965 年版，第 55 页。

"变节分子"予以处死。① 此外还发生了许多烧教堂、杀教徒的事件。② 起义者这类行为败坏了起义形象，吓跑了同志和朋友，孤立了自己。喀麦隆人民联盟的武装也进行了一些暗杀、绑架、纵火等恐怖主义活动，但人盟的失误可能更多地是策略方面的。在法国已决定逐步退出喀麦隆而将权力移交给喀麦隆亲法派的复杂形势下，人盟似未能采取灵活策略，利用各种机会和渠道，作出必要的妥协和让步，以争取重返合法斗争的道路。例如1958年初阿希乔代替姆比达任（自治）政府总理之初，以及1959年8—12月这段时间内，和谈（包括要求举行有人盟参加的各党派圆桌会议）的空气较浓，人盟如抓住时机，谋求妥协，局面可能不至于发展到不可挽回。

最后，马、喀的起义武装都缺乏有效的国际支援。马达加斯加是个海岛，法国海军一旦封锁了海上，起义者便几乎完全不可能从国外得到物质援助。实际上，当时非洲大陆上的邻国都还处在殖民统治下，亚洲各国还没有独立、解放，根本谈不上给马达加斯加人民支援的问题。喀麦隆人民联盟发动武装斗争时，亚非的形势已经大变，但非洲独立国家刚刚出现，主要是几内亚和加纳，以及北非的埃及，它们不同程度上支持人盟及其武装斗争。人盟的国外总部先设在开罗，后迁至科纳克里和阿克拉。当时的一些社会主义国家给了人盟以政治、外交、经济和军事上的援助。给人盟的武器援助可能是通过几内亚运去的，但由于几内亚离喀麦隆较远，而与喀麦隆毗邻的国家尚在英、法统治下而不能成为援喀的通道，因此实际上到达喀麦隆的援助势必极有限。在

---

① ［美］阿瑟·斯特拉顿：《大红岛》，美国和加拿大1964年版，第241页。

② ［英］雷蒙·肯特：《从马达加斯加到马尔加什共和国》，英国1962年版，第95页。

喀麦隆独立后，由于外交关系，人盟就更难得到国际支持了。

简短评价

马达加斯加和喀麦隆的反法武装斗争结果都失败了，两国最后都在法国的同意和主持下按法律程序于 1960 年宣布了独立。喀麦隆还通过公民投票实现了统一（原英属喀麦隆北部加入了尼日利亚）。独立和统一正是两国人民长期为之奋斗（包括武装斗争）的目标。不过，与那些主要依靠武装斗争赢得独立的国家不同，在马达加斯加和喀麦隆从殖民国家手里接管政权的不是领导武装斗争的政党，而是另外一批民族主义者和政界人士。后者在喀麦隆实际上参与了对武装斗争的镇压。喀麦隆的特殊性还在于由人盟发动的反对法国殖民统治的武装斗争一直延续到喀麦隆独立以后，因而增加了对它评价的复杂性。无论如何，两国的"和平"独立不应用来全部否定两国曾经进行的反法武装起义及其领导党。

马尔加什民主复兴运动和喀麦隆人民联盟分别是两国最早成立也是最大的全国性民族主义政党，它们最早提出争取民族独立的政治要求。它们站在当时两国民族主义运动的前列，它们的纲领和活动大大地推进了两国民族主义运动。正是为了对付它们，法国在两国鼓励建立当地人的政治温和派或保守派政党。这些党为了争取群众，在民族主义运动日益高涨的形势下，都或多或少地接过了民复运动和人盟的进步政治口号，甚至在组织上也学习它们的组织技术。1947 年马岛起义后不久民复运动即遭政府解散，此后数年，由殖民当局扶植起来的"被剥夺者党"等党派也逐渐销声匿迹，整个民族主义运动沉默了多年。这从反面说明民复运动代表了当时民族主义运动的主流。即使在它被解散后，曾经使它获得广泛拥护的它的政治纲领仍发挥了作用：50 年代中期涌现的几乎所有政党都从民复运动的信条中获得重要启迪。[1] 喀麦隆人民联盟的影响更明显：1948 年在喀麦隆只有它提出了"一个有条理的党纲"和"独立和统一"的主张，到 1955 年前后，其他党派几乎都仿效它而举起了"独立和统一"的旗帜，虽然它们在达到目标的方法上并为了争权都反对人盟。

　　武装斗争没有为马、喀两国直接争得独立。但它们是战后蓬勃展开的非洲民族独立运动的重要组成部分。它们给予法国殖民主义的震惊和打击无疑更甚于一般的罢工、示威游行、抗议和请愿等"积极行动"。正是这些武装的和"和平"的斗争汇聚成一股强大压力，推动法国改变它在马、喀和整个法属非洲的殖民政策，放弃它在战后十多年怀有的维持殖民统治的梦想，而较快地向非洲各殖民地附属国移交权力。这就是各国反殖武装斗争（包括胜利了的和失败的）对各国独立事业所作的贡献。那些为这个事业牺牲了生命的反殖战士理应受到非洲人民的纪念和获得公正的历史评价。

　　　　（原载吴秉真、高晋元主编：《非洲民族独立简史》，世界知识出版社 1993 年版，第 261—279 页）

---

　　① ［美］汤普生、阿德洛夫：《马尔加什共和国——今日马达加斯加》，斯坦福大学出版社 1965 年版，第 72 页。

英国对非洲殖民政策的演变

——英帝国在非洲的没落

第二次世界大战前，英国是世界上最大的殖民帝国。它也是在非洲的最主要的殖民国家，统治了非洲资源最丰富、人口最多、战略地位最重要的地区。它在非洲的殖民地附属国计有：

东部非洲的肯尼亚、坦噶尼喀、桑给巴尔、乌干达、英属索马里、毛里求斯、塞舌尔群岛；

南部非洲的南罗得西亚、北罗得西亚、尼亚萨兰（以上三地也称英属中非）、贝专纳、斯威士兰、莱索托；

西部非洲的尼日利亚、黄金海岸、塞拉利昂、冈比亚、英属多哥、英属喀麦隆；

北部非洲的苏丹（名义上与埃及"共管"）。

以上共为 20 个领地（不包括大西洋和印度洋中的一些英属小岛）。此外，北非的埃及虽已在 1922 年宣布独立，但根据 1936 年英埃条约，英国在苏伊士运河区派有驻军，不仅占领着运河区，而且也控制了整个埃及。

第二次世界大战使英国的国力受到了削弱，但它在非洲的势力由于反法西斯战争的胜利不是缩小而是扩大了。大战结束时，英国不仅保有它原有的全部非洲领地，还对埃塞俄比亚、利比亚的部分地区和意属索马里一度实行军事管制，并驻扎军队。战后最初数年英国在非洲的势力达到了峰巅，但接着便开始走下坡路：1954 年 10 月英军被迫同意在 20 个月内撤出埃及苏伊士运河区，1956 年苏丹独立，尤其是 1957 年加纳的独立预示了整个英属非洲正在迅速摆脱英国的政治统治。到 60 年代中期，即在战后的约 20 年内，英国皇冠上的非洲珍珠便纷纷坠落殆尽，英国在非洲以至全世界的殖民体系随之土崩瓦解。英帝国在非洲的没落首先要归功于战后蓬勃兴起的非洲民族独立运动和世界反殖力量的压力。不过，它还不同于法国殖民势力之被逐出印支、阿尔及利亚以及葡萄牙之退出葡属非洲，因为英属非洲领地的独立（除白人种族主义占据的南罗得西亚外）都不是依靠或主要依靠武装斗争夺取的，而是通过和平的宪法改革道路实现的，在一定程度上是英国实施“非殖民化”政策的最终结果。也可以说，英帝国在非洲的没落是通过自身不断改变政策的方式来完成的。

第二次世界大战后，世界形势发生了重大变化，美苏成为世界两大超级大国，社会主义力量崛起于东方，殖民地附属国的民族解放运动风起云涌。在此情况下，英国不得不调整和修改它对非洲的殖民政策。由于英属非洲领地地理分布面广，社会政治状况差别大，以及英国政府内部有意见分歧等原因，英国战后并没有而且也很难有一个适用于其全部非洲属地的统一政策。英国著名学者托马斯·霍奇金说，英国的政策通常是根据具体情况或者为了解决具体问题而一个一个地产生的，所以它是“经验主义”（empiricist）的，不客气地说是“机会主义”的。① 虽然如此，

---

① ［英］托马斯·霍奇金：《非洲殖民地的民族主义》，伦敦 1956 年版，第 40、43 页。

从战后约 20 年英国政府的有关政策声明和具体实践中，我们仍可概括出它对非洲殖民地推行了四项基本政策："开发资源"、"改革地方政府制度"、"实行宪法改革"和"加速政治撤退"。从时间上看，前两项政策是战后初期的重心，大体是同步进行的；宪法改革在 40 年代已提出，但主要在 50 年代实行；加速撤退政策实行于 50 年代末以后，主要是针对有较多欧洲移民的东、中非的。这些不同政策反映了英国由企图继续维护殖民统治到被迫撤出非洲的复杂过程。

一　"开发"殖民地和改革地方政府制度

战后初期，民族解放运动在亚洲已如火如荼地展开，在非洲还刚刚兴起，少数英属非洲（如黄金海岸、尼日利亚等）民族主义者提出了自治要求。在此情况下，英国在亚洲实行了非殖民化政策，先后同意印度、缅甸、锡兰等国取得独立或自治领地位；但在非洲，英国认为自治（更不用说独立）还是遥远将来的事，需要在英国引导和帮助下创造实行的条件。所以，英国这个时期对非洲殖民地的政策是强调开发资源和改革地方政府制度。

"开发资源"。1946 年殖民大臣乔治·霍尔在一项政策声明中说："我们的政策是开发殖民地及其一切资源，以便使其人民迅速和大幅度地改善他们的经济和社会状况，并在有实际可能时尽早实现责任制自治……英王政府将尽其所能帮助他们达到这个目标。"[1] 显然，霍尔强调的是经济和社会发展，这一政策重心

---

① ［英］戴维·戈兹沃西：《英国政治中的殖民地问题（1945—1961 年）》，牛津 1971 年版，第 15 页。

后来又被他的继任者所重复。1949 年克里奇·琼斯在议会谈到非洲殖民地问题时说："我认为我们只有在扩大了社会设施后才能加速政治发展。"①

英国在"开发殖民地资源"方面也确实做了一些事。1945年英国修改了 1940 年通过的《殖民地发展和福利法案》，将计划拨款由每年 500 万英镑增加到 1200 万英镑，为期 10 年（1946—1956 年）。之后又几次增加殖民地发展和福利基金和每年的拨款。从 1946 年到 1958 年，英属非洲领地共从这项援助拨款中获得近 7600 万英镑，占总额 2.2 亿英镑的 34.4%。② 1948年，英国政府又通过《海外资源发展法》，并设立了两家公司——海外食品公司和殖民地发展公司。它们分别拥有向政府借贷 5500 万英镑和 1.2 亿英镑的权利。海外食品公司的第一项重要任务就是接管庞大的坦噶尼喀花生种植计划：在孔多亚地区开发 300 万公顷荒地种植花生，并为此建筑了铁路、港口等设施。这家公司还在冈比亚负责家禽养殖计划。殖民地发展公司的活动领域更广，包括提供福利和商业贷款等等。到 1957 年底，它向非洲各国提供款项共计 5300 多万英镑，实际使用约 3095 万英镑③。这两家公司经营的项目最初都不大成功。

英国还为其非洲殖民地制订十年发展计划，发展农、工、交通、教育等事业，并为它们提供部分资金，如为尼日利亚十年计划提供 2300 万英镑④，占其预算总支出的 41.8%；为坦噶尼喀

① ［英］戴维·戈兹沃西：《英国政治中的殖民地问题（1945—1961 年）》，牛津 1971 年版，第 17 页。

② ［尼］尤素夫·本古拉：《英国和英联邦非洲》，曼彻斯特大学出版社 1983 年版，第 61 页。

③ 同上。

④ ［英］迈克尔·克劳德：《殖民统治下的西非》，伦敦 1968 年版，第 503 页。

十年计划提供 625 万英镑[①]，占其计划预算的 25.5%。在乌干达，英国在尼罗河源头的金贾修筑了巨大的欧文水坝和发电站。总的来说，出口农业和基础设施特别受到重视。

同时，英国政府积极鼓励私人向殖民地投资。

英国在战后如此重视殖民地社会经济的发展，当然不是由于对殖民地发了善心或者想报答殖民地在大战中为英国作出的贡献，而是因为这符合英国本身的利益和需要。战后初期，英国面临严重经济困难，特别是由于国际收支逆差引起了美元荒以及缺乏食品与原料。所以，它迫切希望开发和利用殖民地资源，而当时政治上相对稳定的非洲自然成了重点。1947 年 11 月 12 日，财政大臣克里浦斯在一次总督会议上说："据我看来，英镑集团的整个前途和它继续生存的能力都有赖于非洲资源的迅速与广泛的开发。"[②] 1948 年 10 月一位英国外交官说："我相信，只有靠对非洲之类的地区进行投资，才可能改变对我们不利的贸易条件，而给欧洲，尤其英国，提供真正的发展机会。"[③] 这些英国高级官员的自白无疑给英国开发非洲殖民地的真实目的作了注脚。实际上，英国对非洲的投资是有限的，而对殖民地资源的开发——主要是农、矿产品的生产和出口则有较显著的成果。英国依靠殖民地初级产品的出口缓解了美元荒，增加了伦敦的英镑结存和储备。1952 年英属非洲在伦敦的英镑储备达 6 亿英镑[④]。单

---

① ［英］D. A. 劳伍、艾莉森·史密斯主编：《东非史》第 3 卷，牛津 1976 年版，第 320 页。

② ［英］帕姆·杜德：《英国和英帝国危机》，世界知识出版社 1954 年版，第 224 页。

③ 同上书，第 199 页。

④ 按照英国的安排，殖民地向非英镑区出口的外汇收入都要在伦敦换成英镑，并投资于英国证券。见［尼］尤素夫·本古拉：《英国和英联邦非洲》，曼彻斯特大学出版社 1983 年版，第 43 页。

是西非的存款便从 1945 年的 9300 万英镑增长到 1957 年的 4.89
亿英镑①。英国的金融状况得到了改善。至于英国不计成本地推
行的坦噶尼喀花生种植计划,其目的首先是为了满足英国对食品
(油脂)的需要,这已是众所周知,就连英国学者也认为"否则
就无法解释为什么由英国食品部来负责这项计划"②。

英国的开发政策在一定程度上促进了殖民地商品生产和社会
设施的发展,但也加深了殖民地经济对资本主义的依附关系。

"改革地方政府制度"。1947 年 2 月 25 日英国殖民大臣在给
殖民总督的一份通报中宣布了一项新政策,表示要将根据"间
接统治"制度建立的土著当局改造成为"有效率的民主的地方
政府制度"③。其主要内容是把许多分散而效率不高的土著行政
单位合并为较大行政单位(如地区),通过选举产生村、地区、
县以至省的地方委员会(政府),逐步取代原来的土著当局;同
时通过选举吸收知识分子、新兴中产阶级和农民参加地方政府,
"给予他们更大的发言权"④。

英国政府进行这项改革的目的之一是提高行政效率,因为许
多代表土著当局的酋长文化水平低,没有能力管理地方经济发展
项目和社会设施,他们已不适应战后英国的政策(如开发殖民
地及其资源的政策)要求。英国需要有一批受过学校教育的非
洲人协助它贯彻这方面的政策。更重要的是,英国指望通过满足
一部分知识分子和中产阶级参政要求的办法将他们变为殖民政府

　　①　[苏]米列伊科夫斯基等:《第二次世界大战后的英国经济与政治》,世界知
识出版社 1960 年版,第 429 页。

　　②　[英]D. A. 劳伍、艾莉森·史密斯主编:《东非史》第 3 卷,牛津 1976 年
版,第 309 页。

　　③　[意]鲁道夫·冯·阿尔伯梯尼:《非殖民化:殖民地的管理和未来
(1919—1960 年)》英译本,美国 1982 年版,第 216 页。

　　④　[英]安德鲁·科恩:《英国对转变中非洲的政策》,英国 1959 年版,第 32 页。

新的政治"合作者"。英国决策人还希望新的地方政府能成为所谓"民主的训练场"①，将来逐步由在地方政府中受过训练、政治上能与英国合作的非洲人进入立法会议和中央政府，实现殖民地的自治。这样，地方政府改革便为下一步中央的宪法改革打下了基础。

归根到底，英国改革殖民地地方政府制度的目的是为了改善和延长它的殖民统治。它用地方政府取代土著当局，并不是取消酋长制或酋长的一切权力，而仅仅是"扩大政府基础"，让一部分新兴力量分享权力而已。实际上，为了对付民族主义激进派，英国殖民当局继续支持和依靠各地传统的部族酋长和地区封建势力，因此，这项改革在各地的效果不一。在原来酋长势力—土著当局强大的地方如尼日利亚北部、加纳中部和北部、坦噶尼喀和乌干达的一些地区，地方政府改革或者进展迟缓，或者徒有形式。例如尼日利亚北部到1954年才颁布改革法令，而且连"土著当局"的名称都保留了未改。根据这项法令建立的地区议事会和由它选举产生的"平民议事会"都只是咨询机构，行政大权同以前一样掌握在主要甚至全部由传统官员组成的土著当局议事会手里。平民议事会只能起向民众传达艾米尔已作出的决定的作用②。在尼日利亚西南部，新建的地方议事会常由传统首领（"奥巴"）担任主席。在政治发展较快的黄金海岸，1951年以前也仍由酋长主持地方政府委员会。在坦噶尼喀的有些地区，新建各级地方议事会的成员"也都是酋长和他们的家仆"，或者是酋长提名的人③。有些政治上极端保守的殖民总督故意拖延改

① ［英］克朗福特·普拉特：《坦桑尼亚的关键阶段（1945—1968年）》，剑桥1976年版，第15页。
② ［美］格雷·科万：《西非的地方政府》，美国1958年版，第80—82、137页。
③ ［英］约翰·艾利夫：《坦噶尼喀现代史》，剑桥1979年版，第482—483页。

革，不让更多的非洲人在地方政府中任职。如坦噶尼喀到 1955 年才有几个非洲人当上了助理地区行政官（Assistant District Officer），1957 年才有人升任正职，1959 年一名麦克雷里大学的毕业生被任命为实习地区行政官。[①] 总之，英国殖民部设计的地方政府改革本来就是局部的改良，执行时又走了样，它很快被迅速兴起的非洲民族独立运动抛到时代后面。

二 "非殖民化"——宪法改革

大体自 40 年代末 50 年代初起，英国对非洲殖民政策的重心移到政治改革上。1951 年 11 月新上台的保守党殖民大臣奥立弗·李特尔顿在议会发表殖民政策声明说："首先，我们的目的是帮助殖民地在英联邦内获得自治。为此，我们将尽快地在每个领地建立情况所需的机构。其次，我们决心继续殖民地的经济和社会发展，使之适应政治发展的步伐。"[②] 这项政策声明有两点值得注意：一是把殖民地的政治发展放在了首位，而过去强调的是经济和社会发展，这看来是 40 年代末亚非民族主义运动蓬勃发展产生的结果；二是与从前一样，英国准备给予殖民地的仍是"自治"，而不是"独立"。"自治"（self - government）的含义是不明确的，它可以指外族统治下的内部自治，也可指相当于独立的"自治领"地位。在前一种情况下，自治地区的主权有限，实质上仍是殖民地。所以，"自治"不等于独立。英国政府在用词上的含糊其辞可能反映了它的复杂心理和政策思想上的矛

---

① ［英］克朗福特·普拉特：《坦桑尼亚的关键阶段（1945—1968 年）》，剑桥 1978 年版，第 18 页。

② ［英］戴维·戈兹沃西：《英国政治中的殖民地问题（1945—1961 年）》，牛津 1971 年版，第 25 页。

盾：既感到必须顺应时势实行"非殖民化"，又想保持殖民利益和继续控制殖民地。

所谓政治发展，除了继续进行地方政府改革外，主要指宪法改革或叫宪法推进。由于英属非洲各地宪法发展的起点不同，需要解决的具体问题差别很大，还由于各地民族主义运动不同的发展情况以及各地殖民总督对宪法改革的不同态度，所以各领地宪法改革的速度和具体情况也大不相同。不过，从英国官方的政策声明和具体实践来看，英国在推行宪法改革的过程中遵循了以下总原则：（一）改革要在英国的"引导"下"循序渐进"地进行。（二）扶植、支持封建部族贵族和地区势力和民族主义温和派，防止民族主义激进派或"极端派"得势。（三）在欧洲移民较多的东、中非地区尽力维持英国较长期的控制，尽可能保证欧洲移民的政治经济利益。（四）改革须符合英国自身的利益。

这四条原则相互有关，但符合英国本身的利益是它的根本出发点和归宿。

所谓"引导"和"循序渐进"，就是要在英国控制下慢慢地按部就班地进行之意。"循序"的基本内容是逐步增加非洲人在殖民地立法和行政机构中的名额，其中首先是由总督提名的名额，然后扩大间接和直接选举产生的代表名额，直至实行普遍的直接选举，成立全部或主要由非洲人组成的议会与政府。1947年工党政府殖民部设立的一个专门委员会（科恩—凯因委员会）提出了一个分步骤向非洲人"转让权力"的大致"计划"，并且预测英属非洲的主要领地"将在一代人时间内成立……充分的责任制政府"[①]。按一代人为25—30年计算，这比战前英国殖民

---

① ［英］莫里斯－琼斯、格·菲希尔主编：《非殖民化及其以后》，英国1980年版，第62—63页。

大臣麦克唐纳设想的"几代人以至几个世纪"的时间当然大大缩短了。不过，且不说所谓"责任制政府"是否等于"自治"，这个所谓"计划"也只是英国政府内部一部分改良派的设想和建议，英国政府并没有打算立即付之实行。如前所述，当时工党政府关心的是改革地方政府制度。非洲的反帝群众运动和民族独立运动打乱了英国的如意算盘。北非的苏丹在 1948 年才开始进行宪法改革，建立了基本上由苏丹人组成的立法议会和由一半苏丹人组成的行政会议（在这以前苏丹没有这些机构）。经过 1953 年举行的大选，苏丹便成立了首届议会和由苏丹人任总理的政府，1956 年 1 月 1 日宣布独立，成为英属非洲最早独立的国家。影响更大的是西非的黄金海岸。1948 年首府阿克拉爆发了由退伍军人带头的因经济问题引起的群众示威（所谓"阿克拉骚乱"），随后黄金海岸民族主义运动也趋高涨，这使英国感到意外和震惊，因为黄金海岸一向被视为它政治上平静、经济上繁荣的"模范殖民地"。之后，英国在黄金海岸加快了宪法改革步伐。1951 年 2 月举行大选后，人民大会党领导人恩克鲁玛便应邀出狱担任政府事务领导人，1954 年成立了经直接选举产生的议会和全部由非洲人组成的内阁，1957 年黄金海岸独立，改名加纳。这样，黄金海岸的宪法发展在时间上比英国殖民部的内部计划至少缩短了 10 年，其终极目标也由"自治"变成了独立。黄金海岸如此，其他英属非洲也一样。也就是说，客观形势使英国很难实现"循序渐进"的主观愿望。

在进行宪法改革的过程中，英国竭力扶植和支持封建部族酋长和地区保守势力，用以抵消民族主义激进派和所谓"极端派"力量。在英国殖民主义者看来，凡是公开号召反帝反殖，坚决要求立即自治和独立并且积极领导群众斗争的非洲民族主义者都是"极端派"或"不负责任之徒"。即使他们主张采取非暴力斗争方法，英国政府和各地的殖民当局仍担心他们掌权后将不利于英国，所以竭力压制他们，使之不能通过宪法改革上台。像恩克鲁玛、阿齐克韦、肯雅塔甚至尼雷尔都被列入了这类民族主义者的名单。

在尼日利亚，英国偏向和扶持封建传统势力强大而且比较亲英的北区政治力量，用以对抗和打击率先举起独立旗帜、比较激进的南方民族主义力量（特别是阿齐克韦）。英国通过 1946 年的理查兹宪法、1951 年的麦克弗逊宪法和 1957 年的李特尔顿宪法确定了三大区的行政划分，从法律上肯定了地大人多的北区的优势地位；最后在政体问题上又确定实行联邦总理负责制，并由北区的巴勒瓦出任联邦总理，而由阿齐克韦担任没有实权的议长（短期内任总统）之职。

在黄金海岸，1946 年的伯恩斯宪法把立法会议管区扩大到阿散蒂（原先只管沿海“殖民地”部分），并使非洲人议员超过了欧洲人（20∶10），这比旧宪法有所前进，但非洲人议员的间接选举法（由酋长控制的各省议事会选出代表出席立法会议）保证这些议员几乎都是各地的酋长。1951 年恩克鲁玛领导的人民大会党在大选中取胜后才改变了这种偏向传统封建势力的结构。但是 1954 年后，当阿散蒂和北部的地区主义和部族势力联合起来对抗恩克鲁玛政府时，英国又表现了动摇，要恩克鲁玛修改宪法，“尊重少数民族和酋长的权利”，否则不予以独立。在英国的压力下，恩克鲁玛在 1956 年的第三次大选获胜后，不得不作出妥协，在全国五大区成立了有实权的地区议会和酋长议会。

在坦噶尼喀，以特文宁为总督的英国殖民当局视民族主义领导人尼雷尔是“颠覆运动的代表”、“不负责任的鼓动者”[1]，想

---

[1]　［英］朱迪丝·李斯托韦尔：《坦噶尼喀的形成》，英国 1965 年版，第 246、289 页。

方设法限制和压制他和他领导的坦噶尼喀非洲民族联盟（简称坦盟）的活动，如不准尼雷尔在群众集会上讲演，拒绝或撤销坦盟地区支部的注册等。为了利用传统势力对抗坦盟，殖民当局于 1957 年通过《非洲酋长（特别权力）法》，恢复酋长"根据土著权力法……发布规则和命令"的权力，同时还建立"全领地酋长大会"，争取他们支持政府。① 此外，殖民当局支持建立多种族的亲英的统一坦噶尼喀党，以便与坦盟竞争。英国的这一政策在 1958 年 10 月坦盟取得立法会议的选举胜利后才开始改变，当时较识时务的特恩布尔已取代特文宁当了坦噶尼喀总督。

在其他英属非洲领地还有类似例子。

如果说，英国在 40 年代末可能已有逐步退出西非的考虑，它对欧洲移民集中的东、中非就肯定不是这样。英国政府直到 1957 年还考虑要将它设在塞浦路斯的一重要军事基地（原设苏伊士）转移到肯尼亚去②。东、中非的宪法改革进展滞缓，1957 年当加纳独立时，这些地区的非洲人在立法会议中尚处于绝对少数（如在坦噶尼喀 61 名成员中占 10 名③，在肯尼亚 59 名成员中占 10 名④），在南、北罗得西亚甚至没有一个非洲人参加立法机构。这不仅是由于这些地区宪法改革起点落后（大战前的立法会议中都没有非洲人），更重要的是因为英国决策者和有关殖民当局一直在考虑以欧洲移民最集中的南罗和肯尼亚为核心建立联邦的问题，目的是确保两地欧洲移民的统治地位和英国对整个东、中非的控

---

① ［英］克朗福特·普拉特：《坦桑尼亚的关键阶段（1945—1968 年）》，剑桥 1976 年版，第 37—38 页。

② ［英］戴维·戈兹沃西：《英国政治中的殖民地问题（1945—1961 年）》，牛津 1971 年版，第 311 页。

③ ［匈］西克·安德烈：《黑非洲史》，第 4 卷上册，上海译文出版社 1979 年版，第 310—311 页。

④ ［肯］索·博公科：《1945—1963 年的肯尼亚》，内罗毕 1980 年版，第 183 页。

制。不过，英国在两大地区的具体政策和做法也有区别。

在东非，英国看来吸取了20—30年代酝酿成立"紧密联盟"失败的教训，战后不急于成立联邦，而采取了迂回战术：一面鼓励更多的白人移民到肯尼亚定居，一面加强东非在社会经济方面的一体化，于1948年成立了"东非高级委员会"，统一管理东非的交通、邮电等共同事务。由此走向政治一体化将是水到渠成之事。1953年殖民大臣李特尔顿便提到了成立东非联邦的可能性。结果引起了乌干达一场政治危机。坦噶尼喀反应也很冷淡。此后英国便不再提及这个设想，同时也否定了少数白人关于建立白人自治领和分区治理的要求。1954年后英国在东非加紧推行"多种族主义"政策。在"保护少数种族利益"的名义下，在立法会议中实行各种族代表名额均等制（在坦噶尼喀），甚至让白人代表占多数席位（在肯尼亚）。这一明显袒护白人的不合理政策受到东非人民的反对，最后终于失败。

在中非，战后英国政府和南、北罗得西亚的白人集团积极磋商配合，经几年的活动，于1953年10月正式成立了包括南、北罗得西亚和尼亚萨兰的"中非联邦"。但是，英国支持和拼凑中非联邦的政策注定是短命的。首先，北罗和尼亚萨兰的非洲人一开始就强烈反对联邦的建立；第二，联邦的权力分配明显地歧视非洲人：政府和议会都由占人口绝对少数的白人控制，非洲人代表在联邦议会中仅占1/6—1/5的席位[1]，所以不可能取得非洲人的支持和合作；第三，英国在北罗和尼亚萨兰实行的宪法改革使民族主义者在两地的立法会议中取得了有利地位，他们不断要求解散或退出联邦。1962年底，英国政府终于同意尼亚萨兰退出联

---

① ［英］P. E. N. 廷德尔：《中非史》，上海人民出版社1974年版，第531、590页。

邦，并声明放弃支持联邦的政策①。第二年，"中非联邦"正式解体。但是英国长期袒护欧洲移民的政策助长了南罗白人种族主义的实力和气焰，这是 1965 年南罗白人政权片面宣布独立的基础。

英国在殖民地进行宪法改革或"非殖民化"是为形势所迫而对殖民地人民作出的让步。在这个过程中，英国始终以最大限度地维护英国本身的利益为第一原则和最终目的，其他原则和目的都要服从于此。也就是说，当英国政府认为继续遵循其他原则推行改革将不利于英国整个政治经济和战略利益时，它将舍弃其他原则和目的而主要照顾本身的利益了。50 年代末 60 年代初英国决定撤出东、中非是这一原则的最佳例证。

三 加速撤退的政策

1959 年最后一个季度英国对非洲（首先是东非）的殖民政策开始出现明显变化。在这以前，北非的苏丹、西非的加纳已经取得独立，尼日利亚各区也先后建立内部自治并正在进行紧张的独立谈判。但在东、中非，英国还没有迅速撤出的打算，1959 年 1 月，殖民大臣伦诺克斯—波依德召开了一次讨论东非未来宪法发展的会议，与会者（主要是殖民总督和官员们）一致认为坦噶尼喀可能在 1970 年独立，随后是乌干达，而肯尼亚可能要到 1975 年以后才能独立。同年 3 月，殖民国务大臣访问罗得西亚时宣称，"（英国）正在要求制止殖民地的迅速推进［指英属中非的宪法改革——作者]"②。可见，直到 1959 年上半年，英

---

① ［英］P. E. N. 廷德尔：《中非史》，上海人民出版社 1974 年版，第 593 页。
② ［英］戴维·戈兹沃西：《英国政治中的殖民地问题（1945—1961 年）》，牛津 1971 年版，第 34—35 页。

国政府对这两个存在强大欧洲移民势力地区的政治发展仍抱着慢慢来的老政策，实质上是想延长殖民统治。

但是数月后，英国政府高级官员接连在政策声明中发出了即将改变政策的信号。首先是 1959 年 9 月 17 日外交大臣劳埃德在联大发言，表示英国的目标是"帮助"英国殖民地人民"走向……独立"①。这可能是英国政府首次在全世界面前明确使用"独立"这个字眼说明它的殖民政策的最终目标，代替含糊其辞的"自治"一词。接着，首相麦克米伦在巡视非洲行将结束时于 1960 年 2 月 3 日在南非议会发表了有历史意义的讲话。他说："自离伦敦一个月以来，非洲民族的觉醒给我留下了深刻的印象，虽然它的形式因地而异，但它却遍及各地。变革之风吹遍了非洲大陆。不管我们是否喜欢，非洲民族正在觉醒，这是一个政治事实。……我们制定国策时必须考虑到这一点。"②

此后，英国明显加快了在政治上撤出其东非和其他非洲属地的步伐。当然，这不等于说英国已放弃了它在殖民地宪法改革过程中一贯遵循的各项原则；只要有可能，它还是那么做的。但从总体来说，英属非洲殖民地（首先是东非）的宪法改革进程都加快了，获得独立的时间提前了。即以东、中非的 4 国为例：

坦噶尼喀：1958—1959 年初坦噶尼喀非洲民族联盟在大选中赢得了胜利，但英国殖民政府迟迟不建立由坦盟领导的责任制政府以实现权力转移。按伦诺克斯—波依德的意思，要再过 11 年后才让坦噶尼喀独立。但在 1959 年 12 月，殖民当局终于同意立法会议中由选举产生的议员占多数，并在一年后建立责

---

① 引自索·博公科：《1945—1963 年的肯尼亚》，内罗毕 1980 年版，第 228 页。

② 引自［英］阿伦·斯克德、克里斯·库克：《战后英国政治史》，世界知识出版社 1985 年版，第 156 页。

任制政府。① 这意味着同意坦噶尼喀在非洲人领导下实行自治。接着，1961 年 12 月坦噶尼喀宣告独立。这个日期比伦诺克斯—波依德等人预计的提前了近 10 年。

肯尼亚：1959 年前，英国在肯尼亚坚持实行偏袒欧洲移民的"多种族主义"政策，不答应通过"一人一票"的成人普选制实现非洲人多数统治。迟至 1959 年 4 月，殖民大臣伦诺克斯—波依德在英国下院辩论时还说："我无法设想出一个时间，到那时英国政府就能放弃它对肯尼亚福利和命运的最终责任。"② 1960 年 2 月初，新任殖民大臣麦克劳德改变了调子——他在肯尼亚第一次制宪会议上致词时说，英国的最终目标是保证肯尼亚在各种族参加社会活动和实现非洲人多数统治的条件下使肯尼亚独立。③ 之后英国又召集了多次制宪会议。由于欧洲移民的抗拒、非洲民族主义者的内争和英国本身的观望态度，肯尼亚的自治和独立拖到 1963 年才实现。尽管如此，这比伦诺克斯—波依德等人的预计提前了 11 年。

尼亚萨兰：1960 年 3 月 15 日，英国联邦事务大臣认为尼亚萨兰过于贫穷落后，在未来较长一段时期内不可能考虑其独立问题。④ 但在一年半后的 1961 年 8 月，尼亚萨兰就成立了由非洲人占多数的立法会议；1963 年 2 月成立了自治政府。由于民族主义者的坚决斗争，英国于 1968 年同意尼亚萨兰退出了"中非

---

① ［英］克朗福特·普拉特：《坦桑尼亚的关键阶段（1945—1968 年)》，剑桥1976 年版，第 54—55 页。

② ［英］莫里斯—琼斯、格·菲希尔主编：《非殖民化及其以后》，英国 1980 年版，第 6 页。

③ ［匈］西克·安德烈：《黑非洲史》第 4 卷上册，上海译文出版社 1979 年版，第 106—107 页。

④ ［匈］西克·安德烈：《黑非洲史》第 3 卷下册，上海译文出版社 1979 年版，第 863 页。

联邦"。1964 年 7 月 6 日，尼亚萨兰宣布独立，成立马拉维国。

北罗得西亚：根据 1958 年 12 月英国公布的北罗宪法，非洲人在立法和行政会议中都占少数。1961 年 2 月，殖民大臣麦克劳德发表作为英国政府建议的白皮书，答应未来的北罗议会和政府将由非洲人占多数，而目前只能实行两大种族代表名额对等原则。这个建议遭到欧洲移民的反对，尽管如此，英国政府以它为基础于 1962 年 2 月通过了一个折中宪法。据此，在同年 10 月举行的立法会议选举中，非洲人（包括以卡翁达为首的联合民族独立党和以恩坎布拉为首的非洲人国民大会两派）取得了微弱多数，组成联合政府。1964 年 1 月北罗举行普选后，非洲人获得了大多数议席，成立了内部自治政府。同年 10 月 24 日，北罗获得独立，改名赞比亚。

在马、赞独立以前，英国不再支持的"中非联邦"于 1963 年 12 月 31 日正式宣告解散。

东、中非各国（除南罗得西亚外）独立后，英国对那些在战略和经济上不如这些国家重要的南部非洲各小国的统治也就没有多大意义了。它们都在 60 年代下半期取得了独立，其中最大的贝专纳的宪法改革，进程之快，也超过了非洲民族主义者曾经提出的要求（1961 年民主党领导人塞雷茨·卡马曾要求在 1969 年实现国家自治，而未提独立日期）。[1] 结果，英国允许贝专纳在 1965 年实现了自治；1966 年 9 月贝专纳独立，改名博茨瓦纳。

这样，到 1968 年，英属非洲殖民地附属国（除白人种族主义霸占的南罗得西亚外）便全都完成了宪法改革或叫"非殖民

---

[1]　［匈］西克·安德烈：《黑非洲史》第 3 卷下册，上海译文出版社 1979 年版，第 550 页。

化"过程，成为独立国家。从英国政策的发展来看，1959 年末
1960 年初是关键时刻，是英国政策的转折点。其最显著的标志
是麦克米伦关于"改革之风"的著名讲话。那么是什么原因促
使英国在此时改变政策而加速其"非殖民化"政策的实施呢？
麦克米伦和麦克劳德都提到了肯尼亚的"霍拉"事件和尼亚萨
兰骚乱。1959 年 3 月 3 日，由于看守的残暴行为，关在肯尼亚
北部霍拉集中营的"犯人"（"茅茅"起义战士）有 11 人被打
死。麦克劳德说，这一悲剧使他认识到"肯尼亚需要迅速变
革"①，麦克米伦也说，这是促使他考虑新的殖民地方针的第一
件事②。不过，如此强调"霍拉"事件对改变政策的影响未必是
实的。因为它不过是肯尼亚"茅茅"武装斗争的余波而已，
同在战争中被屠杀的万余"茅茅"战士和平民相比，11 人怎能
那么触动英国决策者的神经！真正的原因似有以下几个：

　　首先是非洲（此时尤其是东、中非）人民英勇顽强的争取
民族权利的斗争。肯尼亚大规模的武装斗争（1953—1956 年）
虽然已遭镇压而失败，但它使英国付出了沉重代价——动用了几
万人马包括从本国派去了好几个营，耗费了 5500 多万英镑③。
从 1954—1959 年，肯尼亚人民为反对英国的多种族主义宪法进
行了持久不懈的斗争，民族主义者坚决要求实行"一人一票"
的民主制和成人普选权，要求开放供欧洲移民专用的"白人高
地"，得到广大非洲人民的拥护。他们被选入立法会议后，把议
会斗争同宣传动员群众的斗争结合起来，形成强大声势，因而不

---

　　①　［肯］索·博公科：《1945—1963 年的肯尼亚》，内罗毕 1980 年版，第
234—235 页。
　　②　同上。
　　③　［英］弗雷德·马吉达拉尼：《紧急状态——"茅茅"的故事》，英国 1963
年版，第 221 页。

仅争取了亚洲居民的同情和支持，而且加深了白人移民集团的分化。正是在这种形势下，英国才同意 1960 年召开制宪会议。坦噶尼喀的民族独立运动在以尼雷尔为首的坦盟领导下，冲破殖民当局设置的重重障碍迅速发展。1958 年 9 月和 1959 年 2 月，坦盟在立法会议两轮选举中大获全胜，说明坦噶尼喀已没有别的政治力量能阻挡坦盟走向独立了。从 1953 年起，北罗得西亚和尼亚萨兰的民族主义者为争取非洲人的普选权和立法会议的多数代表席位，为自治以及退出中非联邦而斗争。1959 年 1 月，尼亚萨兰民族主义政党（非洲人国民大会）鉴于不能通过谈判达到要求，决定采取包括暴力在内的一切手段进行斗争①。同年 2—3 月，各地爆发了游行示威、冲击监狱、与警察发生武装冲突的事件；3 月 3 日殖民当局宣布紧急状态，取缔非洲人国民大会，逮捕海斯廷·班达等民族主义领导人和民众数百人，警察（从南罗还调去军队）在各地枪杀群众至少 50 人，打伤数百人。事后英国派去的调查委员会（德夫林委员会）报告证实，尼亚萨兰大多数非洲人包括酋长都不赞成中非联邦，并认为导致骚乱的原因，一是由于非洲民众对当局滥用权力和运用警察恐怖镇压使非洲人感到愤慨，二是由于英国政府对非洲人国民大会关于修改宪法的要求置之不理。报告承认尼亚萨兰存在着"愤怒、怨恨和失望情绪"②。实际上这种情绪同样存在于北罗得西亚。在那里，以卡翁达为代表的民族主义者发动了和平示威游行等"消极抵抗"运动，力量迅速扩大，北部一些地区经常爆发非洲人和白人的种族冲突，形势紧张。中非的民族主义运动促使麦克米伦改

---

① ［匈］西克·安德烈：《黑非洲史》第 3 卷下册，上海译文出版社 1979 年版，第 857 页。

② 同上书，第 860 页；［肯］索·博公科：《1945—1963 年的肯尼亚》，内罗毕 1980 年版，第 236 页。

变英国在中非的政策。正如一位英国教授所说，英国政治家很担心像肯尼亚那种耗费巨大资源和精力的对"茅茅"运动的武力镇压会在中非重演。①

其次，1956 年埃及苏伊士运河事件一定也给了英国深刻的教训。1954 年英军按协议开始撤出苏伊士运河区。但在埃及政府于 1956 年 7 月宣布将苏伊士运河收归国有（这无疑是正当的）后，英国同法国和以色列合谋，于 10 月份派兵侵略埃及，企图重占运河区。埃及军民进行了英勇抵抗，并在国际支援下挫败了英国的图谋。当年年底，英国被迫撤兵，导致艾登首相下台。这一事件使英国认识到世界形势已经大变，它自己已没有力量到处镇压民族解放运动，如果一意孤行，就可能冒失败的危险。为了避免对非洲民族主义运动实施大规模武力镇压，最好的办法是加速向非洲民族主义者和平交权。

第三，这段时间内非洲其他地区的政治发展也给英国很大影响，最重要的是法国和比利时的非洲殖民帝国的瓦解。1958 年 6 月戴高乐上台后制定了新宪法，给殖民地人民"自由决定权"。在法国的 17 个黑非洲殖民地中，几内亚首先于 1958 年选择了脱离法兰西共同体而独立的道路，从而为其他法属殖民地创造了先例。1959 年 12 月，戴高乐宣布法属喀麦隆于 1960 年 1 月 1 日独立；紧跟着，1960 年内又有 13 个法属领地取得独立。不过，影响最大的是法国对阿尔及利亚政策的改变。法国为保持在阿尔及利亚的统治，对阿尔及利亚人民进行了多年的镇压战争，付出了巨大的政治、经济和军事代价。1959 年 9 月 16 日，戴高乐宣布同意在阿尔及利亚实行自决原则，这预示法国已准备向民族主义者让步了。与此同时，比属刚果的民族独立运动也迅猛发展。比

---

① ［英］肯尼斯·柯克乌德：《英国和非洲》，英国 1965 年版，第 108 页。

利时政府被迫加速宪法改革。1960 年 1 月 20 日，比方与刚果各民族主义政党举行独立谈判，3 周后即宣布同意在 6 月份给比属刚果独立。法、比的政策变化使英国决策者产生了一种紧迫感。据说，当麦克劳德听到比利时准备给比属刚果独立的消息时对人说，"你知道这是什么意思吗？我们在殖民地领域里要成为最后一个而不是第一个了。"① 从前，西方殖民国家争先恐后地夺取殖民地；半个多世纪后，它们（除葡萄牙外）在客观形势的压力下，又争先恐后地实行"非殖民化"政策了。

第四，英国执政党（当时是保守党）内部的人事变动也是一个重要因素。1959 年 10 月大选后，英国内阁和议会中增加了一批比较年轻、开明和主张改革的保守党人，而像索尔兹伯里、李特尔顿、伦诺克斯—波依德等传统帝国思想浓厚的老保守党人退出了内阁和下院。这些保守党改革派认识到非洲民族独立运动已成燎原之势，英国已不可能依靠武力继续维持殖民统治，主张用宪法手段尽快完成非洲的非殖民化。其主要代表之一是接替伦诺克斯—波依德担任殖民大臣的麦克劳德。他在上任后"有意加速了（非洲领地）独立的进程"。他认为"行动快了当然有危险，但是行动慢了危险性要大得多"②。麦克米伦首相接受了这些保守党改革派的主张，使英国的殖民政策在 1960 年后发生了转折。一时保守党内的右派群起鼓噪反对（首先是针对北罗的政策），认为"变革之风"吹走了保守党的定向路标，他们将麦克劳德挤出了殖民部③。尽管如此，改革派推动的加速非殖民化的政策一旦启动，便势难阻挡了。实际上，这项新政策虽然在一

① ［肯］索·博公科：《1945—1963 年的肯尼亚》，内罗毕 1980 年版，第 241 页。
② ［英］戴维·戈兹沃西：《英国政治中的殖民地问题（1945—1961 年）》，牛津 1971 年版，第 363 页。
③ 同上书，第 368—370 页。

定程度上不利于东、中非欧洲移民中的农场主集团的利益，但对工商业资本尤其是跨国垄断资本的利益并无大碍，甚至可能是有利的。所以，保守党政府排除干扰，坚持实行了这一政策。

最后，英国断然决定加速其非洲殖民地的"非殖民化"还因为英国可能确信，英国资本主义的高度发展以及它同其殖民地长期织成的经济联系网络已经达到这样的程度：即使它从政治上放弃殖民统治，它在这些前殖民地国家的经济利益也仍然能够得到保证。因为它可以通过投资、贸易、援助以及培训干部等方式继续保持同它们的经济关系。另外，从英国对外关系来看，50年代末60年代初英国正紧张地忙于调整它同欧洲大陆的政治经济关系，这里是它的最大战略利益所在，对于正在和可能"闹事"的非洲，英国实在是无力兼顾了。

所有以上这些因素汇集起来，促使英国在50年代末60年代初决定加速从政治上撤出非洲，导致了英帝国在非洲的殖民大厦的坍塌。

第二次世界大战后，曾经煊赫一时的大英帝国迅速走向没落。其重要标志是英国在全世界的殖民体系的瓦解。这一过程始于印度、锡兰等亚洲殖民地的独立，而完成于肯尼亚、赞比亚等英属非洲的"非殖民化"。不过，第二次世界大战期间当丘吉尔首相由于东南亚军事形势所迫而答允在战后给予印度以自治领地位时，他丝毫没有打算以同样态度对待非洲。1942年11月他强调他当英国首相"并不是为了主持英帝国的灭亡"[①]。1951年他再次担任英国首相时也没有打算改变这一态度。不错，在第二次世界大战前夕、大战期间和战后初年，英国历任殖民部大臣多次

---

① 伦敦《泰晤士报》1942年11月11日报道。转引自〔英〕R.E.霍兰德：《欧洲的非殖民化（1918—1981年）》，英国1985年版，第53页。

在声明中作了要给予殖民地（包括英属非洲）以英帝国或英联邦内自治的诺言，但那仅仅是一种意向性声明，是遥远的将来才能实现的事。比较有远见的殖民大臣麦克唐纳在 1938 年估计英属非洲的落后民族"可能要经过几代以至几个世纪……才能达到自治"[1]。可是，实际上英属非洲几乎全部领地在第二次世界大战结束后的 21 年内便不仅实现了自治，而且获得了独立。英帝国的太阳也因此不仅在非洲，而且在世界落入了地平线下。对这一有意义的历史现象，英国有些学者和高级官员有两种解释。一种解释夸大英国本身的主动行为，认为英帝国"在政治上规划了自身的终止（demise）"[2]。其根据是 1947 年英国殖民部的内部报告（科恩—凯因委员会报告）。但这个从未公布的报告不过是为英属非洲的政治改革设想了大体的轮廓，目的还在于使英国保持对非洲殖民地的控制和利益，而且它着眼的只是西非，而不包括存在大量欧洲移民（战后英国还继续鼓励欧洲人向那里移民）的东、中非以及南部非洲几个次要领地；事实上英国殖民主义者（特别是当地的殖民统治者和欧洲移民集团）仍想长期维持对东、中非的殖民统治，继续在非洲从事所谓"传播欧洲文明的使命"。英国在各地的宪法改革——向非洲人"转让权力"——的过程中，几乎每前进一步都是在非洲民族独立运动的推动和压力下实现的。夸大英国殖民官员对"非殖民化"的主动性和贡献就等于抹煞了民族独立运动的决定性作用，是不符合历史事实的。还有一种解释是：导致非洲各国独立的宪法改革是各种相互有关的压力共同作用的结果，其中包括民族主义的压

---

① ［意］鲁道夫·冯·阿尔伯梯尼：《非殖民化：殖民地的管理和未来（1919—1960 年）》，美国 1982 年版，第 85 页。

② ［英］罗纳德·罗宾森的文章，载［英］莫里斯—琼斯、格·菲希尔主编：《非殖民化及其以后》，英国 1980 年版，第 63 页。

力和英国政府、各地殖民当局、议员以及公众舆论的压力。① 这
种解释把民族主义和公众舆论的压力同殖民主义对此所作的反应
相提并论，混淆了被压迫民族及其同情者同压迫民族的不同性
质，歪曲了历史和事物的本质。

另一方面，如果把英国政府在实现"非殖民化"方面采取
的措施一概斥之为"耍花招"，似也不大公允。英国这样做当然
是为形势所迫，属于"无可奈何花落去"，被动多于主动，但是
不可否认它们反映了英国政府中一些有识之士的务实精神和远
见。这些人与坚持殖民主义立场的帝国保守派不同，他们承认非
洲人民政治觉悟的提高和民族独立运动的客观逻辑，因而力主改
革殖民政策，向民族主义者和非洲人民作出实质性让步——逐步
和迅速地向他们"转让权力"，直至早日给予非洲各国独立。这
不失为一种审时度势的明智之举。当然，他们可能想通过非洲代
理人继续保持英国的利益和势力，如果属实，这种打算看来基本
上落空了。尽管如此，英国在非洲迅速完成"非殖民化"计划
对英国也产生了积极结果：

其一，是它使英国甩掉了沉重腐朽的帝国包袱，在外交上改
变了不断受到国际反殖力量谴责的被动局面和孤立处境。从此英
国得以集中资源和精力于本国的发展，以名实相符的世界大国地
位参与国际政治，并发挥相应的作用。英国在前殖民地的经济利
益由于已确立的资本主义经济体系和这些前殖民地经济上对英国
的难以摆脱的依赖关系，并不因为它政治上的撤退而一定受到根
本损害。如果不是如此，而硬要赖在殖民地不走，那么英国在国
际上势将日益被动孤立，帝国包袱也将越来越重，直至精疲力

---

① ［英］安德鲁·科恩：《英国对变化中的非洲的政策》，伦敦 1959 年版，第
37 页。

竭，最终仍将不得不放手让非洲殖民地独立。那时英国要恢复元气就很困难了。

其二，由于英国顺应了时势，避免了大规模武力镇压（除了苏伊士运河事件和一段时间内在肯尼亚外），而较快地以和平方式向民族主义者移交了权力，这就为帝国解体后建立平等友好互利的英非关系奠定了较好基础。几乎所有的前英属非洲殖民地独立后都加入了英联邦，尊英王为英联邦元首。英联邦虽然没有什么实际权力，英国也不能在此发号施令，但它毕竟是拥有几十个成员国的有影响的国际共同体。英国作为它事实上的中心而享有政治外交等方面的好处。

英帝国在非洲的没落（及其整个殖民体系的瓦解）是历史发展的必然规律，它对英国本身未必纯属坏事。

（原载吴秉真、高晋元主编：《非洲民族独立简史》，世界知识出版社1993年版，第320—368页）

第二部分

地区和国别研究

吉库尤族的社会政治演变

肯尼亚是个多部族（和多种族）国家，大小部族共有 40 多个，其中最大的是吉库尤族。据 1969 年统计，该族人口 220 万，占全国人口①的五分之一强。吉库尤人主要聚居在肯尼亚的中央省，裂谷省西部和首都内罗毕等城市，政治、经济和文化发展水平高于肯尼亚其他部族，在民族独立运动中起过突出作用。肯尼亚独立后，部族问题始终存在，而其中心就是吉库尤族。故要了解肯尼亚之社会政治，不可不熟悉吉库尤族的来龙去脉。本文试就近百年来吉库尤族社会、经济和政治地位之发展演变作一初步介绍和分析。

殖民主义统治前的社会

吉库尤族最早定居于现肯尼亚中央省的穆朗亚和尼耶里两县②，大约 19 世纪后半期发展到基安布县等地。在恩布和梅鲁

---

① 1969 年人口统计约 1080 多万人。据 1979 年 8 月统计，肯人口已增至 1530 万，但未公布部族、种族分类数字。

② 英文 District，一译"专区"，在肯尼亚属省以下行政区，按我国习惯，这里译为"县"。

两县也有不少吉库尤人聚居；恩布族和梅鲁族人同吉库尤族是近亲，从前所谓"吉库尤兰"（Gikuyuland）也包括这两个县在内。上述三县可称为吉库尤本土，总面积 1240 平方英里，它的北面就是肯尼亚第一高山——肯尼亚山，西部有阿贝达雷山脉，南面是马赛兰，东面是阿蒂平原和姆贝雷平原。这个地区雨量丰富，土地肥沃，气候宜人。

吉库尤族以务农为主，农作物有高粱、小米、豆类、薯类、香蕉、甘蔗等①。他们还饲养牛羊（以羊为主）。牛羊主要供娶亲和祭祀等仪式之用，也是财富的标志。土地是吉库尤人生活之源。在欧洲人到来前，存在着个人所有和家族共有两种土地所有制，而以后一种为主。家族（吉库尤语叫"姆巴里"）是吉库尤人最基本的社会单位。它可以是一夫一妻或多妻的家庭，也可以是拥有同一祖先的大家族，人数由几十人到上千人不等；在后一种情况下，一个大家族（或宗族）形成为一个村社，所以所谓家族共有制也就是一种村社所有制。通常，"姆巴里"创始人开辟的土地属他个人所有，他死后归家族成员所共有，但长子拥有分配使用和决定土地买卖或接受"外来户"的权利。有一种叫"姆霍伊"的外来户靠主人的善意取得土地的暂时耕种权，每年要缴一些酒类和第一批收获物作为"献礼"。后来随着商品交换的发展和土地价值的提高，"姆霍伊"才逐渐成为缴纳地租的佃农。总之，土地的私有和阶级分化已经存在，但未必像有些西方人说的那么突出、普遍②。

在务农饲畜之外，吉库尤族社会中出现了炼铁、制陶、鞣

---

① 玉米、咖啡等作物是 20 世纪才引进的。

② L. S. B. 利基认为："姆霍伊"的人数占当时吉库尤人口的一半以上。而另外近一半人口是把土地作为"私有财产"的土地所有者。转引自［英］C. 莱斯著：《肯尼亚的不发达》，伦敦 1974 年版，第 189 页。

革、编篮等手工业,前两种已经成为独立行业。有些家族是世袭铁匠、陶工。据肯雅塔在《面对肯尼亚山》一书中说,吉库尤人在几百年前已学会用淘沙方法炼铁,能制造供生产、作战和装饰用的多种铁器,如矛、剑、砍刀、箭镞、斧、锤、钳、镊、耳环、手镯、项圈等。铁匠世家在社会上受到尊敬,由于据说铁匠的诅咒是无法消弭的,所以人们对他们又畏惧三分。制陶是女人的专业,主要是制作日用陶罐,产品除家用外,主要供出售、交换。当时没有纺织业,为了解决衣着问题,各家都有专人分管鞣革,以毛皮为衣。

商品交换采取以物易物的形式,由交换双方在集市上讨价还价,当场换货。有时人们结成商队进入邻近部族(主要是马赛族和坎巴族)地区,通过中间人与当地人换货。大宗交易常以羊作为计价标准,所以羊起到了货币的作用。当时吉库尤族社会中尚未出现脱离农业、手工业而单独存在的商人阶层。

与这种经济发展状况相应的是,到 19 世纪末期,吉库尤族政治上没有形成全族性的权力机构,没有全族的首领,也没有建立或隶属于任何国家。相传古代吉库尤地区曾经出现过"国王"的专制统治,他强迫青壮年参加军队,不事农耕,而过艰苦的游牧生活,后来人民推翻了国王的专制统治,实行民主管理,吉库尤人也从此由游牧状态改变为定居从事农业。不管这一口头传说的可靠性如何,研究者们肯定,在英国殖民统治以前,吉库尤社会实行一种"部落民主制"① 或"权力分散的民主政治制度"②。吉库尤族的三个部落(加基、梅图米、卡鲁拉)分别占据尼耶里、穆朗亚、基安布三个地区(相当于后来的县),但他们都没

---

① [肯] 乔莫·肯雅塔:《面对肯尼亚山》,英国 1938 年版,第 176 页。
② [美] 多纳德·巴奈特、[肯] 恩加马:《茅茅内幕》,美国 1966 年版,第 43 页。

有建立集中的政权机构。只是由于部落"战争"（主要是为同马赛族以及各部落之间争夺牲畜）的需要，各部落（地区）的军事首领逐渐取得了"类似酋长"的地位。实际上，吉库尤族最大的地理行政单位是"区"（rugongo，原意是"山脊"），其管区常在两河之间，长约三四十公里。区以下还有村、片两级。各级都设有"长者议事会"、"作战议事会"等机构，负责行政、司法、宗教和军事事宜。遇到涉及几个区的事件时，由各区派出代表组成临时的"大区议事会"商讨议决。

吉库尤族的各级首领都不世袭，这与西非一些地区的情况不同。他们之取得领导地位要经过颇为严格的等级集团的选举。大致说来，吉库尤族有两种等级集团：年龄集团（age-group）与同辈集团（generation-set）。前者又分为七等，最重要的是少年（约在16—18岁）经过割礼而取得的成人和"勇士"（Warrior）级以及青年娶妻生子后上升的"长者"、"高级勇士"级。每个年龄集团都有各自的首领。他们除了年龄因素外，是靠社会生活中表现了勇敢、智慧、公正、能力而民主推选出来的。"同辈集团"可分为两个："姆万吉"和"马伊纳"。如父亲属"姆万吉"辈，儿子便属"马伊纳"辈。每一辈掌权30至40年，然后举行隆重交权仪式。据说这是当年推翻专制国王后定下的规矩。最后一次交权仪式是在1890—1898年之间举行的。20世纪20年代的一次交权仪式开幕不久，即被英国殖民当局以"带有煽动性"为由制止了。

概括地说，在殖民主义统治以前，吉库尤族经济上主要依靠刀耕火种的落后农业和家庭畜牧业，已经有了简单的手工业（主要是家庭手工业），商品交换也很简单，还没有出现城市和商人阶层；政治上实行权力分散的部落和宗族民主制，由各级长者会议执行行政司法职能，显然没有完成向国家形式的过渡。整个社会似乎处在原始公社解体、已出现私有制而正向阶级社会过渡的阶段。帝国主义的入侵扰乱了吉库尤族社会缓慢正常的发展过程，将殖民地的政治统治和生产方式强加到它的头上。

殖民主义统治下的变化

从 1895 年肯尼亚沦为英国殖民地（1920 年前称"东非保护国"）到 1963 年肯尼亚独立的 68 年中，吉库尤族在政治经济和社会结构等方面都发生了重大变化。

政治上，殖民当局对肯尼亚各族人民实行以部族为基础的所谓"间接统治"，建立部族"保留地"，利用各族的传统（部落）制度，培植甘愿为其驱使的酋长，头人作为保留地内殖民行政长官统治和压迫人民的工具。殖民当局还在"保留地"内设立由其控制的"土著人会议"、"土著人法庭"，它们通常由酋长、头人组成，负责保留地内的税收、司法、摊派劳役和治安。这些酋长、头人、法庭长者由殖民当局任命，领取政府薪金，实质上是政府下级官吏。这样就破坏了吉库尤族按年龄、辈分以及才能等条件民主推举领导人的传统，并取消了传统的各级"长者会议"的几乎一切权力。英国人选取酋长的标准当然首先是视其效忠程度，如 1912 年南方吉库尤族的"大酋长"金羊瑞本来是给基安布的英国行政长官牵毛驴的仆人，因受主子赏识而得到高升。后来英国当局也注意从受过教育的吉库尤人中挑选"酋长"，像瓦鲁休、伊格纳休、穆霍亚等①就是这样一批人。

经济上，殖民统治初期对吉库尤人最直接、最严重的两大虐政是侵占其土地和征收茅屋人头税。肯尼亚中西部高原地区的肥

---

① ［英］M. P. K. 索伦森：《吉库尤地区的土改》，英国 1967 年版，第 45 页。

沃土地和宜人气候一开始就使殖民主义者馋涎欲滴。英国在
"东非保护国"的长官查理·艾里奥特早想把"保护国的内地建
成一个白人国家"①。由于从蒙巴萨通向乌干达的铁路修筑完成，
一批批白人从南非和欧洲涌到肯尼亚开辟殖民乐园。他们受到殖
民当局的全力鼓励。1901 年，政府颁布法令，把"保护国"内
一切"公有"土地都称为"皇家土地"，受殖民当局支配，1906
年，英政府正式同意建立"白人高地"的政策，前后把大约一
万六千七百多平方英里②的土地划归白人专有。这是对非洲人土
地的公然掠夺。在这过程中，吉库尤族首当其冲，早在 1903—
1905 年，基安布—利木鲁地区有 6 万英亩土地被划归白人移民
所有，这片土地原属 11000 名吉库尤人。殖民者给他们的补偿是
每英亩土地和每间茅屋二先令八便士，实际上连区区这点钱也未
付清③。吉库尤族失去的土地总数，据英政府一个土地委员会估
计为一百多平方英里④（不包括森林地），在整个"高地"面积
中占的比例不大。但吉库尤族是农业部族（与失地更多但从事
游牧的马赛族不同），本来人口就较密，土地利用率高，成千上
万吉库尤人因失去土地或因人多地少而被迫到白人农场上做工或
做所谓"外来占地户"（squatter）。根据 1918 年的政府法令，在
白人农场上的"外来占地户"为了取得耕种少量土地的权利，
必须每年给白人农场主至少干 180 天的活，而报酬低微。实际
上，这是殖民主义者为榨取廉价劳动力而有意设计的圈套。另一
个圈套就是征收茅屋人头税。吉库尤人为了赚得纳税所需的现

---

① ［英］R. 弗洛斯特：《与时间赛跑——肯尼亚独立前的种族关系和政治》，
美国 1968 年版，第 8 页。
② ［美］多·巴奈特、［肯］恩加马：《茅茅内幕》，美国 1966 年版，第 32 页。
③ ［英］M. 索伦森：《吉库尤地区的土改》，英国 1967 年版，第 18 页。
④ 同上书，第 22 页。合 260 多平方公里。

金，不得不到白人农场或新兴城镇中寻找有现金收入的工作。结果，大批吉库尤人（主要是男人）离开基安布、尼耶里和穆朗亚的"保留地"出外谋生赚钱，到 40 年代末，外流的吉库尤人约 30 万，占全族人口的百分之三十[①]。吉库尤人一半以上的劳动力在白人农场上出卖血汗。

在保留地内，由于货币经济的发展，土地买卖和私有化与日俱增（尤其是在与欧洲人接触较多的基安布地区）。相应地，土地的家族或村社所有制逐渐瓦解。不过，殖民当局到 50 年代才正式推行"土地整顿计划"，从法律上肯定非洲人的土地私有权。当然它这样做是别有用意的。

由于殖民统治带来的这些政治经济变化，吉库尤族的社会结构也发生了激剧变化，出现了新的阶级和阶层。

一是出现了一小批地主和农场主阶级。他们由殖民当局扶植的酋长、头人、法庭长者和其他官吏演化而成。这些人利用其政治经济地位，占有或"购买"原来属于家族或村社共有的土地、牛羊，有些人拥有的土地多达几百英亩，老婆多至 50 个（老婆常常是劳动力，同中国财主的姨太太不同）。

二是造成了大批无地农民。他们或者由于殖民当局开辟"白人高地"而被剥夺了土地，或者因人口增加而发生土地荒，于是一部分降为地主、富裕农民的佃农，一部分到白人农场当工人，还有一部分移居到邻近的梅鲁、恩布、马赛以及卡卡梅加、基西等兄弟部族的"保留地"内做"外来占地户"。

三是扩大了个体自耕农阶级。商品经济的发展促进了农村土地的私有化。尤其是在 50 年代，殖民当局吸取"茅茅"运动的教训，加紧实施"土地整顿计划"，有意识地加速土地的私有

---

① ［英］M. 索伦森：《吉库尤地区的土改》，英国 1967 年版，第 34 页。

化，目的是促使吉库尤族农民把精力消耗在种地上，从而扩大了小自耕农的队伍。从 50 年代后期起，殖民当局允许吉库尤族农民种植从前由白人垄断的咖啡，有些农民开始富有起来。

四是形成了城市各阶级阶层。有很大一部分从农村外流的人口进入了内罗毕以及纳库鲁、纳纽基，锡卡和蒙巴萨等城市，成为那里的主要居民。如 1939 年内罗毕的 41000 名非洲人中，主要是吉库尤人①。他们从事各种职业，有些成为邮电工人、铁路工人、码头工人和各工业部门的粗工或半熟练工人，有的变成小商贩、邮差、守夜人、清洁工、家仆等等，他们是城市无产阶级和半无产阶级的组成部分。从教会学校和吉库尤人办的学校里培养出一批知识分子，极少数人被培养为殖民政府的官员，一部分在机关、企业、学校里做下级职员、文书、教员，少数人取得出国留学的机会。这些知识阶层在阶级属性上是小资产阶级范畴。

此外，据 C. 莱斯在《肯尼亚的不发达》一书中谈到，肯尼亚独立前在农村地区已有从事运输和磨面、锯木等小规模"工业"活动的"非洲企业主"②，其中当不乏吉库尤人。另据 1955 年 L. S. B. 利基说，在以往十年中，有成百上千的吉库尤人三五成群地合股组织某种"公司"（看来是合作社），从事卡车运输、贸易、开店以及其他商业活动③。但尚无材料可证明当时已产生了吉库尤族工业资本家——现代资产阶级。

殖民主义的政治压迫，经济剥削和种族歧视迫使吉库尤人进行了长期的反抗和斗争。其主要内容就是争取"土地和自由"以及其他经济政治权利。为此，从 20 年代开始他们先后组织了

---

① ［英］M. 索伦森：《吉库尤地区的土改》，英国 1967 年版，第 37 页。

② ［英］C. 莱斯：《肯尼亚的不发达》，伦敦 1974 年版，第 164 页。

③ 转引自 ［美］M. J. Herskovits 和 M. Harwitz 编：《非洲的经济过渡》，伦敦 1964 年版，第 184 页。

"吉库尤青年协会"、"东非人协会"、"吉库尤中央协会"等政治团体，还与其他部族人一起成立了声势较大的"肯尼亚非洲人联盟"，涌现了哈里·舒库、乔莫·肯雅塔等著名领导人。吉库尤人也是肯尼亚工运最早的组织者和参加者。殖民主义顽固的高压政策导致了 50 年代以吉库尤人为主的暴力反抗——"茅茅"运动。运动虽然被英国殖民当局血腥镇压下去了，但它无疑促使英国加速在肯尼亚实行"宪法改革"，从而为肯尼亚的独立作出了贡献。

独立后的阶级分化和派别倾轧

肯尼亚独立后，吉库尤族上升为国内政治上最有权势的部族。这在肯雅塔任总统兼执政党"肯尼亚非洲民族联盟"主席的 15 年（1963—1978 年）中十分突出，与此同时，它内部的阶级分化和派系斗争也大有发展。

（一）阶级分化加剧，贫富悬殊

吉库尤人中有两部分人在独立后获益最大。一部分是原殖民统治下的酋长、头人、官吏和其他富有阶层，独立后他们摇身一变而为新政权的官员，照样升官发财；更重要的是另一部分即以肯雅塔为代表的新贵。他们有些人靠民族独立运动起家，取得了政府重要官职。这些人或其亲友以及其他一些人利用新获权势和政府鼓励私人资本的国策，高官厚禄，买地置产，经营实业，很快就成了新的地主、大农场主和资本家。据说肯雅塔拥有 49 个大农场①，并在不少企业中握有股份。他的夫人恩吉娜和其他家

---

① 见南非《中肯》杂志 1974 年 1 月 12 日报道。

族成员也是出名的大"财神"。还有一些人依靠"非洲化"政策，当上了国营企业、外资公司或合营企业的高级管理人员，其经济地位与政府中的高官显贵也难分上下。另一方面，农村中仍有不少无地少地的农民，城市中失业人口在惊人地增长。因此，吉库尤人中间的贫富悬殊日益严重。不过，多数吉库尤人独立后政治地位无疑比殖民统治时期提高了，许多小自耕农和无地农民获得了土地所有权，一部分工人增加了收入，所以阶级矛盾没有发展成为普遍的对抗。

（二）派系斗争此伏彼起

　　独立后，吉库尤族上层集团中因政见分歧或争权夺利出现了公开或隐晦的派系斗争。肯雅塔虽是全国各族首先是吉库尤族公认的领袖，他的权威也受到来自吉库尤族内部的挑战。60 年代中期向他挑战的主要是执政党内以"激进"著称并有一定影响的比·卡吉亚；70 年代前期向他挑战的是当过他秘书的著名议员 J. M. 卡里乌基。卡吉亚同肯雅塔一起坐过牢，独立后他在土地政策上与肯雅塔发生分歧，结果他带领少数人退出"民族联盟"而同卢奥族领袖奥廷加组织了"肯尼亚人民联盟"，想同肯雅塔分庭抗礼。卡吉亚得到穆朗亚县的无地农民，小自耕农和裂谷省的农场工人、"外来占地户"的支持。1969 年他在肯雅塔和吉库尤族传统势力的压力下退出"人民联盟"，很快便从政治舞台上消失了。卡里乌基是吉库尤族政界的后起之秀，独立前也曾因参加"茅茅"运动而坐牢。著有《被拘留的茅茅》一书；独立后当选为历届议员，并任政府助理部长等职。从 70 年代起，他经常在议会内外尖锐批评政府，说"非洲化"政策仅仅造成了一批"黑色商人和特权阶层"，抨击上层分子贪得无厌地攫取土地，指责政府取缔反对党、镇压人民，矛头指向肯雅塔统治集团。卡里乌基被人称为肯尼亚"非正式的反对派的非正式领袖",在各族青年学生中影响甚大,为肯尼亚当局所忌恨,活动常受限制,1975年3月,卡里乌基终于遭到暗杀。

卡里乌基的被杀加剧了吉库尤族三大地区的矛盾。卡来自尼耶里县,这个县与穆朗亚县历来对肯雅塔家族代表的基安布县存在隔阂和不满。两县的人认为基安布人过去参加"茅茅"运动的人较少,但独立后在权力分配中得利最大;肯雅塔政权的核心几乎都是基安布人。人们传说卡的被杀与政府内的基安布派有关,因而使基安布人更加孤立了。这种孤立处境很可能是导致他们在肯雅塔的继承人之争中败北的重要原因。

(三)围绕肯雅塔继承人的斗争

肯雅塔去世(1978年8月)前两年,在他的继承人问题上就出现了修改宪法与维护宪法之争。在这场斗争中,吉库尤人也分为阵营分明的两派。以总检察长恩琼乔、财长齐贝吉为首的一派主张维宪,支持副总统莫伊(卡伦金族);以前外长蒙盖、议员基马尼为代表的一派主张修宪,想打掉宪法中规定由副总统代理总统90天的条文,为他们登台创造条件。不知出于何种考虑,肯雅塔支持了维宪派。他死后,莫伊终于继任了总统职位,而由尼耶里人齐贝吉当副职。代表基安布势力的蒙盖派由此一蹶不振。从部族角度看,莫伊政权的核心乃是吉库尤族一派势力与卡伦金族的联盟。

1980年下半年,基安布派势力再次受到打击,当时莫伊政府在一次"领导人会议"后,指令全国各部族团体自行解散,其矛头主要针对由基安布派控制、有很大政治经济势力的"盖马协会"(全名"吉库尤、恩布、梅鲁族协会")。协会领导曾想拖延执行,最后在责备声中被迫解散。

不过，反对基安布派的联盟能维持多久也说不定。有消息说，近年来在副总统齐贝吉和总检察长（现改任内政和宪法事务部长）恩琼乔之间又在权力问题上出现裂痕和明争暗斗。据说，两人不仅想争当吉库尤族领袖，且想争当全国第二把手。

政治地位及与兄弟部族之关系

肯尼亚的 40 多个部族中较大的除吉库尤族外，还有卢奥族（一译罗族）、卢希亚族、坎巴族、卡伦金族等，其人口都在一百几十万以上，他们以及其他小部族都在不同程度上参加了民族独立运动. 在 50 年代肯雅塔等吉库尤族领导人被拘留的 8 年"紧急状态"时期，在"茅茅"起义外，领导肯尼亚各族人民进行合法斗争的主要领导人是卢奥族人奥廷加、姆博亚以及滨海族的恩加拉等。所以，肯尼亚各族对独立都有各自的贡献。

独立后，吉库尤族作为整体在政治经济文化等方面得利最多。例如，除肯雅塔连任总统执掌大权外，吉库尤人在历届政府部长中通常占三分之一，在最重要的文职官员中占将近一半，在全国 7 名省长中曾占到 4 名，从前"白人高地"的土地，有40% 转到了吉库尤人手中。到 1966 年 4 月，肯尼亚国家金融公司——"工商发展公司"的 64% 的工业贷款和 44% 的商业贷款都给了吉库尤人①。在文教卫生设施方面，吉库尤族所在的中央省也处在遥遥领先的地位。所有这些自然要引起其他部族的不满和怨言。70 年代初，卢希亚族著名议员希库库曾在议会指责吉库尤族"独吞一切"，比之为"饱狗"，而其余 40 多个部族为"挨饿的狗"。有的议员指责吉库尤族"某个集团"搞部族主义。

---

① ［英］C. 莱斯：《肯尼亚的不发达》，伦敦 1974 年版，第 201 页。

吉库尤人则竭力想维持已取得的优越地位。60 年代末，吉库尤人曾广泛举行宣誓活动，发誓要把政权保持在吉库尤人手里。可以说，肯雅塔实现了这一誓言直到去世，同时又维持了他作为肯尼亚各族人民共同领袖的形象。他能做到这一点是由于他的长期斗争经历而享有全国威望，也是由于他对待其他部族采取了一定程度上有效的如下政策。

（一）利用矛盾，分化、打击卢奥族领袖人物

卢奥族是肯尼亚第二大族，1969 年有人口 150 万，主要分布在西部的尼安扎省和全国各城镇。它在文教界和工会中有较大势力，政治经济水平仅次于吉库尤族。如前所述，在 50 年代肯尼亚民族独立运动中涌现了奥廷加和姆博亚两位著名领导人。姆博亚的力量基础主要是城市工会运动，奥廷加则拥有部族势力。奥、姆两人在独立后一个任副总统兼执政党副主席，一个任内阁部长兼执政党总书记，但由于政见不同等原因，矛盾发展到不可调和。肯雅塔先则支持奥冷落姆，后又利用姆打击奥。1966 年，奥被迫退出执政党另组"肯尼亚人民联盟"。1969 年 10 月，基苏木发生反对肯雅塔的骚动后，肯雅塔取缔"人民联盟"，逮捕奥廷加和奥奈科等该党领导人（都是卢奥族）。奥廷加于 1971 年获释并重新加入"民族联盟"，但直到肯雅塔逝世，奥政治上一直受排斥而不得出头；奥奈科也长期身陷囹圄。而姆博亚则于 1969 年 7 月遇刺身亡，据传刺客是一吉库尤人，从而引起卢奥人的强烈反应。关于这一案件的背景，后来未见明白交代。在这些有号召力的卢奥族政治代表消失后，肯雅塔起用服从其领导的卢奥族二流人物在政府任职，从而缓和了卢奥人的不满，并加深了他们内部的矛盾。

（二）同卡伦金族妥协，建立吉库尤—卡伦金族的联盟

卡伦金族是裂谷省各小部族之统称，1969 年有人口 120 万，为吉库尤族西部邻居。从前有不少吉库尤人移居到裂谷省境内的"白人高地"，成为白人农场的"外来占地户"。1959 年"白人高地"向非洲人开放，允许非洲人自由购买。卡伦金人担心拥有较多资金和较高农业技术的吉库尤人将占有裂谷省的土地，也担心政治上受制于吉库尤人及其盟友（当时主要指卢奥人），故 1960 年它与沿海各族和卢希亚族等的政治代表组成了"肯尼亚非洲民主联盟"，同以吉库尤人和卢奥人为主体的"肯尼亚非洲民族联盟"相对垒。"民主联盟"在一部分欧洲人支持下主张建立按部族划分的地区（Region）并给以较大自治权。但"民族联盟"在独立前大选中获胜并在独立后负责组织政府。1964 年，"民主联盟"自行宣布解散，加入"民族联盟"，从此建立了吉库尤—卡伦金族的联盟。这个联盟的基础似为：（1）服从肯雅塔的领导，而卡伦金族领导人莫伊则取得内长的要职，后又取代奥廷加为副总统；（2）在土地问题上，卡伦金人默认吉库尤人向裂谷省移居，而肯雅塔政府保证在土地交易中帮助卡伦金人[①]。两族领导人在土地政策上一致反对 1966 年"人民联盟"提出的限制私人占有土地数量和土地国有化的主张。

（三）稳住坎巴族，逐步削弱坎巴人在军队中的地位

坎巴族聚居于吉库尤族东南方，1969 年有人口 120 万。殖民统治时期，它是殖民当局招兵的主要来源。肯尼亚独立之初，军队仍由英国军官指挥，但大部分官兵仍是坎巴人，还有卡伦金

---

① ［英］C. 莱斯：《肯尼亚的不发达》，伦敦 1974 年版，第 229 页。

人（只有极少吉库尤人）。1964 年又发生了下级官兵因兵饷和晋级难而引起的兵变。肯雅塔对这种状况当然极不放心，他采取了如下对策：首先，为了稳住军队内的坎巴族官兵，继续重用坎巴人高级军官。1966 年，他任命坎巴人恩多洛准将接替英国人为陆军司令。甚至在 1971 年揭发了牵连到恩多洛的政变图谋后，仍允许他解甲归田，未予惩处，并随即任命坎巴人穆林吉接替他的职务。这样既不损伤坎巴族的感情，又能继续得到其效忠。其次，加速向军队中输送吉库尤"血液"，到 1969 年，吉库尤族军官便占到 22.7%，略少于坎巴人的 28%①。70 年代，肯雅塔又提升吉库尤人马图为陆军准将副司令，卡肯齐为国防部准将参谋长，这样，军队的实权便逐渐转入吉库尤人之手。其三，60 年代末建立由吉库尤人指挥的保安部队"总务队"，其各级军官也以吉库尤人为主。这支部队人数虽不及军队（仅二千多人），但"装备良好，机动性大"，必要时可以牵制军队。此外，肯雅塔对有影响的坎巴族政治人物保尔·恩盖也尽力加以笼络，使他常保议员和政府部长之职。

从保持吉库尤族的政治优势而言，肯雅塔的部族政策取得了一定的成功。但也产生了两个消极的后果：一是未能完全平息其他部族尤其是卢奥族的不满，二是加重了吉库尤族内部的分裂。肯雅塔去世后，总统宝座终于旁落他族，这恐怕同他的政策不无关系。

不过，除了不当总统外，吉库尤人在今日肯尼亚的政治地位仍是其他部族难望其项背的。

（原载《西亚非洲》1981 年第 4 期）

---

① ［英］C. 莱斯：《肯尼亚的不发达》，伦敦 1974 年版，第 239 页注 50。

勇敢、强悍的马赛人

　　东非的马赛人（一译马萨伊人）是具有鲜明特色的游牧民族，以强悍、勇敢和内向、守旧著称于世，他们分布在坦桑尼亚北部和肯尼亚南部，人口共约 40 万左右，其中在肯尼亚约有 30 万①。不过，很难了解马赛人的确切数字，因为他们行踪不定，而且在政府进行人口统计时常常躲进丛林，担心这种统计将不利于他们人身和他们的牛群。

　　马赛人属尼罗—含米特人种，操马阿语（maa），身材修长，脸型、肩膀、头颅都较狭，肤色黝黑，头发卷曲。传统以放牧牛群（也有些羊、驴）为业，逐水草而居，不事农耕，也不常打猎。他们的几乎全部食物是牛羊肉、生牛血和牛奶。马赛人的壮健耐劳大概同他们富有蛋白质和矿物质的食谱有关，他们还饮用用蜂蜜自制的蜜酒，并以待客。笔者曾有幸一享口福。那还是 60 年代中的事，我随中国科学院社会历史考察组走访了坦桑尼亚北部一个马赛族聚居村，当地氏族长老致欢迎词后捧出一铁皮罐头（状如用过的肉罐头）蜜酒，看去色泽浑黄，主人先喝了

---

① 肯尼亚《旗帜报》1979 年 12 月 12 日，第 20 页。

一口，然后请中国客人传"杯"而饮，味道有点像酸梅汤而不甚甜。马赛人有时也食五谷蔬菜，但青年"勇士"不得染指。不过，这种饮食习惯也在改变，据说用玉米面做的"乌加里"正日益成为马赛人的盘中餐。

马赛人的住房一般用树枝荆条编为长形框架，外面涂上泥巴、牛粪，顶呈圆形。房低矮，无窗，刚进屋时，黑洞洞什么也看不见，唯墙上留一个指头粗细的小孔，稍起凿壁借光的作用。室内一角席地铺一张毛皮，就是主人的床位了。

马赛人的打扮比较特别。男人留长发，染成赭红色，编成许多条发辫垂诸脑后；下身不穿裤子，由胸至膝挂一块赭红围裙，背和臀裸露；也有些人自肩而下披一幅赭红色布，手持长矛，腰挎短刀，大步赶路，模样颇为神气。我们在路上曾不止一次遇到后一种打扮的人，开车的当地司机带着兴奋、神秘的口气唤起我们注意："Masai（马赛人）！"马赛族妇女更讲究打扮。她们在结婚前剃光头，戴耳环，挂项链。但那不是一般的耳环，乃是在耳垂孔内塞了一枚直径约一寸半的圆木，据说随着年龄增长，耳垂孔和饰物还要扩大，而按其美学观点，愈大则愈美；那项链也非一般，而是用彩色玻璃小珠编串成的多层项圈，也有的是铜（或其他金属）环。加上铜制的手镯、臂镯、脚镯，腿镯，可称一身珠光铜气，其重量总有好几斤。

马赛人实行一夫多妻制。一个妻子一座房，依次排列在丈夫居室的左右。多妻制当然也要有经济基础，牛群不多的穷汉恐怕娶不到很多老婆。另一方面，妇女也享有很大行动自由，可以一妻多夫，如果丈夫甲捷足先登，便在屋外插柄长矛作为标记，别的丈夫见了，都知趣而退。因此，常有儿女只认母不知其父的情况。

马赛人在东非丛林和草原上与毒蛇猛兽长期奋斗中培养了强

悍性格和高超本领。他们被人传颂为东非最优秀的猎狮能手。当地人曾向我们绘声绘色地描述马赛人勇斗猛狮的情形，其气概决不在打虎武松之下。据说他们最善抓住战机，趁狮子张牙舞爪跃起朝前扑来时，用长矛对准其心口给以狠命一刺，直透胸背，立地奏功。而马赛族青年（他们到十六七岁时举行割礼而成为"勇士"）只有杀死一头狮子后才能得到社会的尊敬。所以勇士们（moran，原意是"卫士"，后变义为 warrior，即勇士、战士）都要寻机杀狮，以此为莫大光荣，以致狮子们见了这些勇士也退避三舍，躲遁而去。

东非的邻近部族对马赛人的敬畏情绪有一半是历史上形成的。相传马赛族游牧部落在几世纪前从北方逐渐向南迁移，来到了现肯尼亚的裂谷地区和坦桑尼亚北部乞力马扎罗山周围。他们内部实行严格的按年龄划分的等级制，有一支由青年人（大致从 17 岁到 30 岁）组成的类似常备军的"勇士"武装，战斗力较强。长矛指处，所向披靡，使一些班图人种的农业民族大受其苦。马赛人"南征"的几乎唯一目的是掠夺牲畜。他们相信上帝（他们叫"恩盖"，与吉库尤族、坎巴族同）创造的牛羊本来就是给马赛人享用的，所以把它们夺过来无非是物归其主，天经地义。这种心理或信念一直保持到现代。19 世纪中叶，马赛人的南征在现坦桑尼亚中部被戈戈族人和赫赫族人挡住了。当时赫赫族出了个杰出领袖姆克瓦瓦，不过关于他的故事这里就不说了。马赛族纵横驰骋的结果，在文化上对邻近的班图部落也产生深刻影响。如坦桑尼亚北部的查加人和肯尼亚南部的塔韦塔人都吸取了马赛人的年龄等级制（age-set system）[①]，马赛人的活动曾使沿海的奴隶贩子未敢深入东非内陆，并使欧洲殖民者的

---

① 《大英百科全书》第 1 卷，1964 年版，第 325 页。

"探险"活动遇到困难。19 世纪 60 年代，有个名叫 K. K. 冯·德肯的"探险家"窜到马赛族地区边境，被一群马赛族勇士挡住了去路。直到 1883 年，才有一名欧洲人首次穿过马赛族地区①。

马赛人的衰落发生在 19 世纪末，与欧洲人入侵几乎同时。衰落的原因有二：一是接连的瘟疫、天花使马赛族的人畜受到很大损失，力量大大削弱；二是马赛族的首领（称"莱邦"，原是药师之意）姆巴蒂安去世，他的两个儿子为争位而发生分裂战争，结果，弟弟列纳纳战胜了哥哥桑德约，恢复了秩序。但马赛族的势力从此也江河日下了。不过，他们盗袭牛羊的爱好仍使兄弟部族谈虎色变。东非的其他强悍部族如南迪族、坎巴族，也常趁马赛人之虚袭取其牛羊。甚至马赛人各部落之间也发生这类盗牛事件。从前的所谓"部落战争"常常便是由此而引起的。

马赛人与其他部族（如吉库尤族）在长期敌对历史中也穿插着"和亲"（通婚）的佳话。例如，肯尼亚故总统肯雅塔的祖母摩沙娜便是马赛人，而肯雅塔的大姑妈出嫁给了马赛族一个名叫桑迪乌的酋长。两亲家关系密切，常来常往，肯雅塔小时曾在马赛族亲戚家住了几个月②。

在欧洲殖民主义统治下，马赛人遭受很大屈辱、压迫和剥削。坦噶尼喀的马赛人不得不向殖民政府缴纳苛重的捐税；肯尼亚的马赛人则被剥夺了了几千平方英里的土地，为建立所谓"白人高地"作了最大的牺牲。1904 年，马赛人根据与殖民政府签订的"协议"，被迫迁出水草丰美的裂谷地区草原，而被限制在南北两块"保留地"以内。1911 年，殖民政府又下令北部

① 《大英百科全书》第 13 卷，1964 年版，第 340 页。
② ［肯］乔莫·肯雅塔：《面对肯尼亚山》，第 210 页。

"保留地"（莱基比亚地区）的马赛人迁移到南部，表面上是使马赛人"统一"①，其实是为白人农场主腾出好地。

在东非人民的民族解放运动中，马赛人作出了自己的贡献。1935 年，肯尼亚和坦噶尼喀交界处的马赛人，为反对英国殖民主义者强占土地，举行了暴动。据肯尼亚"茅茅"运动领袖之一瓦·伊托特（别号"中国将军"）在他所著《茅茅活动》一书中说，该运动中有位克里托将军，是一位伟大的马赛族勇士，"他在争取独立的斗争中参加了许多次战斗"②。

坦桑尼亚和肯尼亚独立后，两国政府都为马赛族的经济和文化发展作了努力，兴办学校，设立医疗站，提供用水，力求有较多的人改变生活方式，由游牧改为定居等。这当然不是一朝一夕之功所能办到的。现在两国政府中都委派马赛人出任要职．坦桑尼亚前总理索科依内是马赛人，肯尼亚现任地方政府部长奥洛依蒂比蒂普和经济计划与发展部助理部长约翰·基恩也是马赛人。受过学校教育的马赛人日益增多，不过比例尚小，如肯尼亚马赛族儿童的入学率仅达 70%。70 年代中期的大旱使马赛人的牛羊损失很多，加上人口增殖，越来越多的失去牲畜的肯尼亚马赛人流入城市寻找生计。据当地报纸报道，首都内罗毕至少有 600 名马赛人做着各种各样的工作，其中大部分人是给商店和夜总会当守卫。还有一些人给人看守小汽车、守夜或出售自制的矛、刀等物，以此挣些钱糊口。境况很困难。政府号召他们回乡务农，但不少马赛人在乡下并无可耕种的合适的土地。实际上连可放牧牛群的草原似乎也在缩小，以至五年前有一群马赛人赶着牛到繁华

---

① 佐伊·马什、G. W. 金斯诺思合著：《东非史简编》（中译本），上海人民出版社 1974 年版，第 303—304 页。

② 转引自《今日肯尼亚内幕》季刊 1979 年 12 月号，第 55 页。

的首都内罗毕寻找牧场来了。流入城市的马赛人常常聚集一起回忆旧时的生活，咏唱牧牛之歌，情绪慷慨激奋。有人说："当马赛人歌唱他的牛群时，你最好离他远一些。他可能会跳起来把你砍成几块！"

　　写到这里，不禁怀念起当年在坦桑尼亚会过的马赛人，不知他们现在生活得怎么样？

　　　　　　　　　　　　（原载《西亚非洲》1981 年第 5 期）

殖民统治与肯尼亚民族资本的产生和发展

殖民统治前肯尼亚的经济状况

19 世纪末肯尼亚沦为英国殖民地以前，政治上尚未形成统一的国家组织，经济上以自给自足的自然经济占统治地位。居民大多数过着游牧或半农半牧的生活。社会生产力很低，劳动分工简单——已出现少数像制陶罐、编筐篮、打制农具这类小手工业。商品交换以物物交换的形式进行，尚未出现金属货币或纸币，产品交换常以羊作为一般等价物，起货币的作用。马克思说：货币乃是"资本的最初表现形式"①。那么，连正式货币都没有的地方，当然也谈不到"资本"了。

不过，在社会经济发展相对比较先进的地区，财富的私有制和贫富分化已开始出现，它的一端是按照传统享有土地分配和保管权的少数酋长、头人和氏族长老，另一端是因各种原因离开家乡的"外来者"。此外，有些地区的商品贸易曾经兴旺一时。如从

---

① 《马克思恩格斯选集》第 3 卷，人民出版社 1972 年版，第 242 页。

18世纪到19世纪末，东部内地的坎巴族人与沿海地区进行了一百多年的象牙贸易（后期还可能进行了奴隶贸易），成为当时蒙巴萨繁荣的经济支柱。蒙巴萨和马林迪等沿海城市（城邦）还曾与海外进行了几百年的贸易。但坎巴人出售象牙（或奴隶）只是为了直接换取日用品，并没有起到积累资本的作用；而海外贸易仅仅养肥了一小撮阿拉伯奴隶主、奴隶贩子和商人。

殖民统治带来了资本主义生产关系

19世纪末，英国侵占肯尼亚，从此在这里建立和维持了近70年的殖民统治。帝国主义在肯尼亚修筑铁路、港口，开辟农场、种植园，建设工厂、矿山，把资本主义的生产方式带到了肯尼亚。但是，帝国主义占领非洲殖民地的最终目的无非是剥削非洲人的廉价劳动力，掠夺自然资源，把殖民地变成它的原料、食品供应地和商品出口市场。所以，它向殖民地移植的资本主义生产关系包含着阶级压迫和民族（种族）压迫的双重内容，即由欧洲白种人成为掌握生产资料的资本家、庄园主，而驱使非洲黑人充当被剥削、被奴役的雇佣劳动者。殖民主义者绝不希望"野蛮的"非洲人也能积聚起财富、资本，以致发展到能同他们进行竞争，"危害"他们的独占利益。这是英国在肯尼亚和其他非洲殖民地所持的普遍原则。有所区别的是，英国垂涎于肯尼亚的土地和气候条件，想在这里建立一个"白人的国家"，1902年，由蒙巴萨到基苏木的铁路修成后，英国就鼓励白人向铁路两侧移民，支持他们"购买"（实际是霸占）非洲人的土地，开辟资本主义农场、种植园。1916年，英国正式用法律形式强行确定肯尼亚中西部的肥沃高地为欧洲人独占的"白人高地"。到30年代，人数不过几千的白人农场主竟占肯尼亚可耕地20%、面积达 1.67 万多平方英里（或约 300 万公顷）的土地①。而非洲人则被限制或被赶到殖民当局划定的"保留地"以内。许多非洲农牧民被剥夺了土地，只好到原来属于他们的白人农场里当雇佣工人或"外来占地者"。英国殖民政府还通过征收茅屋、人头税的手法迫使保留地内的非洲人到白人农场上寻找工作，为白人农场主提供廉价劳动力。为了保障白人农场主的独占利益，殖民当局长期蛮横地禁止非洲人种植收益较高的经济作物——咖啡，还通过"执照法"限制非洲人经商，并在贷款方面对非洲人采取歧视态度。凡此种种，都说明殖民主义者竭力束缚非洲人的经济发展，阻挠非洲民族资本的产生。

但是，帝国主义既然把殖民地当作原料产地和商品市场，也就必然要破坏殖民地的自然经济，在客观上促进殖民地商品生产和交换的发展、社会结构的变化和雇佣关系的出现。在这个基础上，殖民地有产阶级和资本的产生便不可避免。它们一经产生，就会竭力冲破殖民统治的束缚，利用一切机会求得自身的发展。这正是肯尼亚民族资本产生和发展的过程。

肯尼亚民族资本的产生和发展

肯尼亚独立前民族资本的产生和发展大致可分为三个时期：

（一）20 世纪 20—30 年代是最初萌芽的时期

也就是说，肯尼亚民族资本的萌芽是在英国的殖民统治已进行了约四分之一世纪后开始的。它表现为非洲人保留地农业商品生产的发展，非洲人经营零售商业、农产品运输和粮食加工等活

---

① ［英］E. A. 布雷特：《殖民主义和东非的不发达》，伦敦 1973 年版，第 172 页。

动的倍增。

　　在农业商品生产方面，以发展较快的尼扬扎省和中央省（吉库尤人地区）为例，从 1909 年到 1918 年的不到 10 年中，尼扬扎省运销外地的农产品（玉米、芝麻、豆类、花生等）增长了 1.5—11 倍，并且试种了棉花，1918 年生产和销售 341 吨（1910 年仅 2 吨）。到 1931 年，上述农产品的外销量（不包括本省内部流通）又分别增长了 1.5—12.5 倍（具体数量为：玉米 14272 吨，芝麻 3435 吨，豆类 2538 吨，棉花 1157 吨，花生 793 吨）。[①] 中央省（吉库尤人地区）的商品生产看来比尼扬扎省还发达。1931 年，这个地区外销的农产品数量计有玉米 3.7 万吨，豆类 6563 吨，合欢树条（Wattle）9000 多吨，马铃薯 1 万吨，香蕉 548 吨，甘蔗 4180 吨。[②] 到 1938 年，这个地区单是向市场销售的玉米、豆类和棉花价值已达 15 万肯镑以上。[③]

　　随着商品生产的发展，非洲人开设商店和从事农产加工的人也一年比一年多。在发展较快的中央省基安布县，由当地非洲人开办的第一批商店出现于 1916 年（从前只有流动的商贩）。1923 年，中央省和尼扬扎省的非洲人商店约几十家。到 1927 年，两省取得商业执照的非洲人商店增加到约 550 家，磨面房 245 家，运输卡车数十辆[④]；此外，还有一些人开办了糖房（从甘蔗里榨取粗糖，作酿制烧酒的原料）或从事采石运沙、出售劈柴肥料、向大庄园供应食用鱼等活动。除了上述两个较先进的省区外，20 年代，在其他省区，如南部的马恰科斯县、西部的

---

　　① ［英］加文・基钦：《肯尼亚的阶级和经济变化》，伦敦 1980 年版，第 42—45 页表。

　　② 同上书，据第 37 页表统计。

　　③ 同上书，据第 68 页表统计。

　　④ 同上书，第 160—161 页表统计。

基比西吉县和海滨省也都出现了为数可观的当地非洲人开办的商店或磨坊：在马恰科斯县坎巴人保留地，1929 年，由当地人开的商店有 85 家，1932 年增为 169 家；1930 年，在基比西吉县，由当地人兴办的水力磨坊达 73 家①。

这些非洲人开办的商店、作坊和进行的其他经济活动都属小本经营，从业人数不过一二人至数人而已，营业额和收入也极有限。但是，它们毕竟是非洲社会中的新因素，其中已经出现少量的雇佣关系，可以视为肯尼亚民族资本的最初萌芽。

（二）40—50 年代中期是肯尼亚民族资本开始出现的时期

这个时期包括了第二次世界大战和战后的头 10 年在内。在这个时期（尤其是战后），肯尼亚非洲人的商业活动有较明显的扩大。这在很大程度上是由于大战期间和战后肯尼亚国内和国际上对农产品（粮食以及菠萝、咖啡、茶叶、除虫菊等经济作物）的需求激增，价格上涨，从而刺激了农业生产和商品流通，非洲人手里的余钱和购买力都有所提高，为从事商业活动提供了基础。成批的非洲人纷纷向殖民当局申请贸易执照，开设商店、旅馆，有些人还进入了批发业，组织卡车运输，开办印刷所以至建立股份公司。1946 年，首次成立了 24 家非洲人私人股份公司，大多数从事商业活动。② 1947 年注册的这类公司增加到 50 多家③，主要集中在中央省以及尼扬扎省。最早建立的几家公司有乌坎巴燃料木炭供应公司、非洲生产者产品公司、卢奥人节俭贸易公司、肯尼亚燃料树皮公司等。另据统计，到 1954 年，单是

---

① ［英］加文·基钦：《肯尼亚的阶级和经济变化》，伦敦 1980 年版，第 163 页。

② ［加拿大］尼古拉·斯温森：《1918—1977 年肯尼亚联合资本主义的发展》，美国加州大学出版社 1980 年版，第 194 页。

③ ［英］哈洛·奇尔弗主编：《东非史》第 2 卷，牛津 1965 年版，第 390 页。

在尼扬扎省就有非洲商贩 6000 余人，有较大的粮商 40 家，其中最大一家的营业额一年达 1.5 万镑，另 13 家的年营业额各达 3000—7000 镑之间①。这些粮商都以收购和销售玉米为主。50 年代初，非洲商人在这个省的玉米贸易中已取代印度商人而居主要的地位②。这样规模的商店单靠家庭劳动力显然已不够，而必然需要一定数量的雇员才能运转。

这一时期的投资者主要是原先的行商、富有农民（小农场主）和有工资、薪金收入的教员、行政官吏（包括"酋长"，"头人"）。此外，还有许多退伍士兵用所得退伍金从事零售业。如 1945 年 8 月到 1946 年 11 月，尼扬扎省的 3000 份申请开零售店的申请书有五分之一来自退伍军人③。其他省也有类似现象。中央省的退伍士兵还集资成立了"蒙比联合公司"，准备以 3 万镑代价购买政府在大战期间办的一家蔬菜干厂，后来因殖民政府坚持只让非洲人占 49% 的股份而告吹④。

（三）从 50 年代中期到 1963 年独立前夕是肯尼亚民族资本向农业资本发展的时期

在这个时期，肯尼亚民族主义运动蓬勃发展，英帝国主义在镇压了"茅茅"运动后着手改变殖民政策，逐步走上"非殖民化"的道路。英国的政策转变首先是从经济上开始的，主要是在土地问题和咖啡种植方面向非洲人作出让步，从而为肯尼亚民

---

① 据［英］加文·基钦：《肯尼亚的阶级和经济变化》，伦敦 1980 年版，第 182 页表统计。

② 同上书，第 183 页。

③ ［加拿大］尼古拉·斯温森：《1918—1977 年肯尼亚联合资本主义的发展》，美国加州大学出版社 1980 年版，第 177 页。

④ ［美］罗斯伯格、诺丁汉合著：《茅茅之谜——肯尼亚民族主义》，美国 1966 年版，第 236 页。

族资本向农业资本发展提供了可能。英国采取的具体政策主要是：（一）1955 年开始实行斯韦纳顿计划（全名"加速肯尼亚非洲人农业发展的计划"）；（二）1960 年开始实行"土地转让计划"即"白人高地"向非洲人开放的政策。根据"斯韦纳顿计划"，殖民当局在非洲人"保留地"实行土地改革，对个人实际占有的土地进行裁定和调整，发给地契，确定土地的私有权，并向地契持有者提供贷款和技术帮助，鼓励非洲人种植菠萝、茶叶、除虫菊以及从前不允许非洲人普遍种植的咖啡等经济作物。这项计划的目的按计划设计者、农业局官员斯韦纳顿所说，是为了"使能干、有干劲或富有的非洲人获得更多土地，而糟糕的或贫穷的农民获得较少土地，从而创造一个有地和一个无地阶级"①。实际上，非洲农村的贫富以至阶级差别已经存在，但计划的实施向富有阶层提供了法律保障和经济支持。对非洲人的农业资本影响更大的是"土地转让计划"。到 1963 年肯尼亚独立时，原"白人高地"已有 60 万英亩②（23.6 万公顷）土地通过买卖关系转到了非洲人手里，其中有相当大部分成了较大非洲农场主的财产。

从 1955 年到 1963 年，肯尼亚非洲农民的商品生产有明显的扩大：1955 年出售农产品价值 510 万镑，1960 年达 950 万镑，1963 年增加到 1160 万镑③。当然，大部分生产者是非洲小农（自耕农），但非洲人大农场的商品产值在 1960 年后明显增加也是毫无疑问的。

此外，非洲人的商业资本在这一时期也继续有所扩大。一些

---

① 转引自［美］阿瑟·赫什伍德：《肯尼亚经济》，纽约 1979 年版，第 9 页。
② 同上书，第 11 页。
③ 同上书，第 10 页。

非洲商人通过为外资公司经销产品积累了资本，扩大了经营范围。例如，当今肯尼亚数得上的资本家恩京加·卡鲁姆就是在这一时期靠为东非酿酒公司代销啤酒起家的。

肯尼亚民族资本发展的特点及其与殖民统治的关系

　　肯尼亚民族资本是在社会商品生产很不发达、生产力水平十分低下的殖民地产生和发展的，它在出现后又长期受到殖民政府和白人移民的双重压制和束缚，这一特定环境决定了它的如下特点：

（一）极其微弱，直到独立前夕还没有出现较大的个人资本

　　肯尼亚独立之前的私人民族资本不仅不能与一般亚洲殖民地半殖民地的民族资本相比，甚至也不如西非（如尼日利亚，加纳）的民族资本。

（二）有很大比例的合伙性资本，包括合伙商店、农场和股份公司

　　以卢奥节俭贸易公司为例，它成立的第二年有股东 800 名，50 年代初又增加到 1185 人[1]，60 年代初，不少由非洲人购买的大农场实际上也属于很多人所共有。甚至数以千计的零售商店也不是一人独资经营，而往往是两人合伙经营。合伙资本如此广泛，其由概出于非洲人个人很难积累起足够的资金，于是广泛采用凑集资金的办法。

---

①　[肯] B. A. 奥谷特编：《东非经济社会史》，内罗毕 1979 年版，第 242、246 页。

（三）基本上是商业资本和农业资本，几乎没有工业资本

道理很简单：工业需要更多投资，需要技术和管理经验，这些都是殖民统治下非洲人难以得到的。

在某种意义上说，肯尼亚的民族资本又是殖民统治所催发的。没有殖民统治，肯尼亚的自然经济和传统社会结构还将延续更长时期，商品生产还不可能达到已有水平，非洲社会内的雇佣关系和民族资本的出现还要推迟。但是，从根本上说，殖民当局在肯尼亚的政策一直是扶植白人资本而压制、束缚非洲人资本的。可以说肯尼亚民族资本遭受的这种阻滞更甚于那些没有大批白人移民的非洲殖民地（如：西非）。这是肯尼亚民族资本独立前发展缓慢、力量微弱的重要原因。第二次世界大战以后，肯尼亚民族资本获得了初步的发展，这是大战和战后国际局势的变化为非洲民族资本所提供的机会，它并不是殖民统治所赐予的。实际上，殖民当局对非洲人的资本继续持消极态度并力图加以控制。非洲退伍军人办的"蒙比联合公司"未能接管吉库尤兰的蔬菜干厂就是一例，殖民当局宁肯让工厂关闭也不愿将其资产全部卖给非洲人所有。英国帝国主义只是在50年代中期以后才认真考虑并着手改变政策，直至允许殖民地独立。这是英国在殖民地人民民族解放斗争的压力下无法按老办法统治下去而被迫作出的战略撤退。在这一过程中，英国放弃了单方面袒护白人农场主的一贯立场，而采取了一些有助于促进肯尼亚非洲人农业和商业资本的改革措施。英国这样做，抱有利己的政治目的：在肯尼亚农村和城市助长一个政治上持温和态度的有产阶层，以便于英国统治，防止再发生"茅茅"运动那样的反抗斗争。从经济上说，为非洲人让出农业和商业的部分阵地，能继续保证英国对原料等农产品的需要，对英国本身也有利。

　　归根到底，独立前肯尼亚民族资本受到的最大最直接的束缚来自宗主国英国的殖民统治。只是在摆脱了宗主国的控制，取得政治独立后，肯尼亚的民族资本才得以以前所未有的势头发展起来，这实际上是几乎所有前殖民地的普遍规律。当然，由于殖民统治时期造成的殖民地经济结构，使肯尼亚这类国家在经济上严重依赖宗主国和西方世界，它们的民族资本甚至在国家独立后也同整个经济一样，对原宗主国和西方世界带有很大的依赖性。

（原载《西亚非洲》1984 年第 1 期）

肯尼亚经济发展战略剖析

　　肯尼亚是黑非洲国家经济发展较好的一个。独立后 20 年内，国内生产总值平均每年增长约 5.7%（头 8 年达 6.6%），即由 1964 年的 3.31 亿肯镑[①]提高到 1983 年的 33.27 亿肯镑[②]，增加 9 倍多（其中有价格因素）。人均国内生产总值按世界银行数字 1980 年达 420 美元，1983 年降为 340 美元，但仍高于东非几乎所有邻国[③]。1979 年后，肯尼亚财政经济遇到较大困难，经济增长率趋下降；经过两三年的调整和努力，1983 年形势有所好转，开始实行第五个发展计划（1984—1988 年）。可惜 1984 年的特大旱灾影响了经济的复苏，但是 1985 年的经济形势又呈转机，工农业的增长率预计都在 4% 以上。肯尼亚在经济发展中取得的较为明显的成绩以及同时存在的困难和问题，除了外部因素外，当然是与肯尼亚政府采取的发展战略和政策分不开的。"发展战略"这一概念早为肯尼亚领导人所使用并见诸于重要文件

---

　　① 英国《经济季评——肯尼亚、乌干达、埃塞俄比亚、索马里》1973 年增刊第 4 页。
　　② 英国《经济季评——肯尼亚》1985 年增刊第 9 页。
　　③ 见世界银行《1985 年世界发展报告》（中文版），第 174 页表 1。

和文章，如 1965 年议会第十号白皮书（全名《非洲社会主义及其在肯尼亚规划中的应用》）、1979 年执政党肯尼亚非洲民族联盟宣言等。此外，从肯尼亚政府实行的重要政策和历次发展计划以及社会实践中，也可了解到它的某些战略意图及其结果。

一　总战略和总政策

肯尼亚原是英国殖民地，1963 年 12 月 12 日独立。它的经济除了具有一切殖民地共有的特点——如经济技术落后，依赖宗主国，为其提供原料和商品市场，缺乏民族资本等之外，还有自己的特点。主要是：（1）有约 400 万公顷的优良农牧地为欧洲人占有，他们建立的几千个综合农场、种植园和畜牧场在国民经济中占有重要地位；（2）农村中私有制早已存在，但是传统的氏族或部落土地所有制及其残余仍束缚着生产力的发展；（3）城市中工商业资本几乎都在欧洲人和亚洲人（指印度人和巴基斯坦人）手里。此外，肯尼亚可耕地面积较少，约占国土面积的 17%—20%，已探明的矿藏资源不多。这些特点在肯尼亚制定发展战略和各项政策时都是需要考虑的因素和有待解决的问题。

肯尼亚独立后采取的总的经济发展战略和政策可以归纳为以下四个内容：

（一）建立和发展受国家控制、由多种经济成分组成而以私有经济为主的"混合经济"制度

这是肯尼亚领导人曾经宣布的"非洲社会主义"的经济制度。国外也有人称之为"有控制的资本主义"，"非洲资本主义"，或者"自由企业制度"。

　　所谓多种经济成分，包括国家资本、私人资本（本国的和外国的）、公私合营资本，合作社资本和个体经济。

　　肯尼亚政府对各种经济成分实施兼容并重政策，既保护、鼓励和扶植私人资本与合作运动，又努力扩大国家资本，强调政府对经济活动的控制和指导。1965 年的第十号白皮书说："非洲社会主义的一个根本特征就是社会有责任计划、指导和控制一切生产资源的使用。"1979 年执政党的宣言又重申了政府控制国家经济活动的意义。

　　在发展国家资本方面，肯尼亚政府除接管了殖民政府移交的资产（包括后来属东非共同体的肯方股份资本）外，还建立了各部门的经济管理机构和国有企业。根据 1983 年的数字，政府有约 180 家国营企业或公私合营企业，其中全部国营的 47 家，国家占控制股份的 36 家，国家占少数股份的 90 家[①]。国家资本在银行、交通运输和部分批发贸易等部门已占主导地位。

　　肯尼亚政府发展国家资本有两个特点：一是基本上不靠对私人资本的国有化；二是采取与私人资本（主要是与外资）合营的方式扩大资本。合营又有入股和合资新建两种形式。肯尼亚政府通过国营的工商业发展公司或者直接由政府各部购买了许多外资大公司的股份，成为这些公司的合股者。

　　对于私人资本，无论是本国的还是外国的，肯尼亚政府都采取保护和鼓励政策。早在 1964 年就颁布了《外国投资保护法》，在汇出利润、关税、投入物的进口等方面优待外国私人资本。独立后外国私人投资平均每年增加几千万肯镑，70 年代末以来外国私人投资速度放慢了。

　　对于本国的私人资本，肯尼亚政府通过国家银行、金融机

---

① 英国《金融时报》1982 年 12 月 14 日。

构、工商业发展公司及其子公司等机构在资金、厂房、技术训练和科研等方面给予帮助和支持。私人工商业和农业资本都得到了发展。自1971年起，肯尼亚政府允许政府官员经营私人实业，不少中高级官员已成为较大的农场主、工商业企业主或股东。

1982年以来，政府进一步强调要发挥私人企业的作用，表示凡私人企业能办好的部门，政府不再插手，政府还减少向银行借款，以便给私人企业让路。1982年底又成立了"投资咨询和促进中心"，以便协调政府和私方的关系，推动国内外私人资本进行新的投资。

80年代初，私营企业在肯尼亚经济中仍占主要地位，在近104万工资劳动者中私营企业占60%[①]。

合作社资本在政府支持下也得到显著扩大。以农产品销售社为主的各种合作社已由独立前的约600个增加到1980年的1700个，社员由20万人增加到120万人[②]。1980年，合作社股金达15亿肯尼亚先令，营业额21.6亿肯尼亚先令[③]。这几年合作社经济又有新发展。合作社经济已成为国家经济的重要组成部分，尤其是在农产品销售方面已成为不可缺少的环节。

至于政府对经济的控制和指导，肯尼亚政府主要试图通过以下几种措施加以实现：（1）建立各种管理部门和制订发展计划对全国经济发挥指导和协调作用；（2）利用价格政策、税收政策，实行外汇管理；（3）扩大国家资本，直接控制某些紧要部门；（4）政府法令。20年来，肯尼亚政府已在一定程度上达到了指导以至控制经济的目标，不过，由于国家资本的相对弱小等

① 据英国《经济季评——肯尼亚》1983年增刊第6页的数字计算。
② 肯尼亚《旗帜报》1979年7月7日和1981年11月27日。
③ 肯尼亚《旗帜报》1980年7月14日。

原因，政府对经济的控制程度和指导作用受到了限制。

（二）实行经济的"肯尼亚化"或"非洲化"

1965 年第十号白皮书中所指经济"非洲化"的内容很广，包括了发展民族经济的各个方面。实际上后来它主要是指农业、商业和企业管理机构的"非洲化"。

农业"非洲化"的内容主要是将从前由欧洲人独占的"白人高地"的土地转交给非洲人所有。这个过程叫做土地转让计划。肯尼亚政府用英国贷款购买欧洲农场主的土地后分售给非洲人，非洲人也有直接向欧洲农场主购地的。这一过程在独立前夕已开始，独立后加紧进行，到 70 年代末已基本完成。至此，除了少数种植园、畜牧场和综合农场外，原先欧洲人占有的几百万公顷土地已实现"非洲化"——为政府、合作（购地）公司和私人所得。这样，原来控制在欧洲人手里的商业性农业生产也基本上转到了非洲人手里。这不仅在政治上有重要意义，对发展民族经济也属必要。

商业"非洲化"的含意是帮助和鼓励非洲人接管和经营商业。如前所说，独立时肯尼亚的商业为亚洲人（主要是印、巴侨民）和一部分欧洲人所操纵。欧洲人掌握了一些大公司。而为数约 10 万的亚洲人建立了从城市到农村的广泛商业网，他们不仅经营批发业，还控制了零售业，非洲商人很难与他们竞争。肯尼亚政府的商业"非洲化"政策主要是针对非肯籍亚洲人的。采取的方法主要有二：第一种办法是建立国营贸易公司，赋予它垄断销售某些商品的权利，并法定亚洲人不得在农村地区营业，也不得在城市中心区以外的地区营业，以便为非洲小商人让出地盘；二是实行《贸易执照法》，以不予更换营业执照的办法，迫使非肯籍亚洲商人停业，然后由非洲人加以接管。第二种办法在

70 年代前半期比较盛行，有数千家亚洲商人接到"停业通知"，但是有能力代替他们的非洲人较少。有些城市存在亚洲人去而复返的现象。据 1979 年的人口统计，肯尼亚约有 8 万亚洲人（其中约 3.3 万已加入肯尼亚籍），他们在工商业部门以及建筑业、服务业等部门仍有很大经济实力。肯尼亚政府对他们避免采取过激政策和措施，这对保留和吸引亚洲人私人资本，维持国民经济的正常运行，显然是有利的。

经济"非洲化"的另一内容是指所有在肯尼亚开办的公司、企业（包括外资公司、企业）的管理、技术职务要尽可能地使用非洲人（肯尼亚人）担任。肯尼亚政府要求外国投资者培养非洲人担负企业的管理和技术工作，许多外资企业已这样做，它们雇用非洲人充当经理，负责销售、人事和公共关系事务。当然，他们不大可能参与公司的决策。这一政策不仅使一些非洲人有机会学习企业管理和掌握外资企业经营情况，同时由于外资企业薪金高，所以还为一部分非洲人积累资金提供了条件。此外，政府努力发展教育，从学校中培养本民族的技术管理人才。

（三）头十年以争取经济迅速增长为最大目标，之后强调兼顾促进就业和"减轻贫困"

1965 年第十号白皮书强调，肯尼亚政府全部政策中"最重要的是为经济的迅速增长建立牢固基础。其他问题，诸如经济的非洲化、教育、失业、福利设施和地方政策，处理时必须不损害经济增长"，又说："肯尼亚制订规划时首先要考虑经济增长……"这段文字集中地反映了肯尼亚政府领导人当时的战略思想。肯尼亚最初两个发展计划的主题也是如此。这一战略与政府采取的其他战略和政策是相互呼应的，如积极争取和利用外资外援，发展进口替代工业，农业中首先扶植有资金有经验的富裕农民，大力发展能赚取大量外汇的旅游业等等。

肯尼亚在独立后头八年实现了 6.6% 的较高经济增长率，可以说是符合政府的战略目标的。但是与此同时，社会的不平等现象，包括城乡之间、不同阶层和阶级之间、不同地区之间的收入差别都有所扩大。这也是著名的国际劳工局调查团 1972 年调查报告《肯尼亚的就业、收入和平等》的看法。这项报告建议肯尼亚政府修改战略，采取"通过增长进行再分配"的战略，把迅速增长的成果以投资形式重新分配给低收入者。肯尼亚政府在第三个发展计划（1974—1978 年）及其补充文件（1975 年第四号白皮书《关于经济政策和前景》）中吸取了上述报告的一些意见。已故总统肯雅塔在介绍这个计划时说："新计划像前两个计划一样，继续强调经济的全面增长。但是经济的推进不能再被当作是我国的唯一目的。它应该是达到我们为自己规定的目标的一种方法。这些目标包括人民充分参与经济，更多的就业机会，以及对资源和收入更平等的分配。"① 新计划的三项重点是：（1）农村发展，包括提高农产品价格，改进供水状况，实行灌溉计划，植树造林，提供就业等；（2）改组制造业部门，重点发展劳动密集型工业；（3）控制人口增长率，当时肯尼亚的人口增长率已高达 3.5%。在政府的财政收支方面也多少反映了这一战略思想的变化或修正：在收入方面，提高了工商界的公司所得税、营业税、进口税、利润税，而降低个人所得税的比重；在支出方面，增加了给农业和水利部门的拨款②。

第四个发展计划（1979—1983 年）进一步提出以"减轻贫

---

① 英国《非洲当代实录》（1974—1975 年），第 211 页。

② ［英］托尼·季立克：《加强肯尼亚的发展战略：机会和限制》，1976 年（油印本），第 34—35 页。

困"作为计划的主题，对象主要是"农村中的许多小农、无地者，边缘地区的游牧民、失业学生、低工资城市工人"①。政府领导人表示今后肯尼亚的发展战略将为改善这部分人的生活而努力，办法是"努力争取比较平等地分配收入"，扩大公共设施，优先发展农业，扶助城乡非正式部门，创造更多的就业机会。

由此可见，尽管第三、第四个发展计划原订的增长指标仍然是较高的（分别为 7.4% 和 6.3%），但计划制订者已把增加就业和改善低收入阶层的生活当作战略目标，而不像 1965 年第十号白皮书那样特别强调经济增长了。

由于计划本身内在的矛盾和国内外不利的客观条件（旱灾，石油涨价、世界经济衰退），无论是经济增长指标和关于战略重点的转移都没有按计划实现。但是不可否认，肯尼亚政府作了很大努力。

（四）积极争取、利用和依靠外资外援，但以减少对外国的依赖为长远目标

肯尼亚领导人一开始便认识到本国缺乏建设所需要的资金和技术，所以寄希望于外国的投资和援助。1965 年的第十号白皮书明确地提出"为了弥补国内资金的不足，我们必须向外国政府和国际机构借贷，并刺激外国私人资本的流入"，但是要"避免使肯尼亚的发展依赖于对其他国家或国家集团的附属关系"，从长远来说要"减少对外国资金的依赖"。这是肯尼亚政府对外资外援的基本战略方针。

1964 年，肯尼亚政府颁布了《外国投资保护法》，其中规定对外资企业不实行国有化，不予以强制接管，如需依法接管时，

---

① 肯尼亚《旗帜报》1978 年 12 月 12 日。

立即给予全部赔偿；外资企业可自由汇出由国外投入的资本和纳税后的利润；新建的外资企业在进口机器、设备、材料时可享受部分免税，等等。此外，外资企业的产品得到关税保护，其出口商品得到肯尼亚政府的出口补贴。

由于这一优惠政策，加上政局比较稳定，又有较好的基础设施以及气候宜人等因素，肯尼亚在吸引外资方面取得了明显成绩。80 年代初，在肯尼亚营业的外国多国公司有 180 多家[1]，总投资额达 32 亿美元（其中英国资本占一半）[2]，主要分布在制造业、旅游业、金融业和进出口贸易等部门。

外资在制造业中的比重 1967 年为 57%，70 年代初估计超过 65%[3]，目前估计略低于这个比重。外资在制造业中占优势的部门有制鞋、皮革、橡胶、工业化学、油漆、肥皂、水泥、金属制品、纸烟、软饮料、水果罐头、合成纺织和汽车装配等。外资企业的特点是投资和规模较大，技术和设备较先进，生产能力较高，销路比本地企业同类产品好，利润率也较高。1974—1977 年外资企业的利润率一般为 25%，而本国企业的利润率为 18%[4]。独立以来，肯尼亚制造业的发展在很大程度上是依靠外资起的作用。

外资在肯尼亚的金融业、旅游业、进出口贸易等部门也有强大势力，并对这些部门的发展有重要影响。肯尼亚全国四家最大的商业银行中，两家属英国资本，一家是肯尼亚与英国合资，只

① 见肯尼亚《旗帜报》1983 年 2 月 8 日报道。
② 中国社会科学院西亚非洲研究所：《西亚非洲资料》1984 年第 14 期，第 15 页。
③ 国际劳工局：《肯尼亚的就业、收入和平等》，日内瓦 1972 年版，第 442—443 页。
④ ［英］史蒂文·兰顿：《肯尼亚政治经济中的多国公司》，伦敦 1981 年版，第 198 页。

有一家是本国资本。这四大银行控制了全国商业信贷的 80% 以上和存款的 76%①。独立后新兴的旅游业主要也是依靠外资而迅速发展起来的，大部分大旅馆、大饭店、大旅行社多由外资开办。

肯尼亚利用和依靠外资也带来一些问题，例如外资企业在获得高额利润之外，还通过各种途径大量转移收入，甚至非法逃汇；在有些部门外资阻碍了民族工业的发展，例如当地资本的肥皂厂便有因竞争不过外资企业而亏损以至倒闭的现象。

肯尼亚政府为了防止利用外资过程中可能产生的弊病，采取了在一定程度上限制外资的对策。例如：规定外资公司必须支付利润税（40%）、预扣税（12.5%）和公司税等税款；成立了外资投资项目的审批机构和程序；由中央银行实行外汇管理，控制外汇外流；由政府部门和国营企业与外资企业建立合营企业；要求外资公司必须把一定比例的股份在肯尼亚证券市场上出售；要求外资企业使用和培养肯尼亚人担任经理和技术职务。不过，为了达到吸引更多的外国投资的目的，肯尼亚政府在执行这些规定和要求时有较大伸缩性。

在吸收外国直接投资的同时，肯尼亚政府也努力争取外援（外国政府和国际组织的贷款和赠予）。外援在肯尼亚发展计划中占有重要地位：占第一和第二个发展计划政府支出的一半以上，占第三个发展计划政府发展支出的 40%②，占第四个发展计划政府支出预算的约 13%（实际上大大超过了这个比重）③。从

①　英国《金融时报》1978 年 6 月 1 日第 21 页；《西亚非洲资料》1984 年第 14 期，第 17 页。

②　英国《撒哈拉以南的非洲》，1978—1979 年版，第 485 页。

③　英国《经济季评——肯尼亚》1999 年增刊，第 14 页；《撒哈拉以南的非洲》，1983—1984 年版，第 465 页。

独立到 80 年代初，肯尼亚政府一共获得外援 46 亿美元①，用于政府行政开支和发展工业、农业、水利、公共设施、交通运输以及文教卫生等，对克服资金不足、弥补财政赤字、发展经济和文化事业发挥了重要作用。

肯尼亚所获外援大都来自西方。独立初期主要援助国是英国。目前，英国、联邦德国、美国和日本都是重要的双边援助国。同时，世界银行、国际开发协会以及国际货币基金组织已成为最重要的国际援肯机构。1982 年以来，肯尼亚遇到严重财政经济困难，由于世界银行、国际货币基金组织和西方各国的紧急援助，使肯尼亚渡过了难关。

外援同样也带来一些问题。首先，外援绝大部分是贷款。接受外援越多，负债也越重。80 年代以来，外债增长快，每年还本付息成了日益沉重的负担。从 1970 年到 1983 年，肯尼亚所欠公共对外债务由 3.19 亿美元增加到 23.84 亿美元，支出利息由 1200 万美元提高到 1.27 亿美元，偿债额占商品和劳务出口的比例由 5.4% 提高到 20.6%②，1984 年偿债的比例又增加到 24%③，已突破公认的 20% 的安全线。其次，有些外援附带条件，甚至干预受援国内政。例如国际货币基金组织要求肯尼亚"调整外汇比价"和"给农业及农基工业部门以价格刺激"④，也就是要肯尼亚实行货币贬值和提高农产品与某些工业品的价格。再如 1984 年世界银行以国家放松对玉米的统购权作为发放

①　转引自中国社会科学院西亚非洲研究所：《西亚非洲资料》1984 年第 14 期，第 13 页。
②　世界银行《1985 年世界发展报告》（中文版），第 204 页表 16。
③　英国《经济季评——肯尼亚》1985 年增刊，第 26 页。
④　英国《经济季评——肯尼亚》1983 年第 3 期第 18 页和第 1 期第 10 页。

第三笔结构调整贷款的条件，遭肯尼亚政府拒绝后即不予发放[1]。一般地说，肯尼亚政府对国际机构提出的贷款条件是积极响应的，如1982年货币的几次贬值。

根据1984—1988年的新发展计划，肯尼亚的预算赤字需要外国资金弥补的比重将由计划开始时的28%增加到计划末期的55%，这反映肯尼亚对外援的依赖将继续增加。

二　农业发展战略

肯尼亚是农业国，依靠农业为生的人约占总人口的85%。农业产值一般占国内生产总值的三分之一，农产品出口值占商品出口总值的一半以上。肯尼亚政府一直把农业视为国民经济的支柱，在历次发展计划中都把农业发展放在重要地位。肯尼亚的农业在非洲国家中成绩比较显著。在正常年景下，粮食（主食玉米）可以基本自给，有时可少量出口。农业增长率1964年到1972年平均每年高达5%[2]。但1972年后农业生产起伏大，1972—1978年的平均年增长率仅2%，1979—1980年甚至出现了负增长[3]。1981—1983年又恢复到4%至5%[4]。1984年由于严重旱灾，农业生产下降了3.7%，主要是粮食作物大幅度减产；但由于国际市场上经济作物价格上涨，当年农产品销售值却比1983年提高40%多[5]。在1984—1988年发展计划中，农业平

---

①　英国《经济季评——肯尼亚》1985年第2期，第14页。

②　英国《金融时报》1978年6月1日，第21页。

③　英国《金融时报》1978年9月28日，第12页。

④　新华社新闻稿1982年3月6日和1983年6月17日，肯尼亚《每周评论》1984年6月15日，第21页。

⑤　肯尼亚《每周评论》1985年6月7日，第20页。

均增长率指标是 4.6% 。肯尼亚农业生产的起落，除了气候因素外，也反映了肯尼亚农业发展战略和政策的成果和局限。

独立以来，肯尼亚政府在农业方面采取的发展战略主要有以下四项：

（一）在农村改革土地制度，建立以非洲人的私有制为主的多种形式的土地所有制

肯尼亚独立前农村地区主要有以下几种土地占有形式：欧洲人大农场（包括综合农场、种植园、畜牧场）、非洲人私有地、非洲人部落公有地、政府托管地（从前也叫"皇家土地"）。非洲人私有地和部族公有地有时关系复杂难分，常引起土地纠纷。独立后，肯尼亚政府从政治和经济需要出发，加紧实行独立前已开始的土地制度的改革。其主要内容是：（1）通过土地转让计划和赎买政策由政府将外国人的农场和土地买下后分售给非洲人，根据愿卖愿买原则非洲人也可直接向外国人购买土地和农场，实施土地的"非洲化"，从而纠正了殖民地时期几百万公顷土地被外国人占有的不合理和不公正的状况。（2）在非洲人农村地区进行土地所有权的裁定、合并和登记，给土地所有者颁发土地证，确定土地的个人所有权，从而排除了传统的土地部落或氏族所有制及其残余对生产力的束缚。以上两项改革到70年代末已基本完成。结果，肯尼亚农村形成了以非洲人为主的多种土地占有形式，包括国有土地和国家农场、非洲人私人大农场、非洲人合作农场（还有合伙农场、土地公司）、非洲人小农场（个体自耕农）以及外资大农场（包括种植园、畜牧场）。此外，在边远地区，主要是人少地广的广大牧区，还保留着传统的部落土地所有制。

肯尼亚实行温和的土地制度的改革并且允许存在多种形式的

土地占有制，对维持和发展农业生产是有利的。主要是因为这种政策比较符合客观要求，没有引起生产脱节，而较能发挥多方面的生产积极性。肯尼亚独立后的头十年左右农业生产得到较快发展与此不能没有关系。当然，这不等于说肯尼亚已经彻底解决了土地问题或土地制度问题。实际上，农村土地占有数量的巨大差距，有些地区人多地少的矛盾，农村无地者队伍的不断扩大，这些问题都还存在。

（二）采取大小并举的政策，既支持大农场，也扶持小农经济

由于历史原因，肯尼亚农业中形成了一个大农场部门（包括综合农场、种植园、畜牧场），存在于肯尼亚中西部的原"白人高地"和滨海地区，独立前完全由欧洲人和少数亚洲人所掌握。大农场部门在经济中占有重要地位。1963 年，它占全国商品性农产值的 60% 以上（一说 78%）。独立后，一部分大农场（主要是综合农场）由政府分给了几十万非洲小农，但是有一部分大农场为非洲人个人或集体直接购买，保留为大农场，同时还保留了一些外国人办的大农场（主要是种植园和畜牧场）。70 年代，肯尼亚仍有大约 3000 个大农场，每个农场平均面积 600—700 公顷。

总的来说，政府在贷款、技术服务、销售设施、科研等方面对大农场的照顾较多。例如据 1972 年的一项估计，大农场部门从官方信贷机构（不算安置计划）的农业信贷中获得总额的 80%，而约 120 万户小农仅获 20%[1]。政府为缺乏技术和管理经验的非洲大农场主建立新的技术推广站，增派技术推广人员，并

---

[1]　[英] 杰·赫耶等：《肯尼亚的农业发展》，内罗毕 1976 年版，第 549 页。

且开办大农场主训练中心，教他们管理大农场的知识，每期一年。农业科研单位的科研重点也主要为大农场服务，纳库鲁的机械试验站只试验大型设备和拖拉机。

到 1976 年，大农场占地仍达 270 万公顷（其中综合农场 110 万公顷，种植园 40 万公顷，畜牧场 120 万公顷）[1]，实际耕种面积 50 万公顷[2]，雇佣职工 20 万人（1973 年数字）。1974 年这个部门销售产品总值 7200 万肯镑，占全国农产品销售总额的 49.1%[3]。此后，大体保持这个比重。1974—1978 年发展计划说："大农场仍旧是肯尼亚很重要的组成部分……将继续得到政府各种计划的支持。"

70 年代中期以后，非洲人的大农场有分小的趋向。这一方面是因为大农场成本高、管理难，还因为许多非洲人的大农场是由许多人合股成立"土地公司"后集体购买的，他们现在要求获得自己的一份土地。政府也一再指示这些公司把土地分给成员。有些人认为非洲人的综合大农场前途未卜，甚至有可能消失[4]，但是茶叶、甘蔗、菠萝等种植园将继续存在。

肯尼亚政府在支持大农场的同时，也重视发展小农——自耕农生产。土地制度的改革增加了小农的队伍、耕地和生产积极性。80 年代初，肯尼亚约有小农 140 万至 150 万户，耕地面积约 350 万公顷。政府通过增加农贷、推广农技、开办短期农技训练班、调整收购价格、供应农药和肥料等措施促进小农生产。70 年代政府还在六个省建立了试验性的"特别农村发展区"，不过，其作用尚不明显。

---

① 〔美〕赫什伍德：《肯尼亚经济》，纽约 1979 年版，第 31 页。
② 〔英〕杰·赫耶等：《肯尼亚的农业发展》，内罗毕 1976 年版，第 253 页。
③ 同上书，第 89 页。
④ 英国《金融时报》1978 年 6 月 1 日。

20 年来，小农生产特别是小农的商品生产有显著发展。1964 年，在全国农产品销售总值中，小农占 40.7%（2460 万肯镑），1967 年起超过了一半①，发展最快的是种植茶叶、咖啡和除虫菊的农户。1984 年，小农生产的咖啡和茶叶分别占全国咖啡和茶叶产量的 56% 和 41%②。

在肯尼亚政府的鼓励下，个体小农在全国农业经济中的地位日益重要，并且随着有些经营不善的大农场的分解，其重要性将更加明显。

（三）在农业生产中优先发展经济作物，尤其是出口作物的生产，同时发展畜牧业，争取粮食自给

肯尼亚种植的经济作物的种类较多，主要有咖啡、茶叶、除虫菊、剑麻、甘蔗、棉花，菠萝等等，其中除甘蔗、棉花外，其他的作物基本上都是供出口的，而以咖啡和茶叶最为重要。肯尼亚的大部分外汇收入即来自上述经济作物的出口。种植甘蔗、棉花、菠萝的目的是为了发展本国的制糖、棉纺和水果罐头工业，对国家经济生活也十分重要。所以，肯尼亚政府把发展经济作物的生产，特别是咖啡和茶叶的生产，放在农业发展的优先地位。它采取的具体措施主要有：（1）成立各种专业局，如咖啡销售局、茶叶发展局、除虫菊销售局等等，负责各种作物的生产指导、技术咨询和产品购销；（2）各专业局与农业金融公司和农业发展公司等机构一起向生产者提供贷款；（3）支付较高的收购价格鼓励生产，例如政府机构支付给咖啡和茶叶生产者的价格相当于世界市场售价的 80% 以上，从而使生产者获得较大利益；

① ［英］杰·赫耶等：《肯尼亚的农业发展》，内罗毕 1976 年版，第 57 页。
② 英国《经济季评——肯尼亚》1985 年增刊，第 14 页。

（4）用多种方法扩大经济作物的种植面积。

由于采取了各种措施，自 1964 年到 1982 年各种经济作物的产量都有较大幅度的提高。例如，咖啡由约 4 万吨增加到 9 万多吨，茶叶由 2 万吨增加到 9.5 万吨，除虫菊由 0.444 万吨增加到 1.8 万吨，甘蔗由 59 万吨增加到 300 多万吨。1984 年，咖啡和茶叶的产量都接近 12 万吨。当然，由于天气条件和市场价格等因素，各种经济作物的产量有时也有起落。但是上述几种经济作物的增产趋势是明显的。肯尼亚已成为仅次于印度和斯里兰卡的世界第三大茶叶出口国和世界最大的除虫菊生产和出口国。

肯尼亚优先发展经济作物生产的结果，增加了产量，也增加了政府的外汇和财政收入，推动了国民经济的发展。当然，一个国家的经济过于依赖少数几种农产品的生产和出口，在气候不好和世界市场价格波动时难免受影响，70 年代后期以来肯尼亚经济发展的忽起忽落就是一例。不过，这是长期形成的经济结构问题。从农业本身来说，肯尼亚重点发展经济作物生产的战略还是有成绩的。

肯尼亚政府一向比较重视粮食生产。但是，把争取和保证粮食自给当作一项战略目标来抓则是 1980 年以后的事。在这以前，肯尼亚的粮食（主食玉米）大体能做到自给，年景好时可少量出口，年景差时略需进口。1979—1980 年，由于旱灾、价格问题和管理失当等原因，粮食产量剧降，肯尼亚出现了空前的粮荒。政府不得不连续两年从国外进口几十万吨粮食。针对这一情况，肯尼亚政府很快调整了粮食政策，制定了发展粮食生产的长期规划。自 1980 年以来，它已几次大幅度地提高粮食收购价，增加给农民的优惠贷款，鼓励农民多生产粮食。由于政策调整及时和风调雨顺，1982 年和 1983 年粮食获得了好收成，玉米产量分别达 196.7 万吨和 234.9 万吨，又做到了自给有余。但是，

1984 年受特大旱灾的影响粮食生产下降甚多。考虑到人口增长太快、可耕地面积有限、生产技术水平较低以及频繁发生旱灾等不利因素，肯尼亚要年年保持粮食自给也有不少困难。

肯尼亚农业和粮食生产的一个薄弱环节是农田灌溉不发达，目前灌溉面积只及可灌溉面积的 1%。政府举办了一些灌溉工程，如主要种植水稻的姆维亚灌溉计划等，但是成本太高，不适于推广。如果扩大灌溉的问题能解决，肯尼亚粮食和整个农业增产的潜力仍是很大的。

畜牧业是肯尼亚农业的重要部门。它提供的商品值通常占农产品销售额的 30%。产品基本供内销，但是畜皮、肉类也是传统出口物资。主要牲畜有牛、羊、骆驼。肯尼亚政府对三类畜牧业（农家饲养、牧民饲养、畜牧场饲养）采取了不同的政策、措施，以分别达到增加牲畜、改良品种和提高商品率的目标。政府自 1968 年起实施庞大的畜牧发展工程，耗资数千万肯镑，用于开发几百万公顷的牧场。在改进兽医服务和牲畜销售系统、发展供水设施以及增加信贷等方面，肯尼亚政府也做了不少工作。畜牧业受自然条件的影响很大。70 年代初的一场大旱使肯尼亚损失了一半牲畜。从 1974 年到 1980 年，主要牲畜头数有不同程度的增长：牛由 740 万头增加到 1100 万头，羊由 730 万只增加到 883 万只，骆驼由 5.3 万匹增加到 6.1 万匹[1]。1984 年，有奶牛约 240 万头[2]，年产牛奶（销售量）2 亿多公升。不过，1978 年以后，年宰牛头数由以前的 15 万至 20 万头降为不足 10 万头，反映了商品率大为下降。这可能与旱灾以及政府管理部门的问题有关。同时，管理问题和缺乏资金与技术人才也妨碍畜牧业的进

---

① 英国《撒哈拉以南非洲》，1978—1979 年版、1982—1983 年版，第 542 页。
② 肯尼亚《每周评论》1985 年 10 月 25 日。

一步发展。

（四） 开发半沙漠地区解决耕地不足问题

肯尼亚的可耕地面积约占全国总面积的五分之一，其余五分之四的地区（主要在北半部和东北部）是干燥贫瘠的沙漠和半沙漠地。随着人口的迅速增长（70 年代以来年增长率高达 3.5% 至 4%），对土地的压力与年俱增，农村人均耕地面积越来越少。政府人士公开声称不可能做到给每个农村无地者分配土地。为了解决耕地不足的问题，肯尼亚政府在 70 年代末重新提出了开发半沙漠地区的战略设想，并列入了 1979—1983 年的发展计划。为此，它设立了专门机构负责这项工作，并且派人对某些地区（如马恰科斯、基图依、巴林戈三县）进行了投资前考察。从总体来说，开发半沙漠地区，扩大耕地面积，挖掘土地潜力，是一项可望取得成效的政策。实际上，70 年代有些农民已经自发地从人多地少的地区向这类地区转移，当然规模较小。而大规模开发半沙漠地区就需要政府大量投资并要求一定的技术，非短期可能见效。同时，不少半沙漠地区是牧民的放牧地和野生动物园，所以政府在着手开发时还要进行统筹规划，兼顾扩大农耕地、发展畜牧业和旅游业的要求。有人认为，为了避免在半沙漠地区扩大农耕地与发展畜牧业的矛盾，同时达到增加生产、解决就业问题以及保护野生动物资源等经济社会目标，从长远来说，开发这些地区的较好的战略是发展加工工业，减少对自给性农业和放牧业的依赖[1]。

---

① 格·诺克利夫、汤姆·平佛德主编：《非洲的发展规划》，博尔德和伦敦 1981 年版，第 59 页。

三 工业发展战略

制造业是肯尼亚国民经济中发展最快的部门，据莫伊总统说，从独立到 1983 年，平均年增率达 9.8%[①]，最快的两年（1977—1978 年）达 13% 以上。但是 80 年代上半期制造业增长率大大下降，这与这几年国家财政经济形势恶化有关。总的说来，制造业的发展还是可观的，其产值由 1964 年的 3370 万肯镑[②]增加到 1984 年的约 4.6 亿肯镑[③]，提高了近 12 倍（未扣除价格因素）。制造业在国民经济中的比重由 10% 提高到 13% 左右。

肯尼亚的工业（指制造业）发展战略有两项主要内容：

（一）基本上是发展进口替代工业，兼顾以当地农产品为原料的加工工业

肯尼亚独立前只有一些农产品加工业和饮料、食品、烟草等消费品工业，不仅生产资料需要进口，而且一大部分供应城市的消费品也要靠进口，实际上消费品的进口比重还远远大于资本货物。独立后，肯尼亚政府出于发展经济和减少外汇支出的目的，在工业发展中实行进口替代战略，利用本国原料和从外国进口的原料与中间产品生产原来要从外国进口的同类或同一种产品。所谓进口替代工业，在肯尼亚主要有纺织品、化学药品、纸张、油

---

① 莫伊总统在肯尼亚制造商协会上的讲话，见肯尼亚《每周评论》1983 年 12 月 16 日，第 20 页。

② 英国《经济季评——肯尼亚、乌干达、埃塞俄比亚、索马里》1973 年增刊，第 4 页。

③ 英国《经济季评——肯尼亚》1985 年增刊，第 10 页。

漆、肥皂、制糖、塑料、汽车装配等。对于工业基础薄弱的新独立国家来说，进口替代战略较易实行。这是因为资本、技术和市场有保证。50年代以来，随着新兴工业和技术的迅速发展，发达国家将一部分技术已经落后、缺乏竞争能力的消费品工业转移到发展中国家去，利用那里劳动力便宜和有政府保护等有利条件，赚取高额利润。这些国家原来就是这类商品的销售市场，不需要另辟销售途径。肯尼亚也属这类国家，进口替代工业得到肯尼亚政府的鼓励和多方保护，譬如政府部门或国营企业参与投资或与外商建立合营企业（如炼油厂、汽车装配厂），对进口资本货物给予减免关税的优惠，限制同类产品的进口（如服装），帮助组织原料的生产和产品销售（如制糖业）以及由当地银行提供信贷等等。

与此同时，肯尼亚政府也注意发展以本国原料为基础的加工工业。1965年的第十号白皮书曾提出，肯尼亚政府要把"首先发展""农产品、畜产品、林产品加工业以及自然资源的加工业"作为工业发展的战略方针（第48页）。虽然这个方针后来没有得到像进口替代战略那样的重视，但是这类加工工业仍是肯尼亚工业发展的重要内容，其产品主要也是满足国内市场需要的。

肯尼亚独立后的近20年内，制造业的增长率从1964—1970年的平均7.7%[1]提高到1970—1982年的平均9%[2]，并建立和扩大了一系列工业部门，主要有饮料、烟草、纺织、食品、石油产品、汽车装配和汽车配件、电器和电子产品、金属制品、印刷、纸浆和造纸、制糖和糖果、水果和蔬菜罐头、化工、橡胶、

---

① 转引自〔英〕科林·莱斯：《肯尼亚的不发达》，伦敦1974年版，第277页。
② 世界银行：《1984年世界发展报告》（中文版），第220页表2。

服装、水泥、肉类和奶制品、木材和软木制品、皮革和皮革制品等。以制糖业为例，独立时年产量仅 3.7 万吨，当地所需食糖大部分要从国外进口，而 1980 年肯尼亚食糖产量达到 40 万吨，可自给有余，一度能少量出口。再如汽车装配业，它主要是 70 年代后期发展起来的，当时肯尼亚政府与外国公司合资建成了三家汽车装配厂，每年可装配各种汽车万余辆，满足了国内一部分需要。肯尼亚的炼油工业和金属制品业不仅供应本国市场，而且还向非洲邻国出口。1970 年肯尼亚的工业消费品还有 28.2% 需要依靠进口[1]，到 1983 年几乎都能由国内生产来满足了。

从工业增长速度和满足国内消费需要而言，以进口替代为主的发展战略达到了预期目的。但是在减少外汇支出方面却适得其反。这是因为发展进口替代工业的机器设备和许多原料、中间产品需要进口，势必增加支出。1973 年后石油价格几次猛涨，原油进口费急剧上升，同时西方转嫁危机，大幅度提高工业品价格，使肯尼亚承受沉重负担。从 1973 年到 1983 年，原油进口值由不到 1800 万肯镑[2]增加到 2.75 亿肯镑[3]；工业机械进口值由3886 万肯镑[4]增加到 1.37 亿肯镑[5]。而肯尼亚的出口值并未相应提高。这是肯尼亚外贸和国际收支逆差增加、外汇储备下降和财政经济困难的重要原因。80 年代初，肯尼亚政府为了减少外贸逆差、增加外汇储备，对原油和工业设备等的进口实行限制政策。结果，制造业增长率明显下降：1982 年仅增长 2.2%，1983

① [美] 卡普兰等：《肯尼亚地区手册》，美国 1976 年版，第 315 页。
② 英国《撒哈拉以南非洲》，1978—1979 年版，第 414 页。
③ 英国《经济季评——肯尼亚》1985 年增刊，第 25 页。
④ 英国《撒哈拉以南非洲》，1978—1979 年版，第 414 页。
⑤ 英国《经济季评——肯尼亚》1985 年增刊，第 25 页。

年也仅增长 4.5%。①

　　总之，发展进口替代工业的战略使得肯尼亚的制造业在独立后 10 多年内得到较快的发展，但是这类工业受到国内资金（尤其是外汇）、市场和外国投资者的选择等因素的限制，它的发展是有限度的。

　　（二）70 年代后期，日益强调发展以出口为方向的工业，实行"立足于国外市场的工业化"

　　这是肯尼亚工业发展战略的重要调整。经过了多年的酝酿，早在 70 年代初，肯尼亚政府便表示要发展出口工业以应付外贸赤字造成的经济困难。1974—1978 年的发展计划又提出要"努力说服当地企业多考虑出口任务"，政府并且决定实行出口补偿计划，"以鼓励制造商更具出口观念"。70 年代末，进口替代战略的局限性已充分显露，肯尼亚政府和经济界遂明确提出要改变工业发展战略。1979—1983 年的发展计划说，"本计划时期将用来实现工业部门的过渡，即由主要为国内市场服务过渡到积极从事出口业务"；1980 年第四号白皮书《关于经济前景和政策》也说："为了保持工业增长和使工业成为外汇的纯赚取者，工业生产必须越来越以出口市场为方向。"1984 年 8 月，肯尼亚制造商协会主席恩东吉在一次会上说："独立以来，（肯尼亚）制造业增长较快是由于采取了进口替代政策，但是这个政策现在已不再行得通了。这是因为政府现在的政策转向制造本地有资源的产品……"②

　　肯尼亚准备发展的出口工业是哪些工业？1974—1978 年发

---

①　肯尼亚《每周评论》1984 年 6 月 16 日，第 22 页。

②　肯尼亚《旗帜报》1984 年 8 月 11 日。

展计划提到了化学、食品加工、罐头、纺织等。显然还可以包括用肯尼亚本国生产的农、林、畜产品作原料的各种工业。此外，肯尼亚中央银行行长菲利普·恩格德瓦 1984 年 6 月 19 日在伦敦对英国工业界集团说，肯尼亚在即将到来的发展阶段中也将着眼于"高级技术和资本密集型工业"或者"较尖端的工业"，"它不仅为了向非洲国家出口"，"也要向欧洲和其他发达国家的市场出口"[①]。

不过，肯尼亚要发展出口工业也不容易。因为这需要更多的投资，要求较高的工艺技术和劳动生产率，以适应国外市场的竞争要求。而这些条件，肯尼亚看来还不具备。自 70 年代末以来，外国投资者对于向肯尼亚工业投资的势头已经减弱，80 年代上半期也无回升趋向。同时，像纺织品、食糖、电器和电子产品等这类肯尼亚正在发展的部门的产品在世界市场上势将遇到激烈竞争。

当然，肯尼亚可以扬长避短，发掘本国的优势。这几年，菠萝罐头和烟草、纸烟工业发展迅速，菠萝罐头已成为重要出口商品，1984 年的出口值近 2600 万肯镑，是仅次于咖啡、茶叶和石油产品的第四大出口商品。此外，肉类加工、皮革制品、奶制品、酿酒、腰果加工、速溶茶等依靠本地资源的工业看来也有潜力可挖。为了解决市场问题，肯尼亚在继续扩大欧洲共同体国家等传统出口市场的同时，积极主张并努力发展"南南合作"，尤其是与其他非洲国家的贸易关系。肯尼亚还准备依靠外资开辟出口加工区。

目前看来，进口替代战略固然已经逐渐过时，但要实行以出口为方向的发展战略也有很大困难。所以，肯尼亚要找到一条符

---

① 肯尼亚《每周评论》1984 年 6 月 29 日，第 34 页。

合国情而能加速其工业发展的道路还需要不断地摸索和总结。

四　对外贸易发展战略

肯尼亚属于开放型经济，对外贸易同国内生产和整个国民经济的关系特别密切。独立以来，对外贸易总值每年都占国内生产总值的 50% 以上。1984 年，肯尼亚的外贸总值为 18.71 亿肯镑[①]，比 1964 年的 1.67 亿肯镑[②]增长 9 倍，其中出口增长 8.7 倍，进口增长 11.4 倍。扣除物价因素，实际增长幅度要小些，但绝对量和总的增长趋势是肯定的。对外贸易为肯尼亚的经济发展作出了重要贡献。对外贸易又使肯尼亚经济发展遇到新的问题，几乎每年都有逆差，1980 年达到创纪录的 4.43 亿肯镑[③]，占当年出口值的 86%。之后几年虽有所下降，但是 1984 年逆差仍达 3.18 亿肯镑[④]，占当年出口值的 42%。

肯尼亚的对外贸易发展战略的主要内容：

（一）努力实行出口多样化，减少对咖啡出口的过分依赖

咖啡是肯尼亚最重要的出口商品。1966 年咖啡出口值占全国出口总值的 32%（不包括对坦桑尼亚和乌干达的出口）。肯尼亚的出口商品还有茶叶、除虫菊、石油产品、剑麻、纯碱等等，不过这些商品在出口总值中所占份额远比不上咖啡。肯尼亚政府的第一个发展计划便规定了争取出口商品多样化、减少对咖啡的依赖的目标。它主要试图通过两个途径达到目标：首先是鼓励和

---

① 据英国《经济季评——肯尼亚》1985 年增刊第 25 页数字计算。
② 英国《非洲当代实录》，1969—1970 年版，第 137 页。
③ 英国《经济季评——肯尼亚》1985 年增刊，第 25 页。
④ 同上。

促进其他经济作物的生产与出口；其次是增加工业品的出口。经过十多年的努力，肯尼亚外贸对咖啡的依赖稍有下降，而在出口多样化方面取得了比较明显的成绩。1980 年以来，咖啡的出口值在商品出口总值中的比重在 23% 至 29% 之间，稍低于独立初的 31%，仍为肯尼亚最大出口商品。但是，茶叶和石油产品在出口中的地位已大为提高，它们在出口总值中的比重已分别达 20% 左右。在有些年份，它们的出口值已分别接近或者甚至超过了咖啡。多年来，咖啡、茶叶、石油产品已成为肯尼亚的三大出口商品。此外，水泥、菠萝罐头、新鲜水果和蔬菜的出口值也有较大增加。例如：水泥的出口值由 1964 年的 170 万肯镑[①]增加到 1983 年的 2170 万肯镑[②]；菠萝罐头的出口值由 1973 年前的不足 100 万肯镑[③]增加到 1984 年的 2590 万肯镑[④]。新鲜水果和蔬菜的出口值在 1983 年也达 1750 万肯镑[⑤]。

　　商品出口值的增加虽有价格因素，但是主要还是由于出口量的扩大。最突出的例子是茶叶。1964 年的茶叶出口额为 1.65 万吨[⑥]，1978 年以来几乎每年都超过 9 万吨，1984 年达 11 万多吨[⑦]，6 倍于 20 年前的出口量。咖啡的出口量也由 1964 年的 4.2 万吨[⑧]，上升到 1980 年以后的 9 万至 11 万吨[⑨]。不过，石油产品出口值的猛增是由价格因素造成的。

---

① ［英］赫什伍德：《肯尼亚经济》，纽约 1979 年版，第 112 页。
② 英国《经济季评——肯尼亚》1985 年增刊，第 25 页。
③ ［英］赫什伍德：《肯尼亚经济》，纽约 1979 年版，第 111—112 页。
④ 英国《经济季评——肯尼亚》1985 年增刊，第 25 页。
⑤ 英国《经济季评——肯尼亚》1984 年增刊，第 8 页。
⑥ ［英］赫什伍德：《肯尼亚经济》，纽约 1979 年版，第 111—112 页。
⑦ 英国《经济季评——肯尼亚》1985 年增刊，第 14 页。
⑧ ［英］赫什伍德：《肯尼亚经济》，纽约 1979 年版，第 111—112 页。
⑨ 英国《经济季评——肯尼亚》1985 年增刊，第 14 页。

自 70 年代后期起，肯尼亚政府的目标是在出口多样化的基础上提高制成品（包括中间产品）在出口中的比重。1982 年 9 月，肯尼亚政府宣布恢复一度停止执行的工业品出口补偿计划，给予一切出口工业品以 10%（出口值）的津贴，新增加的出口品可获得 25% 的津贴，借以刺激工业生产和工业品出口。这是改变出口商品结构的重要措施。

（二）使进口贸易为促进工农业生产服务，同时努力节约外汇，减少外贸逆差

为了实现这个战略目标，肯尼亚政府主要在两个方面作了努力：一是保证为发展工业和农业所必需的机器设备、中间产品、农业机械和肥料的进口；二是限制某些制成品（如服装和其他纺织品）和高档消费品（如高级轿车）的进口，以此保护本国的制造业和节约外汇。实施的结果，肯尼亚从国外进口商品的结构发生了变化：消费性制成品、食品、其他初级产品的进口比重大幅度下降，燃料（原油）进口比重大幅度增加，机器和运输设备的进口比重维持原来水平。详见下表：

各类进口商品所占比重（%）

年份	食品	燃料	其他初级产品	机器和运输设备	其他制成品
1961	12	11	8	27	42
1980	8	34	2	28	28
1982	8	37	3	27	25

资料来源：世界银行《1984 年世界发展报告》第 238 页和《1985 年世界发展报告》第 194 页。

消费性制成品进口比重的大幅度下降是符合肯尼亚的工业发

展战略的，也反映了肯尼亚制造业发展的成就。但是，燃料进口比重的大幅度上升纯属意外，这是原油价格猛涨所致，而不是由于进口量的增加。从 1964 年到 1982 年，原油进口值增长 40 倍，即由 730 万肯镑①增加到近 3 亿肯镑②。机器和运输设备的进口比重没有什么变化，但其绝对值有很大增长：由 1964 年的 1580 万肯镑③增加到 1982 年的 1.92 亿肯镑④，增长 11 倍。原油和机器运输设备进口值的激增是肯尼亚外贸逆差不断上升的重要原因。有些年份由于加紧了进口限制，上述两类进口商品的值有所下降，从而使当年的对外贸易逆差也比上年缩小，如 1981 年和 1982 年就是如此。但是这样一来又影响了工业生产。正如肯尼亚经济计划和发展部在《1982 年经济一览》中所说："在经济严重依赖进口燃料、国外投资和资本设备的情况下，限制进口的程度势必是有限的。"⑤

肯尼亚要达到节约外汇和减少外贸逆差的目标还需采取其他各种措施。

（三）在贸易伙伴方面，着重发展同传统贸易伙伴的关系，进入 80 年代后积极谋求恢复和发展与非洲和中东国家的合作

肯尼亚的传统贸易伙伴可分为三类：

第一类是英国和其他欧洲共同体国家，它们是肯尼亚所需资本货物和某些消费品的传统供应者，又是其主要出口商品（咖啡、茶叶等）的主要买主。70 年代初，它们在肯尼亚的进口贸

---

① 英国《非洲当代实录》，1969—1970 年，第 138 页。
② 英国《经济季评——肯尼亚》1984 年增刊，第 17 页。
③ 英国《非洲当代实录》，1969—1970 年，第 138 页。
④ 英国《经济季评——肯尼亚》1984 年增刊，第 17 页。
⑤ 英国《1983 年非洲指南》，第 208 页。

易中占52%，在肯尼亚的出口贸易中占44%[1]；从1979—1983年，上述比重分别为36.2%和35.8%[2]。肯尼亚与这些国家的贸易几乎历年都有逆差。美国、日本也属于这一类。

第二类是中东各国，从前主要是伊朗，现在主要是沙特阿拉伯、阿拉伯联合酋长国等国。这些国家向肯尼亚出售原油，而从肯尼亚购买的商品很少。由于原油几次涨价，中东国家在肯尼亚的进口总值中所占比重扶摇直上，1982年和1983年分别占35.2%和32.1%[3]，超过了欧洲共同体。肯尼亚与中东各国的贸易也是入超。

第三类是东非和其他非洲国家。肯尼亚与东非的坦桑尼亚和乌干达两国有密切的经济关系，30年代当它们同属英国殖民统治时便建立了关税同盟和共同市场。三国独立后，于1967年组成东非共同体。1964年，坦、乌两国占肯尼亚出口总值的35%[4]，1967年仍占30%[5]。之后比重虽然下降，但是肯尼亚与它们的贸易历年都有出超。1977年即东非共同体解体的那年，肯尼亚的出超几近6000万肯镑[6]。肯尼亚对两国的出口主要是工业品（以石油产品为主）。东非共同体的瓦解和坦桑尼亚关闭坦、肯边界，使两国贸易濒于停止，并且阻碍了肯尼亚与赞比亚等内陆国的贸易。不过，肯尼亚与乌干达的贸易一直未断，且有所发展。

70年代后期，肯尼亚强调发展以出口为方向的工业后，积

---

[1]　英国《撒哈拉以南非洲》，1978—1979年版，第485页。

[2]　据《经济季评——肯尼亚》1984年增刊数字计算。

[3]　同上。

[4]　［美］赫什伍德：《肯尼亚经济》，纽约1979年版，第113页。

[5]　据英国《经济季评——肯尼亚、乌干达、埃塞俄比亚、索马里》1971年增刊数字计算。

[6]　英国《经济季评——肯尼亚》1982年增刊，第19页。

极谋求恢复和发展与东非及其他非洲国家的贸易和合作。1980年，肯尼亚对非洲的出口值又回升到占出口总值的 27.3%[①]，从非洲的进口也有很大增加。1983 年，肯坦关系开始明显改善，两国贸易也开始恢复。1983 年，肯尼亚、乌干达、埃塞俄比亚、赞比亚、津巴布韦等 14 国宣布成立了酝酿已久的东部和南部非洲贸易优惠区，以促进这个地区国家之间的贸易，最终目的是在这个地区建立一个共同市场和经济共同体，并且作为《拉各斯行动计划》计划成立的非洲共同市场和非洲经济共同体的一个组成部分。这个贸易优惠区于 1984 年 7 月正式开始工作，总部设在赞比亚。经过一段时间考虑后，坦桑尼亚也参加了这个组织。肯尼亚的制造业在这个地区拥有优势，只要产品对路和价格适当，它在这个地区的出口贸易大有可为。不过，根据协定，贸易优惠区内可免除关税的商品必须是由成员国政府或公民占一半以上股份的企业所生产的，而肯尼亚大部分生产出口商品的企业是由外资控制的，按规定不能享受上述优惠。这对肯尼亚在这个地区的贸易是严重的限制。肯尼亚政府正在争取对上述有关规定作修改，以便使潜在的市场成为现实的市场。

五　结束语

　　肯尼亚实行上述一系列战略和政策的最终目标是在国家指导下的"混合经济"制度范围内改造殖民地时期遗留下来的旧经济结构，发展民族经济，扩大民族资本，实现工农业的现代化，并提高国民的收入和生活水平。20 年来，在这方面已取得了不少成绩。

---

　　①　新华社 1981 年 7 月 6 日报道。

（一）国家控制了铁路、公路、航空、港口、银行、海关等经济命脉，扩大了国有资本，并且通过发展计划和政府行政部门对全国经济行使指导、调节和干预的职能。

（二）扶植和促进了民族私人资本，使从前掌握在外国人手里的绝大部分商品性农业和一大部分城乡商业转到了本国公民手里。

（三）增加了工农业生产，发展了国民经济。从 1964 年到 1983 年，制造业产值增长了 11 倍，农业产值增长了 7.4 倍①。肯尼亚至今是东非工业最发达的国家，农业在正常年景可做到粮食自给。

（四）扩大了对外贸易，发展了与非洲国家的贸易往来和合作。从 1964 年到 1983 年，对外贸易总值增长了 8.4 倍，其中出口值增长 7.2 倍。有些商品的出口如茶叶和除虫菊，在世界市场上名列前茅。

（五）相当多的一部分国民——主要是中上层政府官员、新兴企业家和农场主、企事业部门的中高级职员以及不少农民——增加了收入，改善了经济状况。

此外，肯尼亚在发展教育、培养人才方面也卓有成绩。特别是中等教育发展得最快。

对于一个摆脱殖民统治不久、经济基础相当薄弱而矿产资源不多的国家来说，以上这些成绩是显著的。肯尼亚已成为非洲取得较好经济发展成效的国家之一。

就肯尼亚总的经济发展水平而言，肯尼亚仍是一个低收入的发展中国家。按世界银行的数字，肯尼亚人均国内生产总值 1980 年曾跨入"中等收入国家"行列，但一年后又降为不足

---

① 据英国《经济季评——肯尼亚》1971 年与 1984 年增刊数字计算。

400 美元，再次倒退为"低收入国家"。肯尼亚的工业比重也落后于绝大多数亚洲发展中国家。它的经济发展存在着不少问题，例如：经济增长率忽起忽落，1979 年后呈下降趋势；农业生产包括粮食生产不稳定，几乎完全要靠天吃饭；民族工业资本发展滞缓；外贸历年都有逆差；不少国营企业管理不善并有亏损；外债的债台一年比一年高，1982 年以后每年偿还债务占商品和劳务出口的比率已超过国际公认的安全线（16% 到 20%），失业队伍不断扩大，实际人均国内生产总值在 80 年代上半期已 4 次出现负增长。这些问题可以说是肯尼亚政府所宣布和实行的各项发展战略谋求解决而未获解决的问题。这些问题的存在有多方面的原因，包括自然灾害、原有经济技术基础差、人口增长太快（高达 4%）、自然资源有限、国际经济秩序的制约以及西方世界经济衰退的影响等。这些因素中，有些因素可以通过国家的努力逐步加以改变，例如改造自然环境、限制人口增长率、发展技术管理教育、鼓励和充分发挥私人企业的积极性等，但是，对于世界经济的消极影响和现有国际经济秩序的制约（如工农业商品价格的剪刀差）却是肯尼亚一国无能为力的。肯尼亚要克服这些国内外的消极因素，完全实现其经济发展的战略目标，将是长期的艰巨任务。

（原载陈宗德、吴兆契主编：《撒哈拉以南非洲经济发展战略研究》，北京大学出版社 1987 年版，第 49—78 页）

坦桑尼亚、肯尼亚一党制的比较研究

　　非洲国家在独立后多数（目前约20余国）先后实行了一党制。所谓一党制，是指一国之内根据宪法规定或者政府实际上只允许存在一个政党，并由这个政党包揽议会选举、组织政府，而不允许建立或存在其他政党的政治制度。各国实行一党制的背景很不相同，其执政情况也不一样。本文拟就东非实行一党制的两国——坦桑尼亚和肯尼亚作一比较分析。之所以选择这两个国家，是因为：（一）两国地理相邻，文化类似；（二）两国历史上都受英国殖民统治（坦桑尼亚大陆部分一度受德国统治，但第一次世界大战后即转归英国治理），经历雷同；（三）人们对两国的经济发展已作了较多的比较，如再作些政治制度的比较，面貌就更全面了。

坦、肯一党制的建立

　　坦噶尼喀和肯尼亚先后于1961年和1963年获得独立。坦噶

　本文为作者在中国非洲史学会1987年8月"关于非洲国家独立以来的政治发展"学术讨论会上的发言稿，付印前稍有修改补充。

尼喀于 1964 年与桑给巴尔合并成立联合共和国，定名坦桑尼亚。坦桑尼亚执政党现为坦桑尼亚革命党，肯尼亚执政党是肯尼亚非洲民族联盟。

坦、肯成为一党制国家都有或长或短的发展过程，经历过演变。两国在独立初年都是多党制国家，这同民族独立运动和英国的政策有关。两国都是通过所谓宪法发展道路取得独立的。肯尼亚经过几年武装斗争，但失败了。武装斗争加速了宪法改革步伐，但是，肯尼亚的独立最终还是在谈判桌上取得的。英国殖民地的宪法发展道路的内容或模式大致是：开放党禁，允许非洲人成立全国性政党，逐步增加非洲人在立法会议和行政会议中的代表名额，召开有主要政党代表参加的宪法会议，举行立法会议和国民议会选举，由得胜的多数党组织自治政府，经过半年左右的内部自治，过渡到正式独立。第二年再成立共和国，由本国人出任总统，取代英国女王为国家元首。

坦、肯都经过了这个过程。不同的是坦噶尼喀除局部地区外政党活动没有受到禁止。而肯尼亚在武装斗争期间是禁止一切政党活动的，1959 年才允许建立全国性政党（1955 年后只允许建立地区性政党）。在独立前夕的议会选举中都有若干党参加竞选。例如坦桑尼亚（此处指大陆的坦噶尼喀）有坦噶尼喀非洲民族联盟（以下简称坦盟）、坦噶尼喀联合党和坦噶尼喀非洲人国民大会等；肯尼亚有肯尼亚非洲民族联盟、肯尼亚非洲民主联盟以及滨海非洲人政治联盟等。

坦噶尼喀与桑给巴尔在殖民统治时期是两个不同的政治实体。桑给巴尔于 1963 年独立，1964 年 1 月发生推翻阿拉伯王朝的革命。不久坦、桑成立了坦桑尼亚联合共和国。桑给巴尔当时有自己的党——非洲—设拉子党、民族主义党、人民党等。而大陆则有上述几个党。由于坦盟在大选中取得压倒优势，几乎囊括全部议席，议会内没有反对党，所以坦噶尼喀（1964 年后的坦桑尼亚）成了事实上的一党制国家。但是在 1965 年以前，坦桑尼亚法律是允许其他政党存在和参加政治活动的。1965 年坦桑尼亚修改宪法，正式规定实行一党制，从法律上取消了其他政党存在和参政的权利，确立了坦盟在大陆、非洲—设拉子党在桑给巴尔的绝对地位。从某种意义上说，坦桑尼亚实行的是特殊形式的一党制，直到 1977 年，坦盟和非洲—设拉子党合并，成立坦桑尼亚革命党（Chama Cha Mapinduzi），坦桑尼亚才成为完全意义上的一党制国家。党的合并改名对加强坦、桑联合有意义，就党的本身而言，并无实质变化。革命党是坦盟（在桑给巴尔是非洲—设拉子党）的继续。

　　肯尼亚独立时最大的两个政党是肯尼亚非洲民族联盟（以下简称民族联盟）和肯尼亚非洲民主联盟（以下简称民主联盟）。民族联盟是执政党，民主联盟是议会反对党。它们都成立于 1960 年。与坦盟不同的是，肯尼亚这两个党有明显部族背景：民族联盟的领导人和成员中以吉库尤族和卢奥族两大族人居多，民主联盟则集合了其他少数族人，主要是卢希亚族、卡伦金族、马赛族和沿海各族人。在独立前的大选中，民族联盟取得压倒性胜利，但民主联盟也有不可轻视的地区势力。1964 年即肯尼亚独立的第二年，民主联盟宣布自动解散，其领导人和成员加入了民族联盟，有些人担任了民族联盟及其政府的重要职位，如恩加拉、莫伊分别担任了政府部长和副总统（也即党的副主席）。民主联盟成员加入民族联盟后，增强了民族联盟内部的温和派势力（当时被认为是右翼势力），使党内矛盾更趋尖锐。1966 年民族联盟发生分裂，以原副主席奥京加·奥廷加为首的少数激进派退党后另组肯尼亚人民联盟。但三年后即 1969 年发生了反对肯雅塔总统的"基苏木事件"，人民联盟被取缔，奥廷加被捕。从此，肯尼亚成立了事实上的一党制国家。奥廷加在 1971 年获释后，又重新加入了民族联盟，不过没有再受重用，甚至议员竞选也不得参加。1982 年，记者报道奥廷加在国外表示要建立一个工人和农民的党或称社会主义的党，个别国内著名人士也予响应。① 消息传到国内后，遭到政府人士的谴责。不久，肯尼亚修改宪法，宣布肯尼亚为一党制国家。故自 1982 年始，肯尼亚由事实上的一党制变成了法律上的一党制国家。

坦、肯执政党的不同地位和作用

坦、肯两国同是实行一党制（事实上或法律上的），但两国执政党的地位和作用是有差别的。相比之下，无论是理论上和实际上，坦桑尼亚执政党比肯尼亚执政党的地位和作用要突出得多。

两国的一党制有以下类似之处：

首先，两国国家首脑都必须由执政党提名和推举，当然都必须是党员，通常由党主席担任。尼雷尔和肯雅塔都长期兼任共和国总统和执政党主席之职。但情况也不完全一样。肯尼亚宪法规定，总统候选人必须是竞选政党的主席，所以执政党的主席必然成为共和国的总统。70 年代初肯雅塔被确定为执政党民族联盟的终身主席，因而他也成了国家的终身总统，直到 1978 年去世。1978 年以来，阿拉普·莫伊也是一身而兼任焉。坦桑尼亚有所不同。坦桑尼亚宪法没有规定共和国总统必须是党主席。尼雷尔于 1985 年辞去总统职位，但至今仍担任执政党革命党主席之职。

第二个类似点是党组织在议会和地方选举中的作用。坦桑尼

---

① 奥廷加事后否认他发表了这种主张。但 1987 年 9—10 月间他两次写信给莫伊总统，要求恢复多党制，说明上述报道恐非事出无因。

亚宪法规定，国民议会选举时各选区有 25 名选民同意就可提出初选候选人，但此人必须是党员，由所在地区党的年会确认，并经党的全国执行委员会批准；在有两个以上候选人时由执委会从其中挑选两人为正式候选人①。肯尼亚议会选举也要经过类似程序。民族联盟在议会选举时显得特别活跃。每次大选都发表宣言，开展征集党员的运动。

　　第三个类似点是两者都宣称自己是"群众党"（mass party），而不是先进分子的党或"精英分子的党"（elite party）。坦盟章程规定，凡年满 18 岁的公民，接受党的信仰、宗旨和目的者，均可申请入党。批准后要缴纳党费。肯尼亚非洲民族联盟对党员的要求基本一样。但有一点不同的是，它有两种党员：一般党员和终身党员。标准是看缴纳党费之多少，每年付几先令者为一般党员，凡能一次缴几千先令者为终身党员。普通党员在每次党的选举和议会选举时要重新登记。据当地刊物报道，1985 年肯尼亚登记的执政党员超过 500 万，1986 年接近 600 万②，占全国人口 1/3 以上。坦桑尼亚执政党党员的比例也接近于此。

　　但是，坦、肯两国执政党又有明显不同：

　　（一）在国家生活中坦盟较早取得了"最高决策权"，而民族联盟到 80 年代中期才开始向这种地位迈进。

　　坦盟的"最高决策权"是经过了一个过程才有明确规定的。1965 年的坦桑尼亚宪法说得比较含糊，它规定："坦桑尼亚的一切政治活动将受党的指导或党的监督，但联合共和国国家机关的活动、桑给巴尔行政和立法机关的活动或……地方政府当局的活

---

　　①　威廉·托多夫：《坦桑尼亚的政府和政治》，肯尼亚东非出版社 1967 年版，第 217 页。

　　②　肯尼亚《每周评论》1987 年 5 月 8 日。

动除外。"①

1974 年 2 月尼雷尔总统发表讲话说："根据一党制宪法，坦盟是最高权威，它可就国家发展所必须采取的总政策问题给政府以指导，它有权在国家生活的任何方面发布优先行动的命令……"②

1975 年，坦桑尼亚修改宪法，正式规定坦盟（1977 年后的革命党）为国家最高权力机构（supreme authority）。③

在实践中，坦盟早就起着这种"最高决策"作用。首先，坦桑尼亚成为一党制国家便是根据坦盟于 1963 年提出的建议而实行的。而坦桑尼亚最重要的决策莫过于 1967 年的《阿鲁沙宣言》。这个宣言是坦桑尼亚国家政策的分水岭。从此，坦桑尼亚明确宣布走"社会主义道路"，采取了对一切商业银行、较大企业实行全部或部分国有化和在农村建立乌贾马村的政策。这项重大政策正是在党的会议（坦盟全国执委会）上宣布的，其全名是《阿鲁沙宣言和坦盟关于社会主义与自力更生的政策》。明白无误地说明它是执政党——坦盟的政策决定。

1968 年，坦盟全国执委会决定今后所有政府重要政策文件诸如第二个国家五年计划和年度计划等都要首先提交它讨论和批准后再送交议会制定为法律。④ 此后，这种做法就成了坦盟和政府之间的正常工作程序，它集中反映了坦盟在国家决策中的关键地位。1972 年坦桑尼亚政府实行权力下放后，省和地区党的执

---

① ［英］威廉·托多夫：《坦桑尼亚的政府和政治》，肯尼亚东非出版社 1967 年版，第 209 页。

② ［美］J. D. 巴坎：《肯尼亚和坦桑尼亚的政治和公共政策》（修订本），纽约 1984 年版，第 56 页。

③ 同上。

④ 同上书，第 55 页。

委会也取得了这种权力，从而使坦盟得以发挥监督地方政府的更多作用。实际上，1972 年政府机构的权力下放、1973 年关于迁都多多马的决定等都是由坦盟批准和决定的，尼雷尔总统的许多重要政策报告也都是在党的会议上发表的。

相比之下，肯尼亚执政党没有享受到这种地位。肯尼亚也有一个社会经济发展的纲领性文件，即 1965 年第十号会议文件，全名：《非洲社会主义及其在肯尼亚规划中的应用》。它是肯尼亚经济发展的"圣经"（肯雅塔语）。但这样重要的文件却并不是由执政党提出或批准的，而是由政府提出、议会决定的。80 年代初，肯尼亚也通过和实施了一项权力下放、建立地区发展委员会的政策改革，但与执政党也无关。1982 年以前，肯尼亚的宪法和其他文件都没有给予执政党像坦盟那样的地位和权力。如前所说，肯尼亚执政党仅仅在议会选举和党机构选举以前和期间才显得特别活跃，而竞选运动一过，党又无声无息了。民族联盟的年度代表会议极少按期举行（1962 年开过后到 1966 年才开第二次，间隔 4 年），执委会也极少开会，也不讨论大计方针，当然发挥不了什么作用，更谈不上决策作用了。故有人称肯尼亚事实上并不是一党制国家（one-party state），而是无党制国家（no-party state）。不过，政界人士过分批评执政党是要倒霉的。70 年代有些议会后座议员批评执政党"已经完蛋"，这些人很快就被捕受班房之苦（如著名议员希库库）。

从 70 年代到 80 年代初，肯尼亚不断有"复兴民族联盟"之说，实际变化不大。最近几年有了转机。1986 年，党内成立了纪律委员会，负责审查政府官员和议员的活动；莫伊总统（他也是执政党主席）宣布党享有"最高权威"。看来，肯尼亚执政党的地位已大有提高，但它无论在法律或实际上都还称不上是"最高决策机构"。肯雅塔当政时期起决策作用的是由肯雅塔和几位政府成员组成的"内圈"（inner circle）；莫伊政权的决策机构是什么，这已在肯尼亚国内发生争论，下文将会谈到。

（二）与"最高决策"地位有关的是执政党与政府、议会、军队、群众团体等机构的关系方面，两国执政党也有明显差别。1971年1月，坦盟全国执委会通过一个名为《指导方针（Mwongozo）》的文件，其中规定"社会主义党的责任是指导群众的一切活动。政府、准国营机构、国家组织等等是执行党的政策的工具"，党要"领导人民的全部活动"。文件还规定党应"确定政府、各种机构和军队等等的结构"，提供工作方法、态度和决策方面的指导方针。[①]

1974年尼雷尔指出，坦盟有权召见任何部长或政府官员并要求他们就他们的行为以及在执行职责中的失误作出解释。在全国一级如此，地方一级也如此。他还说，"在地方上，坦盟的支部、地区和省委的任务是监督和指导本区域内所有政府官员的行动，并保证我们政策的实施，使全体人民受到最大利益。"[②]

关于坦盟召见部长和官员述职的这个权力虽不常行施，但这种例子还是有的。如1973年由于国内许多地方缺乏肉类供应，群众意见很大，坦盟中央委员会即召见了坦噶尼喀包装公司（屠宰公司）、负责食品分配的达累斯萨拉姆发展公司和国家农业与食品公司的经理们；由于首都缺水和市场缺乏纺织品，有关的政府部长和国家纺织公司的经理也曾被召去询问原因。

在党政关系方面，坦桑尼亚还长期实行区域长官兼任制，即省和地区的行政首脑同时也是省和地区党的书记。不过自1982

① ［英］安德鲁·库尔森：《实践中的非洲社会主义——坦桑尼亚的经验》，英国诺丁汉1979年版，第37—38页。
② ［美］J. D. 巴坎：《肯尼亚和坦桑尼亚的政治和公共政策》（修订本），纽约1984年版，第56页。

年以来，两职已经分开，目的是避免党过多地卷入政府事务。

在党与军队的关系方面，1965 年后坦桑尼亚在军队内增设了政治委员一职，目的当然是为了加强党和政府对军队的控制。1976 年的指导方针指出党要领导军队，党（当时是坦盟）要仔细审查和监督军队和民兵的登记，向他们进行政治教育，并在中央委员会内部建立一个负责国防和安全的机构。①

在党与群众团体的关系方面，坦盟内部有妇女部、坦盟青年团和长者部；1964 年，坦桑尼亚政府改组了工会组织（坦噶尼喀劳工联合会），建立坦噶尼喀全国工人联合会（Nuta），其章程规定它附属于坦盟，并以"促进坦盟政策"为其宗旨②。坦盟章程也明确把 Nuta 列为其附属团体。

坦盟与议会的关系未见明文规定。但在 1968 年爆发过一次谁拥有最高权威（supremacy）的争论。当时七名议员表示应按英国议会模式规定议会权力高于执政党的权力。结果，他们被开除出党（当然也丢了议员之职），理由是他们"不忠于"坦盟的原则和纲领。③

坦桑尼亚执政党所享有的对政府、议会、军队、群众团体等机构的指导以至领导关系是肯尼亚执政党望尘莫及的。关于党政关系，肯雅塔在 1966 年 3 月举行的民族联盟代表会议上的讲话中说得已十分清楚。他主张党政的职责要分明：执政党中央执委会的作用是为政府工作制定政策目标的总框架，而内

---

① ［英］安德鲁·库尔森：《实践中的非洲社会主义——坦桑尼亚的经验》，英国诺丁汉 1979 年版，第 40 页。

② ［英］威廉·托多夫：《坦桑尼亚的政府和政治》，肯尼亚东非出版社 1967 年版，第 148 页。

③ ［美］J. D. 巴坎：《肯尼亚和坦桑尼亚的政治和公共政策》（修订本），纽约 1984 年版，第 55 页。

阁和部长们的职责是行政和决策（decision-making）。他主张为了使政府部长们能有效地履行职责，"他们作出决定的过程必须是保密的，甚至对党也如此。否则，党会显得似乎是要接管政府的职能了"①。他反对文职官员加入政党，认为如果文官积极从事党务，那就很容易因政治热情而不是由于专业能力而获得提升，这样做的结果将使文官系统的士气和效率迅速下降。他主张建立一些专门委员会，在那里党的领导人和文官能"坐到一起"讨论政府的政策、规划。②肯雅塔的这个见解并非没有道理，但也并未付诸实行。

关于执政党与议会之间的关系，肯尼亚的法律或领导人的讲话中都没有对此作专门论述。但肯尼亚宪法谈到了"议会的最高权威"（Supremacy of Parliament）原则③，肯尼亚议会前议长斯莱德曾强调议会的"最终的最高权威"④，肯雅塔总统也说过议会要"以真正的国民精神行使最高权力"⑤。他们都是在论及议会与政府的关系时下的定语，当然由此推论议会高于执政党也是符合逻辑的。这一推论在最近两年发生了问题。特别是1987年年初，有两名议员被新成立的党纪委员会勒令停职4至5个月，这样就引起了争论：究竟是议会还是执政党享有最高权力？曾经在70年代批评执政党无所作为、"已经完蛋"的议员现在反过来又批评执政党越权，"窃取了议会的权力"。⑥一时议论纷纷。肯尼亚非洲民族联盟总书记兼纪委主任戴维·阿马约就此对

① ［英］歇莉·盖茨尔等：《肯尼亚的政府和政治》，肯尼亚东非出版社1969年版，第125页。

② 同上。

③ 同上书，第194页。

④ 同上书，第196页。

⑤ 同上书，第197页。

⑥ 肯尼亚《每周评论》1987年5月8日。

记者发表谈话说：肯尼亚独立时因是多党制，所以议会享有最高权力；自从 1982 年成立一党制后，最高权力便在事实上改属执政党了，议会则已成为民族联盟政府的一个机构。但他承认，至今宪法还没有作相应的变动。①

在群众团体方面，肯尼亚的工会组织（肯尼亚中央工会组织）与民族联盟无隶属关系。肯尼亚妇女联合会过去也与民族联盟各立门户，1987 年因财政困难才归附执政党。

（三）在组织结构上，坦盟（今革命党）建立了广泛的基层组织——10 户小组，即由 10 所房屋内的党员组成为一个小组（Cell），它反映了坦盟的群众性。10 户小组的存在也便于执政党上下沟通和政策的贯彻。肯尼亚执政党没有这种基层组织。

（四）在意识形态上，坦盟（今革命党）强调它的社会主义思想和方向，比较讲究理论教育，开办了中央和地方党校培养各级干部。尼雷尔虽然认为马克思主义理论不适用于坦桑尼亚，但他并不公开反对马克思主义。最近（1987 年 9 月）他发现许多党的领导人对社会主义理论"一无所知或知之甚少"。因而再次强调要把熟悉社会主义意识形态作为挑选国家领导人的"主要标准"。② 这至少反映了坦桑尼亚执政党领导对意识形态的重视。

肯尼亚非洲民族联盟在章程中也声称"信仰非洲社会主义"，但同时强烈表示反对共产主义（也表示反对资本主义和新殖民主义）。在平时，肯尼亚执政党领导人几乎绝口不谈社会主义，无论肯雅塔和现任党主席莫伊都一样。据肯尼亚报刊报道，肯尼亚党政领导人在谴责国内反对派时，常兼而斥责"科学社会主义"、"马克思主义"和"外来的思想意识"。

---

① 肯尼亚《每周评论》1987 年 5 月 8 日，第 6—7 页。

② 转引自肯尼亚《每周评论》1987 年 9 月 25 日，第 53 页。

相应地，在与我国的关系上坦桑尼亚执政党一向对我国持友好态度。仅举一个不大为人所知的小例：早在 1966 年由中国科学院派出的坦桑尼亚社会历史考察组在坦桑尼亚各地考察时，就受到了各地党政领导人的热情接待。当时的坦盟中央行政书记克雷卢博士宴请并向中国学者介绍了坦盟的组织结构，还请来了约翰·卢皮亚和碧碧·蒂蒂·穆罕默德等坦盟老党员老领导与中国学者会见。自 70 年代末以来，坦桑尼亚革命党与中国共产党建立了联系，相互派代表团（或休假团）进行了多次访问。

相比之下，肯尼亚执政党与中国党的关系就不如坦盟那么密切。不过，近几年来随着中、肯两国关系的不断改善和发展，两国执政党也建立了联系。1986—1987 年，肯尼亚非洲民族联盟和中共代表团实行了互访，双方接待据说异常热情隆重。这在前几年还简直是不可思议的。

最后，在党的领导人的行为准则方面，坦、肯两党还有一大差别。坦桑尼亚执政党的《阿鲁沙宣言》和 1975 年通过的《领导人准则》明文规定党政官员不得经商、出租房屋、担任私营企业经理或领取双薪，目的似在防止贪污舞弊、假公济私和扩大贫富差距。尼雷尔本人在这方面作了表率，以廉洁享誉世界。但是私人资本的发展在坦桑尼亚受到了限制，当然原因不仅仅是限制了党政官员经商。肯尼亚执政党没有对党政领导人的行为作类似坦桑尼亚那样的规定。相反，1971 年肯尼亚议会批准了恩格德瓦委员会的报告，允许党政官员在担任公职的同时也可经商投资和从事其他私人企业活动。结果，肯尼亚的党政官员中，企业家、农场主、公司老板或经理、股东比比皆是，不少人称得上是百万富翁了。肯尼亚私人资本发展较快，不过社会贫富悬殊现象也远为触目。

坦、肯两国一党制存在较大差别的原因

坦、肯两国独立后都实行了一党制（事实上的一党制或法律上的一党制），但是两国执政党在地位、作用等方面存在许多差别，主要有两个原因：

一是两党的领导人与党的历史关系不同。尼雷尔在乌干达麦克雷里学院求学时以及毕业后在塔波拉一所中学任教时参加了民族主义运动，担任了两地的"非洲人协会"（坦盟前身）支部主席。1952 年他从英国留学毕业回国后受聘为普古中学教员，不久再次投身于政治斗争并当选为坦噶尼喀非洲人协会主席。非洲人协会是坦噶尼喀非洲人第一个跨部族跨行业的全国性团体，尼雷尔说它是"半社会、半政治性"① 组织。第二次世界大战以后它的政治性日见增加。在它的基础上，经尼雷尔创议，1954 年 7 月 7 日成立了坦噶尼喀非洲民族联盟。尼雷尔无疑是坦盟的缔造者。之后无论是去联合国请愿还是独立前议会内外的斗争，他都是以坦盟主席的身份进行活动的。坦盟是他的后盾，他本人也为坦盟组织的发展壮大做了大量工作。坦噶尼喀独立后不久，尼雷尔曾一度辞去总理职务，潜心钻研政治管理和政策方针问题，很可能还借鉴了其他国家包括社会主义国家的经验。1962 年 12 月坦噶尼喀成为共和国，尼雷尔当选为总统。从此他确定把党——坦噶尼喀非洲民族联盟作为帮助他决定和推行治国政策的主要工具，这想来应该是顺理成章的。

肯雅塔则有所不同。他虽然是肯尼亚老一代的民族主义者，

---

① ［坦］基曼博、特穆主编：《坦桑尼亚史》，商务印书馆 1973 年中文版，第390 页。

前后参加过肯尼亚历史上三个主要政治组织并担任其领导人：1928 年任吉库尤中央协会总书记，1947 年为肯尼亚非洲人联盟主席，1961 年当选为肯尼亚非洲民族联盟主席，但是，正如一位非洲政治学教授（J. 奥库姆）所说，"与尼雷尔不同，肯雅塔并不是一位真正的党人（party man）"①。他是上述三组织的领导人，但都没有参加其创建活动。他仅因有较卓著的才能、丰富的经历和突出的声望而被请去当了领导。例如 1960 年肯尼亚非洲民族联盟成立时，肯雅塔已身陷囹圄近八年而尚未获得自由，所以他并不是这个后来成为执政党的党的创始人。肯雅塔在党内的根基不深，控制能力不强，所以他当政后宁愿利用现成的政府系统和周围亲近的少数人，作为制定和推行其政策的主要手段。这也应是合乎逻辑的。

　　二是坦、肯两国执政党的内部环境不同。坦盟的前身坦噶尼喀非洲人协会建于 1929 年，在坦盟成立前已有 25 年历史。它虽然松散无力，但却是个得到各部族各阶层非洲人承认的全领地性组织，建立了几十个地方分会，具有一定的组织和号召力。它为坦盟的发展准备了组织和社会基础。1954 年坦盟成立后发生过分裂。1958 年朱贝里·姆顿武另建坦噶尼喀非洲人国民大会，但参与者仅有极少数人，绝大部分人一直团结在尼雷尔和坦盟周围。1967 年《阿鲁沙宣言》发表后，总书记坎博纳出走，也没有引起党的分裂或过大的震动。可以说，尼雷尔和坦盟中央始终保持了对全党的控制，同时通过党组织保持了对国家的控制。

　　肯尼亚非洲民族联盟的情况则不同。由于英国殖民当局的禁令，1959 年前肯尼亚没有全国性政党（1944 年建立的肯尼亚非洲

---

　　①　[美] J. D. 巴坎：《肯尼亚和坦桑尼亚的政治和公共政策》（修订本），纽约 1984 年版，第 52 页。

人联盟已于 1953 年遭取缔），所以民族联盟一开始便缺乏像坦盟那样的全国性基础。相反，50 年代末肯尼亚成立了许多地区性政党和团体，像内罗毕地区非洲人大会、内罗毕人民大会党、蒙巴萨非洲民主联盟、中尼安扎非洲人地区协会、南尼安扎地区非洲人政治协会、纳库鲁非洲进步党等等。民族联盟便是在这些地区性政党团体的基础上建立的。1964 年，它的反对党肯尼亚非洲民主联盟又并入了民族联盟。而民主联盟也是由好几个地区性或部族性政治团体拼凑而成，包括卡伦金政治联盟、马赛人统一阵线、滨海非洲人民联盟和索马里国民协会等等。结果，民族联盟内部地方势力、部族势力特大，中央的控制能力相对弱小；同时，党内派别众多，政见分歧。1966 年原副主席奥廷加分裂出去后另建新党（肯尼亚人民联盟）。但民族联盟并没有因此荡平山头，消灭内争。上述现象依然存在。处在这种情况下的党组织实难成为有效的统治工具。作为党主席的肯雅塔在 1969 年后采取了超脱态度，尽量避免卷入派别纠纷，而保持最高仲裁者的地位。他也不想利用党组织。这样，执政党也就无所事事，形同虚设了。因此 70 年代初乃有"卡努（民族联盟的英文简称）已经完蛋"的讥刺。1978 年莫伊继任党主席和总统后，采取了一系列"复兴"民族联盟的措施，包括修改宪法建立法律上的一党制，修改党章，发布党的纪律准则，成立党的纪律委员会，发动党员征集运动，选举各级党的领导人等等。看来这位出身于少数部族的总统很想把执政党改造成为他维持政权的有力支柱。不过，党内根深蒂固的地方主义、宗派主义和部族主义将是莫伊总统前进道路上的障碍。最近（1987 年 9 月），莫伊下令解散了已存在两年、权力很大的党纪委员会，原因似乎是它在召询和处罚政府高级官员和议员方面过于跋扈而引起了越来越强烈的不安和愤懑，所以莫伊总统不得不采取了断然措施。可见执政党的复兴事业步履维艰。

结　语

坦、肯两国的一党制由于领导人与执政党的历史关系和党内客观条件不同，两国执政党的组织程度和在国家政治生活中的地位、作用以至意识形态都有较大差异。坦桑尼亚执政党在法律和实际上都享有"最高权威"，起着决策作用；肯尼亚执政党迄今在法律上还不享有这种地位，实际上也不起这种作用。但后者同样是通向议会、政府以至总统宝座的必由之路及组织保证，没有它的认可和支持，任何肯尼亚人想当议员、部长以至总统均属无望。

不过，本文对坦、肯两国执政党所作比较分析，目的绝不在于进行褒贬。因为归根到底，政党无非是政治斗争的一种工具，政党制度或统治也仅是政治制度或统治的一种形式。非洲的任何政治制度，只要能够保证国家的独立、稳定和发展，人民能享有一定程度的民主和公正，并不断改善物质文化生活，那么无论是一党制、多党制、无党制以至军政权就都应得到肯定；反之，只能给予否定。同样，在一党制条件下，执政党权力的大小或是否无处不在也不是衡量一国政治优劣的主要标准，关键还在于它的政策是否正确并得到贯彻。

坦、肯两党的地位和作用之大小也仅是相对而言。而且情况在不断地、虽然是缓慢地发展变化。两国也在不断地总结经验教训，逐步改善其统治方式。

例如一党制条件下很容易形成的一个倾向是以党代政或党政不分，对此尼雷尔在1974—1975年就已有所察觉。他在一次讲话中说："当有些坦盟领导人谈到党的最高地位（supremacy）时，他们很可能不希望党和政府之间有任何区别，他们希望党应该直接担负行政管理工作。他们可能以为如果党担负了这些工作，它将变得更加强大。但这是不对的，因为党如果承担了这类工作，党就要萎缩了（would atrophy）。"①

而肯雅塔则从另一个角度使政府与执政党保持距离，防止执政党"接管政府的职能"。莫伊总统掌权后，肯尼亚执政党已发生了上面讲到的一些变化，从本质上说，不过是统治方法的变换而已。其效果还当拭目以待。

作为第三世界的一部分，坦、肯两国政党制度的得失对其他第三世界国家应该是有某些借鉴意义的。

（原载《西亚非洲》1988 年第 1 期）

---

① ［美］J. D. 巴坎：《肯尼亚和坦桑尼亚的政治和公共政策》（修订本），纽约 1984 年版，第 58 页。

加纳向"宪法统治"过渡的特点

1993 年 1 月 7 日加纳成立第四共和国，完成了军人政权到"宪法统治"即多党民选政府的过渡。这是加纳政治生活中的一件大事。加纳军人政权即"临时全国保卫委员会"（以下简称"临保会"）政府，是空军上尉罗林斯于 1981 年 12 月 31 日发动政变推翻利曼政府后成立的，由罗林斯任"临保会"主席和国家元首。在罗林斯和"临保会"统治的 10 年中，加纳在经济上取得显著成就，政权和社会也相对稳定。但在 80—90 年代之交多党民主制之风猛刮非洲时，加纳也不得不随风转向。西方援助国和国际援助机构扬言，非洲国家如不实行政治民主化就不给予援助，加纳国内的反对派也要求结束军人政权，建立宪法统治。1990 年罗林斯就此问题在全国各省组织了研讨会。一位"临保会"成员表示，"如果多数人主张实行多党制，我们就实行多党制"。罗林斯本人对多党制一直抱怀疑态度，他认为多党制可能导致政权腐败和为精英分子所控制，当然还可能担心大权旁落。罗林斯且有自己的一套想实行的民主制度，即自下而上地首先建立县议会，然后建立无党派的全国议会。这一蓝图他已开始实施：1989 年加纳全国 110 个县成立了县议会，其代表大部分民选，小部分由政府任命。但在内外压力下，他不得不中止这一计划，转而向多党制的宪法统治过渡。

同其他一些非洲国家相比较，加纳由军人政权向宪法统治或多党民主制转变有三个特点，即：（一）整个进程始终是在政府控制下根据它宣布的时间表有秩序地和相对顺利地完成的，当然也存在各种斗争；（二）1992年加纳的总统选举是以罗林斯为代表的新兴势力同加纳两大传统政治势力的一场激烈较量，最终罗林斯获胜；（三）由于反对党的抵制，加纳议会选举后产生了一个没有反对党的多党议会。现分述如下：

第一个特点：加纳向"宪法统治"过渡始终是在政府控制下有秩序地相对顺利地完成的。

1991年4月，加纳官方的全国民主委员会发表题为"发展真正的民主"的报告，总结了几个月来各省关于政治民主问题的讨论，认为大多数加纳人主张实行某种形式的多党制，同时建议应制定规则避免过去多党制下的弊病。罗林斯接受了报告提出的建议并随即成立了一个由专家组成的宪法起草委员会负责起草宪法。7月，加纳政府公布宪法起草委员会提出的宪法草案建议；8月，召开协商议会进行讨论。之后，罗林斯先后宣布了两个相衔接的时间表，规定了实施宪法过渡各项步骤的具体时间。这两个跨度一年多的时间表在基本上无变动的情况下得到兑现：1992年3月协商议会完成对新宪法草案的讨论修改工作；4月底举行公民投票通过新宪法；5月18日公布政党法，开放党禁；11月初举行总统选举，原定12月初举行的议会选举虽然经两次推迟到12月29日才举行，但成立第四共和国的日期未变。

总之，同多哥、尼日利亚等其他非洲国家相比，加纳向宪法统治过渡的整个进程显得相当平稳顺利。但这不等于说加纳的过渡是在没有斗争的风平浪静的条件下实现的。实际上，从起草宪法、召开协商议会、举行公民投票、公布宪法以至举行总统和议会选举,可以说每一阶段罗林斯和加纳当权派都遇到反对派的各种挑战和对抗,进行了紧张较量。例如1992年4—5月间,反对派就新宪法的"过渡规则"第34款联合发难。该款规定(大意)加纳实现宪法过渡后,"临保会"成员和各级政府官员无论个人或集体都无须为其在"临保会"执政期间的行为负法律责任。反对派群起而攻之曰:这表明罗林斯和"临保会"政府干了见不得人的事,所以害怕追究、负责,等等。他们在大小报纸上接连不断地刊登攻击罗林斯和"临保会"的文章、报道,还联合上诉最高法院,要求法院裁决。一时罗林斯和加纳当权派显得比较被动。最后罗林斯亲自出面解释说:(1)这类规定过去在1979年的宪法中也有,并非创造;(2)这条"不负法律责任"(也称"不予追究")的规定不适用于经济犯罪行为,后者应受法律惩处。一场延续半个多月的风波遂告平息。

最严重的挑战出现在1992年11月初总统选举后。在传出投票结果表明罗林斯获胜后,阿散蒂省首府库马西等城市爆发了反对派支持者表示愤怒的示威游行和暴力行为,有赖享有威望的传统首领阿散蒂汉尼出面做了工作,事态才未扩大。此外,西部省一个选区的罗林斯支持者遭歹徒用汽油烧成重伤(后来死于伦敦医院),阿克拉、特马发生了三起炸弹爆炸事件。如此等等。

不过,除此之外,加纳的宪法过渡仍可说是相对顺利平稳的,这是罗林斯政权的一大成就。究其原因,主要似有以下五点:

一是罗林斯政权顺应时势,力争主动,摆脱被动,将过渡进程牢牢控制在手中,不给反对派以可乘之机。如前述,罗林斯曾公开表示不喜欢多党制,但当他得知大多数加纳人主张多党制后,便及时调整了方向,接受多党制并下令据此进行立法;同时，他拒绝了反对派提出的召开全国会议或制宪议会的要求，以防止反对派插手立法包括制定多党制宪法的进程，避免失控。他不顾全国学联和律师协会的抵制，及时召开协商议会，讨论和修改新宪法草案，并在全国广泛征求意见，最后予以通过。他宣布的走向宪法统治的时间表不仅包含了反对派的要求，而且在有些方面超过了他们的要求，或者说在反对派提出要求前就作了安排。例如他不待反对派提出便宣布在举行公民投票和总统及议会选举时将邀请外国观察团到加纳实地观察，表明了公正无私的态度。这使他在政治上处于主动。

二是当权派政策得当，对反对派采取适当的容忍态度，避免矛盾激化，授人以柄。加纳政府在决定向宪治过渡后，较大幅度地开放了言论自由，允许各种私人小报出版并刊登不同政治观点。一部分反对派利用集会论坛和私人小报批评以至攻击罗林斯和"临保会"政府，甚至进行人格污辱，其目的似在刺激当局采取镇压行动，以便造成更大的对抗，引起国际干预，进而打乱当局的宪法过渡部署。对此，加纳当局心中有数，在依法限制游行示威的同时，对反对派的上述言论采取容忍政策，不理会反对派的"挑衅"，不落入其圈套（加纳城堡即国家元首府新闻局长会见笔者时这样说）。

三是加纳当局颁布了一些有利于保持稳定、防止政局混乱的立法。最突出的如 1992 年 5 月公布的《政党法》。它对合法政党的成立规定了许多条件，如必须在全国 10 个省份都有分部，其中央机构内必须有全国 110 个县的创始成员参加，否则不予以注册。这一规定不仅排除了以部族或宗教为基础的政党的出现，保证了政党的全国性，客观上也使政党的数量受到了限制。同有些非洲国家出现几十个政党的局面不同，加纳最终只有 7 个政党注册成为合法党。人们曾经担心加纳在开放党禁后可能出现政党林立混斗不休的动荡局面，结果并非如此，这在很大程度上要归功于加纳的政党法。

四是反对派能量不大，而且意见分散，无力阻挡罗林斯政权实施过渡计划。例如一部分反对派认为当局操纵了新宪法的制订，主张抵制就新宪法草案举行的公民投票。但多数反对派对新宪法基本满意①，主张参加公决并投赞成票，如前总统利曼即公开作这种呼吁。结果，加纳全国人民踊跃参加公民投票，并且90%以上的人投了赞成票。少数人试图在阿克拉街头组织反对公民投票的示威游行，但支持者寥寥，并很快被警察驱散。反对派在罗林斯是否有权参加总统竞选的问题上也不统一。一部分人力主把总统候选人的双亲必须均为加纳公民的条文塞进新宪法，以便使罗林斯失去参选资格（罗的父亲是苏格兰人，只有母亲是加纳公民）；但有影响的反对派领袖阿杜·博阿亨表态主张应该让罗林斯参加竞选，以便在竞选中将他击败，证明他不得人心。

五是大多数加纳人包括反对派不愿加纳发生像利比里亚、多哥等非洲邻国那样的混乱和暴力冲突，希望实现和平过渡。加纳百姓不支持暴力，大多数反对派包括最大的反对党新爱国党也一再表示不采取也不支持暴力，而宁可诉诸法律斗争。有些加纳和外国人士说，这是由于加纳人性格温和，爱好和平。笔者身临其境，颇有同感，但认为更大程度上是由于在加纳特定条件下，反对派作了明智的选择。

第二个特点：1992年11月加纳的总统选举是以罗林斯为代表的新兴势力同加纳两大传统政治势力的一场决战，结果罗林斯大获全胜。

---

①　有意思的是有的政府成员认为由于新宪法吸取了反对派的许多意见，它已成为一部"资产阶级的宪法"。

加纳政治上的党派势力可溯源到 20 世纪 50 年代加纳争取独立的时候以至 60 年代。当时形成了两大敌对政治宗派：恩克鲁玛派或人民大会党传统势力和丹夸—布西亚派或统一党—进步党传统势力。加纳几经政变，政权更迭，但这两家传统宗派始终一脉相承，只是名称不同而已。罗林斯上台后曾取缔一切政党，这也未能消灭两大传统势力的存在，不过它们在政党开禁前以群众团体的面目出现。

罗林斯上台后形成了自己的政治势力，其支持者自称"第三势力"。

从政治影响而言，恩派具有优势。已故总统恩克鲁玛和他创建的人民大会党领导加纳人民在黑非洲率先取得独立，并在建设加纳的事业中作出了许多贡献。加纳的好多重要工程和基础设施是在他当政时完成或奠基的。1966 年 2 月他被右翼军人政变推翻，数年后死于国外。对于恩克鲁玛的历史功绩，以罗林斯为首的加纳当权派给予了充分肯定。恩克鲁玛不仅恢复了名誉，罗林斯政府还为他建立了陵园，树立了高大铜像，并在 1992 年举行了隆重的遗体重新安葬仪式。恩克鲁玛派或恩克鲁玛主义者也相应身价大涨。应该说，如果恩派团结一致，其号召力当非同小可，它在 1992 年总统大选中势将成为当权派的最强劲对手，其再次问鼎也非无望。不幸的是，恩克鲁玛派一开始就处在分裂状态，党禁开放前已经派内有派，5 月 18 日党禁开放后，该派先后成立了 4 个政党：全国大会党（NCP）、国家独立党（NIP）人民全国大会（PNC）和人民遗产党（PHP），此外还有一个激进的人民争取民主发展党（PPDD），因不符合政党注册规定，不能参加总统竞选。恩派力量的分散由此可见。

导致恩派四分五裂的原因之一是在如何对待当权派的政策问题上存在的原则分歧。4 党中只有全国大会党（NCP）主张与当权派联合，而其余三党程度不同地主张与之竞争。全国大会党的领导人中有罗林斯政府的前驻津巴布韦大使特特加、中央省省长阿托·奥斯汀等，"临保会"重要成员齐卡塔、塔维亚则是其后台。大选前夕，该党宣布与罗林斯派的全国民主大会（NDC）结成联盟，它选出的总统候选人阿卡被罗林斯推举为其竞选伙伴，后来当了副总统。

恩派分裂的另一原因是人事问题，即统一后由谁当头。在这个问题上，各派都以我为核心，寸步不让。

人民全国大会（PNC）的总统候选人利曼是被罗林斯推翻的前届总统，也是当年恩派政党人民民族党的领导人。他坚持统一后的恩派政党仍应由他作第一把手。但他遭到许多人包括恩派元老如格贝德马和博齐约的反对。利曼的支持者主要在北部。

恩派的国家独立党（NIP）一度呼声较高，它得到博齐约、格贝德马等元老的积极支持。但不久博、格两人自身被挤出了国家独立党。该党选出一位名叫达科的农场主作为其总统候选人。达科的养鸡业搞得很成功，他在竞选活动中以烧鸡款待支持者当然也受到欢迎，但他作为政治家的吸引力就有问题了。笔者认识的一位前驻华大使曾任国家独立党的宣传委员会主任，他对恩派党联合竞选充满信心，但不久退出了国家独立党，也未参加其他党，而重新下海从商去了。

人民遗产党的骨干是一批较年轻的恩克鲁玛主义者。它也拥有一些有名望的政治强手，如前加纳银行行长、经济学家弗里姆蓬·安萨和前联合国驻中东维和部队司令厄斯金将军。后者加入该党较晚，但被推上前台，当了该党总统候选人。该党支持者可能寄希望于厄斯金将军在国际和加纳军队中的影响。但不少加纳朋友闻之摇头，他们认为加纳国内知道厄斯金的人寥寥，而且许多反对罗林斯的人也不愿看到另一名军阶比他高的军人取代他。

后来事态表明此言不虚，将军的得票数列倒数第一。

结果，恩派各党（不算与罗林斯结盟的全国大会党）在总统竞选中惨败，合计得票仅占总票数的 11.2%（其中利曼得票占 6.7%，达科得票占 2.8%，厄斯金将军仅得 1.7%）。

罗林斯这次竞选中的真正劲敌是丹夸—布西亚派的新爱国党。丹派在 1979 年选举中分裂为三党，结果输给了恩派的人民民族党。这次它吸取了教训，成立了一个党。它的领导人和支持者中有不少著名的企业主、律师、医生、教授。可谓财力雄厚，阵容强大。起初宣布争当该党总统候选人的有 8 人，但都表示支持党代会选出的总统候选人。结果，前加纳大学历史系主任阿杜·博阿亨教授当选。阿杜·博阿亨教授在国内外卓有声望，1988 年就举办过丹夸纪念讲座，谴责军人专制，提倡民主政治，打破了加纳政治生活中的所谓"沉默文化"（culture of silence）。近年来他一直是反对派团体如"自由与正义运动"、"丹夸—布西亚纪念俱乐部"和"反对派协调委员会"等的首领。新爱国党成立后，立即发表了明确的政纲，主张在政治上实行法治和多党民主，经济上强调私有化和自由企业制，并在全国开展了有力的宣传活动。该党在库马西等地召集的群众大会，常有数千人参加，望去人山人海，热烈壮观，声势逼人。新爱国党的标记是一头大象。著名的加纳大学教授福尔森曾满有把握地对笔者说：博阿亨正骑着大象向城堡（国家元首府）前进！

但是投票结果说明，新爱国党当时过于乐观了。阿杜·博阿亨仅获总投票数的 30.5%。该党的力量主要在阿散蒂省和全国一些较大城市，但在农村缺乏群众基础，这也许是其致命弱点。

罗林斯派自称是在以上两大传统政治势力之外的"第三势力"。但它也不是铁板一块，而形成了两个党：全国民主大会（NDC）和加纳全民党（EGLE Party）。全国民主大会是由各种支持罗林斯的团体与个人联合组成的，其骨干是中央和省县三级政府官员以及"革命组织"如"12·31妇女组织"、"六·四青年运动"、"保卫革命委员会"等的干部，其主要组织者有外长阿萨莫阿、"保卫革命委员会"部长呼乌杜·雅哈亚等，后者任该党总书记。"加纳全民党"由原"鹰俱乐部"演变而来，起初曾用名"鹰党"（Eagle Party），不久改为现名，英文缩写EGLE，全称为Every Ghanaian Living Everywhere，它由一些支持罗林斯但不愿参加全国民主大会的中下层退伍军人和"革命组织"的成员组成。两党的共同点是都提名罗林斯为总统候选人，并同自称属恩克鲁玛派的全国大会党结成了"进步联盟"。全国民主大会的力量无疑在联盟中占绝对优势，所以在大选中它成了进步联盟的代称。

总之，参加1992年11月加纳总统选举的虽有七党，实际上分属三大派政治势力。其中恩克鲁玛派三党和丹夸—布西亚派的新爱国党虽是世仇夙敌，但在对付罗林斯这一点上是一致的。也就是说，罗林斯面临两大传统政治势力的夹击。从竞选过程中的舆论看来，知识界包括大学教师、新闻工作者、律师、大学生和城市工商界普遍希望罗林斯下台，给人以"人心思变"的印象。人们承认，罗林斯可望在农村获得支持，但支持率究竟有多大，不得而知。在此情况下，大选前夕阿克拉的外交界、新闻界和学术界人士普遍认为由于势均力敌，各党在总统选举的第一轮投票中得票都不可能超过40％，根据选举法规定，届时势将进行第二轮投票，由在第一轮投票中获票最多的两名候选人再决胜负。这样，形势对罗林斯不利，因为反罗力量势将建立联盟一致对付罗林斯。实际上，新爱国党和利曼的人民全国大会已经签订协议，决定在第二轮选举时实行联盟。国家独立党的一位朋友也放风说该党和其他恩派党将与新爱国党结成反罗统一阵线，"犹如中国抗战时的'国共合作'那样"（这当然是个极不妥贴的比喻）。可以说，有一段时间，连不少重要政府官员对大选的结局也并无十分把握。有些人准备弃政从商，有些人表示对地位并不恋栈，罗林斯本人在各地的紧张活动和激烈的讲话也反映了他内心的忧虑。这次加纳公布的合法选民共 825 余万人，实际投票数 398 万余张，投票率达 48.3%。大选的结果多少有点意外。罗林斯获得 58.3% 的选票，从而一举取胜当选为总统。

罗林斯在并不十分有利的竞选态势下一举大获全胜，分析起来原因很多。反对派强调有舞弊，但在有外国观察团和反对党代表在场监督投票和计票的情况下进行大规模舞弊，看来是不可能的。有些支持罗林斯的人为保证罗当选而做些手脚则有可能，所以，投票结果总的来说是可信的，反映了民意。罗林斯一举取胜至少有以下几个原因：

1. 在罗林斯执政 11 年中，加纳经济有明显改善。1983 年以来国内生产总值平均年增 4.5%—5%，通胀率由 123% 下降到 20% 左右（1992 年），电力、道路等基础设施不断发展，农民首先是可可农的产品收购价有所提高，从而增加了收入。阿克拉市场商品充足，人们不再需要像从前那样出境到邻国采购物品。这些成就就连反对派也承认。因此，罗林斯在竞选中提出的政策"延续性"口号就具有较大吸引力。

2. 罗林斯本人具有为政廉洁、生活俭朴、联系群众、崇尚实干等优点，在青年人心目中是英雄。他作为武装部队总司令，至今仍保留着空军上尉的较低军阶，而没有像有些非洲国家的军人首脑那样不断给自己加官晋衔。他重视联系群众，经常到各省巡视访问，参加各地传统首领和群众的集会，同他们交换意见；有时他也在城堡接见地方传统首领或宗教代表团，同这些有影响的社会阶层保持良好关系。他的实干作风也很突出。他曾亲率城

堡卫队到海岸角打扫卫生，清理阴沟。加纳大学一位普通职员
说："我经历过加纳独立后历届政府，对比之下，还是罗林斯
行。他年富力强，又尚实干，哪里出了事，他马上去就地解决，
别人就做不到。"有的反对派尽管对"临保会"不满，但也承认
罗林斯本人是正派廉洁的。

3. 罗林斯享有在职国家元首的各种优越条件，在竞选的时
间、空间和后勤手段方面都占有利地位。根据法律规定，参选政
党要在正式登记获准后方可开展竞选活动。但罗林斯早在数月前
就充分利用他作为国家元首的身份到各地巡视工作，会见酋长和
居民及各界人士，同时宣传他的政治观点和主张。相对地说，反
对派从事竞选的时间少了几个月，他们也缺乏罗林斯那样的条
件。政府后来拨出50辆汽车供反对党使用，作为实际上不平等
竞争的补偿。其实当权派的这种优越性在别国也存在，它不是竞
选胜负的决定性因素，如赞比亚的卡翁达总统就败给了在野的奇
卢巴。但在势均力敌的情况下，它对竞选的胜负是重要的。

4. 罗林斯政权在总统选举前采取的各种争取支持、壮大自
己、分化和缩小对立面的政策和策略不同程度地发挥了作用。罗
林斯联合全国大会党（NCP）的政策分化了恩克鲁玛派传统势
力，同时吸引许多恩派成员站到自己一边；不仅如此，罗林斯也
重视争取丹夸—布西亚派成员的支持，在全国民主大会（NDC）
的领导层中就有不少原属丹派的重要人士，如该党两主席之一便
是当年布西亚政府的农村发展部长；原丹派"新一代联盟"创
始人之一哈里·索耶在总统选举前夕"弃暗投明"，他当选为全
国民主大会的副主席（现任新政府教育部长）。

1992年内，加纳政府先后释放了一大批政治犯和其他犯人，
罗林斯还宣布对1981年政变后初期没收的私人财产将酌情归还，
承认当时在混乱情况下错杀了人并向其家族道歉，表示将照顾他

们的生活。同年下半年全国公立医院护士和可可局等公共部门职工接连罢工要求提高工资、津贴，加纳政府尽可能地给予了适当满足。这些举措无疑是得人心的。(不过，最后一条给1993年国家财政造成了后遗症)。

此外，反对派的分裂也帮了罗林斯的忙。

第三个特点：加纳在1992年底的议会选举后成立了一个没有反对党的多党议会。这是反对党抵制议会选举的结果。

1992年11月总统选举的结果大出4个反对党特别是新爱国党的意外。他们在投票结果正式公布前就通过各种途径获得了信息，随即要求负责选举的"临时选举委员会"暂不公布选举结果，因为选民登记人数明显超过实际可能的选民数，选举中有大量舞弊行为，要求重新登记选民，推迟议会选举时间半年至一年。但国际观察团包括英联邦观察团、非统组织观察团以及加拿大观察团都认为选举是"自由和公正的"，美国卡特中心观察团团长的讲话有点拐弯抹角，但也认为虽然发生了不少不正常现象，但还没有达到可否定大选结果的程度。

所以国际舆论有利于政府而不利于反对党。据悉，新爱国党等反对党人士在总统选举前后曾频繁同美、英、加等西方驻阿克拉的使节接触，通报情况寻求支持。看来，西方各国政府对这次选举抱观望态度，他们即使未必喜欢靠政变上台的罗林斯，但也没有发现更中意的人选。所以接受了加纳总统选举的结果。

加纳政府也不同意反对党重新登记选民和推迟议会选举的要求，因为这要花费很多钱和时间，并将使第四共和国不能按时成立。

反对派联合上诉最高法院，要求制止临时选举委员会公布总统选举结果。但法院以新宪法尚未生效、法院未经受权为由不予以受理。

　　在此情况下，以新爱国党为主的反对党决定抵制议会选举。一些有影响的宗教团体和酋长代表试图从中斡旋，劝说政府作某些让步而反对党放弃抵制、参加议会选举，未成。议会选举经两次推迟后终于在 1992 年 12 月 29 日举行。选民投票率约 30%。结果在 200 个议会议席中，全国民主大会获 189 席，全国大会党获 8 席，加纳全民党获 1 席，独立人士获 2 席。也就是说，加纳组成了一个没有反对党参加的议会。这不符合西方议会民主的模式，一心推销西方议会民主模式的人可能感到欠缺，但这是反对党拒绝参选的结果，所以西方也无可挑剔。

　　1993 年初加纳第四共和国宣告成立和新议会召开首届会议后不久，反对党组成的党际协调委员会发表声明，要求它们的支持者"容忍"新政府，而它们自己将"发挥议会外反对党的作用"，监督政府实施宪法。看来这种"议会外的反对党"有很大局限，因为它们不能享受议员的权利，不能参加议会辩论，利用议会讲坛发表意见批评政府，讨论和影响政策，而主要只能在议会外利用新闻媒介发表观点，政府可以置之不理。反对党主要是新爱国党很快感受到这种不利处境，它们不愿也无力诉诸暴力斗争，故竭力要求与政府"对话"，美国等西方国家也敦促双方对话。新爱国党一些领导人还表示愿意为了国家的利益不记前仇而"与政府打交道"。但与此同时，该党正式出版发行了《被窃取的判决》（The Stolen Verdict）一书继续对总统选举中的舞弊行为进行"揭发"，并利用各种集会讲坛攻击罗林斯政府的人权记录和经济管理能力等。政府好整以暇，并不急于与反对党对话，但欢迎反对党通过议会专门委员会提出意见和建议。1993 年 3—4 月间，新爱国党已按这一方式就 1993 年财政预算向议会递交了该党的方案。此举缓和了它与政府的对立气氛。

　　在民主过渡已经完成，新的宪法体制已建立的情况下，加纳各反对党看来不得不接受既成事实。它们要想改变政治地位，只好等待 4 年后的下届大选了。新爱国党如此，分裂的恩克鲁玛派各党更如此。面对这次大选惨败的教训，一部分恩派人士积极开展了谋求统一的活动。1993 年 9 月中旬，4 家恩派政党和团体（包括新出现的"恩克鲁玛主义统一核心组"）联合召开了纪念恩克鲁玛 94 岁诞辰的新闻发布会，宣称即将联合建党。笔者有幸应邀出席。但从会上氛围看来，其内部分歧犹在，何时能够联合建党，很难预测。

*　　　　*　　　　*

　　加纳已根据新宪法完成了由军人政权到宪法统治的转变，罗林斯由"临保会"主席变成了共和国总统，9 人的"临保会"已为 200 人的议会所取代，但反对党没有参加议会而合法存在于议会之外，从而形成了加纳特有的一种多党议会民主制。这种制度无论对罗林斯现政府和反对党以及加纳人民都是一种新的尝试。无论人们喜欢或赞许与否，它是一种客观存在。当然，它也可能只是一种暂时的过渡形式。在下届选举前的这几年它将如何运转令人瞩目。

（原载《西亚非洲》1994 年第 1 期）

坦桑尼亚和肯尼亚发展政策的比较

坦桑尼亚和肯尼亚很早就被人们认为是非洲选择不同发展道路的典型国家。所谓不同的发展道路，主要表现在经济上两国采取了不同的发展战略和政策。以下就此作一比较研究和评估。

一 国情的异同

坦桑尼亚和肯尼亚是东非两个毗邻国家。它们的历史、文化、社会发展、人种构成以及自然地理十分相像，人口也差不多（独立时略超过 1000 万，1986 年坦桑尼亚约 2300 万，肯尼亚约 2100 万）。独立前，它们都受英国统治；两国独立时间也相近：坦桑尼亚的大陆部分即坦噶尼喀独立于 1961 年（1964 年与桑给巴尔合并为坦桑尼亚），肯尼亚独立于 1963 年。长期的殖民统治给两国留下了相似的"遗产"：工商业极为落后，工商业资本与管理几乎全部操控在欧洲人和亚洲人（指印度、巴基斯坦人）手中，本地非洲人的资本微乎其微；农业绝大部分为自给性生产，一部分地区发展的经济作物（咖啡、茶叶、剑麻、棉花、除虫菊等等）几乎全是为了出口，而工业品主要仰赖进口。也就是说，两国都继承了典型的殖民地经济——资本主义国家的原料产地、商品出口市场和投资场所，经济受着国际资本和外来人资本的控制。与此同时，非洲人的政治社会地位和经济生活水平都处在底层（欧洲人为一等，亚洲人为二等，非洲人为三等）。所以，两国独立时面临着同样的使命：首先是在政治上全面接管政权，由非洲人取代欧洲人执掌大权，提高非洲人的政治社会地位，接着就要发展国家经济，逐步改善非洲人的生活状况，并改变殖民地经济结构。由于以上原因，两国在独立初年采取了许多相仿的经济发展政策。如保护和吸引外国投资，发展进口替代工业，发展出口作物生产，依靠外援解决政府财政预算和经济发展资金不足的问题等。在意识形态上，两国领导人都表示要在各自的国家实行"乌贾马"或"非洲社会主义"。甚至两国的执政党当时也是同名，都叫"非洲民族联盟"（直到 1977 年坦桑尼亚执政党才改名为革命党）。

以上是坦、肯两国雷同的方面。但是，两国同时还存在着主客观条件上的重大差异，这些差异在一定条件下最终导致了两种不同的国家发展战略和政策。

客观条件的差异，首先在于历史上殖民统治时期英国将肯尼亚当作了它在东非经营的重点，而相对地不大重视坦噶尼喀。这主要是因为肯尼亚不仅是它的直属殖民地，而且这里集中了几万白人移民，其中有几千农场主，占有了肯尼亚几百万公顷最好的土地（所谓"白人高地"）。无论是英国政府还是白人移民（主要来自英国）都想在肯尼亚建立一个"白人国家"，长期维持他们的统治。所以，肯尼亚在独立前便有了较好的基础设施，农工业也相对地较发达。而坦噶尼喀在 20 世纪初曾属德国，第一次世界大战后才成为英国的"委任统治地"，第二次世界大战后又由联合国交英国"托管"，根据联合国宪章规定，英国迟早必须让它自治和独立；而且坦噶尼喀的白人移民数量较少（最多时达3万，仅及肯尼亚的一半），并且来自好多不同国家，包括德国、希腊等，同英国的关系比较疏远；当时坦噶尼喀能提供的原料、矿藏、食品不多，战略地位也不怎么重要，所以英国对它的关注也较少（第二次世界大战后着手进行的花生种植计划以失败告终），坦噶尼喀的农业、工业和各种基础设施都不如肯尼亚。直到1966年，从坦桑尼亚西北部重镇姆万扎打长途电话给首都达累斯萨拉姆，仍需经肯尼亚的内罗毕转接。其次，肯尼亚中部高地（包括首都内罗毕周围）气候条件也较好，地域又较集中，所以不仅能吸引白人移民，也有利于吸引外国人投资。第三，自50年代中期起，殖民政府吸取了"茅茅"起义的教训，开始有计划地改变农村的部落或氏族土地所有制（即所谓"施维纳顿计划"），推行土地私有制，50年代末又向非洲人开放从前归白人专有的"白人高地"，允许非洲人购买这里的土地和农场。到1961年底，约26.3万个非洲农民一共拥有200多万英亩经合并集中的土地，其中的16.5万个农场共91.8万英亩土地已正式注册为私人所有。[①] 这些农场主要是生产出口作物的。1961年非洲人生产的经济作物价值约920万英镑。也就是说，肯尼亚在独立前已存在一个拥有一定经济力量、人数迅速扩大的农村有地阶级或农村中产阶级。坦噶尼喀的情况有所不同。殖民当局在50年代末也想仿效肯尼亚改变坦噶尼喀非洲人传统的土地制度（村社共有制，在这种制度下非洲农民对土地只有使用权，没有所有权，所有权属于部落、氏族、村庄），促进土地转让即私有化，创造一个自耕农阶级。但这个计划遇到非洲人的强烈反

---

① 阿赫默德·毛希丁：《两个国家的非洲社会主义》，伦敦与新泽西1981年版，第29页。

对——他们担心村社土地像邻国那样被欧洲人或亚洲人接管，这项政策也遭到民族主义者的谴责和抵制，因而无法执行。所以坦噶尼喀在独立时，农村的传统土地制度基本未变，加上城市经济极落后，非洲人的城乡中产阶级或阶层也极弱小，他们也没有什么资本积累。

坦、肯两国领导人个人的主观条件包括思想意识也存在重要差异。尼雷尔是较年轻的民族主义领导人，他创建坦盟、领导坦噶尼喀的独立斗争不过 7 年，就取得了成功，当时他才 30 多岁，意气风发，充满理想。他的思想中无疑有许多理想主义的东西。他鄙弃资本主义的阶级对抗，向往建立一个平等正义和无阶级剥削的社会。他在英国留学时（1949—1952 年）就思索过社会主义问题。无论是 1962 年他发表的论文"乌贾马——非洲社会主义的基础"，还是 1967 年在他指导下制定的《阿鲁沙宣言》以及后来他发表的关于社会主义的许多文章、讲话，都体现了他信仰的哲学思想。他本人的廉洁也是举世公认的。尼雷尔称得上是一位认真执著的非洲社会主义者。相对而言，肯尼亚领导人肯雅塔虽然在独立初年也谈论过"乌贾马"和非洲社会主义，1965 年在他领导下国民议会通过了名为《非洲社会主义及其在肯尼亚规划中的应用》的纲领性文件，但从后来的事态看来，他当时不过是适应形势而附和社会主义，本人并不真正相信"民主的非洲社会主义"。作为肯尼亚老一辈民族主义者，他受到其他民族主义领导人的尊敬，但他在肯尼亚独立斗争最紧张的阶段身处狱中（1953—1960 年），当时领导斗争的是奥廷加、姆博亚等一批较年轻的人，这些人独立后竞相标榜社会主义，当时国际上社会主义影响也正在扩大，所以肯雅塔虽然并未接受社会主义，作为一个务实主义者，他顺应潮流，口头上也讲讲社会主义。人们认为，1965 年通过的那个关于非洲社会主义的文件主要是姆博亚主持起草的，而且可能有一些西方人参与。在 1969 年姆博亚遇刺身亡、奥廷加被捕、他的新党被取缔后，肯雅塔及其领导的执政党从此便极少再提社会主义了。肯雅塔懂得，为了保持和吸引欧洲国家的资本和技术人才，他不能过多地唱社会主义的高调；他本人无疑认为发展私人资本和财富是天经地义的，他对没有这样做的民族主义领导人（如比·卡吉亚）的批评以及他本人本家族对财富的积累都证明了这一点。

正是以上不同的主客观因素使得坦、肯两国很快走上了不同的发展道路，采取了不同的发展战略和政策，并引起世人持久的关注。

二　私人资本和国有化

坦、肯两国在经济发展政策上最突出的差别是对待私人工商业资本（包括外国的和本国的私人资本）的不同政策。根据《阿鲁沙宣言》，坦桑尼亚的政策是将一切主要的生产和交换资料归由政府控制。1967 年 2 月宣言发表后，坦桑政府便立即采取了对私有公司、企业的国有化措施。几大商业银行、保险公司分别由新成立的国民商业银行和国民保险公司接管，在金融业和保险业消灭了私人资本；国家贸易公司接管了各进出口企业，国民面粉公司则接管了面粉厂和食品厂。有些经营食品和食品加工的商业企业的资产由国家农产品局接管。政府还在以下七家大型外资公司中取得了 60% 的股份：乞力马扎罗酿酒公司、坦桑尼亚酿酒公司、英美烟草公司、巴塔制鞋公司、坦桑尼亚金属箱公司、坦噶尼喀蒸馏品公司和坦噶尼喀波特兰水泥公司。同年，又将 60% 的剑麻种植园和有关工厂收归国有。1970 年，接管批发贸易，1971 年又强制征用价值在 10 万先令以上并以收租为目的的房屋。① 总之，在《阿鲁沙宣言》发表后不久，坦桑尼亚政府就在金融、保险、食品加工、对外贸易、批发业等部门消灭了私人资本，完全由国家进行控制和管理，同时在较大的制造业和种植园中取得了大部分股权，同样处在控制地位。在国有化过程中，许多原来分散自主经营的小企业被合并为大公司；有些过于庞大而经营效率不高的公司不久又分解为较小的专业公司（如国家发展公司分建为旅游公司、全国农业和食品公司、国家矿业公司），由政府各部管辖，并由财政部、经济事务和发展计划部负总责。

对私人资本实行有偿的国有化，这是坦桑尼亚政府为积累和发展国家资本而采取的重要的"社会主义"措施。尼雷尔认为，对现存工业和服务业的国有化减少了以利息和利润形式表现的国家财富的外流，使之得以为坦桑尼亚所用：从 1967—1976 年，单是国民商业银行在支付私人银行全部赔偿金后获纯利近 5.6 亿先令；更重要的是，它使政府取得了自己决定优先发展项目的能力，从而有可能利用有限资源建立为人民需要服务的工业。②

肯尼亚对私人工商业资本（本国的和外国的）以及与此有关的国有化问题采取了迥然不同的政策。肯尼亚发展经济的总政策是发展"混合经济"，即 1965 年第十号议会白皮书中说的"各种形式的所有制"，其中当然包括私有制。也就是说，对于私人资本（无论外国的或本国的），肯尼亚政府通常不仅不采取限制、没收或国有化（即使是有偿的）政策，相反给予多方面

---

① ［坦］C. G. 卡哈马、T. L. 马利亚姆科诺、S. 威尔斯：《坦桑尼亚经济的挑战》，英国 1986 年版，第 33 页。

② ［坦］尼雷尔："在纪念阿鲁沙宣言发表十周年群众大会上的讲话"（1977年 1 月），转引自［英］安德鲁·库尔森编：《实践中的非洲社会主义》，英国 1979年版，第 46—47 页。

的保护、鼓励和帮助，以促进私人资本的增长，"刺激国外私人资本的流入"①。

早在 1964 年肯政府就颁布了《外国投资保护法》，保证对外资不实行国有化，并在汇出利润、关税、投入物的进口等方面优待外资企业。肯政府对外资企业向母公司支付各种名目的费用也采取宽容态度。例如允许它们在向母公司支付专利使用费后，另外又支付研究、技术服务和管理等"服务"费用，这在许多国家是不允许的。外资企业以这些名目汇出的款额常常超过它们申报的利润总额。由于肯政府的优惠政策，加上政局相对稳定，从 1965—1977 年外资源源流向肯尼亚：1965 年投资额为 840 万肯镑，1973 年 5310 万肯镑，1977 年达 9040 万肯镑。② 80 年代初，估计在肯外资总额约 11 亿—12 亿美元，其中英资最多（约 5 亿美元），美、德其次（分别为 3.15 亿和 2 亿美元）。③ 外资的主要投资方向是制造业，1967 年它在肯尼亚制造业中所占比重为 57%，70 年代初估计超过 67%（国际劳工局 1971 年调查报告：《肯尼亚的就业、收入和平等》，第 442—443 页），80 年代初估计与此相仿。肯尼亚制造业的显著发展与外资密切有关。外资在银行、采矿、贸易、大农业、旅游和运输等部门也很活跃。例如两家英资银行（标准银行、肯尼亚巴克莱银行）占肯尼亚商业性银行业务的 50% 以上。英资帝国化学工业公司的子公司在 70 年代初还占肯尼亚矿业生产的 80%。伦罗公司等外资公司掌握着肯尼亚很大部分的长途运输业务。肯尼亚的重要外汇

---

① 1965 年肯尼亚第十号议会白皮书：《非洲社会主义及其在肯尼亚规划中的应用》，第 19 页。

② ［美］亚瑟·赫什伍德：《肯尼亚经济》，纽约 1979 年版，第 119 页。

③ 中国社会科学院西亚非洲研究所：《非洲经济》（二），人民出版社 1987 年版，第 109 页。

收入来源——旅游业主要是靠外资发展和维持的，最大的旅馆系统属外资。

外资在肯尼亚的活动当然会有消极面。如上所说，外资企业在获得高额利润外，还通过各种途径大量转移收入，以至非法逃汇；外资在一定程度上阻碍了某些民族工业的发展，如有的当地资本办的肥皂厂因竞争不过外资企业而亏损乃至倒闭。外资的强大使肯尼亚更深地受到国际垄断资本的束缚。

肯尼亚政府对外资也采取了一些控制措施。例如成立了外资投资项目的审批机构；由中央银行实行外汇管理，控制外汇外流；由政府部门和国有企业与外资建立合股企业；要求外资公司必须把一定比例的股份在肯尼亚证券市场上出售；要求外资企业使用和培养肯尼亚人担任经理和技术职务。不过，为了达到吸引更多外资的目的，肯尼亚政府在执行这类规定时有较大伸缩性。

肯尼亚政府对本国私人资本（主要指非洲人资本）也采取鼓励和扶植政策。1966—1970 年的发展计划说："只要私有资产对国家的发展作出充分的有用的贡献，政府将充分尊重人民的私有权。"[1] 肯政府通过政策法令以及银行、金融机构、国有公司等在经营范围、资金、厂房、技术训练和科研等方面给予多种具体帮助与支持。如在商业部门，肯政府于 1967 年颁布贸易执照法，以不更新执照的办法将从前控制商业的非肯籍亚洲人逐步排挤出这个领域，为非洲商业资本开道；肯政府还规定亚洲人不得在农村以及城市中心区以外的地区营业，以便给非洲小商人提供机会。根据 1975 年的贸易执照法修正案，外资企业的产品必须由国家贸易公司指定的肯籍代理商经销，高技术产品除外。在运

---

[1]　阿赫默德·毛希丁：《两个国家的非洲社会主义》，伦敦与新泽西 1981 年版，第 106 页。

输和建筑业，肯政府颁布了类似的执照法，使资金很少的非洲人企业主能在没有外商的竞争下获得发展。在制造业，肯政府明文规定，外资企业应向肯尼亚人出售部分股份。同时，肯政府创办的一些国有公司都以帮助非洲人参与工商业、发展非洲人私人资本为重要或主要目的。这方面发挥了突出作用的是肯尼亚工商业发展公司及其子公司如肯尼亚国家贸易公司、肯尼亚国民财产公司、肯尼亚工业资产公司等，肯尼亚与外资合股的肯尼亚金融发展公司也很重要。肯尼亚工商业发展公司在 1965—1971 年给非洲人公民贷款 250 万肯镑；1974—1975 年又给千余名当地工商业者贷款 270 万肯镑。[1] 工业地产公司在内罗毕、纳库鲁等地建立了工业地产，向仅有少量资金的非洲人低价出租厂房，低利（如年利 8%）出租机器，同时在管理、技术、销售方面向非洲企业主提供咨询与帮助。

由于以上各种原因，肯尼亚非洲人私人资本在独立后明显扩大了。1963 年在新建的 360 家私人企业中，非洲人企业只占 5%，而自 1964 年起其比重逐年增加，1973 年在 885 家中占 60%；70 年代末，非洲人企业总数估计共达 5 万多家。[2] 它们的规模也有所扩大。据 1965 年和 1974 年对非洲人企业的抽样调查，1965 年在 35 家企业中资本在 1 万肯镑以上的较大企业一家也没有，资本在 500 至 1 万肯镑的中型企业占 6%，资本在 500 肯镑以下的小企业占 94%；而 1973 年在 121 家企业中，大中小企业的比重分别为 14%、58%、28%[3]。

非洲私人资本的投资方向在 70 年代前集中于农业、商业、

---

① ［加］尼古拉·斯温森：《肯尼亚法人资本主义的发展》，美国 1980 年版，第 190 页。

② 同上书，第 195—196 页。

③ 同上书，第 197 页。

不动产和服务业（包括旅馆、公路运输、修理业等），自70年代起有些人开始转向制造业。

肯政府对私人资本的扶植还表现在其他方面，如1982年肯政府决定国有企业尽量少向银行借款以便使私人企业获得更多借款机会；1985年又决定国有企业停止对大型制造业投资，以便将这个领域"留给私人"[①]。1989年12月，莫伊总统又宣布建立"农村企业基金"（创始资金600万肯镑）以促进农村的"非正式"（指个体经济）部门。[②] 早在1971年肯政府批准的"恩格德瓦委员会"报告，就允许政府官员从事私人企业活动，这也大大推进了非洲人私人资本的发展（它带来的弊病是另一回事）。

在肯政府的扶植政策下，肯尼亚已出现了一批拥有较多资金的当地企业家——非洲资产阶级。有些人拥有几个企业，同时还在其他企业中握有股份。他们中多数同时是或者曾经是政府高级官员。这同坦桑尼亚不允许官员当资本家的规定形成鲜明对照。

三 农村发展和农业政策

坦、肯两国在农村发展和农业政策上也存在重大差异。根据1967年2月发表的《阿鲁沙宣言》和同年9月尼雷尔发表的《社会主义和农村发展》以及其他文件，坦桑尼亚政府的政策是在农村建立和发展国家和集体所有制生产方式，强调共同劳动和平等分配，扼制农村资本主义。具体地说，除了将大的种植园（主要是剑麻种植园）收归国有外，就是在全国农村建立"乌贾马村"。"乌贾马"（Ujamaa）在斯瓦希里语中是非洲传统的"大家族精

---

① 肯尼亚《每周评论》1985年10月4日，第19页。

② 英国经济学家情报所：《国情报告——肯尼亚》1990年第1期，第14页。

神"之意。用这种精神加上现代技术和管理方法建立的农民村社就是乌贾马村。在这种村子里，土地归集体所有，村民进行集体劳动，收入属于大家并按劳动和需要分配；允许村民拥有一定的私有财产（房屋、牲畜、菜园以及农场股份），但不得从事剥削；村内孤老病幼者由全村赡养照顾；乌贾马村进行专业分工，村务由村民大会和它选出的村委会与官员管理，政府将帮助它们改善教育、卫生条件，并组织村际合作。尼雷尔认为由这样的村庄共同体组成的国家就是社会主义国家了。[①] 他原来设想分阶段建立乌贾马村，并强调说服工作。"乌贾马"运动开展 7 年后，约 15% 的农村建立了乌贾马村；坦桑尼亚执政党认为进展太慢，于 1973 年 11 月作出在三年内全国农村实现"乌贾马村化"的决议，必要时可进行强制。许多地方在实施过程中采取了粗暴的强制手段。到 1976 年底，全国共组成 8000 个村，村民占全国人口的 85%。[②] 另一数字说，1969 年前，居住在村庄中的坦桑农村人口不到 5%，到 1975 年底一共新建村庄 5000 个，居民人口增加到 60% 以上，这些村庄不同程度地开始集体耕作。[③]

在实行村庄化的过程中没收了一些较大农场主的土地。同时坦政府并不十分强调过多的集体生产，而着眼于将分散的农户集中到村子里居住。

坦桑的农村乌贾马运动促进了不同部族的混合，改善了农村社会服务设施（包括教育、医疗、清洁饮水等），提高了农民的

---

① ［坦］尼雷尔：《乌贾马：社会主义论文集》，牛津大学出版社 1968 年版，第 126—127 页。

② ［美］乔尔·巴坎主编：《肯尼亚、坦桑尼亚的政治和公共政策》（修订本），美国 1984 年版，第 219 页。

③ ［美］迈克尔·洛夫奇：《政策因素：肯尼亚和坦桑尼亚的农业状况》，美国 1989 年版，第 117 页。

文化和健康水平。从长远考虑，村庄化对坦桑农村的发展应该是能起积极作用的。但这一运动由于操之过急，不是靠说服而靠强迫，加上在执行过程中的许多偏差（如时机不当，在农忙时强迫农民搬迁；地点不当，所建新村或者离原种农田距离太远，或者土质与环境不适于农民习惯种植的庄稼，等等），以及由于农民对硬性规定的"集体田"缺乏劳动兴趣等原因，造成农村经济混乱，作物减产。几乎所有的主要出口作物的产量与出口量都不断大幅度地下降。人们普遍认为，乌贾马运动是导致坦桑尼亚70年代后期到80年代初期经济困难的重要原因。不过，全盘否定乌贾马运动未必是历史的公正。坦桑尼亚经济包括农村经济的危机也并不完全是由乌贾马运动造成的。不应轻视天灾、国际市场价格下跌等外部原因，同时坦桑政府的有些具体政策对农业也起了消极作用：如不合理的价格政策——农产品收购价过低，外汇比价政策——坦先令与美元比价过高，等等。从统计数字上看，70—80年代中期坦桑的主要粮食作物产量有较大幅度的增长：玉米由85万吨增至210万吨，小米由13.8万吨增至30万吨，高粱由约15万吨增至约70万吨，大麦由400吨增至4700吨。有些经济作物产量也有所增加，如茶叶、甘蔗。可见，坦桑农业并非全面下降。当然，农业增长率总的趋势是下降的：1967—1976年平均年增长率为2.8%，大大低于前7年的7%；1977—1986年又降为0.9%。[①] 其原因已如上述。

肯尼亚政府的农村政策特别是土地政策同坦桑尼亚政府迥然不同。其核心是鼓励土地的私有制及"肯尼亚化"，最终建立以肯尼亚人的私有制为主的多种形式的土地占有制，促进农业生产

---

① 刘郦生：《坦桑尼亚经济发展面面观》，载《西亚非洲》1988年第3期，第42—43页。

的迅速增长。

土地的"肯尼亚化"（或"非洲化"）是针对独立前欧洲人占有几百万公顷肯尼亚最佳农地（"白人高地"）的状况而采取的措施。肯尼亚独立前，"白人高地"已向非洲人开放。独立后，肯政府实行各种土地转让计划（最初叫土地安置计划），利用英国等西方国家的贷款购买"白人高地"的土地，然后分售给非洲人，同时安置无地农民。较重要的安置计划有"百万英亩计划"、"哈拉卡计划"、"哈朗比计划"、"斯夸特计划"等。据1981年11月当地报纸报道，肯政府自独立以来共建立220个安置计划区，包括土地150万英亩（一说80万公顷），安置无地农民7万多户，肯政府为此花费8.4亿先令。[①] 上述安置计划区主要在原"白人高地"，有一小部分在沿海地区。1965年后，土地转让计划主要采取愿买愿卖的原则进行。不少肯尼亚人（特别是高中级官员）依靠国家银行贷款买得了大片土地，成为新的农场主。有些新农场主拥有几千甚至几万英亩土地。

在实行"白人高地"非洲化的同时，肯政府在原非洲人农业区加速推行独立前已开始的土地调整计划（独立前称"施维纳顿计划"），对农民实际占有和耕种的土地进行裁定、调整（将农民分散的小块土地调整集中为一片）和登记，最后发给土地证，确定土地的私有权。肯尼亚独立前按这项计划调整登记的土地仅为60万公顷。到1984年，登记为个人所有的土地共达670万公顷，有地者的人数近200万户。[②] 如果说，独立前殖民政府实行施维纳顿计划的最终目的是为了缓和和防止肯尼亚农民的反抗，改善殖

---

① 肯尼亚《旗帜报》1981年11月12、15日报道。
② ［美］迈克尔·洛夫奇：《政策因素：肯尼亚和坦桑尼亚的农村状况》，美国1989年版，第153页。

民地经济，以利殖民统治的长治久安，那么独立后肯政府实行的这项土改计划就有了完全不同的意义。它的目的是打破旧的传统土地制度的束缚，用法律形式确定土地的私有权，激发农民的生产积极性及对土地进行投资的兴趣；农民的土地证还可用作向银行贷款的担保，有利于农业投资；此外，将分散的小块土地调整为成片的大块土地，也便于农民耕种管理，提高生产力。

肯尼亚政府的土地政策使肯尼亚农村形成了多种土地所有制和生产组织形式：政府所有制（由政府部门办的国营农场、种植园）；私人资本主义所有制（由肯尼亚人或外国人开办的较大农场、种植园、畜牧场）；小土地所有制（主要指拥有几英亩至4公顷左右土地的个体小农）；合作社所有制（主指根据政府的安置计划办的合作农场，雇佣经理管理，成员参加劳动领取工资，并耕种少量自给性土地）；传统的部落、氏族土地所有制（主要存在于人少地多的牧区）。在这几种土地所有制和生产组织形式中，肯政府最重视的是私人资本主义农场（大农场）和个体小农（家庭小农场）。独立初期，肯政府不仅把大部分农业贷款给予了大农场（约80%），还为缺乏技术和管理经验的非洲人大农场主建立新的技术推广站，增派技术推广人员，开办训练中心传授管理知识；农业科研单位的科研重点也主要为大农场服务。到1976年，私人大农场占地达270万公顷，实际耕种面积50万公顷[1]，雇工20万人。它销售的产品占全国农产品销售总额的49.1%[2]。1974—1978年发展计划说："大农场仍旧是肯尼亚很重要的组成部分……将继续得到政府各种计划的支持。"但70年代中期以后，肯政府逐渐增加了对小农的重视程度。

---

① ［英］杰·赫耶等：《肯尼亚的农业发展》，肯尼亚1976年版，第31页。
② 同上书，第89页。

1979—1983 年发展计划说"耕作自己土地的小农家庭是农场经营和农村发展的主要工具"（第 51 页），并说：之所以强调家庭小农场"是因为事实证明，总的来说小农场的单产高，土地利用更充分，使用的是劳力集约生产方法，而且它既生产自给性作物，也生产经济作物"（第 53 页）。80 年代初，肯尼亚约有小农150 万户，耕地面积 350 万公顷。政府通过增加农贷、推广农技、开办短期农技训练班、提高农产品收购价、供应农药和肥料等措施促进小农生产。20 多年以来，小农生产尤其是小农的商品性生产显著增长。1964 年在全国农产品销售总值中，小农占40.7%，1967 年以后便超过了一半。① 发展最快的是种植茶叶、咖啡、除虫菊的农户。1984 年，小农生产的咖啡、茶叶分别占全国咖啡、茶叶产量的 56% 和 41%。②

　　与坦桑尼亚相比，肯尼亚的出口作物生产具有较明显的优势。这同肯政府采取的上述农业政策和土地政策有关。同时，肯政府的价格政策也较合理：与坦桑尼亚不同，肯政府对其主要出口作物咖啡、茶叶不规定收购价，而是随世界市场价格而变化。国家在扣除了用于收购、运输、销售的比例不大的费用后，将从世界市场所得售款全部支付给了生产者（有时加收出口税）③。据肯政府人士估计，肯尼亚茶叶、咖啡生产者所得价格平均分别达世界市场价格的 90% 以上和 70% 左右。④ 这比坦桑尼亚高得多，后者的出口作物价格是由政府部门决定的。结果，肯尼亚这些作物的产量和出口量不断增加。1965—1975 年咖啡销售量翻

---

① ［英］杰·赫耶等：《肯尼亚的农业发展》，肯尼亚 1976 年版，第 57 页。
② 英国《经济季评——肯尼亚》1985 年增刊，第 14 页。
③ ［美］迈克尔·洛夫奇：《政策因素：肯尼亚和坦桑尼亚的农村状况》，美国1989 年版，第 154—155 页。
④ 同上书，第 155 页。

了一番，由 4 万吨增至 8 万吨；同期茶叶产量由约 2 万吨增至约 5.5 万吨。随后 10 年基本保持了同样的增长幅度。80 年代中期，两种作物的出口量都稳定在 12 万吨左右的水平上。

不过，肯尼亚的主要粮食作物的价格是由政府决定的。

四 平等分配问题

坦、肯两国的官方文件和领导人都曾把收入的平等分配当作"非洲社会主义"的基本原则或特点之一。不过，无论在理论和实践上，两国领导人都存在差异，效果也不相同。

早在 1963 年 2 月即《阿鲁沙宣言》发表前四年，尼雷尔在一次讲话中就说：人人平等是非洲社会主义哲学的基本原则。坦桑尼亚社会中巨大的收入差距"不符合我们宣布的社会平等的目标"，必将导致人为的社会分化，助长那种否定人人平等的社会风气。他主张"减少那些不可思议的收入差别"，防止这种差别固定成为阶级结构，成为"神圣不可侵犯"，"必须特别强调改善处在经济上最低水平的人的工资和景况"。[①]《阿鲁沙宣言》在阐述"社会主义政策"时，第一条就规定凡劳动者都应获得公正收入，"收入不应有很大差别"。

为了实现社会平等和制止阶级分化，坦桑尼亚执政党和政府采取了以下措施：

（一）缩小公共部门最高与最低工资的差距：降低高工资，提高最低工资。尼雷尔曾不止一次地带头给自己减薪。《阿鲁沙宣言》发表后，坦政府冻结了公共部门的高工资，同时多次提

---

① ［英］克朗福德·普拉特：《坦桑尼亚的关键阶段——1945—1968 年》，肯尼亚 1978 年版，第 225—226 页。

高最低工资。结果，高低工资的差距 1961 年为 70:1，1966 年为 33:1，1974 年为 15:1，1981 年为 6:1。[①] 高工资收入者的假期、住房、交通等方面的津贴也有所减少，并须按累进税制缴纳高额税金。

（二）规定领导人准则。所谓"领导人"泛指执政党执委、政府部长、议会议员、执政党附属机构和国家企业高级官员、市镇议事会参议、高中级文官以及上述这些人的配偶。根据《阿鲁沙宣言》的规定，他们都不得在任何公司中握有股份，不得在私人企业中担任董事，不得领取双薪，不得拥有出租的房屋。坦政府还限制奢侈品的进口。因此从收入和消费水平来说，坦桑尼亚领导人在非洲国家中是较低的。从他们中间也没有产生出私人工商业资本家（而肯尼亚是另一种局面）。不过，贪污舞弊同样十分猖獗。此外，他们享受的工资外的津贴仍很可观，因而同低工资收入者的生活差距仍很大。

（三）普及教育和成人扫盲。1974 年坦桑执政党决定在 1977 年前对 7—13 岁的儿童实行普及义务小学教育，目的之一是为儿童提供发展天赋的机会，减少国民间的不平等。在这以前不久，坦桑政府发动了全面的扫盲运动，以扫除成人文盲，并传授防病、农耕和其他劳动知识，最终帮助人们增加就业和收入的机会。普教和扫盲都取得了显著成就。据 80 年代中期坦桑政府宣布，坦桑农村学龄儿童入学率已由 1961 年的 25% 提高到 86%；成人识字率由 1961 年的 10% 增至 90%[②]（1970 年为

---

① ［坦］C. G. 卡哈马等编：《坦桑尼亚经济面对的挑战》，英国 1986 年版，第 38 页；［美］乔尔·巴坎主编：《肯尼亚、坦桑尼亚的政治和公共政策》（修订本），美国 1984 年版，第 22 页。

② 刘郢生：《坦桑尼亚经济发展面面观》，载《西亚非洲》1988 年第 3 期，第 45、46 页。

25%，1978 年为 66%。(①)，为此受到联合国的表彰。不过，1980 年全坦小学毕业生能升中学的不到 10%，或者说，适龄青少年（14—17 岁）只有 5.2% 能上中学。②

（四）为农村提供基本社会服务，改善人民生活。除了免费教育外，坦桑政府大力向农村提供医疗、清洁饮水等福利设施。著名的"村子化"运动的动机之一就是为了有利于集中提供这些社会设施，改善农村条件。这一政策取得了成效：80 年代初全国 35% 的农村有了诊疗所，47% 用上了清洁饮水，90% 开办了商店。③ 坦桑尼亚在这方面的成绩甚至大于肯尼亚：1982 年成人识字率肯尼亚为 47%，坦桑为 79%；清洁饮水供应率肯尼亚城乡居民分别为 75% 和 15%，坦桑分别为 90% 和 42%；诊疗所肯尼亚每 15770 人一所，坦桑每 6700 人就有一所。④

坦桑政府还采取措施试图缩小地区之间的发展差距。

通过以上政策措施，坦桑尼亚在一定程度上缩小了工资收入者的收入差距，限制了社会不平等的扩大。尼雷尔可能实现了扼制工商资产阶级形成的目的，但他不可能阻止官僚阶层和其他中产阶级的扩大；同时，坦桑尼亚可能为此付出了经济增长滞缓的代价。

肯尼亚领导人也讲"平等分配"，但他们同时还奉行其他原

---

① 阿赫默德·毛希丁：《两个国家的非洲社会主义》，伦敦与新泽西 1981 年版，第 161 页。

② ［坦］C. G. 卡哈马等编：《坦桑尼亚经济面对的挑战》，英国 1986 年版，第 185 页。

③ 刘郧生：《坦桑尼亚经济发展面面观》，载《西亚非洲》1988 年第 3 期，第 45、46 页。

④ ［美］乔尔·巴坎主编：《肯尼亚、坦桑尼亚的政治和公共政策》（修订本），美国 1984 年版，第 27 页。

则，实际上是与"平等分配"背道而驰的。肯尼亚的纲领性文件《非洲社会主义及其在肯尼亚规划中的应用》一方面将"实行累进税制以保证财富和收入的平等分配"当作非洲社会主义的一大特点（第 16 页），但接着又强调一切政策首先要保证经济的迅速增长，其他政策都要服从这一原则。文件在规定高收入和富有者必须缴纳更多税金后，又立即指出"如要取得高速增长，适当的利润率、财富积累和生活水准是必要的"（第 35 页）。总之，肯尼亚政府的具体政策着眼于取得经济增长，维持原有的财产制度。在城市，它鼓励私人资本的发展；在农村，它首先鼓励能很快产生效益的富裕农民。

　　肯尼亚的发展战略使它在独立最初 9 年获得了高达 6.6% 的经济增长率。但与此同时，社会的不平等现象，包括城乡之间、不同阶级阶层之间、不同地区之间的收入差距都有所扩大。为此，国际劳工局 1971 年的调查报告《肯尼亚的就业、收入和平等》给肯尼亚政府敲了警钟，建议它修改发展战略，采取"通过增长进行再分配"的战略，改变这种不平衡状况。肯尼亚的第三个发展计划（1974—1978 年）似乎注意到了这个问题。当时的总统肯雅塔在介绍新计划时说，肯政府在继续强调经济全面增长的同时，还要注意"人民充分参与经济，更多的就业机会，以及对资源和收入更平等的分配"[①]。发展计划在谈到收入分配的政策时也说："为了实现计划的社会目标，必须采取措施最大限度地缩小收入差别"。计划讲到较富有者应通过纳税为政府收入作出更多贡献，要继续把收入低于平均水平的农村地区作为发展重点，政府要加速发展教育和社会服务，改善人们的生活水

---

　　① ［英］科林·利吉姆编：《非洲当代实录》（1974—1975 年），英国 1976 年版，第 211 页。

准。但发展计划随即指出：生活的改善必然有快有慢，"因而本计划的目标不是使每个人获得同等收入。必须承认技术、努力和主动性的差别并给予（相应的）报酬"①。照此办理，前面所宣布的"缩小收入差别"的目标也就难以实现。

肯尼亚的第四个发展计划（1976—1983 年）再次提出了"努力争取比较平等地分配收入"和"减轻贫困"的目标，表示要改善城乡贫民的生活，具体办法有"创造获得收入的机会"、"改善支出模式"、"提供其他基本需要如营养、保健、基础教育、饮水和住房"以及"设置机构"等。肯政府无疑在这方面作了许多努力，但实际上肯尼亚收入和财富分配不平等的状态一直有增无已。

与坦桑尼亚压低公务人员高工资、禁止领导人经商致富的方针相反，肯尼亚政府于 1971 年批准了恩德格瓦委员会报告。这个报告有两个具有深远意义的建议：一是允许政府官员从事私人企业活动；二是公务人员的高低工资差距可在 36:1 之间。结果，政府官员（尤其是高中级官员）无不购地营业，亦官亦商。不少高中级官员拥有几百几千公顷以至更多的土地、农场，开办公司、商店，或同时在私人企业（包括外国企业）中拥有股份。难怪有的学者说："鉴于一部分官僚和商业小资产阶级成员所积累的财富如此之多，他们现已接近构成真正的资产阶级了。"②这些人的企业利润、红利加上优厚的政府薪金，总收入与低工资者相比无疑大大超过了 36:1。而且这种差距还在扩大。总之，肯政府扶植私人资本、允许官商结合的政策促进了生产发展和资本

① ［美］乔尔·巴坎主编：《肯尼亚、坦桑尼亚的政治和公共政策》（修订本），美国 1984 年版，第 270—271 页。

② 同上书，第 22 页。

积累，但也加剧了社会的两极分化（尽管实行了累进税制）。肯尼亚非洲人中的贫富悬殊正日益扩大。

80年代初，肯尼亚政府重新审查了恩格德瓦委员会报告，其出发点主要是有人认为官商结合导致了许多国有企业经营不善、效益差，而不是为了缩小财富和收入差距。事后也没有改变既定政策。

五　经济发展效果和增长率

坦、肯两国不同的社会经济发展战略和政策直接影响了两国的社会经济发展效果。当然，决定效果的还有原有的经济基础、气候条件和国际环境等客观因素。在这些客观因素一样或相近的情况下，发展战略和政策等主观因素就有了决定意义。从增长的角度衡量，肯尼亚的统计数字大多超过了坦桑尼亚。

独立初年（1964—1967年）坦、肯两国的发展战略相似时，两国的经济增长率也差不多：坦桑尼亚为6.4%，肯尼亚为6.8%。1967年坦桑尼亚发表《阿鲁沙宣言》后，其发展速度一直明显低于肯尼亚，仅1975—1976年例外。见下表1：

表1　　　国内生产总值平均年增长率*（以不变价格计算）

	1964—1967	1968—1972	1973—1974	1975—1976	1977—1978	1979—1980	1980—1987
肯	6.8	6.8	5.3	3.2	7.7	3.6	3.8
坦	6.4	4.7	3.2	5.3	5.1	1.2	1.7

　　*转引［美］乔尔·巴坎主编：《肯尼亚和坦桑尼亚的政治和公共政策》（修订本），美国1984年版，第16页；1980—1987年数字引自世界银行《1989年世界发展报告》中文版，第166页。

具体到各经济部门，两国因战略和政策不同而导致的不同发展效果最为突出。1964—1967 年，两国制造业增长速度相近，肯尼亚略高于坦桑尼亚（7.6% 比 6.8%）。《阿鲁沙宣言》后，坦桑尼亚将大的私有制造业收归国有（包括由国家占 60% 股份的企业），并由本国人取代原来的外来人进行管理；肯尼亚的制造业则几乎都保持为私人所有（主要是外资），在有些企业中政府握有股份，但管理仍由私人（外国人）负责。自 60 年代末到 70 年代末的 10 年中，肯尼亚制造业发展迅速，大部分年度增长率在 9% 以上，80 年代增长率下降，但仍远远高于坦桑尼亚；而坦桑尼亚的制造业在 1968 年后显著衰落，增长率只及肯尼亚的一半以至更少，进入 80 年代后多次出现负增长，它在国民经济中所占比重已由 1980 年的 8.7%，减为 1987 年的 4%。见下表 2：

表 2　　　　　　　　　　　制造业平均增长率 *

	1964—1967	1968—1972	1973—1974	1975—1976	1977—1978	1979—1980	1980—1987
肯	7.6	9.3	9.3	7.6	14.1	6.4	4.3
坦	6.8	4.0	3.1	3.2	0.5	1.6	-3.5

　　* 转引自［美］乔尔·巴坎主编：《肯尼亚和坦桑尼亚的政治和公共政策》（修订本），美国 1984 年版，第 17 页；1980—1987 年数字见世界银行《1989 年世界发展报告》中文版，第 166 页。

肯尼亚建立和扩大了一系列制造业，包括饮料、烟草、食品、石油制品、汽车装配和汽车配件、电器和电子产品、金属制品、纸浆和造纸、制糖与糖果、水果蔬菜罐头、化工、橡胶、服装、水泥、肉类与乳制品、木材与软木制品、皮革与皮革制品等。肯尼亚早已是东非工业最发达的国家，在整个黑非洲也名列前茅。

从增长率看，坦、肯在农业发展上各有千秋。有些年度坦桑尼亚的增长率较高，但大多数年份还是肯尼亚占优势。见下表 3：

表 3　　　　　　　　商品性农业平均增长率 *

	1964—1967	1968—1972	1973—1974	1975—1976	1977—1978	1979—1980	1980—1987
肯	5.2	6.7	2.4	3.5	5.5	5.4	3.4
坦	4.1	2.7	-1.6	7.9	7.4	0.5	3.8

　*转引自 ［美］乔尔·巴坎主编：《肯尼亚和坦桑尼亚的政治和公共政策》（修订本），美国 1984 年版，第 17 页；1980—1987 年数字指整个农业增长率，见世界银行《1989 年世界发展报告》中文版，第 166 页。

在具体作物方面，坦桑尼亚主要是粮食作物（玉米、小米、高粱、小麦）增长率较高，而肯尼亚则在几乎所有经济作物（咖啡、茶叶、剑麻、棉花、腰果、烟叶、甘蔗等）方面获得更高的增长率。

经济作物是两国外汇收入的主要来源，它们的生产和出口决定着两国经济的盛衰。肯尼亚经济状况之所以较好，经济作物（咖啡、茶叶以及近几年的园艺作物）产量与出口大幅度增长是一个重要原因；而坦桑尼亚经济之走下坡路，同经济作物产量与出口增长不多以至下降也直接有关。坦桑尼亚某些经济作物减产的原因明显地是由于国有化运动、"乌贾马"运动或村子化运动。如剑麻生产在 1967 年剑麻种植园国有化后便连年下降（年均下降 6%），1981 年的产量只及 1967 年的 39%；腰果生产由于村子化后农民的新村离所种腰果树太远，难于进行管理，因而减产，1981 年的产量只及 1973 年（产量最高年）的 26%；除虫菊生产也大幅度下降，这在很大程度上是由于国有化后将种植园分给了没有种植经验的小农耕种，结果 1968—1970 年三年间减产近 40%，1981 年的产量只相当于 1967 年的 28%。[①] 造成上述作物减产和另外一些作物（如咖啡、茶叶等）增产幅度不大的另一重要原因是坦桑尼亚政府规定的收购价格偏低，农民收入不多，生产积极性也就不高。此外，运输条件差、销售渠道不畅以及收购时不付现款（开白条）等管理上的弊病也是重要原因。80 年代中期后这种情况已有改观，坦桑尼亚的农业生产状况也渐有起色。

六 利弊比较与改革调整

坦、肯两国的不同发展战略和政策在 70 年代便已显示出各自的利弊。坦桑尼亚领导人想建立一个以公有制（国有和合作社所有制）为主、收入差距不大、"社会平等"的"社会主义社会"。坦桑政府在一定程度上贯彻了这一战略，对主要工业和金融企业及种植园实行了国有化，在农村开展了乌贾马运动和村子化运动，缩小了高低工资间的差距，改善了农村教育和服务设施，等等；但是它付出了经济增长缓慢以至衰退的沉重代价：工业开工严重不足，管理混乱，企业亏损，农业衰落，产量下降（1974 年粮食减产 30% 以上，全国发生严重粮荒而不得不进口大量粮食。当然这与天灾也有关系。但此后坦桑每年都要依赖粮食

---

① ［坦］C. G. 卡哈马等编：《坦桑尼亚经济面对的挑战》，英国 1986 年版，第 57、60 页。

进口，这就主要不是天灾所造成的了。）坦桑尼亚抑制了私人工商业资产阶级的产生和发展，但同时也抑制了私人工商业本身和商品经济的发展，它的人均产值一直处在世界最穷国家之列。

肯尼亚虽然也曾打过"非洲社会主义"的旗号，但它一开始就以建立"混合经济"为目标，在强调国家的控制、调节作用和发展国有经济的同时，鼓励和扶持国内外私人资本及合作资本的发展；它以经济增长为首要目标，兼顾收入的"平等分配"或"减轻贫困"，积极实施大农场、商业等部门的"肯尼亚化"。这一战略与相应的政策为肯尼亚带来了较高的增长率和经济的相对繁荣；肯尼亚虽然也有困难年份（如80年代初），但比坦桑尼亚和大多数非洲国家的情况好得多。在肯政府政策的支持下，一个同官僚阶层密切联系的资本家阶级已经初步形成；同时，社会继续迅速分化，贫富差距扩大，地区不平衡（首都内罗毕、中央省、蒙巴萨同其他地区相比）也在发展。1971年发表的国际劳工局调查报告早就指出了以上问题，肯政府在后来的发展计划中也有意适当改变这种状况，如表示今后在强调经济增长的同时要注意提供更多就业机会和对资源与收入较平等的分配等。但是实际上在私有制社会，收入的平等分配是不可能的。发展中国家要追求较快的发展，也必须让一部分人（通过合法途径）先富起来，然后带动社会各阶层生活的全面改善。当然，对应该让哪一部分人"先富起来"才有利于社会发展是个关系重大的问题，政府决策者要头脑清醒。否则，只会加重社会收入分配不公，妨碍生产力的发展。实行累进税制只是必要的政策之一而已。

肯尼亚也有与坦桑尼亚类似的问题：国有（包括全部国有和部分国有的）企业经营不善，经济效益差。据肯尼亚官方调查，到1982年肯尼亚共有176家国有公司（其中全部国有的47

家，50％以上国有的 36 家，小部分资本国有的 93 家），肯政府共向这些公司投资 9 亿多肯镑（包括债务担保）；如以年利润额 10％计算，肯政府到 80 年代初应获得 9000 万肯镑利润，但实际上到 1979 年它仅从 6 家公司获得 220 万肯镑。[1] 公司效益之差由此可见一斑。这与坦桑尼亚 412 个国营企业只有 9 家盈利，其余都亏损的状况如出一辙。

坦、肯两国政府根据各自的情况一直在不断地调整政策。1985 年 5 月 18 日，尼雷尔在对一个省的领导人讲话时承认过去把所有工业都收归国有是犯了错误[2]；同月，坦桑政府决定对私人工商业采取鼓励政策，并将 12 处经营不善的剑麻种植园卖给了私人和外国公司。经过 4 年努力，1989 年坦桑尼亚的剑麻产量已恢复到 80 年代初的水平。1990 年，坦桑政府终于宣布要对有亏损的国有企业实行私有化，这是涉及坦桑领导人至今未予以否定的社会主义原则的政策改变，估计在执行时会遇到内部阻力。有意思的是，并不多讲社会主义原则的肯尼亚政府对于亏损企业并未采取私有化的解决办法，而是设立了专门机构，加强对有关企业的国家监督和控制。

七　几点结论

独立后的非洲国家应采取怎样一种发展道路（战略与政策）才能较快地发展社会经济，较快地摆脱赤贫和极端落后状态，至今尚无成功的模式。长期以来，非洲一直是一个战乱、政变和灾

---

[1]　肯尼亚《每周评论》1988 年 10 月 14 日，第 56 页。
[2]　金荣：《坦桑尼亚经济困难的原因及前景》，载《西亚非洲》1986 年第 3 期，第 50 页。

荒频仍的大陆。相对而言，坦、肯两国虽然也常有灾情和困难（尤其是坦桑），但两国都保持了长期相对的政治稳定，实现了领导人的和平接班，这不能不说是一大政治成就。两国发展战略和政策的差异部分地产生于两国不同的国情。从实际效果来看，肯尼亚在许多方面得分较多，但它有自己的问题。坦桑尼亚在总结经验教训后已在不断修正政策，近年已取得明显成绩。从两国的发展实践中似可得出以下一些（肯定不是全部）共同的经验：

（一）非洲领导人想建立适合非洲具体情况的社会主义或非洲社会主义的愿望是好的，但他们需要从实践中不断总结经验教训，修正政策，以利社会经济的发展和人民生活的改善。社会主义不可能建立在"均贫"的基础上，它的方向应该是"均富"——共同富裕；当然，共同富裕不等于同时富裕，这在发展中国家是不可能实现的，必须允许一部分人依靠诚实的劳动、服务以至投资先富起来，同时要通过税收和社会福利等政策措施限制贫富差距的扩大，提高全社会的生活水平。

（二）发展中国家要较快地发展社会经济，必须发挥各种经济成分（所有制）的积极性，包括国有、集体或合作所有、私有经济的积极性。对以社会主义为方向的国家来说，公有经济虽然是基础，但也应允许和帮助私人或个体经济的存在与发展，特别要避免过早过多地实行私人工商业的国有化，导致商品生产与流动的全面衰退。

（三）发展中国家的国有企业之所以普遍经营不善，开工率低，经济效益差以至严重亏损，不仅是由于缺乏合格的管理人才、管理水平低和普遍的贪污盗窃行为，也与国际贸易条件、国家的外汇收入及农业状况等原因有关。对此须进行综合性治理。80年代后期西方所倡导的私有化运动未必是医治上述弊病的万应灵药。

（四）坦、肯两国的经验都证实农业是发展中国家经济的基础，农业的发展可以带动其他部门和整个国民经济的发展。必须始终紧抓不懈。农业发展受到灾害和国际市场价格波动的限制，但在正常情况下，国家政策起决定作用。经验说明，以土地等生产资料私有为基础的个体小农在非洲仍有很大发展潜力。强制的集体化或合作化（如70年代的坦桑尼亚）或照搬资本主义大农场制度（如一度在肯尼亚）都不利于农业生产的发展。同时，在农业生产本身，必须采取粮食作物和出口作物并重的政策，前者保证粮食自给，后者保证必要的外汇收入。政府对农业的重视首先应体现在合理的价格政策上，使农民的辛劳得到应有的报酬，以鼓励生产积极性。社会主义如果不能使农民获得合理的收入，它的吸引力也将很快消失。

（五）坦、肯两国的经验表明，发展中国家的经济发展不能没有外援。如果这种外援主要是用于平衡政府财政预算，而不能达到促进生产发展，增加国家收入的目的，那么受援国债务将日益沉重，对外援的依赖也难以摆脱。这方面，坦、肯两国之间难分伯仲。[①] 另一方面，肯尼亚在吸引外国投资方面的成绩明显大于坦桑尼亚，这既有历史和客观条件的原因，也有政策原因。对以社会主义为方向的发展中国家来说，如何吸引外资以帮助本国的经济建设，同时实行互利原则，使外资有利可图而又使本国在政治经济上不吃大亏，这仍是一个需要不断研究的课题。坦、肯两国的经验教训对其他发展中国家无疑是有借鉴意义的。

（原载唐大盾、徐济明、陈公元主编：《非洲社会主义新论》，教育科学出版社1994年版，第353—378页）

---

① 到1987年，肯尼亚使用外债总额已近45亿美元，坦桑尼亚也达40多亿美元。

第三部分

当代非洲政治

东非三国关系浅说

——坦、肯、乌的合作和矛盾

地处西印度洋之滨的东非国家——坦桑尼亚、肯尼亚还有与两国相邻的乌干达，曾经一起组织过"东非共同体"，在经济、文化上有过密切合作关系。但是近十年来，三国不断摩擦争吵，坦、乌还以兵戎相见，引起人们对超级大国插手的担忧。近年来，由于苏联在埃塞俄比亚、南也门相继得手和伊朗的动乱，特别是苏联对阿富汗的赤裸裸的占领，使西方国家大为震动，美国急于寻找对策，包括在东非地区获得使用军事设施的便利，看中了肯尼亚的蒙巴萨港（还有索马里的伯贝拉等）。这样，这个在世界战略上处于次要地位的地区似乎向两霸争夺的旋涡靠近了一步。由此，三国之间的关系越来越得到世人的注意。

本文试图对三国关系的历史背景、不和的发展以及今后的前景作一概括叙述和初步分析，供读者参考。

历史渊源

　　坦、乌、肯三国原来都是英国的殖民地或保护国①，先后于1961、1962、1963 年独立。它们领土相连，语言可通（官方通用斯瓦希里语和英语），经济上曾有密切关系。过去，英国从殖民统治利益出发，曾打算以白人移民最多的肯尼亚为中心建立东非联邦（最初叫"紧密联盟"）。主要由于乌干达和坦桑尼亚非洲人的反对，这个联邦始终没有成立。但早在 20 年代，三地在经济上就形成了"共同市场"和关税联盟，使用共同的货币东非先令。英国派驻三地的殖民总督从 1930 年起每年都举行"东非总督会议"，商讨和协调共同的经济和文教卫生事务。第二次世界大战期间，由于战争的需要，英国在东非地区成立了许多全区性机构，如"东非联合经济委员会"、"东非战时供应委员会"、"东非研究和发展局"、"东非难民管理局"等。1948 年 1月，英国为了更有效地统治东非，在总督会议的基础上正式成立统一机构"东非高级委员会"，由它负责掌管东非共同的铁路、港口、民航、邮电、关税、所得税、高教以至国防，并设"中央立法议会"作为咨询机构。1961 年，"东非高级委员会"改组为"东非共同事务组织"。这个组织同其前身在性质上没有什么不同，不过"高级委员会"的领导是三个总督，新组织改为三地的首席部长，同时建立了若干部长级理事会。1962 年，又成立东非大学，由设在坦、肯、乌的大学学院组成。

　　总之，为了逐步建立从经济到政治上统一的东非联邦，英国

---

　　①　坦桑尼亚大陆部分坦噶尼喀曾属德国，第一次世界大战后由国际联盟交英国"委任统治"，第二次世界大战后改称联合国给英国的"托管地"。

确实费了一番工夫。它曾屡次派人调查研究，提出建议，通过法令，改组机构。如"东非高级委员会"主要是根据工党殖民大臣克里奇·琼斯几次修改的建议成立的，而 1960 年"雷斯曼委员会"的报告则为"东非共同事务组织"取代"东非高级委员会"提供了依据。但是，非洲人认为拟议中的东非联邦是专为肯尼亚的白人移民设计的，因而长期加以反对。1953 年，英国殖民大臣李特尔顿在一次聚餐会上"失言"，他提到了"成立包括整个东非各领地的联邦"的可能性，激起了乌干达非洲人的强烈抗议。当时乌干达的大部分欧洲人和印度人鉴于同肯尼亚贸易的不利地位，也反对建立东非的政治联合。

坦噶尼喀对东非联邦的态度有过变化。1960 年以前，它一向反对这种主张。但在它独立前夕，一些有泛非主义思想的领导人转而大声疾呼主张建立东非联邦。1960 年 6 月，尼雷尔在第二届非洲独立国家会议上呼吁东非各国在取得独立前成立联邦，他还主张坦噶尼喀将独立的时间推迟数月，以便东非三国"在统一中独立"。他说，如果各国分别取得独立，今后统一的任务肯定困难得多①。

1963 年 6 月 5 日，已经获得独立的坦噶尼喀总统尼雷尔、乌干达总理奥博特以及已获内部自治并即将独立的肯尼亚总理肯雅塔在内罗毕发表《联合宣言》，保证为实现政治统一的东非联邦而努力。该《宣言》说："我们有共同的历史、文化和习惯，我们的统一既符合逻辑，也很自然。"②该《宣言》还说将建立工作组起草东非联邦的宪法草案。一个统一的东非似乎翘首可望了。

---

① ［坦］尼雷尔：《自由与统一》，达累斯萨拉姆 1967 年版，第 85—98 页。
② ［英］安东尼·休斯：《东非：寻求统一》，巴尔的摩 1963 年版，第 265—268 页。

后来的事态说明，成立东非联邦存在难以逾越的障碍，而各国分别独立后，正如尼雷尔预料的那样，统一的希望就更渺茫了。1965 年，三国宣布建立各自的中央银行，发行各自的货币以代替原来共同的东非先令。坦桑尼亚决定对来自肯尼亚的货物加以严格限制。1970 年，东非大学解散，各国分别成立自己的大学。

尽管如此，坦、肯、乌独立后还是作了一定的努力以调整和发展三国的合作关系。1964 年，三国订立坎帕拉协定，企图改变在工业发展和贸易上对肯尼亚单方面有利的状况，促进和保护坦桑尼亚、乌干达工业的发展①。1967 年 6 月，三国签订了东非合作条约，同年 12 月正式成立"东非共同体"，维持了原有的共同市场。共同体的最高机构是三国总统组成的最高当局。原中央立法议会改为东非立法议会，由三国各派九名议员组成。条约还规定成立五个部长级理事会（即共同市场、经济协商与计划、财政、社会研究以及交通管理五个理事会），由三名专任的东非部长和三国另派的三名部长负责。共同体的主要资产有航空、铁路、港口、邮电四个公司和新成立的东非发展银行，此外还有一些研究机构。为了分享利益，纠正过去管理机构集中内罗毕的现象，共同体总部决定设在坦桑尼亚的阿鲁沙。上述四个公司除航空、铁路两公司继续留在肯尼亚外，港口、邮电公司分设坦、乌两国，东非发展银行设在乌干达首都坎帕拉。这样，每家都平均设有两个主要机构。同时，合作条约还规定实行转让税（一种进口税）制，主要用以保护坦桑尼亚和乌干达比较薄弱的新建工业，防止肯尼亚同类工业的竞争。

---

① 《坎帕拉协定》目的在改善工业布局，其中规定有些工厂如轮胎厂、收音机装配厂等设在坦桑，自行车厂设在乌干达等。但此协定并未得到遵守。

　　尽管存在着种种矛盾，"东非共同体"和东非三国的合作一时被人视为非洲地区性合作的样板，周围一些邻国——赞比亚、布隆迪、埃塞俄比亚和索马里等纷纷提出申请，要求加入共同体或与共同体建立联系。赞比亚还与三国合股创办了东非航运公司（不属共同体资产）。但是不多几年后，三国关系就出了问题。

十年交恶

　　70年代初，东非三国关系显著恶化。最突出的是坦、乌冲突。肯、乌之间也发生过龃龉。而持续时间最长，情况也最复杂的却数坦、肯矛盾。

　　坦、乌冲突　起自1971年1月乌干达发生伊迪·阿明政变推翻奥博特之后。在这之前，坦、乌两家由于内外政策的类似，关系越来越接近。继坦桑尼亚总统尼雷尔宣布《阿鲁沙宣言》，提倡"社会主义"和实行国有化政策之后不久，乌干达总统奥博特也宣布"向左转"，发表了《平民宪章》和《五一宣言》，声称"走社会主义道路"。两国总统私交密切，奥博特曾公开表示要学习尼雷尔。两国在对南部非洲问题的政策步调上也较一致。从东非三国的关系来说，坦、乌越来越亲密，而肯尼亚日趋孤立。阿明的政变打乱了这种局面。尼雷尔强烈反对军人用政变方式夺权，始终拒绝承认阿明，不愿同阿明会见。由三国总统组成的"东非共同体"最高当局从此未再开会。1972年9月，尼雷尔支持奥博特打回乌干达，结果失败了，随后奥博特继续在坦桑尼亚积聚力量。坦、乌关系因此一直紧张，边境一再冲突。1978年10月底，阿明派兵占领了坦桑尼亚的卡格拉河北岸，招致坦桑尼亚全力反击。1979年4月11日，坦军及其支持下的乌干达反阿明部队占领坎帕拉，推翻了阿明政权,成立了"乌干达民族解放阵线"领导的新政府。5月,乌干达因内部派别之争又发生了领导人更迭。在坦桑尼亚支持下,比奈萨代替卢莱为总统。

不少人不无理由地认为,阿明的下台为建立坦、乌关系的新格局和恢复东非合作扫清了道路。但这就把东非的合作问题看得太简单了。因为,近十年东非三国的不和虽以坦、乌冲突最引人注目,实际上坦、肯矛盾的发展具有更深远的影响。因为坦、乌冲突在一定程度上是尼雷尔和阿明个人之间的敌视造成的,而坦、肯之间却存在国家利益、政策方针和意识形态等多方面的对立与分歧。

坦、肯矛盾 肯尼亚原是英国在东非经营的重点。这里因气候宜人、雨量充沛等条件,吸引了较多的白人移民,形成了著名的"白人高地"。肯尼亚的工、农、交通、服务、旅游、建筑各业都比坦、乌两国发达。以工业为例,三国独立时国内生产总值中工业产值的比重在肯尼亚是 10%,而在坦、乌两国都只有 4%。结果,在东非共同市场内,坦、乌成了肯尼亚工业品的销售市场。即使在成立共同体后,这种经济上的差距仍不断加大。反映在贸易方面,长期是肯尼亚独家盈余,而且它出口的比重越来越大,进口的比重却越来越小。到 1976 年,肯尼亚在三国出口总额中占五分之四以上,而进口占五分之一不到①。

为了改变这种贸易和工业发展的不平衡状态,坦桑尼亚方面一直要求改变三国的工业布局;1964 年的坎帕拉协定和 1967 年的合作条约都在这方面作了努力,坦桑尼亚还根据合作条约的规定,采取措施限制肯尼亚制成品进口以保护本国工业。但这些都

① 据〔美〕乔尔·巴坎和〔肯〕奥库姆主编的《肯尼亚和坦桑尼亚的政治与公共政策》美国 1979 年版一书,第 253 页表。

收效甚微。而 60 年代后期至 70 年代初，外国私人资本在肯尼亚的投资大大超过对坦、乌的投资，这又加强了肯尼亚的经济优势。可以说，东非三国尤其是肯、坦两国经济利益的矛盾是东非共同体散伙的最主要因素。当然，所谓经济利益不仅限于贸易方面。

坦、肯矛盾还表现在共同体公司的经营上。设在各国的分公司进人几乎都进本国人，而把其他国家的雇员陆续调出，所得利润收入也常常不汇给总公司，总公司给下属机构的拨款也常迟误，为此三国不断互相埋怨。到 70 年代中期，共同体四家公司几乎都形同三国各自的企业了。1977 年 2 月，肯尼亚在准备就绪后，停办面临破产的东非航空公司，另设自己的肯尼亚航空公司。作为对策，坦桑尼亚宣布关闭两国边境，截断肯尼亚南下的通道。两国还互相扣留车辆、轮船、小飞机等资产。合作变成了对抗，共同体也终于解体了。

坦、肯关系发展到这个地步同两国政策不同也有密切关系。坦桑尼亚自 1967 年起，大力宣传实行"社会主义"，对主要由外国人办的重要经济企业实行国有化，禁止党政官员经商，限制私人资本的发展；肯尼亚则推行所谓"自由企业"制度，鼓励政府官员经商置产，大力争取外资。两国在报刊上互相讽刺指责，坦桑尼亚人影射肯尼亚是外国人的"新殖民地"，虽然表面繁荣，其实是"人吃人的社会"；肯尼亚人反唇相讥，说坦桑尼亚妒嫉肯尼亚的发展，嘲笑坦桑尼亚是"人没饭吃的社会"或"人吃意识形态的社会"。

一向被认为是肯雅塔喉舌的肯尼亚总检察长恩琼乔曾经说：在思想意识方面，我们每个国家都是走自己的路，我们不要共同体。

坦、肯关系在 1978 年 8 月肯雅塔去世后逐渐有所松动。尼雷尔曾表示他"喜欢肯尼亚新政府"①。但不久发生了坦、乌战争和乌干达政府的两次更迭。肯尼亚反对坦桑尼亚军队进入和长期驻在乌干达，担心它把乌干达"殖民地化"，在乌干达实行"坦式社会主义"。在卢莱下台后，肯尼亚又允许他在内罗毕发表反坦声明。这一来，刚开始解冻的关系又冷却了。

坦、肯两国总统曾在1979年5月进行了一次会谈。当时决定恢复两国间的过境空中交通（不着陆），但在开放边境的关键问题上没有达成协议。主要是对共同体遗留资产、债务的分配问题未得解决，坦方因此拒绝开放边境。

肯尼亚与乌干达　两国之间也有类似矛盾，但不那么尖锐。1976年发生了以色列突击队袭击乌干达恩德培机场援救被劫持人质的事件，阿明怀疑肯尼亚为以色列人提供了方便；这之前他还声称肯尼亚的大片领土在19世纪末本来属于乌干达。一时两国关系比较紧张，但没有发生武装冲突。肯尼亚在经济、外交上施加了一些压力，阿明态度软化，两国关系便又归正常。肯尼亚看来并不赞成阿明的一些政策，但它更害怕出现一个受坦桑尼亚支配的或者同坦桑尼亚联盟的乌干达政府。为了说明自己的独立性，乌干达新政府外长阿利马迪对内罗毕的《星期日民族日报》记者说："我向你们保证，乌干达的总统不接受坦桑尼亚总统尼雷尔的命令。"还说："坦桑尼亚从未说过或做过损害乌、肯关系的话或事情。"② 在卢莱当政期间，肯、乌之间关系开始有所改善。乌干达向国外派出的第一个政府代表团就是到肯尼亚，肯尼亚则同意立即给乌干达200万美元的赠款。但不久卢莱下台，肯、乌之间发生了种种摩擦和不友好事件，如肯方驱逐乌干达难

① 坦桑尼亚《星期日新闻》1979年1月14日。
② 见美国《非洲报道》双月刊1979年11—12月号，第9页。

民和两国一度互相关闭边界等。

展望未来

曾经长期研究东非问题的安东尼·休斯不久前在《东非的不和》（载美国《非洲报道》1979 年 11—12 月号）一文中对东非关系作了一番分析后说：东非合作的恢复"将有助于在一个否则是混乱多变的地域内建立一个稳定区。不幸的是，看来简直没有什么和解的希望"。

笔者认为，休斯的前半句话很对。东非关系的改善对稳定这个地区的局势，防止超级大国、尤其是苏霸的混水摸鱼有重要意义。但是，休斯最后的结论似太悲观了。

无疑，东非三国的内部和外部都存在着妨碍三国走向和好以至恢复某种合作的因素，可以说，要恢复"东非共同体"的原状已不可能了；但是，从三国的客观处境和利益分析，联系到年初出现的一些好兆头，看来三国制止关系的恶化、采取步骤改善关系乃至建立某些合作的可能性还是存在的。

1980 年 1 月 2 日，三国总统在阿鲁沙进行了十年来三国领导人的首次会晤。事后，尼雷尔总统对记者说，"这次会议同意努力建立和巩固睦邻关系"，还同意三国总统"应该更经常更频繁地会晤"[1]。接着，比奈萨总统于 1 月 15 日宣布，三国总统将于 2 月在肯尼亚的蒙巴萨进行第二次会晤，他表示乌干达期望东非三国建立更为密切的关系，并认为"目前这个地区的政治经济气氛对三国的互利合作提供了较大的机会"[2]。可惜，这次由

① 肯尼亚《旗帜报》1980 年 1 月 3 日。
② 坦桑尼亚《每日新闻》1980 年 1 月 16 日。

比奈萨单独宣布的会谈临时又取消了。也许如中国俗话所说：好事多磨吧。因为其他的积极因素还存在着。

在坦桑尼亚方面，同肯尼亚保持僵局有利也有弊。由于关闭坦、肯边界，排除了肯尼亚商品的竞争，据说坦桑尼亚的小工业因此得到了一定的保护和发展。但是，坦桑尼亚本身对肯尼亚的出口也曾达到 1200 多万肯镑（约合 3000 多万美元）之数，不失为一笔收入。目前这笔收入已下降到几十万肯镑。同时，肯货进不来，对市场（尤其是同肯尼亚邻近而过去贸易交往较多的北部地区）的商品供应多少要受些影响。共同体资产长期悬而不决对坦桑尼亚也无利可图。坦桑尼亚多年来同南方的赞比亚、莫桑比克的各种合作关系比较密切，政治上三国都是"前线国家"。经济上，著名的坦赞铁路和坦赞公路把两国紧紧联在一起。坦、赞、莫三国自 1976 年以来还酝酿建立联合钢铁企业以及坦、赞联合农场等。坦、莫之间的贸易额 1978 年比头年几乎翻了两番，总额已达 1400 万美元①。但是，坦桑尼亚同南方各国发展关系并不需要它舍弃同北方邻国的友好合作。从坦桑尼亚的经济地理来看，它有两个较富庶的地区：以姆贝亚为中心的南部边境地区和以乞力马扎罗省为中心的北部边境地区。从地区合作的前景来看，坦桑尼亚以南北兼顾更符合其利益。

从政策上说，坦、肯之间的距离是在缩小而不是扩大。如肯尼亚一向以"亲西方"著称，但较"亲东方"的坦桑尼亚近几年也改善了同美国和英国的关系，它接受的西方援助并不比肯尼亚少。在国内政策上，坦桑尼亚放宽了对私人资本的限制。尼日利亚学者阿凯教授指出，两国的所谓意识形态分歧，"肯定不同

---

① 英国《三月经济评论——坦桑尼亚、莫桑比克》1979 年第 4 期，第 17 页。

于资本主义和社会主义之间的分歧"①，并非那么格格不入。

由于坦、乌之间建立了新的特殊关系，坦桑尼亚有可能不必急于改善坦、肯关系，但是也可能以此为契机，促使三国关系在有利坦桑尼亚的格局下获得积极发展。据报道，1980年初三国总统的会谈就是尼雷尔采取的主动。坦桑尼亚如无睦邻愿望，不会提出这一建议。

在乌干达方面，由于地处内陆，它的对外贸易主要依赖肯尼亚的铁路、公路和港口，它同肯尼亚的经济关系也较坦、肯之间更为密切。譬如，乌干达需向肯尼亚购买汽油、工业品，肯尼亚需要乌干达欧文水坝的水电供应等。自从共同体解体后，乌、肯两国的贸易额（主要是肯尼亚向乌干达出口）并没有下降。如1975年和1976年，肯尼亚向乌干达出口均为3300万肯镑左右，1977（即共同体解体的当年）为5200万肯镑，1978年初达3800多万肯镑，超过共同体解体前的出口额。

阿明下台后，乌、坦经济上的联系增加了，许多商品都经过达累斯萨拉姆"空运进出"，维多利亚湖上的航运也较前繁忙。为了摆脱对肯尼亚交通线和港口的过分依赖，乌、坦两国酝酿另谋出路——把从坦桑尼亚北部的坦噶港到阿鲁沙的铁路延长到西北部的木索马，然后经维多利亚湖与乌干达水运相连，延长的铁路共400多公里。这个设想已由坦、乌两国官方公开透露，但一时难以实现。就是铁路建成了，乌干达也不可能完全放弃经过肯尼亚的交通线，目前更是不可或缺。而且，坦桑尼亚在相当长时期内也没有能力向乌干达供应所需的商品。从政治上说，乌干达同肯尼亚睦邻友好，有助于它稳定内部局势，提高在三国交往中

---

① ［尼］克劳德·阿凯：《意识形态和客观条件》。见上述［美］巴坎和奥库姆主编：《肯尼亚和坦桑尼亚的政治与公共政策》，美国1979年版，第127页。

的地位。所以，三国之中，对恢复东非合作最积极热心的要算乌干达。1979 年 11 月，比奈萨总统在群众集会上宣称："乌干达愿为在新的合作条件下恢复东非共同体而努力"，1980 年年初他又表示了类似的愿望。

至于肯尼亚方面，它本来是"东非共同市场"中的最大受益者。自从坦桑尼亚关闭边界后，它对坦桑尼亚的出口锐减，为此一年要损失 2000 多万肯镑的外贸收入，而且它同坦桑尼亚以南的国家赞比亚、马拉维等国发展贸易也遇梗阻。所以，它虽然不要政治上的共同体，却要求维持经济上的共同市场，迫切希望肯、坦改善关系，坦方开放边界。

从地理政治上考虑，肯尼亚需要在南方缓和同坦桑的矛盾，而专心对付北方的邻居索马里，避免腹背受敌。实际上，它同坦桑也并无直接利害冲突，而与索马里则有领土纠纷。索马里认为，肯北部大片地区乃是殖民统治时期从索方割去的领土，理应统一于"大索马里"。两国为此多年心存芥蒂，发生过边境冲突。经非洲统一组织的斡旋，1967 年后索马里同肯尼亚的关系稍有缓和，但它始终不放弃支持肯尼亚境内索马里族人"民族自决"和建立"大索马里"的主张，这对肯尼亚来说隐伏着威胁，是绝对不能接受的。肯尼亚的防卫重点一向针对索马里，1979 年它同埃塞俄比亚重订了共同"防御条约"，矛头也是对索的。由于埃塞俄比亚现在处于苏联势力范围，又标榜"马克思主义"，肯尼亚对它并不放心。所以，同南方的邻居搞好关系显得更重要了。

肯尼亚当然也愿意发展同乌干达的睦邻关系，因为乌干达已成为肯尼亚的重要出口市场，它需要乌干达供应电力，并且它同苏丹、布隆迪、卢旺达和扎伊尔等非洲国家的贸易也需要借乌干达过境。从东非三角关系考虑，肯尼亚争取了乌干达的友谊，还可对它施加影响，从而改善肯尼亚的孤立处境。1980年以来，两国总统书信往来，关系大有好转。莫伊总统不久前在接到乌干达外交部副部长卡罗吉雷转交给他的比奈萨总统的特别信件后说："肯尼亚和乌干达人民由于他们的传统和文化关系是不能分开的"，"肯尼亚人愿意与乌干达兄弟姐妹合作，共享太平"①。

　　综上所述，东非三国关系的改善乃至建立某些合作并非毫无希望，而是有基础的。当然，障碍也确实不小，如共同体资产、债务的分配问题，开放坦、肯边界的条件问题，坦、肯当权派中间的疑忌和消极态度，乌干达政局的不稳因素等。所以，为了实现一个团结稳定和合作的东非，还待有关各国作出极大努力，并不是短期内能够成功的。

　　　　　　　　　　　　　　　（原载《西亚非洲》1980年第2期）

---

① 据新华社内罗毕1980年1月25日讯。

大国在东非的角逐

东非的战略地位

本文所指东非，包括从非洲之角直到莫桑比克海峡两岸在内的非洲东部各国以及西印度洋地区。这里有 12 个国家和地区，居民约 9000 多万人，面积约 510 万平方公里（不算海域），分别约占非洲总人口的五分之一和总面积的六分之一。这个地区已发现的矿产资源不算很丰富，但具有重要战略地位。

一、这个地区的北部三国——索马里、埃塞俄比亚、吉布提，与对岸的南、北也门一起扼亚丁湾和红海的出入口，遥控苏伊士运河的航路，这条通道是西欧"生命线"的重要组成部分。同时，这里地处波斯湾近侧，是保卫或者威胁中东石油产地的重要策应地，对需要依靠进口中东石油才能维持经济运转的西方各国以至日本乃是十分值得关注的所在。美国在伊朗和阿富汗事变后加紧在索马里、肯尼亚和阿曼谋求扩大使用军事设施的便利，就反映了这点。

二、东非地区南部包括莫桑比克海峡和马达加斯加以东的海域，系东西方绕道好望角航运的必经之路，是西欧"生命线"的另一个重要组成部分。据有的材料说，近几年来，每年通过苏

伊士运河的船只达 1 万多艘,而绕道好望角的船只多达 3.6 万艘
至 4.4 万艘。以 1971 年为例,单是通过莫桑比克海峡的轮船每
天有 33 艘,其中 20 艘是油船①。大致说来,西方所需 50% 以上
的石油、约 25% 的食品、70% 的战略原料,都需要经过上述南
北两路运输线。

由于苏伊士运河最多只能通行满载 7 万多吨的船只,而且可
能因形势紧张而暂时关闭(1973 年埃、以战争后曾关闭),所以
南路好望角航路(包括莫桑比克海峡)的地位更为重要。

三、东非沿海各国是进入非洲中部和南部的大门,并为非洲
中、南部内陆国提供了十分重要的出海口。如肯尼亚的蒙巴萨港
对乌干达、卢旺达、苏丹、扎伊尔,坦桑尼亚的达累斯萨拉姆港
对布隆迪、赞比亚,莫桑比克的纳卡拉港、贝拉港、马普托港对
马拉维、斯威士兰和赞比亚,都是关系重大的出海口。它们对各
内陆国的经济发展和对外政策都有程度不同的影响。从政治上
说,有些东非国家靠近南部非洲未解放地区,对支援后者的解放
斗争起过后方基地的作用。莫桑比克与南非毗邻,它今天虽没有
力量形成对南非的威胁,但地理上终究是它股上之刺。

东非的这种重要战略地位使它成为大国必争之地。

西方列强在东非势力的消长

历史上许多西方强国曾涉足东非。它们把东非作为从欧洲通
往东方航路上的重要驿站,并从事直接的殖民占领,在此掠夺非
洲的黄金、象牙和奴隶。最早到来的葡萄牙人从 16 世纪初起在

---

① 据 [美] F. A. 瓦利:《印度洋地区的政治》,纽约自由出版社 1976 年版,
第 221 页。

东非横行了 200 年，占领过基尔瓦、马林迪和蒙巴萨等沿海地区。后来，葡人被阿拉伯人赶走，但他们在索法拉（现莫桑比克）的殖民地保持了下来。18 世纪，法国占领了毛里求斯和塞舌尔，法人在毛岛驱使奴隶开垦甘蔗种植园，并把它作为争夺印度洋霸权的主要海军基地。19 世纪初拿破仑战败后，法国将毛里求斯和塞舌尔割让给了英国。英国一时成了东非沿海的霸主。

19 世纪末，西方帝国主义国家基本上完成了对非洲的瓜分。在东非，法国占有吉布提（法属索马里）、马达加斯加和留尼汪、科摩罗等岛屿；葡萄牙保有莫桑比克；意大利占有厄立特里亚和索马里南部（意属索马里）；德国占有坦噶尼喀；英国占有索马里北部（英属索马里）、肯尼亚、乌干达、桑给巴尔和毛里求斯、塞舌尔等岛屿。第一次世界大战后，德国被赶出了坦噶尼喀，后者转归英国统治。

第二次世界大战中，东非虽非主要战场，但也发生了重大军事冲突。这就是英、意对非洲之角和英、法对马达加斯加的争夺。早在 1936 年，意大利即以意属索马里和厄立特里亚为基地侵占埃塞俄比亚（阿比西尼亚），接着于 1940 年 8 月夺取了英属索马里。但翌年，英军便反攻和占领了索马里全境，并在埃塞俄比亚爱国武装力量配合下光复了亚的斯亚贝巴。从 1941 年 4 月起，整个索马里和欧加登地区处在英国军事管制下达 10 年之久。

关于大战中英、法对马达加斯加的争夺，据丘吉尔回忆录说，当时主要是因为英国担心日本向印度洋扩张和抢占维希政府控制的马达加斯加军港迪戈苏瓦雷斯，从而使盟国在"整个中东与远东的航运路线"陷于瘫痪[1]。所以，英军于 1942 年 5 月

---

[1] ［英］温斯顿·丘吉尔：《第二次世界大战回忆录》第 4 卷《命运的关键》中译本，第 320 页。

突袭迪戈苏瓦雷斯，随后又占领了全岛。英国对马达加斯加的占领持续约一年半后，1943年12月交还给了戴高乐的自由法国。

总之，第二次世界大战前后，东非地区是老殖民主义国家的禁脔。群雄角逐的结果，英国取得了霸主地位，印度洋尤其是西印度洋几乎成了英国的"内湖"。但这种局面在战后很快改观了。

各国的独立和老殖民主义统治的结束

第二次世界大战和中国等亚洲国家革命的胜利大大推动了东非殖民地人民争取民族解放的斗争，而在大战中受到严重削弱的英、法、意等老殖民主义宗主国已不能再按老的方式统治下去。从60年代开始，独立之风迅速吹遍东非。从1960—1968年，大部分国家——马达加斯加、索马里、坦噶尼喀、乌干达、肯尼亚、桑给巴尔、毛里求斯都取得了独立；到70年代，又有莫桑比克、科摩罗、塞舌尔和吉布提先后独立。埃塞俄比亚是个古老的独立国。今天只有留尼汪等小岛还受法国直接统治。

各国的独立标志着老殖民主义在东非的政治统治的结束。但这不等于说原宗主国势力已完全退出这个地区。实际上，各国情况大不一样。

葡萄牙是在莫桑比克人民坚持多年的武装斗争打击下被迫退出这个国家的。莫桑比克独立后，葡萄牙人由于担心报复，纷纷携家外迁，原来的20万葡人已所剩无几。结果，葡萄牙殖民主义虽然撤出东非最晚（1975年），但它的政治经济势力消失得却最彻底。

意大利是第二次世界大战中的战败国，力量也较弱，战后政局一直动荡不稳。由于大战后期参加了对德作战，联合国在

1949 年 11 月将原意属索马里交给它"托管",以 10 年为期。这是索马里独立时间较早（1960 年）的原因之一。不过,索马里独立初期,意索关系仍较密切,只是在 1969 年西亚德上台后,由于他对外依靠苏联,对内实行国有化政策,才使意大利的经济势力受到沉重打击。之后,意大利虽仍为索马里的重要贸易伙伴,但它对索马里政局的影响已无足轻重。1980 年以来,由于中东和印度洋形势吃紧,意大利军队总参谋长、海军上将托西里提出了重返索马里的设想,主张以索马里为基地派驻印度洋舰队和轰炸机部队,以便"与法国舰队配合行动"①,对抗苏联集团的推进。当然,意大利是否采纳这个建议以及索马里是否答应,都是问题。

在老殖民主义中,英国和法国在东非仍保持着一定的势力。

英国原是东非和印度洋的霸主,但它在大战中遭到严重削弱。1956 年干涉埃及（苏伊士运河事件）的失败表明大英帝国已降为二等国。继 60 年代英国失去几乎全部东非殖民地后,1968 年,英国又因财政困难,决定把海军力量撤出苏伊士运河以东地区（包括远东和印度洋）。一度是大英帝国"内湖"的印度洋变成了苏、美争霸的场所。不过,英国在东非仍拥有政治、经济和军事影响。它的主要势力是在肯尼亚。英国在肯尼亚投资四五亿美元,控制了肯尼亚很大部分的银行、保险、进口和制造业;它同肯尼亚订有军事协定,有权使用其港口基地并派驻军队。一旦有变,英国在肯尼亚和整个东非仍能发挥作用。当然,在苏联社会帝国主义的扩张势头面前,英国无法单独与之匹敌,它必须同美国相配合。事实上,早在 60 年代,英国便把迪戈加

---

① 据西德《世界报》1980 年 7 月 3 日文章:《西方拉起在苏伊士运河以东设立的控制线》。

西亚岛（原属毛里求斯，由英国购得）租借给美国发展基地设施，以便借助美国的力量在印度洋建立共同的战略防卫系统。所以，英国在东非虽然难有大的作为，但与美国协作则又是不可忽视的重要力量。

法国是东非的另一个有势力的大国。法国的殖民地主要在西非、北非和中非，在东非只有马达加斯加、吉布提、科摩罗和留尼汪等岛屿。但由于这个地区的重要战略地位，法国也是决不甘心退出这个地区的。在马、吉、科等国先后独立后，法国与它们都订立了军事条约或防御条约，并据此在这些国家驻有军队。1975 年，马达加斯加改变政策，法国驻军被迫撤出了迪戈苏瓦雷斯基地，这是法国的一大挫折；经济上也因马达加斯加政府将法资公司实行"国有化"而受到沉重打击。与此同时，拉齐拉卡政权日益向苏联靠拢。但该国军政界中不乏亲法势力，经济上也仍与法国有密切关系，并希望得到法国的经济技术援助，所以苏联在马达加斯加的影响虽越来越大，拉齐拉卡政权还不能完全甩开法国。

目前，法国在东非的势力南部集中在留尼汪，北部集中在吉布提，在两地分别驻有兵力约 4000 人。留尼汪是法国印度洋军事力量总部所在地，至今仍受法国直接统治。此外，法国还管辖着莫桑比克海峡内的四个小岛和马约特岛（属科摩罗），它派驻印度洋的舰队曾经是这个地区最大的舰队。近年来，苏、美军舰大规模进入这个地区，法国也不甘示弱。据报道，1980 年 7 月，法国在印度洋的常备海军力量已达 18 艘军舰，仅次于苏、美。在苏联不断扩张的形势下，法国将采取何种对策，是值得注意的。鉴于法国在欧洲采取了不同于美国的防务政策，它在西印度洋另搞一套也并非不可能。就是说，法国也许会同意印度洋沿岸国家提出的印度洋中立化（非军事化）的主张，以便把苏、美军事力量都排除出这个地区，而法国舰队将以"拥有领地"和"传统存在"为由继续部署于此。另一方面，法国同英、美等西方国家在保卫海上通道上有共同利益，所以当他们在印度洋的领地遭到实际威胁时，法国也有可能"同美、英采取协调行动"（法国驻印度洋部队总司令菲利普·勒热纳少将语[1]）。

苏联势力在东非的推进

苏联势力在 60 年代初开始进入东非。今天它同东非的几乎所有国家（除科摩罗外）都建立和保持着外交关系，订有各种各样的合作协定。它的渗透重点是非洲之角和莫桑比克海峡两岸，亦即东非最具战略意义的所在。

苏联在非洲之角原来的渗透重点是索马里。它还曾企图挤进肯尼亚，但在肯雅塔政府的亲西方政策面前碰了壁。于是，它主要着眼于索马里。特别是在 1969 年西亚德上台后，苏联加速对索"援助"。从 1963 年到 1977 年，苏联给索的援助共达 3 至 4 亿美元，其中单是从 1971—1975 年的军援便达 1.32 亿美元，经援 8600 万美元[2]，派驻军事顾问 1000 人。它为人口只有 300 多万的索马里装备了 2 至 3 万人的军队，提供了几中队的米格飞机和大批坦克、大炮等重武器。1974 年，两国订立了《友好合作条约》。索马里大力扩充军力，显然同它想以武力解决与邻国的边界纠纷、实现"大索马里"的愿望有关。苏联对索马里的军援无疑助长了索马里跃跃欲试的企图。苏联的真实目的在于攫取

---

① 据路透社 1980 年 7 月 13 日报道。

② 据〔美〕W. F. 哈恩、A. J. 科特雷尔：《苏联阴影笼罩非洲》（1976 年），第 58、67 页。

索马里在亚丁湾和印度洋西北部的港口，进而控制索马里并建立向周围渗透扩张的据点。它在伯贝拉也确实建立了近似基地的海空军设施。

但是，1977年索马里在欧加登发动攻势时，非洲之角的政局已经发生变化。此时，埃塞俄比亚亲美的塞拉西皇帝已经倒台，门格斯图政权的亲苏倾向日益发展，而美国恰在此时中断了军援，于是，苏联利用门格斯图内外交困、伸手求援之机，进一步向埃塞俄比亚进行渗透。它在短短几个月内，给埃塞俄比亚运去10亿美元的武器装备和一万几千名古巴雇佣军，遂使同是苏式装备的索军遭到惨败。在鱼和熊掌不可兼得的情况下，苏联舍"鱼"而取了更有价值的"熊掌"。因为，埃塞俄比亚在人口、国土和政治影响方面都比索马里重要得多，它的红海港口马萨瓦等地也可供发展海军基地之用。而且，从原是亲美的埃塞俄比亚挤走美国势力，也就是在非洲之角的争霸事业中赢了一着。为此，苏联不惜向埃塞俄比亚投下它在黑非洲最大的赌注。到1978年底，苏联给埃（塞）的军援共达20亿美元，承诺经援1.2亿美元，派驻军事顾问1500人。两国在同年11月订立了带军事合作内容的《友好合作条约》。苏联还百般诱压门格斯图建立一个听命于苏的"工人阶级政党"，以期巩固它对埃（塞）的控制。可以说，苏联在一定程度上达到了目的。

在莫桑比克海峡两岸即莫桑比克和马达加斯加，主要是在莫桑比克，苏联的渗透也取得了较大的成功。在"莫桑比克解放阵线"领导的多年反葡解放战争中，苏联援助甚少。1975年莫桑比克独立后，苏联的影响还不大。但自1976年起，莫政府明显靠拢苏联。1977年3月，两国签订《友好合作条约》，此外还先后订立了经济、文教、科学、渔业等一系列协定。莫陆军装备已全部改为苏式，苏联（还有古巴）教官深入到莫军各旅和各兵种院校。莫方还派了大批高中级军官去苏受训。有消息说，苏联已获得使用印度洋沿岸重要港口纳卡拉、马普托和贝拉的权利。

除埃、莫两国外，这几年苏联在马达加斯加、坦桑尼亚和塞舌尔等国的影响也有增长之势。苏联主要依靠提供重武器和"文化交流"进行军事和意识形态的渗透。

与此同时，苏联海军也张牙舞爪地出现在西印度洋。苏联舰队首次到印度洋显示力量是在1968年3月，当时有两艘军舰访问了索马里和波斯湾。之后，苏舰便经常出现在印度洋，并经常窜到索马里的伯贝拉、摩加迪沙、基斯马尤及南也门的亚丁等港口。它在印度洋西北角和德班——马达加斯加——塞舌尔三角地带的公海上建立了许多浮筒和泊锚处①。近几年来，随着苏联海军力量的增长以及非洲和中东局势的动荡，苏联海军在印度洋的活动也加剧了。游弋在印度洋的苏联舰艇常达二三十艘。它在印度洋上还有许多渔船，而"每一艘苏联渔船实际上就是一艘伪装了的小型护卫舰"（意大利海军上将托西里语）②。当苏联海军最初闯入印度洋时，西方有些观察家认为：苏联的行动是"防御性"的，是为了对抗美国A—3北极星潜艇开入印度洋所构成的对苏联领土的威胁③。多年的事实证明，这种观点至少是片面的，甚至是颠倒了事实。因为，今日在印度洋上和东非地区，正是苏联采取了推进姿态，而西方处于守势，虽然双方并未实战。

此外，古巴、东德等苏联卫星国在埃塞俄比亚、莫桑比克的

① ［美］莫·贝兹布鲁亚：《美国在印度洋的战略》，美国普雷格出版社1977年版，第148页。
② 见西德《世界报》1980年7月3日报道。
③ 见［美］A. J. 科特雷尔与［美］R. M. 伯勒尔合编：《印度洋在政治、经济、军事上的重要性》，上海人民出版社1976年版，中译本，第449页。

驻军、顾问、专家以及经济技术援助，都加强了苏联在东非地区的势力。

总之，这几年苏联在东非是大步推进的，虽有所失（索马里），但所得要大得多。苏联获得如此迅速的成果，除了由于老殖民主义的衰落外，还由于它利用了以下有利因素：

（一）它是趁有关国家面临威胁、迫切要求外援时插足的，有"应邀"之名，得到所在国的同意，别国也难加以反对。埃塞俄比亚就是突出的例子。

（二）多数东非国家标榜"社会主义"以至"马列主义"，又视苏联为"第一个社会主义国家"，感激苏联对其"社会主义方向"的肯定，在意识形态上有认同感。有些国家中还有亲苏势力为苏联讲话，影响各国政策，如马达加斯加。

（三）东非各国因长期受殖民压迫和剥削而存在反西方情绪。像坦桑尼亚、马达加斯加都认为西方——尤其是法国和美国是非洲的大敌，而苏联倒是可资利用的"盟友"。

（四）苏联有军事实力作后盾。它能提供非洲国家需要的重武器。近几年来，因建造了新的航空母舰、核潜艇、大型供应舰，苏联的海军实力又有所增强。

不过，苏联也有其不利的一面。

（一）经济能力有限，不能而且主观上也不想满足各国发展经济的要求。苏联给埃塞俄比亚的经援只抵军援的十分之一，给其他国家的经援更微不足道。它答应的援建项目常常不能落实，或者迁延日久以至最后告吹。如在索马里、坦桑尼亚都有此例。这些国家只好向西方求援。

（二）东非各国同西方有传统的经济贸易关系，有些国家军政界中还存在不小的亲西方势力，与亲苏势力相掣肘，如马达加斯加就是如此。

（三）民族主义仍是非洲最强大的思潮。各国不论实行何种政策，鼓吹什么主义，它们首先关心的是维护国家独立和民族利益。这同苏联企图控制、掠夺别人的打算是根本对立的，这种矛盾迟早要爆发。

（四）西方大国不甘心退出东非舞台，正在加强共同对抗部署。

美国对东非的兴趣

第二次世界大战后美国在东非的兴趣主要在非洲之角。1943年，美国在厄立特里亚（后归埃塞俄比亚）的阿斯马拉建立了著名的阿格纽通讯站，主要用于军事联系。由于这点关系和塞拉西皇帝的亲美政策，美国长期把埃塞俄比亚作为它在非洲的外交重点。美国同埃塞俄比亚先后订有租借、共同安全和军事等协定。从1952年到1976年的24年中，美国给埃塞俄比亚的援助共计6.25亿美元，其中军援2.75亿美元，占同期美国对非洲军援的一半。美国还曾向埃塞俄比亚派有军事顾问团，并为埃塞俄比亚训练了近4000名军事人员。

60年代初，美国曾企图在索马里建立军事基地，未获同意。

美国在东非的另一个关注所在是肯尼亚。这是因为肯尼亚的蒙巴萨港是现成的军港，同时肯政府政治上对美友好，经济上欢迎外国投资（美国在肯的私人投资已达2.1亿美元[①]）。自从1977年美国和埃塞俄比亚关系破裂、门格斯图倒向苏联后，肯尼亚在美国战略考虑中的地位上升了。美国已答应增加对肯援助。美国对坦桑尼亚也是重视的，尽管坦桑尼亚经常点名反对美

---

① 据肯尼亚《旗帜报》1979年7月4日报道。

帝国主义，美国仍给予它与肯几乎相等的经济援助。这可能主要是考虑到坦桑尼亚对南部非洲的影响，美国在外交上需要争取它的配合。

从 60 年代中期起，美国开始关注印度洋的部署。在这以前，美国主要依靠英、法维护它在这个地区的利益。1966 年，美、英达成协议，允许美国为防御目的使用"英属印度洋领地"（包括迪戈加西亚所属的查戈斯群岛）。1968 年 1 月，英国宣布从苏伊士运河以东撤军后，美国加速了迪戈加西亚基地的建设，1973 年正式启用。它在名义上是通讯基地，实际是军事基地。

最近一年来，由于伊朗动乱和苏联侵占阿富汗，美国在东非和印度洋大大加强了军事部署。以航空母舰率领的美国舰队不断轮流从太平洋和地中海开到印度洋巡航，最多时总数达 37 艘。据传美国还计划以数亿美元扩建迪戈加西亚基地，使之能够容纳 B—52 型战略轰炸机，并为新建立的"快速部署部队"提供补给。1980 年 6 月，美国同肯尼亚达成了更多地使用蒙巴萨、恩巴卡西和纳纽基的海空设施的协议，同阿曼也签订了类似协议；美国同索马里关于使用伯贝拉等基地的谈判经过讨价还价后也已在 8 月达成协议。

美国在东非和印度洋加强军事部署的目的，主要是为了保卫西方在中东和波斯湾的石油利益（投资和供应），阻挡苏联继续南下，同时对这一带的反美势力起威慑作用。一旦发生战争，美国可利用上述基地和舰队保护印度洋航道的通畅，提供补给或从这里发动对敌攻击。

美国加强军事部署在一定程度上也是对苏联在东非渗透扩张的反应。如上节所述，苏联这几年从埃塞俄比亚到莫桑比克海峡两岸排挤美国和欧洲国家的势力，取得了一定的进展。美国担心苏联利用非洲的不稳局势进一步向更多的国家扩张。苏联势力的推进当然对西方势力不利。所以，1980 年 1 月，卡特总统在国情咨文中表示将帮助非洲国家"保持非洲的稳定"，并说："无论是在非洲之角还是在非洲的其他地区，如果友好国家需要保卫它们的边界的话，我们将帮助它们保障安全。"无疑，肯尼亚和索马里对此内心是欢迎的。但是，坦桑尼亚对美国的军事活动表示忧虑。特别是美国在迪戈加西亚扩建基地的计划受到坦、马等国的强烈反对。马达加斯加总统拉齐拉卡不久前倡议召开印度洋中立化会议，其矛头主要是针对美、英的。甚至亲西方的毛里求斯也在国内外压力下向英国提出了归还迪戈加西亚岛的要求。

今天，就整个东非（包括西印度洋）的力量对比而言，还是以美国为首的西方占上风。但是美国能否挡住苏联势力的进一步扩张，目前尚难预料。因为这不仅取决于大国的军事实力，还取决于各国国内的政局和政策的变化。由于美国等西方大国同东非各国存在利害矛盾（如军事基地问题、领土问题、债务问题等），极易为苏联所利用，因而局势的发展对西方国家是不利的。

（原载《西亚非洲》1980 年第 5 期）

非洲军事政变的原因和性质

军事政变并非非洲的特有现象。但非洲军事政变之多却为各洲之冠。自 1952 年至 1989 年 6 月，非洲共发生成功的军事政变 64 起（不包括不计其数的未遂政变）。涉及国家 30 个，占非洲国家总数的 61%。这就是说，大多数非洲国家在独立后都发生了军事政变，并使合法政府倒台。在这 64 起政变中，50 年代发生 2 起，涉及 2 国；60 年代发生 26 起，涉及 16 国；70 年代发生 22 起，涉及 17 国；80 年代发生 14 起，涉及 9 国。

发生政变较多的非洲国家有：贝宁（6 次）、加纳（5 次）、尼日利亚（5 次）、苏丹（5 次）、布基纳法索（5 次）、刚果（3 次）、乌干达（3 次）和埃塞俄比亚（3 次）。

政变的原因

非洲国家发生军事政变的原因很多。总的说来，主要有五个原因：

一是由于政治腐败加上因政府管理不善（有时还由于天灾和世界市场问题等外部因素）而使国家面临严重经济困难，人民生活水平下降，引起民众和军人不满。

二是文人政府内各党派争权夺利，互相倾轧，或者政见分歧，达到极尖锐程度，形成政治危机，促使军人出面干预。

三是政府领导人没有妥善解决以部族或地区为背景的各派政治力量的权利平衡，甚至激化了部族矛盾或地区矛盾。

四是政府领导人之间因政策和政见分歧而发生分裂，导致火并。

五是为了争权夺利。

以上所举五条还难以概括所有的原因。各国的政变通常也不是单纯由于某一个原因所引起，而是由于几种原因同时起作用。大致可以说，在独立初期，以部族和地区矛盾为主引起的政变较多，如 1963 年刚果尤卢政权的下台很大程度上是由于激化了南北地区的部族矛盾（此外，尤卢政权赤裸裸的亲西方政策也引起国内广泛不满，他对工人和学生运动的镇压则加速了他的下台）。1966 年 1 月尼日利亚首次政变是一批伊博族青年军官所发动，他们杀死了来自北方豪萨族的联邦政府总理巴勒瓦和北区总理贝洛等豪萨族首领，以报复巴勒瓦政府和北区对伊博族人的迫害；同年 7 月一批豪萨族军官又发动政变杀死了当政的伊博族首脑伊龙西和一批伊博族军官，两大族都把部族仇杀带进了政治。60 年代初贝宁的三起政变也同境内南、北、中三大地区—部族势力的纷争有关。不同的是，1963 年 10 月和 1965 年 12 月两次接管政权的军方领导人索格洛不代表地区—部族势力，他是在两派敌对政治势力斗得不可开交，甚至面临内战威胁时采取行动的。①

---

① ［美］约翰·哈伯森编：《非洲政治中的军人》，美国 1987 年版，第 105—106 页。

　　由于文人政府内部各派政见分歧或争权夺利达到白热化，从而为军人干预提供条件的，还可以 1960 年和 1965 年的扎伊尔政变及 1969 年的索马里政变为例。扎伊尔的蒙博托发动过两次政变。一次在 1960 年 9 月，扎伊尔——当时叫刚果（利）——总理卢蒙巴和总统卡萨武布因政见不同而发生尖锐矛盾，彼此都宣布要解除对方的职务。蒙博托上校发动政变支持卡萨武布，逮捕了卢蒙巴。这次政变后，蒙博托没有接管政权。1965 年 11 月，蒙博托中将再次发动政变，当时的主要目的是制止总统卡萨武布和总理冲伯之间新的权力冲突，也是为了缓和非洲国家对反动政客冲伯掌权的不满。蒙博托此时已羽翼丰满，不再把政权交给文人，而从此独掌大权。

　　索马里也是一个政治派别斗争非常尖锐复杂的国家。结果导致 1969 年 10 月 15 日总统的被暗杀，总理埃加勒从国外赶回布置选举新总统。在他提名的候选人即将在议会当选时，以西亚德少将为首的军人联合警察发动政变，解散议会，接管政权。

　　不过，导致非洲政变的最普遍的原因始终是由于主观上的管理不善或由于客观原因而造成的严重经济困难。由于非洲经济固有的脆弱性，极易发生困难和危机，加上其他因素（如领导人贪污腐败、决策专断、政策偏颇等）也就极易激起政变。新的政变领导人或由政变军人拥上台的文官政府都要指责前任政府经济管理混乱，贪污腐败，但不久他们自己也在相同的罪名下被另一次政变所推倒。较近的例子如 1983 年尼日利亚的两次政变。1983 年 12 月，沙加里文官政府被军人政变推翻，政变后任军政府首脑的布哈里将军指责前政府经济管理不善和腐败无能。20 个月后（1985 年 8 月），布哈里被巴班吉达推翻，后者同样说，经济的错误管理和人民生活水平普遍恶化是这次政变的主要原因。①

当然，这不等于说经济发生严重困难就必然导致政变。实际上有些非洲国家的经济一向不景气，但并没有因而发生推翻政府的政变，尽管可能发生了少数人发动的未遂政变。如坦桑尼亚、赞比亚、扎伊尔、索马里、几内亚等。这些国家或者由于领导人本身比较廉洁和享有威望，或者由于领导人牢牢掌握兵权并建立了严密控制系统，从而避免了政变的爆发，即使少数人发动了政变也能很快被挫败。所以，经济的严重困难为政变提供了最佳土壤，但并不是发生政变的唯一因素。它之所以激起政变，常常还同时由于领导人的贪污腐败。特别是在 80 年代，非洲各国经济普遍恶化，农业危机、债务危机接踵而至。在这种情况下，单纯用管不好经济和经济困难为理由发动政变就很难博取人心了。

最近几年的非洲政变突出了统治集团内部（而且几乎都是军人集团内部）的政策分歧和权力之争。可以苏丹、布隆迪和布基纳法索为例。

1985 年苏丹军人推翻了统治苏丹 14 年之久的尼迈里，不仅因为苏丹遇到了空前恶化的经济形势（农业连年遭灾，工业开工率不到 30%，外债在 1984 年高达 90 亿美元，物价上涨幅度大大高于工资增长率，民生困苦），还由于尼迈里实施了错误的决策。如强制推行伊斯兰法，处决有声望的反对派领袖，激化了国内矛盾，并促使政府同南部反政府武装的内战重新爆发。尼迈里的这些政策加上经济的严重恶化引起民怨沸腾，领导集团内部不满，原来的外国支持者也感失望——美国和沙特阿拉伯都冻结或停止了援助。此时，尼迈里又为寻求支持而出国，为军方发动政变提供了机会。

---

① 新华社《新闻稿》1985 年 8 月 29 日。

1987 年 9 月布隆迪巴加扎总统（他本人于 1976 年 11 月发动政变后上台）的被推翻，除了经济政策不当和遇到严重困难外，首先是因采取了偏激的对内对外政策，特别是因近年来巴加扎强调政教分离，限制宗教活动，驱逐外国教士和关闭许多教会学校而激化了宗教矛盾和社会矛盾，引起了严重对抗。布隆迪人口中 60% 以上信奉基督教，主要是罗马天主教，宗教势力很大。巴加扎的上述政策使他大失人心，包括一部分军心。1987 年 9 月 3 日，布军总参的装备和训练局局长布约亚少校乘他出国访问之机发动不流血政变，迅速接管了政权。执政党和工会也都支持政变。

1987 年 10 月，布基纳法索的桑卡拉总统在执政两年多后被他公认的继承人总统府国务部长兼司法部长布莱斯·孔波雷上尉发动政变推翻。桑卡拉是在 1983 年 8 月发动政变上台的。他本人生活俭朴，倡议革命，施政中也有建树，大扫了旧政府的贪污歪风。但是，他政策偏激，打击面太大，树敌过多，如被他清洗的中下级官员达两千多人，开除"闹事"教师 1300 多名，他还将与他合作共事的友党的内阁部长全部清除出政府。桑卡拉在意识形态上也日益偏激：过分强调阶级分析，乱扣"反革命"、"阶级敌人"帽子，声称当前要反对左派反革命即"小资产阶级"等。① 更严重的是，他已不能容忍领导层内部的不同意见，并且"为强化个人权力而施展各种阴谋，从而由一个享有高度威望的国家领导人变成一个危险的独裁者"。② 据孔波雷说，桑卡拉甚至策划逮捕和处决反对其政策的同事。③ 结果，对方先下

---

① 新华社 1985 年 6 月 15 日报道。

② ［布基纳法索］《真理来临报》1987 年 10 月 19 日社论。

③ 新华社 1987 年 10 月 22 日报道。

手为强，他本人在政变中死于非命。这是思想和政策过激而又不能正确处理意见分歧的不幸结果。

在非洲政变史上，纯粹主要为了保持和扩大个人权力而发动政变的例子不多，最突出的是 1971 年乌干达的伊迪·阿明推翻奥博特的政变。奥博特统治后期为了控制军队和巩固自己的地位，有意识地挑选本部族（兰戈族）的人担任军警要职，同时还收买拉拢高级军官作为自己的羽翼，此举威胁和削弱了作为军队司令的阿明的地位。阿明的地位还因涉嫌谋杀一名准将和挪用军款而处在飘摇之中。据说，奥博特打算将他逮捕。1971 年 1 月，阿明乘奥博特去新加坡开英联邦会议之机发动政变，接管了政权，开始了延续 8 年的独裁统治。

过去国外有些人认为非洲军队把发动政变作为升官发财的捷径，所以导致非洲政变频繁。这种看法太简单化了。从以上分析可见，非洲军人发动政变的原因是很复杂的，真正单纯地从个人野心或自私目的出发而发动政变的军人是极少数。

政变的性质

军事政变是一种用非法手段取代合法政府的暴力行为，反映一个国家政治的不稳定，原则上是消极现象。但在民主制度尚未确立或远不完备的国家，尤其是发展中国家，政变不仅难以避免，其性质也不可一概而论。而确定性质的标准主要看政变所推翻的前政权的性质与实践、政变的目的和效果——它给国家和民生带来的变化。根据这些标准，非洲的政变大体可分为革命的、进步的、积极的、消极甚至反动的以及一般的夺权行为五类。

第一类是革命性的政变，也许称之为"革命"更确当。如1952 年埃及推翻法鲁克王朝的革命，1969 年利比亚推翻伊德里斯王朝的革命，1974 年埃塞俄比亚推翻塞拉西皇帝的革命等。这些革命政变推翻了腐败的封建王朝，废除君主专制，建立共和国，为这些国家的民主和发展扫除了障碍。

埃及在旧王朝统治下，经济命脉为英法资本控制，民族资本微弱，农村 1/3 土地为王室和少数大地主所有。"二月革命"后，新政权实行了一系列社会经济改革。在城市用赎买方式收回了一些英法公司和企业，大力发展民族工商业；在农村实行土地改革，消灭了王室势力，削弱了少数大地主的势力，改善了一般农民的状况。例如，1952 年实行土改前，占埃及农户总数不到 6% 的地主、富农、农场主和土地公司占有埃及全部耕地的 64.5%，而占农户总数约 94% 的广大中小农只占全部耕地的 35.5%。此外，农村还有 150 多万农户没有土地。而到 1961 年，上述两类农户占地比例分别下降或提高为 48% 和 52%，无地户则减少了 1/3。[①] 特别重要的是，新政权采取了坚决反帝的民族主义立场，于 1956 年 7 月宣布将被英法"管理"了 80 多年的苏伊士运河收归国有，并领导埃及军民奋勇抗击英法勾结以色列发动的武装侵略，胜利地保卫了国家的独立和主权。此后，埃及成了中东的反帝抗以堡垒和举足轻重的地区军政力量。

利比亚是第二次世界大战后最早（1951 年）独立的非洲国家，但在伊德里斯王朝统治下，它在经济、军事上仍受着英美等帝国主义大国的控制。保守的封建王室、宗教集团和部落酋长制束缚着社会的发展。"九月革命"后，利比亚社会发生了巨大变革。经济上，对外国企业实行了不同程度的国有化，特别是由政府控制了石油资源的开采，大力发展民族经济；政

---

① 宗实：《阿拉伯联合共和国》，世界知识出版社 1964 年版，第 45—51 页。

治上，消灭了封建君主制和部落酋长制，削弱了宗教集团势力，消灭了封建地主阶级，限制了资产阶级，增加了中产阶级的人数，提高了人民的生活水平。利比亚领导人卡扎菲有时虽然也作出一些令人瞠目的政策和行动，但总的来说，他领导的"九月革命"（加上巨额石油收入）为利比亚走向民主和富裕开辟了道路。

埃塞俄比亚是个有较悠久历史的帝国。塞拉西皇帝在第二次世界大战中为反对意大利法西斯侵略作出了贡献，战后为国家的现代化也作了一些改良。但他毕竟是落后的封建帝国的代表。在这种制度下，社会阶级矛盾日趋尖锐，其中最突出的是民主与帝制、农民与地主、平民与贵族的矛盾。塞拉西晚年专心于外交，不修内政；王室贵族和高级官员穷奢极欲，腐败昏聩。1972—1974 年南部两省大旱，饿死约 40 万老百姓，政府竟束手无策，而且企图掩盖真相。由此而激起工人、学生和农民的反政府群众运动和兵变。最后，一个由中级军官领导的武装部队组织推翻了政府，并于 1974 年 9 月 12 日正式废黜了皇帝，建立了军政权。后来几年，埃塞俄比亚政局动荡，军政权内外各派力量的斗争血雨腥风，残酷复杂，以门格斯图为首的军政权到 1977 年底才基本稳定了局势。尽管如此，军政权废止帝制，消灭贵族地主阶级，组织农会实行土改和接管农村基层政权等等，这一切无疑是一场激烈的民主革命。

非洲各国政变自称"革命"的很多。但真正同推翻腐朽阶级统治、变革政治制度相联系的也就是以上三例。

第二类是进步政变。这类政变通常受爱国进步军人领导，推翻保守、倒退、腐败和不得民心的政府，为国家的进步和发展创造了条件。这类政变与革命政变相似，大多是在群众运动——反政府的示威游行、罢工——的基础上发动的，得到民众的拥护和支持。它们未必改变整个社会制度或政权的阶级构成，但政变领导人适应民心，上台后努力纠正前政权的错误政策或倒行逆施，维护国家主权、民族独立和团结，并采取促进国家发展和改善民生的新政策措施。所以，它们具有进步意义。属于这类政变的如1963年刚果（布）推翻尤卢政权的政变，1979年和1981年加纳罗林斯的两次政变等。

刚果（布）的尤卢政权在独立后对外奉行亲西方、尤其是亲法政策，敌视社会主义国家，公然支持法国对阿尔及利亚民族解放运动的武力镇压，支持刚果（利）冲伯分裂主义叛乱。根据刚法合作协定，法国继续控制着刚果（布）的军队和经济。对内，尤卢政权压制和打击爱国民主力量，禁止反对党活动，逮捕工会和进步青年组织领导人。尤卢还拉拢本部族的人，企图由拉里族人独霸政坛，从而激化了部族矛盾。这些不得人心的政策激起刚果（布）军民的骚动和反抗，尤卢政府试图依靠法国驻军镇压以平息事态。结果反抗之火愈压愈烈。1963年8月13—15日，首都布拉柴维尔爆发大规模群众示威和军队起义，迫使尤卢辞职。由工会、青年组织领导人和起义军官代表组成的"全国革命委员会"成立临时政府，接管国家政权。这就是刚果（布）的"八月革命"。此后虽然进步运动内部派别纷争，但总的来说，刚果（布）对内走上了逐步清除殖民主义势力、维护民族团结和独立发展社会经济的道路，对外推行不结盟政策，积极支持非洲未独立国家的解放斗争，发展同社会主义国家的友好关系。

加纳的罗林斯在1979年6月和1981年12月发动的两次政变都具有进步意义。1972—1979年，加纳在两任军政府统治下，贪污横行，生产下降，经济恶化，民不聊生。而高级官员以权谋私，大发横财。前国家元首阿昌庞在瑞士银行有1亿美元存款，他的继任者阿库福除享有优厚薪水待遇外，每月还领取1万塞迪

"活动津贴"，边防司令则大搞走私活动。① 广大军民对这种状况强烈不满。工人罢工、学生罢课、教师罢教的事件不断发生。在这种形势下，空军上尉罗林斯和他的战友发动政变，于 1979 年 6 月推翻了阿库福政府，夺取了政权。军政府成立后，立即发动"大清扫运动"，严惩了一批贪污腐化的前政府高级官员，处决了阿昌庞和阿库福等人，此外还打击不法商人，强制压低物价等。但罗林斯军政府仅存在三个多月，于同年 9 月即自动将政权移交给由民选产生的利曼文人政府。利曼政府重蹈覆辙，腐败无能，国家经济也无改善，特别是因担心军人发难，竟解除罗林斯军职，逮捕和监禁罗林斯的一些亲密同事。这些失政促使罗林斯于 1981 年 12 月 31 日再次发动政变，推翻利曼政府，成立了以他为首的军政府。之后，军政府继续严惩贪官污吏，打击投机倒把，并采取各种恢复经济、发展生产的积极措施。从 1983 年以来，加纳经济不断改善。从 1984—1988 年，经济增长率连续 5 年超过 5%，而 1975—1983 年为年均负增长 5%；人均收入也有提高：1987 年提高 2.7%，1988 年提高 3.3%，通货膨胀率则由 1983 年的 123% 降为 1987 年的 35%—40%。② 加纳还在着手进行政治体制的改革。

以上几起政变从政变领导人的动机和政变后的效果上看，无疑都是进步的。

第三类政变是有积极意义的政变。这类政变与进步政变相近，我们确定其性质时主要观察其效果，也考虑前政权的性质。积极的政变有利于克服前政权的弊病，也有利于国家的稳定和发

---

① 《西亚非洲》1982 年第 4 期，第 18 页，孔祥义文章。

② 以上数字见《人民日报》1988 年 4 月 21 日张祝基文章和新华社 1989 年 1 月 14 日阿克拉消息。

展。而发动政变的军人可能有很不相同的政治面貌。属于这类政变的不少，例如 1969 年的索马里政变，1979 年的中非政变，1987 年的布基纳法索政变等，甚至 1965 年的刚果（利）政变也可归于这一类。

1969 年 10 月由西亚德发动的索马里政变制止了文人政府多年的纷争，使索马里政局保持了 20 年的相对稳定。

1979 年的中非政变目的是推翻博卡萨皇帝。博卡萨本人是 1965 年 12 月 31 日发动政变上台的。在他统治下，中非经济一度有所好转，但 1970 年后又趋恶化，直到他下台。更大的问题出在政治上。博卡萨上台后，大搞专制，政策多变，是 70 年代非洲的"无定向导弹"（另一个是乌干达的阿明）。1972 年，他自任中非的"终身总统"。1974 年又提升自己为"共和国元帅"。1976 年底他把中非共和国改为"中非帝国"，自任皇帝，宣称他要在埃塞俄比亚帝国灭亡后恢复非洲的帝国传统，保卫法兰西的价值与历史。① 他的加冕典礼也故意使用了拿破仑的御前装饰。典礼耗资巨大，增加了国家财政赤字，甚至引起国外的广泛批评，博卡萨恢复帝制是历史的反动，也是一幕历史丑剧。1979 年 9 月，他的亲戚、从前被他推倒的前总统达科又将他连同帝制一起推倒。此举虽有法国插手，但也顺乎潮流、合乎民心。

另一个例子是 1987 年布基纳法索推翻桑卡拉的政变。桑卡拉与博卡萨完全不同。如前述，他本人也是在 1983 年发动政变后上台的。他执政后为国家做了一些好事，像惩办贪污，提倡廉政，取消部落酋长特权，提高妇女地位等。但他政治偏激，经济上无能，又拒绝不同意见，以致经济衰退，物价飞涨，民生疾苦，政治上众叛亲离，最后被他从前的战友孔波雷所推翻。孔波

---

① 英国《撒哈拉以南的非洲》1978—1979 年，伦敦 1987 年版，第 252 页。

雷上台后，对内坚持革命和廉政，纠正桑卡拉的偏激政策，实现全国团结，复苏受打击的经济；对外奉行不结盟、独立自主和睦邻政策。

除了以上数例外，我认为1965年扎伊尔的蒙博托政变也有积极意义。因为它推翻了臭名昭著、双手沾着民族英雄卢蒙巴鲜血的冲伯政权，结束了扎伊尔自独立以后出现的多年动荡纷乱的政局，维护了国家的统一和稳定。蒙博托上台后也重视发展民族经济，提倡民族主义思想（"真实性"）。他反对霸权主义和外来干涉，奉行睦邻政策，重视中扎友好。当然，由于他与卢蒙巴之死有关，本人又据说拥有巨额资产和国外存款，所以要改变人们心目中的形象也难。不过，对他1965年政变的积极意义还应肯定。

第四类是消极以至反动的政变。这类政变通常由一些右翼军人或个人权欲主义者所发动。他们主要出于对政府的不满或从个人和小集团的权力地位和利益出发，利用政府的失误、弊病和困难，发动政变推翻具有进步性的国家政权。他们上台后实施倒退政策，或者大搞以权谋私，为所欲为，使国家陷于混乱和困境。这类政变不多，仅有1966年加纳推翻恩克鲁玛、1971年乌干达推翻奥博特两例。

恩克鲁玛是国际公认的杰出的民族主义者。他领导加纳人民于1957年建立了二次大战后黑非洲第一个独立国。他当政期间，逐步清除殖民统治遗留的影响，削弱地方和酋长势力，建立中央集权制；经济上建立和扩大了一批包括银行、航空、海运等国营企业，兴建了规模较大的水电站、炼油厂以及可可加工、炼钢等工厂；发展了文化教育，大大增加了中小学生人数。在国际上，他积极反帝反殖，支持民族解放运动，同我国和其他社会主义国家友好合作。所以，恩克鲁玛政权总的来说是进步的。当然，他的政策也有很多失当和失误之处。如工业投资规模过大，举债过多，因过多地干预私人企业而打击了私人民族经济，忽视粮食生产造成食品不足和粮价上涨，经济上因管理不善造成国营企业连年亏损，加上由于世界市场上可可价格剧跌而使国家外汇收入大减，所有这些主客观原因导致加纳经济严重困难，财政亏空。而为了凑足资金和解决财政困难，恩克鲁玛政府又采取增税、赖债和压低工资的不适当政策，致使人民生活水平下降，引起强烈不满。人民特别愤恨的是一些党政官员以权谋私、贪污敛财。恩克鲁玛本人虽未闻有贪污行为，但据说他生活也较奢侈，爱讲排场。此外，他在政治上也有失策。如在条件未成熟时就实行一党制，对反对派打击有余而争取不足，尤其是在争取军方支持方面缺乏办法。相反地采取了增加他与军方矛盾的措施，如建立由苏联军官当顾问的总统警卫团，逼使高级军官提前退役等。恩克鲁玛的所有这些成绩和失误几乎都是在建设社会主义的思想指导下产生的。而在非洲建设社会主义无论当时以至今日，可说一点成功经验也没有。他的失误在所难免。而他的被推翻使他失去了总结经验教训，修正错误偏差，求得国家正常发展的机会。从这个意义上说，1966 年 2 月政变无论对恩克鲁玛和加纳国家来说都是不幸的。这次政变为加纳军人干政开了先河。由此到 1981 年，加纳政变迭起，政局不稳，经济衰落，民生日艰，而贪污腐败之风日甚一日。直到 1981 年罗林斯政变才制止了这一逆流。中加关系也一度冷落。由此反思，当年推翻恩克鲁玛的政变实在起了消极作用。

　　另一个消极政变的例子是乌干达军队司令伊迪·阿明推翻奥博特总统的政变。如前文所说，阿明发动政变的动机几乎完全是为了自保。而奥博特在争取国家独立、维护国家统一、削弱地区封建部族势力及发展民族经济方面都有许多成绩。1969 年后，他宣布"向左转"，制定"平民宪章"，表示继续反帝反殖和反对封建主义并宣布要走社会主义道路。他的一些实际做法也不算冒进，如对各种企业实行国有化时规定国家至多占 60%。当然，他也有重用亲人和同族人以及排除异己的偏向。但总的说来，1971 年前奥博特的政策（包括部族政策）比较平衡，没有太大偏向。他废除联邦取消封建小王国，建立中央集权制，这属进步措施。他同布干达国王、前总统穆特萨的决裂直至将后者赶走，这是中央势力和地方势力之间矛盾发展的结果。任何一个统一独立的国家都不能容忍在境内有与中央抗衡的国中之国。但为此，他受到多数布干达人的怨恨。阿明也利用了这一点，以争取布干达人的支持。但他上台后也没有允许恢复布干达王国制度。

阿明执政后很快走向个人独裁，比奥博特厉害得多。他大搞部族主义，引起部族仇杀。他还滥杀异己，有许多高级官员（包括不少部长）被害，许多人逃亡国外，甚至他的姻弟、外长基贝迪也离职不归。经济上，阿明发动所谓"经济战"，驱逐未加入乌干达籍的亚洲人四万余人，将他们的商店、公司分配给本国公民（非洲人）。许多乌干达人欢呼这一措施，以为可以分到好处。结果，亚洲人留下的企业财产几乎全分给了军人。阿明政府还接管了英、德、荷、丹、法、意以及肯尼亚等国在乌的资产、企业。据阿明在 1973 年 2 月宣布，他交给乌干达非洲人的企业共 3500—4000 家。[①] 这种半剥夺式的行径（阿明后来声称要给予赔偿）造成了恶劣影响。而且接管企业的军人不会管理，导致经济混乱。由于阿明的错误政策，乌干达工农业生产下降，国内生产总值连续出现负增长：1973 年下降 1.2%，1974 年又降 2%，1975 年再降 4%，1976 年稍好，但仍下降 0.4%。（而

① 英国《撒哈拉以南的非洲》1978—1979 年，伦敦 1978 年版，第 1032—1033 页。

在奥博特统治下，从 1965—1971 年经济平均年增 4.2%）。以 1966 年价格计算，1976 年的国内生产总值还低于 1971 年的水平。[①] 可谓经济凋敝，民生维艰，景况恐怖凄凉。号称"东非明珠"的乌干达由此黯然失色。所以，无论从动机和效果来看，阿明政变都是消极的。

第五类是无所谓积极或消极、进步或反动而纯粹为夺权而发动的一般性政变。这类政变的领导人通常也指责，实际上是利用了前任政府在政策和管理上的失误和弊病或经济上的困难，借以为打倒对方提供道义根据。但新政权在制度、政策、行政管理等方面与前政权可能并无很多差别，或者虽有变化而并没有产生积极成果，也没有消除前政权时存在的弊病（如贪污），或者使国计民生得到明显改善。这类政变只起到政府换班的作用。新政权一般寿命不长，至多维持几年后便被另一次政变所推翻。例如加纳的阿昌庞和阿库福政变、贝宁克雷库以前的历次政变、尼日利亚布哈里政变及另外多次政变便属于此类。1985 年的苏丹政变也是一例。这次政变推翻了执政 14 年的尼迈里政权。尼迈里统治后期有诸多失误，前文已经提及。新上台的迈赫迪政权变原来的一党制为多党制，表面上扩大了民主；但在停止内战和废止伊斯兰法等方面并无建树，经济也无明显好转。相反迈赫迪热衷于为祖先的损失寻求赔偿。结果，他在执政仅 4 年后于 1986 年 6 月 30 日被推翻。

＊　　　　＊　　　　＊

从统计数字看，非洲军事政变的次数和涉及国家在 80 年代

---

① 英国《撒哈拉以南的非洲》1978—1979 年，伦敦 1978 年版，第 1030 页。

比 60—70 年代减少了许多：60 年代 26 次 16 国，70 年代 22 次
17 国，80 年代 14 次 9 国。有些国家发生了重大未遂政变（如肯
尼亚、埃塞俄比亚），但没有导致政权更迭。这两个事实似乎反
映随着独立史的延长，非洲大多数国家政权渐趋巩固，政治上应
付突然事变的能力已加强。当然，非洲各国要根本排除政变可
能，还必须从发展经济、改善民生、注意政府内地区和部族利益
的平衡、增加政治民主和清除腐败等方面作不懈努力。非洲国家
这方面的教训对其他发展中国家具有借鉴意义。

（本文原为在 1987 年中国非洲史研究会 9 月研讨会上宣读之论
文。载《西亚非洲资料》1995 年第 3 期）

非洲的多党制潮流初析

　　自从 50—60 年代非洲各国纷纷获得独立以来，其政治体制几乎都经过了或大或小的变化。许多国家由多党制变成了一党制或军政权。到 1989 年初，非洲 51 个独立国家中实行一党制的有 27 国——超过总数的一半，实行多党制的 12 国（未算 1990 年 3 月独立的纳米比亚，但包括南非），军人或无党派人掌权的 12 国。[①] 还有的多党制国家（如津巴布韦）领导人表示要向一党制过渡。总之，直到 80 年代末期，一党制仍被认为是非洲政治体制的主要发展趋势。但是，1989 年年中非洲政局开始出现相反的势头。首先是阿尔及利亚，接着是索马里、几内亚、贝宁、尼日利亚等国先后表示要由一党制或军政权改行多党制；进入

---

　　① 1989 年初非洲一党制国家有：安哥拉、贝宁、布隆迪、喀麦隆、佛得角、刚果、吉布提、赤道几内亚、埃塞俄比亚、加蓬、几内亚比绍、科特迪瓦、肯尼亚、马拉维、马里、莫桑比克、卢旺达、圣多美和普林西比、塞舌尔、塞拉利昂、索马里、坦桑尼亚、多哥、赞比亚、扎伊尔，阿尔及利亚、苏丹。多党制国家有：博茨瓦纳、科摩罗、埃及、冈比亚、莱索托，马达加斯加、毛里求斯、摩洛哥、塞内加尔、南非、突尼斯、津巴布韦。军政权和无党派国家有：布基纳法索、中非、乍得、加纳、几内亚、利比里亚、毛里塔尼亚、尼日尔、尼日利亚、乌干达、利比亚、斯威士兰。参见肯尼亚《每周评论》1990 年 5 月 28 日，第 10 页。

1990 年后，又有不少国家一个接一个地加入这类国家的行列；同时有许多国家掀起了是否要改行多党制的大辩论。这场大辩论至今尚未停息。显然，这是一股冲击非洲国家的政治潮流。不管结果如何，它对非洲各国的政治发展势将产生重大影响。

多党制潮流在非洲的主要表现

最近一年多来冲击非洲的多党制潮流主要表现在以下四方面：

（一）有些非洲国家已经由一党制改为多党制。这类国家包括阿尔及利亚、贝宁、科特迪瓦、尼日尔。

如前所说，阿尔及利亚（它自 1962 年独立后一直由民族解放阵线一党执政）率先于 1989 年 2 月经公民投票决定修改宪法，解除党禁，7 月议会便通过一项法律允许组建新党；当年政府就批准了 10 个政党。到 1990 年 5 月底，合法政党已增加到 26 个。有些新党很快崛起为拥有众多党员的大党。在 1990 年 6 月举行的地方选举中，伊斯兰救国阵线所得选票超过了民族解放阵线，对后者的执政地位形成严重挑战。

贝宁自 1975 年后一直由人民革命党一党执政，1977 年的《基本法》确认了一党制。1989 年 12 月，执政党和政府决定召开有全国各派力量（包括流亡国外的反对派）参加的全国代表会议共商国是，这一决定实际上等于承认其他政党的存在了。1990 年 2 月全国代表会议召开前夕，在内政部登记的新政治组织已达 50 个。这次会议导致了一次"文人政变"；尽管总统克雷库继续留任，但会议决定成立过渡政府，将人民革命党基本排除出了新内阁。1990 年 8 月 13 日将举行新宪法的公民投票，以便从法律上肯定多党制。

科特迪瓦的宪法并未规定一党制，但实际上自 1960 年独立以来一直由民主党一党执政。党政最高领导人乌弗埃—博瓦尼多次表示不想实行多党制。1990 年 5 月 31 日，科特迪瓦政府（自然要经博瓦尼总统同意）终于宣布批准成立 9 个小政党，加上执政党共为 10 个政党。在这以前（3 月 8 日），处在非法状态的反对党人民阵线总书记洛朗·巴博向法国记者表示，尽管他曾因主张多党制而进过监狱，他仍要求实行多党制。

尼日尔自 1974 年 4 月政变后一直由军人执政（也有文人参加）。1990 年 6 月 16 日，政府宣布修改宪法，加入了实行多党制的内容。

以上为已经在法律上或实际上实行改制的国家。

（二）不少非洲国家虽然仍在实行一党制或由军人执政，但已公开允诺将修改宪法，实行多党制。这类国家有索马里、几内亚、尼日利亚、佛得角、扎伊尔、加蓬、喀麦隆、刚果等国。

索马里在 1989 年 6 月最先由总统兼执政党（革命社会主义党）总书记西亚德倡议改行多党制，经过党内外的辩论后否定了这个意见。但同年 8 月 29 日，革社党中央开会一致同意实行多党制，索马里的宪法修正案规定在 1991 年前举行大选时将允许几个政党展开竞争。西亚德在会上说："根据目前正在进行的经济改革，现在实行多党制是必要的。"[1] 不过，至今还未闻有合法反对党出现。

1989 年还有两个军政权许诺实行多党制：当年 10 月 1 日几内亚总统孔戴在纪念独立 31 周年时声称将制订新宪法，建立多党制。尼日利亚军政府首脑巴班吉达早就表示要在 1992 年向文人交权。根据草拟中的宪法，1989 年一下成立了 13 个

---

[1] 法新社 1989 年 8 月 30 日报道。

政党，据说都有明显的部族和宗教色彩或由老政客控制，巴班吉达不满意，命令重拟宪法，并规定只允许有两个党进行竞争。

1990 年上半年，佛得角、扎伊尔、加蓬、喀麦隆和刚果等国政府领导人或执政党先后表示将进行政治改革，引进多党民主。4 月 24 日，扎伊尔总统蒙博托宣布建立"第三共和国"，修改宪法，允许在 1991 年 4 月修宪完成前成立两个新党（加上现执政党人民革命运动共三个政党）。他还将辞去执政党主席之职，只任国家元首，今后将凌驾于党派政治之上。加蓬总统邦戈一向是多党制的严厉批评者；1990 年 5 月，他又指责多党制是分裂的根源。可是没过多久，他却表示同意放弃民主党的一党制而向多党制过渡，并以 5 年为期。7 月初，刚果劳动党（执政党）发表公报，宣布"愿意定期实现多党制"，同时还决定放弃它曾标榜的马列主义。

（三）有些非洲国家承受了多党制思潮的冲击，在执政党内外发生了广泛的辩论，执政党和政府领导人坚持一党制，但争论仍然存在。如在坦桑尼亚、肯尼亚、马里等国。

坦桑尼亚的情况特别使人惊讶。因为首先提出可考虑多党制问题的恰恰是一向坚决主张一党制而反对多党制的执政党（坦桑尼亚革命党）主席尼雷尔。1990 年 2 月，尼雷尔发表讲话时要国人认真考虑多党社会问题，因为"时机已经成熟"。他认为不应把建立反对党视为背叛行为。之后，革命党执委会就多党制进行了辩论，看来两种意见相持不下。所以 3 月份又召开了有各界人士参加的代表会议，经过讨论，会议于 3 月 24 日宣布坦桑尼亚需要在一党制内发扬更广泛的民主，而不实行多党制。从而否定了尼雷尔的意见。总统姆维尼也一再表态反对在现时考虑实行多党制。但尼雷尔在 6 月底的一次讲话中仍认为坦桑尼亚永远保持一党制"是不可能的","多党制将不可避免"。①

1990年初，多党制思潮传到了肯尼亚，引起了持续半年的全国性大辩论。从报道看来，公开主张多党制的人不多，他们多半是一些知识分子、宗教界人士、个别地方干部和少数在野的政界人士。而几乎所有在职的政府领导人（首先是总统，接着是副总统和各部部长）纷纷发表谈话抨击多党制，称颂一党制。莫伊总统（他也是执政党非洲民族联盟主席）多次指出多党制不适合肯尼亚和非洲国家，担心它会引起部族冲突和国家混乱，谴责鼓吹多党制的人是"殖民主义者的傀儡"。但他并不完全否定多党制，只是认为"许多肯尼亚人现在头脑中仍是部族倾向部族意识占主导"，要等将来肯尼亚人有充分的凝聚力时才需要有许多政党。② 辩论一时成了一边倒的表态。但5月份两名前政府部长举行记者招待会公开宣扬多党制后，辩论又起高潮。可能是为了制止多党思想的传播，莫伊总统在6月中旬宣布关于多党制的辩论在肯尼亚已经结束。但以上述两名前部长为代表的主张多党制的人继续在各地进行宣传组织活动，因而遭到政府镇压，不少人（包括那两名前部长）已被逮捕。多党制思潮也才暂时失势。

此外，自1990年3月底起，马里执政党人民民主联盟在全国基层党组织内发动了持续已数月的有关民主的大辩论。许多发言者批评一党制，要求实行多党制。5月底，马里全国劳动者联盟召开的特别会议也在决议中表示支持多党制和全面修宪。执政党总书记、国家总统穆萨·特拉奥雷认为提出多党制要求的人中有些人是出于个人野心，但也有些人是出于爱国热情，出于热爱

---

① 新华社1990年6月28日消息。
② 肯尼亚《每周评论》1990年4月20日，第10页。

自由、公正与平等之心，执政党应重视这些爱国者的声音。但他不主张照搬别国的民主模式。总起来说，马里执政党对持多党制观点的人采取了容忍、理解的态度，并允许辩论在容忍、坦率、对话的精神下继续进行。①

（四）少数非洲国家准备举行公民投票以决定是否要由一党制改行多党制。如赞比亚、埃塞俄比亚。

多党制思潮传播到赞比亚后，执政党联合民族独立党在1990 年 5 月 28—29 日召开特别会议进行了讨论。会议决定就是否在赞比亚恢复多党制组织一次公民投票。卡翁达总统敦促执政党拒绝多党制，指责那些批评他 17 年来实行一党制的人是要把国家推向政治动乱，并警告说将惩罚多党制的鼓吹者。但他显然受到了党内外的压力，因而在 6 月 28 日保证将在 10 月中旬举行上述目的的公民投票。6 月，他将主张实行多党民主的国防部长弗·哈蓬达解除了职务。②

埃塞俄比亚总统、执政党主席门格斯图在 1990 年 3 月 5 日的一次讲话中表示将允许反对党参加未来的（议会）选举，并说将举行公民投票来决定这个问题。他还将执政党（工人党）改名为"统一民主党"。

除了以上四种情况外，多党制思潮还冲击了个别目前实行多党制而以一党制为方向的非洲国家（如津巴布韦），使其领导层内部产生了分歧。据报道，津巴布韦财政部长奇泽罗不久前表示他主张应鼓励非洲摆脱一党制。他的主张未必能改变穆加贝总统的既定目标，但可能反映了相当大一部分人的观点，为津巴布韦走向法律上的一党制增加了一个复杂的新因素。

---

① 据新华社巴马科 1990 年 6 月 28 日、7 月 3 日讯。
② 英国《泰晤士报》1990 年 7 月 3 日报道。

非洲多党制潮流探源

80—90 年代之交非洲出现多党制或所谓政治多元化潮流，是非洲各国内在原因同外来影响与压力共同作用的结果。

首先，所谓内在原因包括经济和政治两方面。无论是当权派较为主动地提出政治改革包括实行多党制的国家（如阿尔及利亚、索马里、埃塞俄比亚等国），还是明显在各种压力下同意实行多党制的国家（如贝宁、加蓬、科特迪瓦等国），都遇到了严重经济困难，引起了民众的强烈不满，甚至爆发了骚乱。例如最早决定进行政治改革的阿尔及利亚在 1988 年 10 月发生了从首都波及其他许多城市的反政府骚乱。其起因是政府因石油价格大跌后收入锐减，为此采取紧缩政策，以致商品短缺、物价上涨、失业严重。对此不满的工人、学生、无业青年上街游行，遭到警察弹压，死伤了几百人。一些原教旨主义者乘机进行政治活动，流亡国外的反对派也乘机提出了实行多党制的要求。沙德利总统迫于形势，同意通过公民投票，修改宪法，从而打开了多党制的大门。

索马里在 1988 年爆发大规模内战，政府把大部分开支用于战费；战争还严重损害了经济，尤其使主要出口物（活牲畜）出口锐减，物价飞涨，民不聊生。1989 年 7 月首都摩加迪沙爆发民众骚乱。西亚德总统正是在这一背景下于 1989 年 6 月提出了实行多党制建议，起初受到党内大部分人反对，但 7 月骚乱后，执政党终于作出了同意改制的诺言。

近几年来，贝宁经济每况愈下，财政发生严重危机，国库空虚，已到了没有外援甚至发不出公职人员工资的境地。克雷库总统为了摆脱经济破产局面，才不得不在政治上屈服于内外压力。

　　即使是加蓬、科特迪瓦、喀麦隆这些原来经济状况较好的国家，近年来也由于世界市场价格下跌，以致出口（石油、咖啡、可可等）收入锐减，财源减少，而债台高筑（科特迪瓦欠外债约 150 亿美元）。为此，各国政府采取了或准备采取削减工资、增加捐税、提高物价、精简人员等办法，大大降低人民的生活水平，从而激起了人民的不满和抗议。1990 年头几个月，这些国家普遍爆发了罢工罢课和抗议示威活动，有些地方引发了骚乱。加蓬总统邦戈也承认，"真正的问题是居民购买力下降"[1]。

　　经济恶化引起民众不满和抗议，同时给政治反对派提供了抨击政府的理由，他们把这种局势归因于一党制政府的专制无能，要求实行民主多元化——多党制。而这种鼓动很容易取得对现状不满的人们的同情与支持。因为不仅经济恶化是现实，而且不少一党制国家确实存在政府领导人专横跋扈、以权谋财、腐败奢侈、社会分配差距过大等状况。有些国家领导人在国外有几十亿美元的存款和大量资产，这早已不是秘密。

　　埃塞俄比亚等国长期受大规模内战之苦，经济政治都陷入严重困境，领导人把实行包括多党制在内的政治改革当作一种缓和矛盾、摆脱困境的出路。

　　在不少国家，一党统治虽缓和了部族与地区矛盾，但又发展成为个人专制和官僚宗派统治，对不同政见者压制过严，没有建立起适当的权力分配机制。反对派或者流亡国外，或者从事秘密活动，或者作韬晦之计，只等国内外气候有利，便纷纷乘机活动，向一党制政府提出挑战。

　　因此，大多数国家自身的经济、政治和社会问题是导致近年来出现多党制潮流的重要根源。

---

　　[1]　阿尔及利亚《非洲革命》周刊 1990 年 3 月 9—15 日。

　　其次，这次多党制潮流也是同外来影响与压力分不开的。外来因素既来自东方，也来自西方，还来自非洲本大陆。

　　所谓东方的影响主要还不在于苏联政策的改变（它对接受其巨大援助的国家当然也有影响），而是东欧各国政局的剧烈变化。后者包括东欧执政党关于多党制、政治多元化的宣传，1989年这些执政党在"政治改革"中的迅速衰落，罗马尼亚的动乱和齐奥塞斯库的被杀，以及东欧普遍实行了多党制，等等。东欧的这股"变革之风"不仅对意识形态上仿效苏联、东欧模式并与它们有亲密关系的非洲国家有影响，也影响了其他实行一党制的国家。在这些国家中受影响大的又有两类人，一类是部分领导人和有志改革者，一类是反对派或持不同政见者。前一类人在上述东欧局势变化的影响下，对本国的一党制产生了怀疑，或者想从东欧局势中吸取经验教训，因而主动提出了可考虑实行多党制的问题，或在党内组织了辩论。这类人中最突出的当然是坦桑尼亚革命党主席尼雷尔。他发表关于多党制的谈话之前不久刚刚访问了东欧各国，那里的事态对他一定产生了深刻印象。另一个例子是马里总统特拉奥雷，他于 1990 年 3 月在全党发动了关于民主问题的辩论，让党员各抒己见，但不一定同意照搬外国经验。东欧局势的变化使后一类人即某些非洲一党制国家的持不同政见者和反对派从中得到"鼓舞"和启示，他们乘这股变革之风，利用各国的经济困难和政治弊病造成的不满，提出取消一党专政改行多党民主的要求。非洲有些国家的关于多党制的辩论便是这类人首先挑起的。如肯尼亚的一名经常批评政府的人在 1990 年 1 月 1 日发表讲话，"要求非洲人仔细研究东欧的经验，选择多党民主"①。此后，关于政党制度的辩论便逐渐在肯尼亚兴起，

---

　　①　美联社 1990 年 3 月 8 日报道。

在喀麦隆、加蓬，科特迪瓦等国也有类似情况。1990年春，这些国家的反对派或在野政治活动家显得特别活跃。他们的活动是促使当局作出让步的一个因素。不过在有些国家如肯尼亚，他们遭到了镇压。

非洲多党制政治潮流的另一个外来因素是西方的压力。而且，如果说东方的影响是间接的客观上引起的，西方的压力却是直接的有意识地施加的。这方面表现最露骨的是美国及受其政策很大影响的国际借贷机构——世界银行和国际货币基金组织，法国也颇为积极。

1990年初，美国政府宣布它给非洲国家政府的援助（约5.4亿美元）要以它们实行多党民主为代价。[①] 不仅如此，美国官方对具体的非洲国家还指手画脚地直接进行干预和施加压力。例如1990年初津巴布韦大选后，穆加贝总统重申了他将实行一党制的目标，对此，美国国务院官员竟发言要津巴布韦不要这样做[②]！更为露骨的是，同年5月初，美国驻肯尼亚大使亨普斯通在所在国一次集会上声称，美国将集中对那些促进民主、捍卫人权和实行多党制的国家提供援助[③]。美国大使在一个一党制国家（其总统自年初以来已多次表示反对多党制）公开讲这种话，当然并不仅仅是为了申述美国政府（或国会）的政策，而是肆无忌惮地干预所在国内政。同天，肯尼亚两名前部长也发言要求废除1982年通过的实行一党制的宪法修正案，立即解散议会，进行公民投票决定国家前途。之后，尽管肯尼亚政府领导人严厉谴责多党制的鼓吹者，包括上述两位前部长在内的持不同政见者仍

---

① 肯尼亚《每周评论》1990年5月4日，第13页。
② 同上。
③ 《人民日报》1990年5月8日。

积极为多党制进行宣传组织活动。他们的勇气至少部分地来自外来的鼓励。

　　世界银行和国际货币基金组织多年来要求非洲受援国进行经济改革，否则不予贷款。近年来，它们又在贷款条件中加入了实行包括多党制在内的政治改革的内容。急于摆脱困境的非洲各国只得照办。例如贝宁，为了继续取得上述两个国际机构的贷款，才在 1989 年 12 月决定放弃马列主义，召开全国代表会议，事实上承认了多党的存在。加蓬、科特迪瓦、喀麦隆等国也有类似情况。这些国家经济状况不像贝宁那么糟，反对派力量也不如贝宁那么大，执政党在同意多党制的同时仍能控制局势。1990 年 3 月加蓬总统邦戈指责国际货币基金组织要对加蓬面临的（动乱）形势负责，这可能是因为加蓬按国际货币基金组织的要求实行经济改革（紧缩开支、增加税收、降低工资等）的结果，引起了普遍的不满和社会动荡，从而导致了对单一党政体的怀疑。但也不排除国际货币基金组织（还有世界银行）的政治性表态发挥了作用。

　　西方的干预除美国外，法国也有具体表现。据法国《解放报》报道，1989 年贝宁召开全国代表会议前，法国驻贝宁大使曾向贝宁总统办公室主任转达法国政府的电报，对贝宁的前途提出 8 点"建议"，包括修改宪法、举行国民大会或全国会议、党政分开等[①]。贝宁后来照办了，结果导致了人民革命党一党统治的终止。

　　西方的干预且有愈演愈烈之势。1990 年年中，它们正式制定了 5 条标准来确定是否向要求援助的国家（当然包括非洲国家）提供援助，其中一条就是"引入多党政治制度"。这无疑对

---

① 法国《解放报》1990 年 3 月 17—18 日。

已经形成的非洲多党制潮流起了推波助澜的作用。

　　除了来自东西方的影响、干预和压力外，有些非洲国家加入多党制潮流可能还因受到邻国的影响，即属于一种连锁反应。像喀麦隆、刚果可能就是如此。它们眼见周围邻国（贝宁、加蓬、扎伊尔、科特迪瓦等）纷纷宣布实行多党制，为了避免在这个地区（且几乎都是法语国家）显得孤立，加上其他原因，便也走上了这条路。

　　最后，尼日利亚的两党制计划——它是非洲多党制潮流的一部分——在很大程度上代表了非洲领导人对新政体的一种探索精神。尼日利亚军政府首脑认识到军人专政终非长久之计，根据尼日利亚的具体情况，参照外国的经验，准备实行两党制。这一决策看来与国内外其他因素无关，而纯粹是以巴班吉达为首的军人政治家的创造。当然其结果如何，是另一回事。

大辩论、历史经验和其他

　　这次冲击非洲的多党制潮流伴随着一场震动全非的政治大辩论：非洲实行一党制好还是多党制好？有些辩论是在执政党内部进行的，我们不可能了解具体内容。从报刊透露的消息看来，各种形式的辩论是很激烈的。坚持一党制而反对多党制的人的主要论点是：其一，根据非洲本身的经验，多党制在非洲会导致按部族建党，引起部族冲突、分裂和政治混乱，给非洲国家"带来部落主义、仇恨和流血"，破坏它们的和平与安全；其二，多党制不符合非洲的传统文化和土生土长的政治制度；其三，一党制最能集中大家的精力和思想于国家的经济、政治和社会目标，从而保证国家的稳定，在现阶段更符合绝大多数非洲国家的具体条件；其四，在一党制格局下完全可以实现民主；最后，多党制并

不是解决非洲问题的万应灵药。而反对一党制主张多党制的人则
认为，许多非洲国家推行的一党制具有内在的不稳定因素，所以
从长远来说不可能形成稳定的政治经济气候的基础。在当前迅速
变化的世界上，非洲除非实行多党民主，就有在政治经济和社会
方面很快被世界遗忘的危险。他们还认为，一党制常常会发展成
为个人专断、家族统治、官僚主义、脱离人民，并使不同意领导
人观点的人得不到从政和为国家服务的机会。至于部族主义，
"一党制国家的部族仇恨并不比多党制国家少"①，等等。

　　这场政治大辩论关系到各国的政权问题，它主要冲击了那些
实行一党制的国家。各国的反应也不一样。如前所说，有些国家
已经采纳和实行了多党制，有些国家已承诺将要改行多党制，有
些国家拒绝了多党制，个别国家对主张多党制的人进行了镇压，
还有些国家准备进行公民投票以决定是否实行多党制。大辩论仍
在继续进行。从 1989 年到 1990 年 7 月，前两类国家已有 13 个，
加上本来实行多党制的国家和新独立的纳米比亚，总数达 26 国，
大大超过了至今坚持一党制的国家（16 国）。

　　在大部分情况下，多党制被当作医治非洲所患的经济政治沉
疴的一种政治药方。但是，多党制在非洲并不是新鲜事物。绝大
多数非洲国家在独立初都存在几个政党。从历史经验来看，有些
国家的多党制运行得比较正常，如塞内加尔、博茨瓦纳、突尼
斯、摩洛哥、毛里求斯等。这些国家独立后一直实行多党制。根
据各国宪法规定，各党在议会或地方议会选举时进行竞选。有些
国家的某个政党可能一直占绝对优势并掌握着政权，如塞内加尔
社会党、博茨瓦纳民主党、突尼斯新宪政党等，但其他政党也合
法存在，有时还能在议会和政府中争得若干席位。个别国家党派

――――――――――

　　①　肯尼亚《每周评论》1990 年 4 月 6 日，第 14 页。

林立，如塞内加尔有 17 个党。最近迪乌夫总统认为"太多了"，"有些放纵"。不过他并没有说将怎样改进多党制。

而另一些非洲国家曾经实行的多党政治就很不成功。如贝宁、索马里、加纳、苏丹、乌干达等。贝宁在 1972 年前几度建立多党政体，但这些党都以部族和地区势力为基础，相互争权夺利，导致政局动荡，促使军人几次进行干预；最后，克雷库发动政变后建立了军政权，1977 年改为一党制国家，为贝宁政局维持了十多年的相对稳定。索马里在西亚德发动政变前也经历了多年的多党倾轧时期。加纳在 1979 年罗林斯政变后一度建立了多党文人政府，但政府官员贪污腐败，财政经济也不见好转，以致罗林斯再度发动政变，确立了军政权。苏丹在 1985 年军事政变后也建立了多党政体，扩大了民主，但由于内政无建树（改善经济状况、停止内战、废止伊斯兰法等），加上政府领导人争名逐利，结果，多党政府维持 4 年后又被推翻。乌干达在 1979 年推翻暴虐的阿明军政权后恢复了多党制，但政局一直不稳，最后政府在内战中倒台。

以上数例说明，多党制在非洲既有行得通的地方，也有招致失败的地方。在行得通或运转正常的地方，既有民族、部族构成比较单一的阿拉伯国家，也有存在多民族多部族的撒哈拉以南国家，如塞内加尔、博茨瓦纳以至毛里求斯都是如此。这些国家的民族和部族差别没有发展为对立，或者成为建立政党的基础或依靠力量，也没有任何政党公开把争取某一民族或部族的利益当作主要的奋斗目标。这些国家的政局相对地比较稳定，经济状况也较好。它们当然也有各种问题，但并非起源于部族冲突。不过，从多党政体失败的那些国家的经验教训来看，部族主义、贪污腐败、经济恶化是它们失败的主要原因。

另一方面，一党制国家中也有不少政局相对稳定而经济发展状况也较好的国家，如肯尼亚、科特迪瓦、加蓬、喀麦隆等国。再如坦桑尼亚，它虽然经济经常处于困境，而政治上却长期保持了稳定；近年因调整了经济政策，经济状况还稍有好转（1988年增长率达 4.5%，商品也较充足）。如前所说，许多一党制国家（包括原来经济状况较好的上述国家）近年来都遇到了麻烦。同时，一党制国家同样存在着贪污腐化和滥用权力的弊病。

由此可见，政党制度并不是非洲各国经济发展和政治廉洁的关键因素。要想用多党制来解决这两个问题是不切实际的。正如人们所说，多党制并非解决非洲问题的万应灵药。不过，主张多党制的人对一党制下容易形成个人专权、缺乏民主的批评，似乎不是无的放矢。在这一点上，坚持一党制的人也承认存在着问题。因而他们提出了在一党制范围内发扬民主的建议（如坦桑尼亚），或者建议建立某种制约与平衡机制以保障民主（如肯尼亚）。与此同时，他们对多党制会引起部族冲突和国家混乱的担心也不是没有根据的。这是坚持一党制的人反对多党制的最有力的论据。看来，主张多党制的人也考虑到这种危险，所以尼雷尔提出如果坦桑尼亚建立多党社会，这些党不能建立在部族和宗教基础上；巴班吉达则命令修改尼日利亚宪法草案，取消了在部族、宗教基础上成立的政党的合法性……当然，能否通过宪法和法律达到杜绝按部族建党的目的，在非洲还是一种尚待实践的设想，也是一种有意义的实验。

总之，非洲各国的具体条件不同，什么政治体制最适合非洲各国的发展和需要，应由它们自己选择。历史经验说明，多党制可能适合于一些国家，但未必适合另一些国家。任何民主制度从建立到完善都需要经过探索、实践和不断改进的过程。非洲当然也不例外。

这次全非性的政治大辩论中的最大问题是西方特别是美国的

干涉主义态度。它们以支持政治、民主为招牌,把不给贷款当作大棒,企图迫使非洲各国都实行多党制,而丝毫不考虑各国的不同条件与处境。这种明目张胆地对别国内政的干涉是霸权主义的新表现。其动机也是十分可疑的:多党制将使它们能够更容易地利用非洲各国的内部矛盾,从而加强它们的控制。西方的干涉已经引起许多非洲国家的反感。在有些非洲国家,这种干涉还可能走向相反的效果:一些受到它们支持的反对派可能受到政府镇压,并因而影响这些国家民主化的正常进程。

(原载《西亚非洲》1990 年第 5 期)

多党民主化在非洲的发展

一 多党民主化在非洲的发展

1989 年，"变革之风"吹到了非洲，并很快形成了一股"多党民主化潮流"，它不可阻挡地冲击了非洲当时盛行的一党制和军人统治的国家。五年多来，它已使非洲的政治面貌发生了重大变化：1989 年非洲 51 国中实行一党制和军人统治的 39 个，占国家总数的 76%，实行多党制的 12 个，占总数的 24%；到 1994 年 6 月，实行或已宣布准备实行多党制的非洲国家已猛增到 47 个，约占非洲国家总数（53 个）的 90%，剩下 6 国（莱索托、斯威士兰、利比亚、苏丹、乌干达和尼日利亚）为军人政权或无党制国家，这 6 国中似还可去掉尼日利亚，因为不久前尼日利亚新军人政权已表示了重新向多党民主政治过渡的意向。总之，今天非洲已经没有一个国家还坚持一党制了。同时，一度在非洲流行的各种社会主义特别是自称的"马克思主义"，也像一党制一样失了势：有些国家是自动撤旗，如贝宁、刚果、莫桑比克；有些国家是原当权派被以不同方式赶下了台，如索马里、埃塞俄比亚、赞比亚。

多党民主化在非洲的发展是不平衡的。它表现为各国开始实行改革的时间有先后，而且完成民主过渡的进程也不同。实行多党民主化有一个过程即过渡时期，大体上包括几个步骤：召开全国会议，修改或制定新宪法，付诸公决，开放党禁和登记合法政党，举行有多党参加的总统和议会选举，组成多党议会和多党政府。至此，民主过渡便告完成。当然，各国并非都必须采取这些步骤，也不是都按这个顺序进行，例如不少国家像加纳、肯尼亚、喀麦隆等就没有召开全国会议。由于国情不同，各国实现多党民主化进程有起步早晚和落实快慢之分。5 年来，多数国家已经完成了向多党民主的过渡，包括起步早的如贝宁、科特迪瓦（1990 年），晚的如布隆迪、马拉维（1993—1994 年）；有些国家虽然几年前就已允许多党存在和活动，但至今还没有举行关键的多党选举（总统和议会选举），如扎伊尔、坦桑尼亚等；还有的国家执政者已宣布将实行多党制，但尚处在筹备或酝酿阶段，甚至还未开党禁，如塞拉利昂。总之，非洲各国正处在向多党民主过渡的不同阶段。尽管民主化进程在有些国家出现了停顿现象（如扎伊尔，那里政局混乱）以至倒退（如尼日利亚，那里发生了政变，新上台的军政权解散了已经存在 4 年多的政党），但是多党民主化潮流无疑已经大大改变了并在继续改变着非洲的政治。

二　非洲多党民主化潮流的起因

这次非洲多党民主化潮流是来自非洲外部的因素和内部因素共同作用的结果。从总体上说，外因是主因，内因是基础。外因指东欧与苏联剧变的影响和西方的压力。没有外力的推动，非洲不可能在这样短的时间内形成这样广泛的多党民主化运动或政治潮流。

80 年代后期东欧政局的剧变，特别是社会主义和一党政权在这个地区的垮台以及苏联的衰亡对非洲产生了重大影响。可以说，"变革之风"最初是从东欧吹来的。首当其冲的是那些原来同苏联、东欧关系密切或者想走社会主义道路的国家，它们在意识形态和政策上受到沉重打击，又失去了重要外援，在多党民主化的强风大潮冲击下只得纷纷降旗改调。像贝宁、刚果（布）和门格斯图统治下的埃塞俄比亚即是如此。东欧的变革还直接影响了非洲国家的政治舆论。例如，一贯主张一党制的坦桑尼亚前总统、当时任执政党革命党主席的尼雷尔在 1990 年 2 月出人意料地发表了支持改行多党制的讲话，在这以前不久他刚访问了东欧，那里的事态一定给了他深刻的印象。同年元旦，一位肯尼亚基督教领袖在布道时要求非洲人"仔细研究东欧的经验，选择多党民主"。此后不久，肯尼亚兴起了一阵关于政党制度的大辩论，散播了多党民主思想。

来自西方的压力起了更大更持久的作用。几乎所有的西方大国都通过其政府领导人或高级官员讲话等形式，对非洲国家施加经济和政治压力。最早也最卖力推行这种压力政策的是美国。1990 年初，美国政府就宣布了将对非洲的援助与非洲国家的政治民主化挂钩的决定。同年 6 月，法国总统密特朗在拉博勒法非首脑会议上也宣布今后法国提供援助的多寡将取决于受援国民主化和尊重人权的程度。英国、日本、德国的政府高级官员也都发表过类似的讲话。受西方控制的世界银行和国际货币基金组织等国际援助机构也将政治民主化列为它们援助非洲国家的条件。而非洲国家由于财政经济困难，为了不失去它们赖以生存的外援，不得不屈服于西方的淫威。

不过，非洲各国受西方压力的程度不尽相同。有些国家所受压力似不大明显，而另一些一度坚持一党制而公开抵制多党潮流的国家如肯尼亚、马拉维则是在外国中止经援的直接压力下低头的。

但是外因必须通过内因才能起作用。也就是说，非洲国家本身不同程度地存在着实行政治多元化的政治、思想和社会基础。

首先是经济没有搞好，包括原来经济状况较好的科特迪瓦、肯尼亚、喀麦隆等在内的大多数非洲国家自 70 年代末起经济持续滑坡，国家入不敷出，财政困难，债台高筑，人民实际收入下降，有些国家国库空虚，连公职人员的工资都长期发不出，引起各阶层普遍不满，社会动荡，人心思变。在此情况下，人们很容易归罪于各国长期实行的一党统治的腐败无能，而接受进行政治改革、实行多党民主的主张。

其二，非洲各国中等阶级阶层的力量不同程度地有所增长，不少人要求在政权中有他们的代表，而一党制和军政权显然阻碍他们中大多数人的这一愿望的实现。非洲知识阶层尤其是受过西方教育的高层知识分子如律师、大学教师和新闻工作者普遍倾向多党民主；工商业企业主向往自由化和私人资本的发展，一般也不喜欢通常实行垄断和限制政策的一党制政府和军政权。赞比亚和肯尼亚的反对派（前者已成了当权派）中有不少是有实力的企业主。

其三，许多国家在建立一党制或军政权以前曾经实行多党制，客观上存在着老的（当然也会有新生的、包括从执政党内分裂出来的）反对派，他们不甘心永久处在被取缔和受压的地位，而随时在窥测时机谋求恢复多党制。

其四，非洲国家部族众多，传统的部族观念较强烈，它们很容易被政客们所煽动和利用，为政客们建立政党服务。有些国家党禁一开就出现几十个以至几百个以部族为基础的党派，原因即在于此。如扎伊尔、喀麦隆。当然不是所有非洲国家都是如此，有些国家明文规定不准按部族建党，政府控制能力也较强，情况就好些。

再有，有些长期进行内战的国家如安哥拉、莫桑比克、索马里等，它们要取得全国和解，建立民族团结政府，当然非放弃一党统治而采取多党制不可。

总之，应该如实和恰如其分地分析引起非洲多党民主潮流的内外两种原因才能揭示事物的本质，如果过分强调其中一个因素而否认或轻视另一个因素就可能得出片面的结论。例如有些西方学者特别强调非洲国家的内部因素，而认为西方的压力不大重要，甚至认为美国并未直接干预非洲国家的民主化进程，这显然不对了，带有替美国推卸责任之嫌。我国有些观察家则存在着把一切都归因于西方压力的倾向，而轻视了内因，这也不全面，于事无补。有意思的是，有些非洲领导人（如加纳的罗林斯总统）和学者（如尼日利亚的阿凯教授）都强调非洲对民主的追求早在苏联进行"民主改革"和东欧剧变以前就开始了，试图从不同的角度否定外来影响对非洲（罗林斯指的是加纳）的作用。他们的观点说明非洲国家内部确实存在争取民主的客观基础，不过罗林斯所说的民主乃指某种"参与民主"，而未必是多党民主就是了。

三　多党民主化在非洲的初步结果

对于非洲这次多党民主化潮流，人们从一开始就抱有不同的期望和估计：一部分人（主要在西方）认为可望解决非洲的政治专制、腐败和经济管理不善问题，从而有助于非洲的民主、稳定和发展；另一部分人认为必将引起部族冲突和党派纷争，造成政局动荡、混乱和无穷祸患。更多的人可能抱着怀疑、观望或走着瞧的态度。

事实究竟如何呢？

5 年来的实践大致产生了三种初步结果：

一种是在有些国家造成了政局与社会的持续动荡与混乱，突出的如扎伊尔和刚果。扎伊尔宣布将实行多党制后，一下涌出了300 多个党派（蒙博托总统起初只允许成立 3 个党），它们大多以部族为基础，经分化组合，大体形成为支持蒙博托的总统派和反对蒙博托的反对派（主要是"激进反对派神圣同盟"）两大派。1991 年 8 月，各党派代表召开全国主权会议，断断续续开了 16 个月，最后成立了临时议会，选举反对派人士齐塞克迪为过渡政府总理。但蒙博托总统拒绝承认，后又宣布解除齐的职务，并召开全国和解会议，另外任命了过渡政府总理，恢复了国民议会的活动。自 1993 年 4 月起，扎伊尔陷入了有两个政府和两个议会并存并互相拆台的僵局和实际的无政府状态。1994 年初，两个议会进行了合并，但政府问题依然如故，而且反对派内部又对齐塞克迪的"总理"地位产生了重大分歧。刚果（布）也在 1990 年宣布改一党制为多党制，1992 年举行了大选。结果原总统萨苏竞选失败，执政党刚果劳动党成了反对党，而原反对党人士利苏巴当选为新总统，成立了新政府。不久，新的总统派和反对派（包括劳动党）之间在选举作弊和收缴反对派武器等问题上爆发尖锐对抗以至武装冲突。它们与独立以来就存在的地区和部族矛盾交织在一起，使局势更形复杂。1994 年 1 月 30 日双方达成停火协议。但此后双方支持者之间仍不断发生交火事件。

另一种是较多的国家相对和平地完成了多党民主化进程或者正在有计划地逐步向多党民主过渡，并保持了政局的基本稳定。这些国家又有三类：一类是原执政党和当权派通过大选而继续保持执政地位的，如科特迪瓦、喀麦隆、加纳、几内亚、肯尼亚[①]、加蓬、布基纳法索等；一类是原执政党和当权派在大选中败北下台，而原反对派在大选中获胜后成为新的执政党，如贝宁、赞比亚、马拉维；还有一类是原单一执政党已允许反对党存在但尚未举行多党总统和议会选举的，如坦桑尼亚、几内亚比绍（后者定 1994 年 6 月举行）。当然，以上这些国家在向多党民主转变过程中并非风平浪静，也都发生过示威、对抗、镇压这类事件，而在多党政府或议会成立后，当权派和反对派之间的矛盾和斗争也并未停止。但总的来说没有发生大动荡，秩序较好。

第三种是少数国家经过一段时间的混乱后，终于完成了多党民主过渡，局势走向稳定，但不甚牢靠。如多哥、布隆迪。多哥在 1990 年宣布实行多党制后，政局长期动荡。以反对派为主的多党（全国）会议成立了议会性质的最高委员会，选举反对派人士科菲戈为过渡政府总理，总统埃亚德马也未表示反对。但在反对派试图解散原执政党多哥人民联盟并进一步削弱总统权力时，支持总统的军队发动兵变，甚至一度围攻总理府、劫持科菲戈。此后，总统派和反对派不断摩擦，首都洛美多次发生流血冲突。1993 年 8 月多哥终于举行了多党总统选举，埃亚德马再度当选。1994 年 2 月多哥又进行多党议会选举，反对党联盟获胜，埃亚德马总统任命了反对派人士科乔为新总理。有人称多哥的多党民主进程是"非洲国家里最悲惨的"，自 1990 年以来已有几百人为此丧生。现在多党民主化进程虽告完成，局部的暴力事件仍时有所闻。多哥还存在一个进行暴力斗争的国外反对派问题。布隆迪在 1993 年 6 月按照多党制新宪法在平静的气氛中举行了

---

① 肯尼亚在 1992—1993 年发生了多次部族冲突，使 30 多万人流离失所，但与政局无直接关系，尽管有政府高级官员涉嫌幕后挑动。

总统和议会选举，原反对派人士恩达达耶击败执政党候选人原总统布约亚而当选总统。恩达达耶在 7 月正式就职，他是布隆迪独立 31 年来第一位胡图族总统。为了抚慰、团结一向占统治地位的图西族人，他任命了一名图西族总理（女）。有人称布隆迪为"非洲民主化样板"。但仅仅三个月后，图西族部分军人发动政变，杀害了恩达达耶总统、议会议长和内政部长等胡图族领导人，由此引发了一场部族间的大仇杀。由于国际和国内的强烈反对，政变军人在几天后被迫将权力交还给了合法政府。但布隆迪根深蒂固的部族对立可能长期困扰布国的多党民主政权。①

多党民主化对非洲国家政局的影响大抵如此。从经济上说，凡政局混乱、动荡之国，经济自必进一步恶化，如扎伊尔；政局基本稳定的，有些国家的经济有所改善，如贝宁、几内亚，但有些国家并无起色。一个国家的经济要好当然首先要政局稳定，但它还与其他许多因素有关，如政府政策、外贸条件、人员素质、自然条件等。所以，非洲的多党政府将面临与一党政府和军政权同样的挑战。

此外，多党民主化在政治上还冲击了非洲的独裁统治，包括军人专制和终身总统制等，不同程度地扩大了民主和言论、新闻自由。不过，它对政府官员贪污腐败的冲击并没有收到人们预期的效果。有些国家还不如从前的一党政府。例如据外电称："在赞比亚，主要捐助国抱怨，卡翁达总统 1991 年下台后，政府高级官员的腐败现象日益严重。"② 有些部长、议员因不愿同流合污而退出了执政党。③

---

① 1994 年 4 月 6 日，新总统恩塔里亚米拉从坦桑尼亚回国途中在卢旺达首都机场因飞机爆炸而与卢旺达总统一起遇难。所幸此事未在布引起大动荡。
② 路透社内罗毕 1993 年 12 月 29 日电，记者埃西皮苏。
③ 美国《非洲报道》1994 年第 3—4 月号，第 60 页。

多党民主化为什么在非洲产生了不同的结果？看来主要取决于以下几个因素：

一是当权派在政权受到反对派威胁时是否动用军队来维持自己的统治。如果是这样，就可能引起冲突和混乱，如多哥；如果当权派接受事态发展，而军方又取不介入立场，局面就可能保持相对平稳，如贝宁、赞比亚、马拉维。

二是当权派和反对派力量的对比。在当权派（政府和支持政府的）力量强大而反对派力量相对弱小的情况下，民主化进程可能在政府控制下有计划有秩序地进行，局面同样保持平稳，如科特迪瓦、加纳等；反之，尤其在势均力敌的情况下，局面就容易失控，从而导致持久的斗争和动荡，如扎伊尔。

三是部族主义问题。非洲几乎都是多部族国家。部族、地区势力是非洲政治中的重要因素。由于历史原因，非洲各国几乎都存在或大或小的部族和地区矛盾问题。在多党民主化进程中，一些非洲国家出现了党派斗争同部族及地区冲突交织一起的复杂局面，以不同部族和地区势力为依托的政治党派之间争斗不休，政局和社会动荡不已，甚至呈现爆发内战和国家分裂的势头。这一方面是由于这些国家客观存在的部族及地区矛盾较大，多党民主化促使它突出了起来，而更重要的是因当权派或反对派出于自私目的而有意加以挑动和利用的缘故。他们对非洲部族主义、地区主义的肆虐负有主要责任。布隆迪的部族仇杀不就是军队中的一小撮人挑动的吗？不过，非洲也有不少部族问题不大的国家，这同客观存在及政治家们的正确政策和策略有关系。

四是有无法治精神和妥协精神。在多党民主化过程中，各派在建党、选举、计票等许多问题上可能出现分歧，如果各方诉诸法律，进行合法斗争，并服从法院判决，局面就不会乱；如果当权派动辄使用行政高压手段，而反对派不惜进行暴力对抗，事态必致恶化。同时，在出现严重对抗后，有无妥协精神是促使局面走向缓和或者继续动荡的重要因素。

四　评价和前景预测

这两年人们包括一部分西方舆论在内，对非洲多党民主化的结果持否定观点的较多，认为"没有成功的例子"；"在许多地方都失败了"，没有解决政治腐败和经济管理不善问题，反而造成了普遍的混乱。这些评论都有一定的事实根据，但如果由此而全盘否定非洲的多党民主化实践，似乎又走向了一个极端。它可能是源于两种刚好相反的心理——一种是原来对这场变革的期望值太高，不切实际；一种是出于本能的对多党民主制的反感。正如前述，5 年来多党民主化对非洲国家政局所产生的结果并不一样，既没有完全满足西方一些人的希望和要求，也并不是只有混乱和消极面，说它"前途未卜"则是可以的。

鉴于非洲的多党民主化潮流不仅有外因，而且有内因，特别是一些统治者的专制和腐败无能，以及人民（借用近年西方学者常用的一个词——"市民社会"（civil society））对于民主自由的要求，因此，非洲的多党民主化还将继续发展。正如非洲统一组织秘书长萨利姆所说："非洲的民主化进程是非洲发展的需要，是不可逆转的。"[①] 非洲不可能再回到 1989 年前那样的由一党制占主导地位的时代。当然，个别国家出现反复（如民主化进程因军人政变中断）是可能的。展望未来，这场变革可能有三种前景：

一种是随着非洲国家在政治上越来越成熟，他们的杰出政治

---

① 1994 年 1 月萨利姆对坦桑尼亚记者的讲话。

家能够根据国情逐步建立和完善多党体制，最终建成有效的非洲式民主政治制度；根据非洲本身和别国经验，由一党为主、多党参政的体制可能有利于非洲国家保持政治平衡和稳定，但它也仅是一种形式，还需解决如何正常运转和实现真正民主等问题。

一种是由于当权派和反对派不能取得妥协，矛盾激化，冲突不止，局势持续动荡混乱，最后导致军人政变，建立或恢复军人统治；也不排除军人为了实现自己的政治主张或纯粹出于权欲而实行军事接管的可能。

一种是一些国家虽然形式上实行了多党制，但政府（执政党）和反对派都无意于国家建设，而热衷于利用部族，地区和派别势力争权夺利，使"多党民主"蜕变为"多党争夺"，政权依旧仅仅是少数精英侵占国家财富牟取私利的工具，行政管理同以前没有什么差别，民主化改革找不到方向，国家实际上既没有真正的民主，也没有稳定和效率，有些国家甚至陷于分裂式无政府状态，因而也无发展可言。

非洲的希望在于出现第一种前景。只有这样，非洲国家才可能建立起强有力的和有效的政府，从而保证国家的稳定和发展。

非洲亟须稳定和发展。没有稳定不可能发展；同样，没有发展，经济凋敝，民不聊生，也不能保持稳定。而关键似在要有一个强有力和有效的政府。从前非洲的一党制和军人政权曾经一度提供过这样的政府，它们为非洲国家的稳定和发展起过积极作用。但是后来它们走向了反面，不少国家的统治者专制独裁，腐败无能，治国无方，加上其他原因，致使国势衰微，民生疾苦，社会动荡，引起了普遍的不满和反对。这是人们否定一党制和军政权的原因之一。应该看到，并不是所有的一党制和军政权都已达到难以为继的地步，但它们确实暴露了严重缺陷，所以挡不住多党民主改革的大潮。

　　我们反对西方将它的民主模式强加于人，并认为它对有些非洲国家的政局和社会动乱负有责任。非洲各国必须找到适合自己特点的政治模式，这当然需要时间。匆忙地推行多党民主化有时是灾难性的。但既然大多数非洲人不喜欢已实行 20 多年的一党制和军政权，而且非洲国家已经走上了多党民主化的改革道路，我们也就不宜完全否定多党制，也不要笼统地称多党制不适合非洲，因为除了应该尊重非洲国家（不仅指当权派，还应包括反对派和平民）的选择外，实际上非洲早已存在多党制国家，其中的博茨瓦纳、毛里求斯等国的政治经济都发展良好（这几年博茨瓦纳的经济增长率在 10% 左右）。近年又增加了一些完成了多党民主化进程而继续保持稳定与发展的国家。总之，对于多党民主化进程和这一政治制度本身的成功和失败的经验教训都应加以研究总结，以便得出正确的结论。非洲国家要建立和发展符合本国实际的民主制度，也必须通过实践并从中总结经验教训才能做到。当前的实践就是继续推行多党民主化改革。在这个事业上，非洲国家任重而道远。正如非洲统一组织秘书长萨利姆所说："在民主化进程中，不仅仅是增加几个反对党的问题，而且还要加强和健全民主机制，以真正做到发扬民主，尊重人权，调动人民参与经济和社会发展的积极性。"① 作为非洲人民的朋友，我们期望他们成功。

（原载《西亚非洲》1994 年第 5 期）

---

　　① 1994 年 1 月萨利姆对坦桑尼亚记者的讲话。

联邦制在非洲:经验教训与前景

近几年来,不少非洲国家(包括埃塞俄比亚、南非、喀麦隆、尼日尔、苏丹、索马里、乍得、乌干达等等)内部传出了改变国家体制——由单一行政制或中央集权制改行联邦制的呼声。各地呼声强弱不一,此起彼落,虽没有形成类似多党民主那样的风潮,但它提出的国家体制问题确是一些非洲国家将长期面临的重大政治问题之一,值得注意。其核心是解决各国中央和地区在权与利方面的矛盾。问题处理得好便有助于有关国家的和平、统一、稳定和发展,否则事态将向相反方向发展。因此,对这一问题的讨论兼有理论和现实意义。

非洲实行联邦制的经验教训

联邦制是当今世界盛行的一种国家体制。无论是在发达的欧美或大洋洲,还是在发展中的亚非拉,联邦国家到处都有。前者如美国、德国、加拿大、瑞士、俄罗斯、澳大利亚等,后者如印度、缅甸、马来西亚、尼日利亚、巴西、埃塞俄比亚等。其中美国实行联邦制已有 200 年历史,而埃塞俄比亚成立联邦还仅两年。

联邦制在非洲是否行得通？有何经验教训？本文试图作一回顾。当然，这里说的"联邦"是指非洲国家独立后建立的国家形式，而不包括独立前欧洲殖民主义者为统治非洲而强行划分或拼凑的行政单位，诸如（法属）西非联邦、赤道非洲联邦、（英属）中非联邦以及南非白人建立的"南非联邦"之类。

非洲目前实行联邦制的有四国，即尼日利亚、坦桑尼亚、科摩罗和埃塞俄比亚。还有一些非洲国家曾经建立过联邦或者曾经试图建立联邦，但运行多年后终于解体或者最终未能建成，前者如50年代的埃塞俄比亚与厄立特里亚以及喀麦隆和乌干达，后者如扎伊尔和苏丹。

在目前实行联邦制的四个非洲国家中，坦桑尼亚乃是大陆部分（坦噶尼喀）与沿海岛国（桑给巴尔）分别独立后联合而成，但占国土面积99%和人口97%的大陆部分并未设立联邦机构，科摩罗是个小岛国，严格地说无典型意义。而尼日利亚和埃塞俄比亚是两个极不相同的典型。两国相似的地方是都存在强大的部族和地区势力。但尼日利亚在独立前就形成了以东、西、北三大区为基础的联邦结构，1960年10月独立时继承了这一制度，1963年正式成立尼日利亚联邦共和国。后来政权几经更迭，行政区划也多次变动（由3区变为12州或更多的州），但联邦体制一直延续至今。埃塞俄比亚除了在50年代一度与厄立特里亚组成联邦外，它本身从塞拉西皇帝到门格斯图政权一直是中央集权国家。1995年在埃塞俄比亚人民革命民主阵线政权领导下才成立了埃塞俄比亚联邦民主共和国，至今不过两年的历史。

从能够长久运行和维持这一角度说，尼日利亚和坦桑尼亚等国的联邦制可以说是成功的。埃塞俄比亚联邦存在的时间尚短，从一定意义上说还处在实验阶段，它的经验将有重要意义。

尼、坦等国联邦制的成功提供了以下经验：一是这些国家的联邦制是历史发展所形成，联邦成员在政治和经济上本来就具有自治或自成一体的传统基础；二是联邦制的建立有利于国家的统一和全国及联邦区的发展；三是根据宪法规定联邦中央和各区进行了适当的权力和利益分配，双方大体满意；四是联邦中央必须维持强大实力，能够控制局面和应付不测事变。从尼日利亚的经验来看，最后一点对联邦制的维持可能是关键。1967 年尼日利亚东区爆发严重分裂活动，成立了"比夫拉共和国"，联邦政府依靠强大实力才打胜了持续三年的内战，克服了分裂，恢复了统一。当然，东区的分裂活动发展到如此严重地步，联邦政府也是有教训可以吸取的。

非洲还有些国家曾经实行联邦制而后来又回到中央集权制，或者曾经试图建立联邦制但最终未建成的。这类国家大体有三种情况：

第一种是中央政府为了统一行政、简化管理、加强中央集权，在地方政府（联邦区）认同的情况下取消联邦制，改行单一行政制。如 1962 年的埃塞俄比亚和 1972 年的喀麦隆。

根据联合国有关机构的建议，前意大利殖民地厄立特里亚于 1952 年 9 月与埃塞俄比亚帝国建立"厄立特里亚与埃塞俄比亚联邦"。1962 年 11 月，厄立特里亚议会议决，厄完全并入埃塞，成为帝国的一部分，联邦随之不复存在。① 1961 年 10 月 1 日，原英属喀麦隆南部同已于一年前独立的喀麦隆共和国（原法属喀麦隆）合并建立喀麦隆联邦共和国（南喀麦隆改称西部州）。1972 年 6 月，根据公民投票通过的新宪法，喀取消了州政府、州议会和联邦副总统职务，设立了中央集权的行政系统，更国名

---

① 英国《撒哈拉以南的非洲》（1977—1978 年），第 336 页。

为"喀麦隆联合共和国"①。以上两个联邦分别存在了 10 年左右。

第二种是中央政府同联邦区地方势力在权力和政策上发生尖锐矛盾，中央政府为了制止分裂，维护国家和政令统一，取消联邦制，实行中央集权制。如 1967 年的乌干达。1962 年乌干达独立时，境内布干达等 4 个王国享有联邦或半联邦地位。后因奥博特为首的中央政府与布干达地区势力矛盾的发展，前者在 1966 年采取行动压倒了对方并用武力赶走了代表后者的穆特萨总统。根据 1967 年颁布的新宪法，布干达等王国的联邦或半联邦地位被取消，乌干达改行中央集权制。乌干达联邦体制仅存在 5 年。

第三种是有些存在强大地区分离主义力量的国家曾经试图采用联邦制形式解决中央和地方的矛盾，但较量结果，中央集权主义占了上风，联邦制终于告吹。如 60 年代的刚果（现刚果民主共和国）和 70 年代至 80 年代初的苏丹。

比属刚果 1960 年独立后不久即陷于混乱和分裂状态。1961 年 3 月和 4 月，部分主要政治派别的代表在马达加斯加的塔那那利佛和刚果本国的科基哈特维尔举行两次会议，先后同意建立刚果邦联和"联邦共和国"②。由于存在严重分歧和事态的迅速变化，这两次会议的决定都没有付诸实施。1972 年苏丹尼迈里政府同南方反政府武装力量达成协议，允许在民族和宗教上异于北方的南方地区建立自治政府、自治议会和地区军队，这实际上是一种联邦制安排。1983 年，尼迈里改变政策，取消了南方的自治地位，并将南方 6 个省合并为 3 个区，置于中央政府直接管理

---

① 英国《撒哈拉以南的非洲》（1977—1978 年），第 216—217 页。

② Ernest W. Lefever：Crisis in The Congo, 1965, The Brookings Institution, p. 53.

下。内战随之重起。苏丹现政府领导人巴希尔总统和宗教领袖图拉比都曾表示要以联邦制解决南北矛盾和内战问题。

根据以上考察似可归纳几点认识：

（一）非洲曾有少数国家实行联邦制，但目前仍在实行联邦制的是极少数（不足1/10），这似乎在客观上反映中央集权制比较适应大多数非洲国家目前的国情。

（二）尼日利亚、坦桑尼亚等国联邦制的持久存在表明，联邦制对有些非洲国家是可行的，甚至是必要的，其经验教训已如前述。

（三）一些非洲国家取消联邦制改行中央集权制的经历表明，这一举措对这些新生国家防止分裂，维护国家统一与领土完整，发展国民经济是积极有利的，但这种变革必须以中央政府有强大实力作前提，经广泛征求意见并通过全民公决等宪法手段依法实行，否则可能留下严重后遗症，如苏丹内战的重起和60年代埃塞俄比亚的厄立特里亚战争。

联邦制呼声再起的原因

90年代初，许多非洲国家不约而同地响起联邦主义的呼声，这是冷战结束后非洲国家内部冲突普遍增多和各国寻求解决这种内部冲突的方法的反应。不过，具体到每个非洲国家，原因并不相同。大体有四种原因：

（一）有些国家是由于中央和地区的矛盾或者地区与地区之间的矛盾长期得不到解决而由一方提出的一种可能的出路，如苏丹、索马里。大约在1995年4月初，苏丹宗教领袖、全国议会议长哈桑·图拉比对法国一家报纸记者谈到苏丹内战时说："现在，我认为已终于找到了一个解决办法：建立一个真正的苏丹联邦，北方设 16 个州，南方设 10 个州。南方的战事将平息，和平将得到恢复。"① 在这以前，苏丹总统巴希尔也曾表示"希望建立联邦共和国"，下辖 9 个州，并给予各州"充分自主权"②，借以解决南北矛盾，平息内战。苏丹的一些邻国也试图鼓励苏丹实行联邦制或甚至更松散的邦联制，认为这是防止苏丹分裂的最佳希望所在。③ 但目前看来时机尚不成熟，苏丹内战仍在延续。

索马里自 1991 年 1 月西亚德·巴雷总统被推翻后不久即陷入了以氏族武装为基础的军阀割据和内战的混乱局面。以哈维耶族为基础的联合索马里大会匆忙地单方面宣布阿里·马赫迪为临时总统，这不仅遭到其他十多个氏族组织的反对，而且导致"联索大"两大集团——艾迪德集团与马赫迪集团的分裂与对抗。1991 年 5 月，以伊萨克族为基础的索马里民族运动的领导人阿里·屠尔宣布索马里北部独立，成立"索马里兰共和国"。南部则进一步陷于氏族武装的混战。其后两年联合国和美国的干预没有给索马里带来和平与统一。在此背景下，为了寻求达到和平、统一及建立全国团结政府的目标，索马里南北部于 1994 年 11 月至 1995 年 1 月先后召开两次"和平会议"。会上几个主要派别的领导人（如艾迪德、屠尔和马赫迪）都表示主张国家统一和建立联邦制。④ 可惜障碍甚多，这一主张一时难以实现。北部的"索马里兰共和国"一位部长曾表态：索马里兰绝不会与索马里亚（指索南部）组成一个联邦国家。⑤

---

① 法国《费加罗报》1995 年 4 月 15—16 日报道。转引自新华社巴黎 1995 年 4 月 15 日电。

② 法国《费加罗报》1993 年 11 月 25 日报道。转引自新华社巴黎 1993 年 11 月 25 日法文电。

③ 英国《新非洲人》月刊 1995 年 4 月号科林·利吉姆报道。

④ 英国《非洲秘闻》1995 年 1 月 6 日。

⑤ 英国《非洲研究公报》（政社篇）1994 年 7 月 28 日。

（二）有些非洲国家的地区、部族或派别势力想摆脱中央控制以获得更多自主权或者分得部分权力而提出建立联邦的要求，如南非、喀麦隆等国家。

南非于 1994 年 4 月经多种族大选后最终结束了白人种族主义统治，组成了以非洲人国民大会（非国大）为主体的全国团结政府。以祖鲁族为基础的因卡塔自由党（因卡塔）作为第三大党参加了联合政府。但因卡塔并未放弃在大选前已提出的建立联邦制的主张。其主要意图是确保它占主导的夸祖鲁/纳塔尔省获得更大自由权。分析家们认为，它提出的具体要求从宪法上说不仅是建立联邦，而是要在南非成立更松散的邦联，因而遭到主张中央集权的非国大的坚决拒绝。不过，实际上南非现在给予各省的权利如在各省设省议会，由各省选举省的总理等，已带有联邦结构的性质，尽管无联邦之名。南非还有一些白人政党如保守党、自由阵线，要求成立以种族为基础的联邦或者划出一省成立单独的"白人家园"，这是种族隔离主义的新版，不仅为非国大和其他黑人政党所反对，而且多数白人也不同意。不过，回想 1994 年大选前南非曾一度出现以实行联邦制为共同纲领、其成员既有白人政党也有黑人政党的"自由联盟"，联邦思想在南非的影响不可小看。

喀麦隆于 1972 年取消了实行已 10 年的联邦制。90 年代初，喀政局在多党民主浪潮冲击下一度动荡，喀麦隆西部两个英语省（西北省和西南省）的联邦主义或者地区主义随之抬头。1992 年 2 月西北省省会巴门达发生了有几千人参加的要求恢复联邦制的游行示威。① 1993 年在一次有 5000 人参加的集会上，与会者抱

---

① 法新社利伯维尔 1992 年 10 月 28 日电，"喀麦隆的紧张局势使英语地区的地方主义重新抬头"。

怨中央政府没有平等对待西部两省，再次要求恢复联邦和享受本地生产的石油利益。喀麦隆西部两省是喀主要粮食和石油生产基地，这显系一部分人要求实行联邦制的物质诱因。据法国《热带市场报》报道，1995 年联邦制问题在喀麦隆"引发了一轮新争执"①。在西部两省力量最强的喀麦隆最大反对党社会民主阵线由于在这个问题上内部存在分歧而发生了分裂。

在乌干达，怀旧的布干达族领导人要求实行联邦制，他们的代表在 1995 年初向制宪会议提出了修改宪法实行联邦制的动议。与此同时，布干达国王的支持者们认为根据 1993 年通过的宪法修正案恢复国王的王位并奉他为文化领袖还不够，他们要求国王应享有政治权力，实质上就是要恢复布干达王国的联邦地位。1995 年初在乌干达中部新出现的一支反叛武装"全国民主军"也打起了支持联邦制、要求布干达王国自治的旗号。② 其目的显然在于政治上争取占乌干达人口 1/5 的布干达族人的支持。

属于这一类的还有尼日尔、乍得等国。尼日尔东部的一个以打家劫舍闻名的反叛组织"复兴民主运动"要求对卡瓦尔和曼加地区实行联邦制，企图使它在这些地区的势力合法化。乍得南部的武装反对派"全国争取和平民主紧急行动委员会"也要求成立联邦国家。1994 年 2 月该组织领导人与国家总统特使在中非共和国首都班吉就此问题谈判失败。法国《青年非洲》周刊（1994 年 7 月 7—13 日）载文说："最近这个地区（指乍得南部多巴地区——引者）发现了丰富的石油矿藏，其开发前景当然使反对派实现联邦化的要求更强硬了。"可谓一语中的。尼日尔和津巴布韦也都有几个合法的小党派主张联邦制，其出发点也在

---

① 转引自《非洲研究公报》（政社文部分）1995 年 8 月 23 日。

② 新华社记者鸢立 1995 年 4 月 17 日自内罗毕报道。

于追求它们局部的政治和经济利益。

（三）个别非洲国家的执政党为了缓和国内民族或部族矛盾，争取广泛支持，巩固中央对地方的有效统治和避免国家分裂，主动由中央集权制（指单一行政制）改行地方分权的联邦制。这类国家目前仅埃塞俄比亚一例。

埃塞俄比亚国内一向存在较大的民族矛盾。门格斯图政权的失败在很大程度上就是因为没有处理好民族矛盾。1991 年 5 月它在以提格雷人民解放阵线为核心的埃塞俄比亚人民革命民主阵线（埃人革民阵）、厄立特里亚人民解放阵线、奥罗莫解放阵线等各民族的武装反抗组织的联合打击下最终倒台。同年 7 月，以埃人革民阵占主导的过渡联合政府成立，不久它就着手建立以民族或部族为基础的联邦结构。1994 年 12 月，过渡政府颁布了新的联邦制宪法。全国按民族聚居区的原则划为 9 区 1 都市（前两年曾划为 14 区）。1995 年 5 月举行两院制议会的选举，下院即人民代表院由全国划分选区经普选产生（共 547 席）；上院即联邦院（Federal Council）由各联邦区邦务会议（State Councils）推举 117 名成员组成。同年 8 月 21 日，两院首届联席会议正式宣告成立埃塞俄比亚联邦民主共和国。①

（四）近年来，鉴于布隆迪和卢旺达两国国内部族之间积怨太深并一再发生部族冲突以至大规模部族屠杀，一些好心的外国人提出了能否采用联邦制以解决两国问题的设想。具体地说，即在两国各自建立一个"图西族家园（或政府）"和一个"胡图族家园（或政府）"，再建立一个联邦政府。这一设想得到了非洲人的共鸣，加蓬总统邦戈认为这是一个解决办法，但

---

① 英国经济情报所：《国情报道：埃塞俄比亚、厄立特里亚、索马里、吉布提》1995 年第 4 期，第 7 页。

存在很大障碍。①

联邦制在非洲的前景

当今世界不乏联邦制成功运行的实例。但联邦制在非洲却经历了一段曲折。只是到 90 年代初，这一主张才在一些国家重露头角。埃塞俄比亚联邦的建立也许是它具有里程碑意义的重要发展，但这还要由今后的事实来证明。非洲各国摆脱殖民统治而独立未久，国家的体制结构大体继承了殖民地时期的框架。几十年来虽然根据各国国情作了调整，但似乎可以说它们大多尚未定型，处在需要改革和不断完善的过程中。特别是对那些存在较大民族或部族矛盾的国家来说更是如此。这也是近几年联邦主义思想兴起的一大原因。不过，联邦制没有像多党民主化运动那样因受外力推动而在非洲大陆一哄而起，它目前还仅是一种局部的运动，一股涓涓细流，其发展前景也要按具体国家作具体分析，大体有以下几种可能：

（一）目前已经实行联邦制的非洲国家不会轻易改制，而将力图加以巩固和改善。坦桑尼亚联合共和国将竭力维护对桑给巴尔的主权，不会容许近年来该岛的组成部分奔巴岛某些政党的离心倾向得逞。新建的埃塞俄比亚联邦正在加强各级政权建设，拥有国防、外交、外贸等大权的中央政府在向联邦地区下放某些权力的同时努力加强对全国经济、司法和治安等方面的控制。从近两年的运行看，埃塞俄比亚以民族或部族为基础划分联邦区的做法以及宪法中关于各区拥有包括分离权在内的自决权的规定，并不像有些人担心的那样行不通或引起分离主义大潮。由于向埃人

---

① 法国《费加罗报》1996 年 11 月 4 日吉埃贝尔和朗布罗尼的报道。

革民阵的地位发起挑战的奥罗莫解放阵线的武装已被打垮，奥罗莫"独立"的威胁已不存在。各联邦区（包括一度有些混乱的索马里区、贝尼山古尔等较小的区）的形势正逐步走向正常。当然，一个崭新的制度从建立到巩固通常都要有个过程，并将随着社会经济条件的发展而不断修正。埃塞俄比亚也不会例外。

在非洲实行联邦制时间最长的尼日利亚，虽然军政权仍在主宰一切，包括由它任命各联邦州的军政长官，但阿巴查总统在 1995 年 10 月 1 日的文告中允诺在三年内（1998 年前）举行大选，恢复文人政府，实行多党制，并"成立联邦地位委员会以根据真正的联邦主义精神把更多权力移交各州"。作为第一步，他同意将 13% 的政府收入交还给创造收入的地区。[①]

（二）大多数提出建立联邦制要求和设想的非洲国家由于中央政府持否定态度等原因将难以实现。非洲国家的经验表明，非洲国家是否实行联邦制最终取决于已经存在的中央政府的意向。近几年在多数国家提出联邦制要求的是政治力量弱小的反对党或反叛组织，如在尼日尔、乍得、津巴布韦和乌干达等，它们的目的是争取和确保它们在局部地区的政治经济利益或者使它们对这些地区的控制和势力合法化。但它们力量太弱，或者控制地区很小且僻处一隅，不大可能引起政府的重视。在可预见的未来，联邦制在这些国家仍将是空中楼阁和少数人的政治口号，并无实现的希望。即使是在联邦主义势力相对较强的乌干达，由于中央政府反对联邦制，而支持联邦制的布干达族人内部意见也并不一致——虽然许多部族领导人要求实行联邦制，但布干达族的王族首领穆隆多已表示反对。随后（1995 年 4 月），乌干达制宪会议

---

① 英国《新非洲人》月刊 1995 年 11 月号，第 19 页。

也在未投票的情况下否决了关于实行联邦制的动议①，从而使改制的希望成为泡影。

而在另外一些国家如南非和喀麦隆，提出联邦制要求的是具有一定实力的反对党，它们在有关地区有相当的群众基础，如南非因卡塔自由党在夸祖鲁/纳塔尔省、喀麦隆社会民主阵线在西部两省等。这些国家的中央政府不能完全无视它们的存在和要求，但又不愿按它们的要求实行联邦制，而可能采取以下对策：（1）通过谈判，在权力分配和有关地区自治问题上促使双方作出妥协；（2）采取措施分化、削弱、孤立提出联邦要求的反对派，使之处于无能为力状态；（3）改进政策，恩威并济，在压制反对派的同时照顾有关地区的政治经济利益，逐步化解联邦制的呼声。

除以上国家外，关于不久前有人提出能否用联邦制的办法解决饱受部族血腥冲突之害的卢旺达和布隆迪的问题，加蓬总统邦戈虽认为这是一种解决办法，但只要联邦总统由谁当的问题不解决，问题仍将不时出现；他敦促布隆迪人进行对话。② 这是外国人为有关国家操心，而当事国目前并无此意，所以这种建议暂时只能束之高阁。

（三）少数非洲国家最终实行联邦制的可能性不应完全排除，如苏丹和索马里。苏丹自1956年独立以来已断断续续地打了约30年内战，国家为此付出了惨重代价，特别是南部战区破坏尤重。世人瞩目的非洲粮仓或"面包篮子"如今满目疮痍。事实证明，喀土穆政府想用武力消灭南方反政府武装已不可能；而南方反政府武装要想打败政府军或者实现南苏丹"独立"的

---

① "乌干达正在苏醒"，载英国《外事报道》1995年5月4日。
② 法国《费加罗报》1996年11月4日吉埃贝尔和朗布罗尼的报道。

目标也属无望。最理想的前途是双方妥协。鉴于苏丹政府领导人曾表示愿意建立联邦国家作为解决南北矛盾的途径，看来战事发展到适当时候，在国际调停下，南方反政府势力接受联邦制的总目标的可能性是存在的。当然，由于其中涉及许多具体问题，如何划界、如何进行权力分配以及各派武装的安置等等，要达到这一目标绝非易事。据英国刊物报道，1996 年 4 月 10 日，苏丹政府与南苏丹两个反政府组织（南苏丹独立运动和苏丹人民解放运动巴尔加扎尔派）经长期谈判签订了《政治宪章》，其中包括要维护苏丹统一和要"实行联邦制"。① 1997 年 4 月 21 日，苏丹政府又同包括上述两个组织在内的南方四个反政府组织签署《和平协议》，规定四年过渡期结束后举行公民自决，但由加朗领导的主要反对派（苏丹人民解放运动及其武装）没有参与其事，苏丹问题悬而未决。不过，《宪章》表达的联邦制目标可能是有吸引力的。索马里多年来处在军阀割据状态，没有一个得到国际和国内各派承认的中央政府，也没有哪一派的力量能够削平群雄、统一全国。这种无政府的混乱局面严重损害索马里国家和人民的利益，也不符合国际利益。索马里的出路是重开全国和平会议，讨论解决索马里国家的前途问题，联邦制因能使各大武装集团保留较多自主权，是有可能被各派接受的一种方案。不过，这可能要等各派都斗得筋疲力尽、割据已无利可图时才能出现这一时机。

　　另有报道说，原拟于 1997 年 2 月交全民公决的扎伊尔新宪法设想成立联邦制国家，用以解决部族问题②，但后来的事态发展已将此事留待来日了。

<hr>

① 伦敦出版的《苏丹焦点》，1996 年 4 月 15 日，第 2 页。
② 路透社金沙萨 1996 年 9 月 8 日电。

从现实情况看，联邦制在非洲的前景大抵如此。此外，从长远的泛非主义角度看，非洲政治家的最高理想是成立"非洲合众国"或"非洲联邦"。但即使是虔诚的泛非主义者也认为这一最终目标不可能一下子实现。30多年前坦桑尼亚总统尼雷尔曾设想，在达到这一目标以前，非洲不同地区可能由于条件不同而采取不同的方法，包括组织松散的国家联盟、共同市场、联合经济行动和政治联盟，少数国家间可能组成某种联邦。[①] 30多年后的今天，尼雷尔当年的好多设想已经或正在实行，特别是1963年成立的非洲统一组织正在发挥越来越大的促进非洲统一的重大作用。但"少数国家间组成联邦"的设想除了坦噶尼喀与桑给巴尔在1964年组成坦桑尼亚联合共和国外，则基本没有成为现实。显然因为这牵涉到国家的主权和各国当权者（包括未来可能的当权者）的切身利益，没有哪位政治家会冒险去尝试建立这种联邦，特别是自从90年代以来大部分非洲国家都在实行多党民主的旗号下忙于内部纷争，因此目前不存在由若干国家建立联邦的可能。[②] 但是，从长远的发展生产力的角度出发，由历史文化相近、经济联系密切、地域又相邻的若干国家组合为一个地域较大的统一国家或一个联邦，这对这些国家的发展可能更有利。当然，这种组合必须是自愿的，而迥异于从前殖民主义者征服非洲后为了统治的方便而设置的"西非联邦"、"赤道非洲联邦"或"中非联邦"之类。历史将证明，尼雷尔、恩克鲁玛等

---

① ［坦］尼雷尔："非洲合众国"（1963年1月），转引自唐大盾选编《泛非主义与非洲统一组织文选（1900—1990）》，华东师范大学出版社1995年版，第303页。

② 英国《西非》周刊1997年4月28日—5月4日一期报道称，尼雷尔"现在仍强烈主张建立统一的东非联邦"，主张"卢旺达、布隆迪、坦桑尼亚以及乌干达和肯尼亚应成为一个民族国家"。

泛非主义先行者的联邦思想并非纯属想入非非的乌托邦，它将随着非洲各国社会经济的发展、地区经济合作的不断加强和各国政治观念的接近而缓慢地逐步走向成熟和被越来越多的政治家所接受，并最终以某种形式逐步实现。当然，全非性的"合众国"目前还难以想象，但地区性的联邦已不是空中楼阁；尽管道路十分漫长，但谁能断言 21 世纪非洲不会出现"奇迹"呢?!

（原载《西亚非洲》1997 年第 5 期）

非洲政治变革的前景

　　尽管非洲政治民主化的高潮已经过去，但几年来的发展表明，非洲政治变革的总趋势不可逆转。主要原因在于：民主和法治建设是当前各国政治发展的总趋势，非洲也不能例外；导致90年代初非洲发生政治变革的内部因素仍然在发挥作用；西方要非洲国家实行多党民主的压力也仍然存在。非洲的政治变革可能有几种前景：绝大多数国家将逐步巩固多党制政体；少数国家可能发生军事政变，使多党民主化进程中断或出现反复，但不大可能恢复一党制；有些国家如尼日利亚、扎伊尔等国可能由于不同原因一再延长向多党制过渡的进程；利比亚和乌干达将继续维持无政党体制。发达国家和发展中国家实行民主政治的历史经验表明，民主政治的确立和完善要有一个长期曲折的过程，非洲也不例外。落后的经济文化现实将长期制约非洲民主政治的发展。非洲民主的程度只能随着经济文化的发展而逐步提高。非洲政治变革的成败最终取决于能否促进经济发展，而经济的持续发展又有赖于内外各种条件。

一　非洲政治变革的总趋势不可逆转

20 世纪末开始的非洲政治变革是以结束一党统治和军政权、实行多党民主或多党议会制为主要内容的。截至 1996 年，大部分非洲国家已经初步实现了这一变革：修改宪法，实行多党制，举行总统大选和立法选举，成立多党议会，组成多党政府或由议会多数党控制的民选政府；有些国家已经进行了或正在准备第二届多党选举。有的国家如尼日利亚也宣布了向多党民主过渡的时间表或意向。只有极少数国家如利比亚等由于本国的特殊情况而没有卷入这场变革。

尽管非洲政治民主化的高潮已经过去，但这几年仍有不少国家继续在进行以多党民主化为主要内容的政治变革。1996 年的发展表明，非洲政治民主化趋势已不可逆转。这一年有 17 个国家按预定计划有序地进行总统大选和立法选举。马达加斯加扎菲总统 1993 年 3 月上台以来热衷于权力斗争，大权独揽，使总理和议会的权力受到很大削弱，1996 年 7 月遭国民议会弹劾。这表明对领导人的监督机制在加强和逐步完善。尼日尔和布隆迪发生了军事政变。但尼日尔政变当局立即组织制定新宪法草案、选举法和政党章程，随即举行全民公决通过新宪法和举行大选，迅速恢复了宪政。1994 年 7 月冈比亚通过军事政变上台的亚雅·贾梅军政府在政治民主化的大趋势下，仿效尼日尔的做法，于 8 月经过全民公决，通过新宪法，并举行大选，重新确立了议会民主制。而布隆迪政变遭到非统组织及邻国的一致谴责。政变发生后，肯尼亚、乌干达、卢旺达、坦桑尼亚、埃塞俄比亚、喀麦隆和扎伊尔等中非和东非国家的领导人以及非统组织秘书长和尼雷尔等人立即在坦桑尼亚的阿鲁沙聚会，决定对布隆迪实行制裁，压政变当局立即无条件与国内外所有政党和武装派别就结束冲突举行谈判，恢复布隆迪的法律秩序。布隆迪政变当局至今未获国际承认。这一系列事实表明军事政变和军政权不得人心，反映了民主变革是当今非洲政治发展的总趋势，具有不可逆转性。其主要原因在于：

（一）民主和法治建设是当前各国政治发展的总趋势

就政党制度而言，多党制在形式上具有比一党制和军政权较民主的外壳，因而能为非洲大多数人特别是市民社会和知识阶层所接受。多党制虽然起源于西方，但随着历史发展演变，作为一种可行的统治形式，它在经过一番改头换面后已被许多国家所采用。现在许多亚洲和拉丁美洲发展中国家已经实行了多年的多党议会民主制。这一事实使得那种认为非洲国家经济文化落后因而不具备实行多党民主制条件的观点不那么具有充分说服力了。当然经济文化落后对民主和法治建设具有制约作用，这一点下面还要谈到。

多党制使从前在一党制或军政权条件下属于非法的党派及其活动成为合法，对政府发挥了一定的监督和制约作用，并且对执政党构成了挑战，理论上可以使之更加刻意廉政建功，于国于民都有利。对于人民来说，他们可以通过大选表达他们的意愿，从若干政党中挑选较满意的统治者，而不是像从前那样只能从一个党的老面孔中进行选择。所以，如果需要非洲人民在一党制和多党制之间作出选择，相信大多数会选择多党制。

（二）导致90年代初非洲爆发政治变革的内部因素仍然在发挥作用

特别要强调以下三点：

1. 一党制在大多数非洲国家已完成了历史使命。如上所述，大多数非洲国家在独立以后陆续实行一党制、军政权或个人统治。这种人治体制的出现有其社会基础和历史背景。它们在一定时期内对维护民族团结和国家的统一，反对部族主义、分裂主义、地方主义，发展民族经济等曾经发挥过积极作用。但随着时间的流逝，越来越表现出独裁专制和低效无能的弊端。这也是一些非洲国家经济难以发展而长期处于困境的一个重要因素。因此，一党制、军政权及个人统治这类政治体制在大多数非洲国家已完成了其历史使命。曾经力主实行一党制的坦桑尼亚前总统尼雷尔在 1996 年说："在非洲……军人时代结束了。我认为一党制时代也结束了。"①

2. 多党制大体能适应当前非洲各国阶级、阶层、部族或民族及派别力量变化了的现实。英语和法语非洲各国独立初年几乎都有一部实行多党议会民主制的宪法。这在很大程度上是因为这些国家争取独立摆脱殖民统治的斗争通常是在若干民族主义政党和团体的领导和参与下进行的。大多数非洲国家的多党制之所以如昙花一现，很快被一党制或军政权取代，原因是多方面的。其中一个原因是这些国家的政府和反对党不适应多党制这种对他们来说是新型的比较复杂的体制，不知道怎样在这一体制下依照法规竞争共存并分享权力、分担责任，而把压倒和消灭对方实行一党统治与专权当作最大利益和最简便的统治方法；同时，非洲各国的反对党绝大多数建立时间短，社会基础不牢，立足不稳，反抗能力小，在政府镇压下迅速土崩瓦解。经过独立以来几十年的发展，如今非洲各国的社会力量发生了变化。市民社会和知识阶层的队伍扩大了，他们中政治思想活跃的分子同地方或部族政治势力及原来的政府反对派相汇合，在 80 年代初便出现了反对一党专制筹建新政党等政治活动（如在扎伊尔和肯尼亚等国）。从

---

① 参见美国《纽约时报》1996 年 9 月 1 日。

那时起，争取多党民主的活动时起时伏。只是当时非洲各国政府仍能利用国家机器进行压制而已。进入 90 年代以后，在外界的影响和支持下，非洲各国内部要求实行多党民主的政治势力迅速膨胀，当权派不得不承认反映不同阶层、宗派、地区和部族集团利益的政党的存在，实行多党制已是大势所趋。此外，随着经济发展，尤其是目前正进行的私有化，非洲中产阶级势力将逐步壮大，他们将成为多党民主的重要支柱。

3. 已经完成民主变革进程的国家，无论是执政党或者反对党都不大会愿意走回头路，再由多党制恢复一党制。有些国家的执政党在政治民主化浪潮中继续保持了执政地位。并不排除其中有些国家的领导集团由一党制或军政权改行多党制实出无奈，但他们毕竟完成了宪制改革并在多党竞选后继续执掌政权，取得了国内外认可的"合法性"，尽管如今的权力受到反对党的掣肘，一般来说他们也甘心或不得不接受这一现实。加蓬总统邦戈在 1996 年 11 月对法国记者表示，他"不希望恢复单一的政党。那样，一切就会变成单色了"[①]。至于那些原来是政府反对党如今因竞选获胜而掌权的新执政党，他们当然更无理由反对多党制了。那些在多党竞选中失败而下台的原执政党，将寄希望于下届多党大选，以合法夺回失去的政权。前几年在多党民主大选中下台的贝宁前总统克雷库和马达加斯加前总统拉齐拉卡就是在 1996 年的第二次大选中东山再起的。其他一些在前几年多党民主大选中下台的国家领导人如卡翁达、萨苏等人也在积极从事政治活动，准备重返政坛。所以，即使他们曾经反对过多党制，如今地位颠倒以后，势将成为多党制的拥护者。

（三）西方要非洲国家实行多党民主制的压力仍然存在

---

① 参见法国《费加罗报》1996 年 11 月 4 日。

　　自 1992 年以来，虽然西方国家，尤其是法国缓和了对非洲国家实行政治民主化的压力，不急于求成，但并没有根本改变继续施压的政策。尼日利亚阿巴查政变后，美国因不满尼军人中断民主进程和镇压国人的民主要求，对尼日利亚实行了经济"制裁"等手段，企图逼使阿巴查还政于民。另据肯尼亚《每周评论》1995 年 5 月 26 日报道，近年来德国和日本对非洲国家的政治改革表现了异乎寻常的兴趣。德国公然对肯尼亚的政改步伐和透明度进行了批评，并于 1995 年 4 月将德国保证为肯尼亚 1995/1996 年度发展计划提供的财政援助由 45 亿先令削减为 15 亿先令，声称这次削减援助是因为肯尼亚政府官员不断批评多党制，"骚扰反对党人士"，以及"政府对宪政改革的兴趣衰退"等等。日本也在 1995 年 5 月表示要把未来对肯尼亚的援助同其政治和经济改革挂钩，宣布冻结了高达 440 亿先令的赠款和贷款，"直到我们看到（肯尼亚）政府改善了行为为止"。

　　（四）停战、和解、实行多党制是仍在内战的非洲国家的出路

　　非洲目前仍有一些长期战乱的国家，如索马里、利比里亚、苏丹等等，这些国家内战旷日持久的原因之一就是一方总是企图将对方消灭，但又缺乏绝对优势的力量，于是双方相持不下。它们要实现国内和平和稳定政局，最可行的办法是由内战各方实行和解、分享政权，实行多党制。

　　由以上四方面的分析表明，非洲的多党民主化运动虽然高潮已过，在有些国家进展缓慢，过渡期一再延长，个别国家甚至发生倒退，但政治变革的总趋势是不可能逆转的。

二　非洲政治变革的几种前景

　　以实行多党民主为主要内容的非洲政治变革——多党民主化

浪潮已经历 6 年左右，由于国情不同，各国变革的进程、运动的发展是不平衡的。有些国家已经举行了两届多党民主大选，而有些国家尚未完成向多党制的过渡。我们说非洲政治变革的总趋势不可逆转，是指绝大多数非洲国家将实行并坚持多党制，但也会有极少数例外。非洲 50 多国的政治变革不可能千篇一律，其前景也有多种可能。

第一种前景：绝大多数非洲国家将维持和逐步巩固多党制政体。

目前绝大多数非洲国家已经完成了向多党制的过渡，非洲多党制的时代已经到来。当然，多党民主有个逐步成熟的问题，预计民主的深度和广度在可预见的将来不会有明显的扩大或深化，使广大人民享有更多的民主参政机会。这是由当前非洲社会和各党派的状况所决定的。在实行多党民主化的初期，由于事起仓促和缺乏有关法律与行为规范，许多国家出现了不同程度的混乱。这几年各国吸取了经验教训，变革进程和多党体制的运作逐步走向正常，政局也趋于稳定。1996 年 17 个国家举行多党大选都比较有秩序，没有出现前几年那样的动荡，只有中非共和国是例外。

非洲现行的多党制政府主要有两种形式：即一党主导、多党参政型和一党执政、多党议会型。前一种是由大选中获胜的多数党组织的一党为主多党联合执政的政府，由多数党领导人出任总统和政府主要职务，也吸收其他政党成员入阁，包括担任副总统、总理及部长等要职。后一种实际上是一党政府，总统和政府各部部长均由大选中获胜的党担任，其他政党按获票多少在议会中分得席位，发挥立法和监督作用。这两种形式证明都是可行的。究竟哪种更好，要根据各国的国情和党派力量对比的变化而定。

　　第二种前景：极少数国家可能发生军人政变，使多党民主化进程中断或出现反复，但不大可能恢复一党制。

　　自 1993 年以来，非洲又发生多起军人政变，它们或者中断了多党民主化的进程（如尼日利亚），或者推翻了已经或准备实行多党制的政府（如冈比亚、塞拉利昂、圣多美和普林西比、布隆迪等），恢复或成立了新的军政权（其中塞拉利昂在 1992 年和 1995 年底发生了两次成功的军人政变）。在政治民主化的大趋势下，这些军政权上台后几乎都表示无意永久把持政权，而着手制定向文人交权、实行或恢复多党制的时间表。如 1992 年上台的塞拉利昂斯特拉瑟军政府曾有 2 年（1993 年改为 3 年）向多党民主过渡的计划，1996 年 1 月推翻斯特拉瑟的新军人政权并未中止民主化进程，于 1996 年内按原计划举行了多党大选。1994 年夺取政权的冈比亚军政权也宣布了两年后向文人统治交权的承诺（最初提出要 4 年，后在内外压力下被迫缩短一半时间）并于 1996 年 8 月举行了总统大选，恢复了宪政。西非岛国圣多美和普林西比的政变当局上台数天后即在压力（主要是外部压力）下将权力交还给了多党民选政府。1996 年布隆迪的政变是在部族冲突长期不得缓和且有进一步扩大的关头发动的，以布约亚为首的军政权上台后制止了社会迅速滑向混乱的趋势。尽管这次政变受到国际社会包括非洲邻国的谴责和制裁，但政变当局似已站稳了脚跟。布约亚有倾向民主之名，1993 年他任职总统时曾带领布隆迪走向了多党民主，他本人在大选中竞选失败后下台。今后在布隆迪的部族矛盾缓和、反政府"叛乱"问题解决后，并不排除布约亚再次同意实行多党制的可能性。

　　90 年代以来非洲爆发的政变及其结果表明：（1）作为非洲国家独立以来政权更迭重要手段的军人政变发生频率已有所下降，并受到越来越多的非洲国家的谴责和反对，说明军人政变在非洲已失去昔日的光彩，而民主选举政府正日益深入人心，圣多美和普林西比政变后，加蓬总统邦戈在电台发表讲话说："我们已进入民主时代。权力属于人民，为什么要发动政变呢？"[①] 他的话反映了这一心声。（2）极少数有军人干政传统的国家在国内政治、社会矛盾进一步激化时，军人发动政变成立军政权的可能性依然存在。像布隆迪政变，国际压力包括各种制裁奈何它们不得。（3）对于非洲国家的军人政变应作具体分析，不宜一概否定，国际干预包括非洲国家的干预是否应予支持应视具体情况分别对待。（4）非洲国家的军人政变可能使个别国家延长军人统治，推迟多党民主的进程，但不会像60年代或70年代那样导致一党制的风行或复活。

第三种前景：有些国家可能由于不同原因一再延长向多党制过渡的进程，使这些国家较长期地处于"过渡"状态。这是尼日利亚、扎伊尔等国多年经历给人的印象。

尼日利亚巴班吉达军政权早在1991年就制定了向两党制文人政府过渡的规划并举行了大选。但1993年8月巴班吉达突然宣布取消大选结果，在自己引退的同时成立了临时过渡政府负责筹备新的大选。同年11月，以国防部长阿巴查为首的军人集团接管政权，取缔了政党。军政府成立的制宪会议曾决议要阿巴查在1996年1月前向民选政府交权，但数月后又取消了这一决议。1995年10月，阿巴查宣布了尼日利亚在三年内即到1998年完成向"政党民主制"过渡的新计划。鉴于以往经验，尼日利亚的新过渡计划能否按期完成仍需拭目以待。

扎伊尔也是较早开始多党民主化进程的国家。1990年4月蒙博托总统就宣布实行多党制。到1995年全国已成立400多个

---

① 参见法新社华盛顿1995年8月15日英文电。

政党，但民主政治体制迟迟未能确定，长期处于"过渡期"。1990年5月，成立第一届过渡政府。此后政党纷起并形成了支持总统和反对总统的两大政党集团，甚至出现了两个政府和两个议会并存和相争的混乱局面。1994年初，扎政局渐趋缓和，先是两个议会合并为一个"共和国最高委员会——临时议会"，接着蒙博托总统批准了由临时议会选出的以肯戈·瓦·东多为总理的第5届过渡政府。蒙博托多次表示希望扎伊尔在1995年7月举行大选完成民主过渡。但1995年7月临时议会以多数票通过决定将过渡期再延长24个月。这项决定得到总统派和反总统派（包括主要反对党"神圣同盟"激进派）等各方的支持和认可。一向取干预主义态度的美国等西方国家这次也未作任何反应。扎伊尔的民主过渡已历经5年。1996年扎伊尔东部因难民问题和部族矛盾而爆发武装冲突。是年10月起，卡比拉领导的反政府武装经过7个月的战斗，推翻了蒙博托政权，成立刚果民主共和国。新政府宣布两年的过渡期，然后举行全国大选。再经两年刚果（民）能否完成民主化进程要视未来政局变化和党派力量对比而定。

第四种前景：个别国家可能继续维持无政党体制，目前这类国家有利比亚和乌干达两个。

利比亚自1969年推翻封建王朝建立共和国（现称"民众国"）以来，一向以卡扎菲为首的革命指挥委员会为最高决策机构，不允许建立政党和从事政党活动，也不设议会，甚至名义上取消了"政府"的称呼。它的"民权"或"民主"通过各级"人民代表大会"和"人民委员会"来体现。[1]卡扎菲在国内享

---

① 参见唐大盾、张士智、庄慧君等著：《非洲社会主义：历史·理论·实践》，世界知识出版社1988年版，第134、142—144页。

有绝对权威，只要他继续掌权，利比亚的现行体制不会改变。

乌干达自 1986 年穆塞韦尼武力夺取政权以来一直实行一种无党派体制，一些老的政党（如民主党、人民大会党等）虽未遭取缔，但活动受严格限制。各级政权的核心是当年领导武装斗争的全国抵抗运动（它还不是严格意义上的政党而是联合阵线的性质）。1996 年 5 月乌举行总统选举，三名候选人（包括民主党领导人保罗·塞穆格雷雷）都以个人身份参选。6 月举行的国民议会竞选也属"非党"竞选。在这以前，议会还通过决议，规定乌干达继续实行无党制。然后在 4 年后举行全民公决，以决定是否恢复多党政治。

三　民主制的确立和完善要有一个长期曲折的过程

（一）历史经验表明，无论是发达国家或发展中国家，民主政治包括多党民主制从初建到确立以至完善几乎都有一个长期曲折的过程。非洲的民主政治也将遵循这个规律发展。

发达国家以法国为例。法国在 1789 年爆发资产阶级革命，推翻了封建君主专制统治。但后来又经历了两次帝制复辟，直到 1870 年建立第三共和国，法国资产阶级议会政治体制才得以"完全确立"。同时，"本来的派别斗争发展为政党斗争，并形成为多党制"①。也就是说，法国从最初推翻君主专制到完全确立多党民主制经过了 80 多年的曲折才告完成，而且，这还不是事情的结束。第二次世界大战后，法国建立了第四共和国，宪法规定法国为议会共和体制，继续实行多党制。由于政党林立，政治

---

① 参见曹沛霖、刘玉尊、林修波主编：《外国政治制度》，高等教育出版社 1992 年版，第 94 页。

力量不断分化组合，议会内很难形成稳定多数，导致政府频繁更迭，政局动荡。从 1946 年至 1958 年不到 12 年内政府倒阁达 20 次之多。[①] 1958 年戴高乐上台成立第五共和国后，新宪法对政党的地位和作用作了限制性规定。之后，法国政党出现了合并趋势，逐渐形成了较稳定的左右两翼的政党联盟，政局才趋稳定。

先进的工业化国家如此，尚未工业化的发展中国家同样如此，后者对非洲当更有借鉴意义。

一如亚洲的土耳其。土耳其自 1923 年建立共和国以后较长时间内实行的是一党制（1923—1949 年）或者名为多党制实为一党专制（1950—1960 年）。后来改行"全面多党制"（1961—1980 年），引起政党蜂起，多党角逐，政局动荡，终于导致军人接管，从 1983 年起，土耳其实行"有限制的多党制"，政局才大体平稳。

二如北非的埃及。埃及于 1922 年独立，实行君主立宪制下的多党统治。50 年代初法鲁克国王被推翻后不久由纳赛尔执政，实行一党制约 20 年。1976 年在萨达特担任总统期间，埃及由于国内外政策需要改行多党制，至今也已 20 年。目前埃及的多党制也是一种有限制的多党制，政党的成立需经总统批准。

三如拉美的墨西哥。墨西哥于 1821 年独立，在较长时间内实行了多党（或两党）制。1875 年后的 30 多年中由军人独裁统治，最后爆发了 1911 年的资产阶级民主革命。自 1912 年以来，墨西哥一直实行多党制。但墨国的多党制几经变化，总趋势是走向成熟。1929 年以前，墨全国涌现出 200 多个政党，相互倾轧，斗争激烈，政局混乱，甚至引起内战。1929 年在总统埃利亚

---

① 参见曹沛霖、刘玉尊、林修波主编：《外国政治制度》，高等教育出版社 1992 年版，第 116 页。

斯·卡列斯号召下，大约 200 个政党合并组建"国民革命党"，使局面趋稳。第二次世界大战后，墨政府又多次通过法令，在政党登记、党员人数、政治纲领、出版刊物等方面对政党的建立作了限制性规定。到 1963 年，墨西哥实际上形成了"一党多元的政治体制"，即以一党（革命制度党）为主体的多党体制。自 1963 年至 1986 年，墨 4 次修改选举法，逐步放宽对力量较弱的政党的限制，使越来越多的政治组织走上合法斗争的道路，同时增加了反对党在议会的席位。到 80 年代末，墨的政党制度已由一党多元制发展为三党制的体制。执政党在议会内受到反对党的有力制约，总统已不能像从前那样在不与反对党商量的情况下决定重大政策了。①

上述 4 例表明，各国包括先进的西方国家和后进的亚非拉国家在建国或独立后都经历了由多党制到一党专政又回到多党制的过程，而在实行多党制后又都经历了多年的政党纷争和政局动荡的时期，最后通过立法使政党活动受到适当的限制，才使多党制比较符合国家稳定和发展的要求而固定下来。整个过程少则几十年，多则上百年。看来，非洲多党制的确立和完善也不可能是短期内的事。

（二）落后的经济文化将长期制约非洲民主政治的发展。从根本上说，非洲民主的程度只能随经济文化的发展而逐步提高。

一定的民主制度需要有一定的经济文化水平作为条件。民主的基本含义是"主权在民"，或人民作主。作为一种政治制度，它包含着人民有权参与和监督政权，即有选举权和被选举权、有表达意见权和结社权等。撇开阶级内容，无论是西方的多党议会

---

① 参见曹沛霖、刘玉尊、林修波主编：《外国政治制度》，高等教育出版社 1992 年版，第 510—513 页。

民主制还是东方的苏维埃代表制或人民代表大会制，它们都是人民行使民主权利的不同形式的民主政治制度。但无论在哪种形式的民主政治制度下，人民行使民主权利的程度都不是静止和一成不变的。资本主义民主或社会主义民主都有发展、扩大及完善的过程，其中的决定因素是经济文化水平。就经济而言，可有三层意思：一是一个国家如果经济落后，交通信息闭塞，城乡阻隔，就很难实行民主选举和充分发挥民主监督的作用；二是如果多数人经济困难，甚至不能温饱，成天忙于生计，也就顾不上享受什么政治民主；三是在多党议会制下，从政竞选需要有一定的经济实力作后盾，在西方有不同财团，在发展中国家也必须有财力支持，否则无法开展活动。就文化而言，也可有两层意思：一是如果一个国家文盲率很高，那就意味着很大部分人实际上不能有效行使民主权利，他们进行选举时将带有很大程度的盲目性或随意性。而本人实际上不可能获得被选举资格，也难行使表达意见和监督等权利。二是随着文化的发展，更多的人将获得真正参与民主过程的能力。总之，在一种民主体制的框架建立以后，具体的民主程度将由经济文化的发展水平而定。非洲是一个文盲率极高、经济十分落后畸形、城乡差别悬殊的大陆。这几年兴起的多党政治实际上仅仅是极少数人的"精英政治"。那些新涌现的政治人物（其实许多老资格人物也一样）同广大的农村居民没有什么接触，由于交通和传媒手段的限制，他们的政治纲领很难让广大农村居民了解（例如他们的报纸和宣传品只能在首都和一些城市散发而很难达到农村）。由于广播电视远未普及，农村居民连这些人的音容声貌也一无所知，更不可能了解他们的主张和为人了。在这种情况下，农村居民在参加选举投票时，在很大程度上受当地权威人士（酋长、头人、氏族长）的影响。一旦投票完毕，他们同当选者的联系也就基本终止，直到下一轮新的选举。我们可以认为这也是一种民主，但它更多地是一种形式而不是实质的民主。要使形式上的民主发展为实质上的民主不仅有赖当权者的明智，而且要依靠社会经济文化的发展。鉴于非洲经济基础薄弱，发展滞缓，文教事业的普及提高也很缓慢，能够真正参与民主政治的人在较长时期内仍将只是少数人。相应地，非洲的民主要由"精英民主"发展为"大众的民主"还要走很长的路。

（三）非洲政治变革（多党制或其他政治制度）的成败最终取决于能否促进经济发展，而经济的持续发展有赖于尚须作持久努力才能创造的多种条件。

经济是政治的基础。归根到底，90 年代非洲政治变革的最根本的原因是经济的衰落。它的成败最终也将取决于经济能否振兴、发展。而经济的振兴和发展要依靠国内外的多种条件。

国外条件主要指良好的国际环境，包括国际经济的繁荣、国际援助和国际贸易条件。非洲经济严重依赖国际环境，目前这几方面对非洲都还有利，但它们是非洲本身不能左右的，因而是不肯定的因素。经验表明，由于对外贸易条件常有变化，非洲国家的经济也常随之起落，从而出现由繁荣迅速变为衰退或由衰退逐渐复苏的循环。目前还难预测当前对非洲有利的外贸条件能持续多久并保证非洲经济的持续增长。非洲所获国际援助也不大可能有大幅度增长，实际上其总额呈下降趋势。新的国际投资则为数甚少。所以，对目前有利于非洲的国际环境不可估计过高，应该看到存在的隐忧。症结是历史形成的畸形经济结构，而这是不容易根本改变的。

对非洲经济发展有决定意义的国内条件主要有三：一是和平稳定的社会政治环境；二是有廉洁和致力于发展的政府，关键是有一个不以权谋私而励精图治的好领导班子；三是政府（和执政党）要有正确的政治经济政策，包括正确的民族和部族团结政策、地区平衡政策以及具体的经济发展政策，等等。非洲和其他发展中国家的经验说明，即使政府和执政党有争取与保持国家稳定和发展的愿望，如果政策不对头，效果可能适得其反。坦桑尼亚等国经济的长期滞后不振，同政府的国有化政策密切有关。尼雷尔不久前公开承认他犯了这个错误。[①] 埃塞俄比亚门格斯图的失败同他错误的民族政策分不开。许多国家都有类似的经验教训。可见任何成就都来自正确的政策。非洲国家要找到并坚持执行适合国情的正确政策还须作出持久努力。

　　总而言之，非洲各国要确立和完善适合国情的民主政治制度不可能一蹴而就，而将经历长期甚至是曲折的过程。

　　（原载徐济明、谈世中主编：《当代非洲政治变革》，1998 年经济科学出版社，第 264—278 页）

---

　　① 　参见美国《纽约时报》1996 年 4 月 1 日。

肯尼亚多党政治能走多远

　　肯尼亚在 1991 年底从一党制恢复到多党制，至今已逾 8 年。它没有像非洲有些国家那样因改制而陷入内战或长期的政局动荡，8 年中它已和平地举行了两届多党选举，并且还进行了一些宪法和法律改革，探索着符合肯尼亚国情的民主体制。对肯尼亚多党政治的特点作一初探，将有助于了解非洲的多党政治。

　　一、肯尼亚是在内外压力——主要是外来压力——下被迫恢复多党制的，因而政治改革进程缓慢曲折

　　1963 年独立时，肯尼亚实行多党制；1969 年反对党肯尼亚人民联盟被取缔后，肯实行事实上的一党制；1982 年国民议会通过宪法修正案，规定执政党肯尼亚非洲民族联盟（以下简称"肯民盟"）为唯一合法政党，此后肯即成为法律上的一党制国家。1990 年多党民主化浪潮开始冲击肯尼亚后，莫伊总统和执政党其他领导人曾多次表态抵制，强调在肯尼亚这类多部族而且部族意识较强的国家，多党制会导致建立许多以部族为基础的政党，进而引起部族冲突，不利于国家的统一和发展。[①] 但是，到

---

　　① （Nairobi）*Daily Nation*, March 21, 1987.

1991 年 11 月下旬，英、美、日、德、法等十多个西方援助国和国际货币基金组织、欧盟、非洲发展银行、欧洲投资银行等国际机构的代表在巴黎开会，决定中止给肯尼亚发放贷款 6 个月（贷款总数约 3 亿美元），并以进行政治、经济和行政改革为恢复援助的条件。① 在此强大压力下，莫伊总统不得不屈服于 12 月 2 日召开执政党特别全国代表会议，12 月 10 日，国民议会讨论并通过了 1991 年第 2 号宪法修正案，删去 1982 年宪法中使肯尼亚成为一党制国家的条文，允许反对党合法存在。

非洲多数一党制国家在 90 年代改行多党制可以说都是被迫的，但像肯尼亚这样受到西方赤裸裸的要挟者较罕少。这说明，非洲国家虽然政治上独立已 30 多年，但经济上仍不能自立，经济不自立进而导致在政治上也不得不继续受制于西方。

尽管被迫实行多党政治，但在原执政党继续执政的情况下，它将竭力保持对整个进程的控制，而不会轻易让反对党和其他社会政治势力左右局势，危及其执政地位。因此，肯尼亚民主化和政治改革进程必然是缓慢曲折的。

二、主要以某个部族和地区支持为基础的反对党未能也很难形成对抗执政党的联合阵线，因此它们已在两届大选中被执政党击败

肯尼亚各反对派曾在 1991 年聚集在全国性的"争取恢复民主论坛"（以下简称"民主论坛"）的旗帜下。该论坛在 1991 年 12 月底正式登记为政党，但不久又分裂为两派，并于 1992 年 1 月正式分别定名为"肯尼亚民主论坛"和"阿西利民主论坛"（"阿西利"在当地语中是"正宗"之意）。同年还成立了民主

---

① David W. Throup & Charles Hornsby, *Multi - Party Politics in Kenya*, Villiers Publications, London, pp. 84—88.

党、肯尼亚国民大会、社会民主党和肯达党等政党。因此，共有
8 个政党（执政党肯民盟 + 7 个反对党）参加了 1992 年 12 月的
大选。而参加 1997 年 12 月大选的政党增加到了 15 个。新增加
的反对党是国民发展党、人民民主论坛、统一爱国党、乌玛爱国
党、民主援助党、自由党和绿色非洲党。还有一些未参加总统竞
选但参加议会竞选的政党，如萨菲纳党（意为"挪亚方舟"）和
希里基肖党。在这两届总统选举中，反对党候选人得票总数都远
远超过执政党候选人（1992 年阿西利民主论坛、民主党和肯尼
亚民主论坛 3 大反对党候选人共计得票 338 万余票，占总票数的
62.9%，执政党候选人得票 196 万余票，占总票数的 36.4%；
1997 年民主党、国民发展党、肯尼亚民主论坛和社会民主党 4
大反对党候选人共计得票 354 万票，占总票数的 58.01%，执政
党候选人得票 244 万余票，占总票数的 40.12%[①]）。但因票数分
散，反对党均告败北。

可以预见，分裂的反对党阵线在下届总统选举中也难以战胜
执政党。反对党阵线分裂的主要原因为：

1. 主要反对党都以某个部族支持为政治基础，而由于历史
原因，一些部族间存在隔阂和疑虑，使共同阵线很难形成。以
1997 年参选的 4 大反对党候选人为例，民主党的支持主要来自
吉库尤族，国民发展党主要来自卢奥族，肯尼亚民主论坛主要来
自卢希亚族，社会民主党主要来自坎巴族。其中，吉库尤族和卢
奥族是肯尼亚最大的两个单一族体。如果最大的两个反对党民主
党和国民发展党联手，他们两位总统候选人的合计票数便足以击
败执政党了（31.09% + 10.92% 对 40.12%）。但由于卢奥族领

---

① 据以下两刊物提供的数字统计：EIU, *Country Profile – Kenya 1995—1996*,
p. 8; *Africa Research Bulletin* (*PSC*), January26, 1998, p. 12967。

导人（首先是奥京加·奥廷加）在吉库尤族得势的肯雅塔时代受到排挤和压制，在1992年民主论坛建党后又没有得到吉库尤族领导人承诺过的支持，[①] 所以，奥廷加之子拉依拉·奥廷加（国民发展党首领）如今已无意同吉库尤族支持的政党结盟，而宁愿与执政党合作。

2. 各反对党领导人都各有打算，都想争夺总统宝座，或提高个人政治资本，或获得其他好处。在1992年的总统选举中，奥京加·奥廷加年岁最高，政治资历最老（民族独立斗争的领导人之一、首任副总统），当仁不让地要做当时最大反对党民主论坛的唯一总统候选人；但做过政府部长的多党民主运动发起人马蒂巴不以为然，他曾与另一前任部长卢比亚率先向政府发难，又以雄厚财力支持民主论坛活动，在国内外，尤其是在吉库尤族中有较大影响，绝不愿放弃当总统的机会；民主党的齐贝吉曾任莫伊的副总统，先后担任过财政部长和卫生部长，在国内外和吉库尤族中也有声望，他退出执政党创建民主党后，吸引了许多党政官员归附，也愿意一搏。结果如上述，在1997年总统选举中，反对党领导人重复了1992年的败局。不同的是，1992年总统竞选中票数逼近莫伊总统的原阿西利民主论坛候选人马蒂巴已失势而未参选，而民主党的齐贝吉虽然得票数由19.1%增至31.09%，但不足以威胁莫伊；此外，由于参选人增多，票数更分散了：国民发展党的拉依拉·奥廷加得票占10.92%，肯尼亚民主论坛的马瓦尔瓦得票占8.29%，社会民主党的恩吉鲁得票占7.71%，最可怜的是阿西利民主论坛的马丁·希库库，他得票仅占0.6%。[②]

---

① 指马蒂巴不支持奥廷加为新党首脑和总统候选人。

② *Africa Research Bulletin*（*PSC*），January 26，1998，p. 12967.

三、执政党在两届大选中获胜后，地位逐渐稳固，但也面临内争和莫伊继承人等问题的挑战

在 1992 年和 1997 年的总统选举中，莫伊总统作为肯民盟候选人两次获胜，蝉联总统。在两届议会选举中，肯民盟也都获多数议席而继续执政（1992 年肯民盟在议会 188 席中获 100 席，加上总统依宪法授权提名的 12 席共 112 席[①]，占总议席的 56%；1997 年肯民盟在议会 210 席中获 107 席，加上总统提名的 6 席共 113 席[②]，占总议席的 50.9%）。肯民盟获胜，除了由于反对党的分裂外，还由于：

1. 现行选举法和选区划分有利于执政党。根据肯尼亚现行选举法，当选总统必须在全国 8 省中的 5 省得票率达 25% 以上。肯民盟建党历史长，且一直是执政党，在全国有广泛的政治和组织基础；反对党建党时间短，且大多主要以部族和地区支持为力量基础（尽管反对党都不愿局限于某一部族或地区，也并非部族政党）。两届总统选举的实际结果，只有执政党候选人莫伊在 5 省（滨海省、东北省、东方省、裂谷省和西方省）中得票率超过 25%。其他党的候选人至多在 3 省中超标（1992 年马蒂巴在中央省、内罗毕和西方省；1997 年齐贝吉在中央省、内罗毕和东方省），有的人只能在 1—2 省中符合要求（1992 年齐贝吉在中央省和东方省，老奥廷加在尼扬扎省；1997 年雷拉·奥廷加在尼扬扎省，马瓦尔瓦在西方省，恩吉鲁在东方省[③]）。同样对执政党有利的是选举的简单多数原则，即谁得票多谁获胜，而不必获过半数。这样，莫伊以 36.4% 和

---

①　*Africa Today*，Volume 45，No. 2，April – June 1998，p. 180.

②　同上。

③　*The Weekly Review*，January 1，1993，p. 5；*Africa Research Bulletin*（*PSC*），January 26，1998，p. 12967.

40.12%的简单多数两次取胜。议会选举的选区划分也对执政党有利：总的来说，执政党拥护者多的省区地大、人少而选区多，反对党拥护者多的省区地小、人多而选区少。根据每个选区只有 1 个议席的规定，执政党得以用较少的选票赢得较多的议席，而反对党则相反。据统计，1992 年的议会选举中，执政党平均每 1.4 万票获 1 个议席，而反对党需平均 3.2 万至4.3 万票才获 1 个议席。① 1992 年后增加了 22 个选区，但有利于执政党的状况依然如故。

2. 在任总统和执政党享有的各种有利条件。其中包括政府部门有选择地执法（如限制反对党集会）；执政党更便利地运用国有广播电视等宣传媒体；执政党在竞选经费和物资方面的优势以及民众尤其是边远地区民众听从政府当局的习惯心态，等等。

3. 莫伊总统本人为资深政治家，能果断决策和适时调整部署，控制时局走向。他在肯独立前就担任立法会议议员，独立后即任政府部长和副总统，1978 年肯雅塔去世后继任总统，至今已 20 多年。他主要依靠卡伦金族等少数部族的支持，但也重视联合吉库尤族、卢希亚族、卢奥族、坎巴族等大族的上层势力，他的执政党和政府都具有民族团结的形式。莫伊的政治资历、经验、谋略和权威在反对党中无人可比，他本人也以此自豪，自称"政治教授"。

由此数端，肯民盟在两届大选中自必稳操胜券。但是，这几年肯民盟内部出现了所谓肯民盟 A 和肯民盟 B（或强硬派和温和派）的派别之争，一些地区支部和分部也频频发生争权夺位的事件，少数执政党议员包括有影响的卸职部长（如前财政部长尼亚切）公开与总部对立，而同反对党走到一起，甚至扬言

---

① *Africa Today*, April – June 1998, p. 207.

要在 2002 年前扳倒莫伊总统。① 与此同时,莫伊总统的继承人问题也加剧了党内不同派别的明争暗斗。根据现行宪法,莫伊总统连任两届后到 2002 年便应退休。届时由谁来继承他的职位?莫伊本人也为此煞费苦心。此外,这两年肯尼亚经济不景气,莫伊总统及其政府也受到执政党内外的批评和指责。凡此种种,表明执政党和莫伊总统的地位并不是没有隐忧。

四、多党民主化伴随着艰难曲折的宪法和法律改革进程,至今前景难测

自 1991 年以来,肯尼亚进行了两次大的宪法和法律改革,取得了一项阶段性改革成果。

第一次改革指 1991 年 12 月 10 日议会通过宪法修正案,删去了关于一党制的条文,允许成立反对党。修正后的宪法还规定总统任期不得超过两届。这次宪法改革使肯尼亚得以由一党制改行多党制,并在 1992 年举行了 20 多年来首届多党大选,同时实际上废除了总统终身制。

第二次改革指 1997 年 10—11 月初议会通过多项立法,其中包括:

1. 重建选举委员会,作为独立于总统的机构,其成员由 11 名增至 21 名,所增 10 名从反对党中任命;

2. 规定议会中原由总统委任的 12 名议员应按比例从所有政党而不是单从执政党中委任;

3. 取消或修改《酋长权力法》、《公共秩序法》、《维护公共安全法》、《警察法》等从殖民地时期继承下来的法律;

4. 允许一切尚未登记的政党立即登记(包括成立已 3 年的

---

① *The Weekly Review*, April 23, 1999, pp. 9—10; *East African Standard*, September 25, 1999.

萨菲纳党）；

5. 修改《广播公司法》，要求公司为不同政治观点公平分配播放时间；

6. 修改或取消各种有关煽动罪的法律；

7. 同意在 1997 年大选后建立宪法审查委员会。①

1997 年的宪法和法律改革确保了当年 12 月多党大选的顺利举行。这次改革要归功于政府支持的党际议会团（IPPG）的努力。这个由 100 多名执政党和反对党议员组成的 IPPG 经两个多月的紧张讨论才就上述法律改革内容达成协议，并提交议会辩论通过。它们是执政党与反对党妥协的产物。但也应承认，肯尼亚的所谓"市民社会"或民间团体对推动这次改革也起了重要作用。早在 1994 年，以律师和宗教界人士为主的市民社会团体发起了宪法改革运动，它们在教堂内举办讨论会，利用戏剧、漫画等形式进行宣传鼓动，还提出"样板宪法建议"。这些团体中最积极的是国民大会合议会（NCA）及其执行机构国民大会执行委员会（NCEC），其成员除宗教人士、律师、妇女和专业团体外还包括一些反对党人士。1997 年，NCEC 召开了三次颇有声势的大会，提出了广泛的宪法改革方案。正是它们的活动促使肯尼亚领导人下决心支持建立党际议会团（IPPG），从而把宪法改革进程纳入议会轨道。

1998 年，肯尼亚宪法改革进程取得一项阶段性成果：同年 12 月国民议会通过《1998 年肯尼亚宪法审查法》。根据该法，肯将建立上中下三层宪法审查机构：宪法审查委员会、国民宪法论坛和地区论坛（或委员会）。后两层机构负责收集各界和各地区对宪法的意见，然后交宪法审查委员会汇总，再交议会辩论通

---

① *Africa Today*, Volume 45, No. 2, April – June 1998, pp. 203, 220—221.

过，形成宪法。这一程序安排是各党派和利益集团妥协的结果。如执政党坚持审查必须以地区为基础，而 NCEC 等反对派强烈要求召开法语非洲式的国民大会或制宪大会。经过 4 个月的激烈争论，最后达成协议，并经议会通过而成法律。它的三层宪法审查程序照顾了上述两种意见。

不过，在此后的 1 年（1999 年）内，宪法改革进程没有再取得进展。从表面上看，主要是因为执政党和两大反对党（民主党和国民发展党）在宪法审查委员会代表名额的分配上存在难以调和的分歧。按原协议，宪审委员会由 25 名成员组成，其中 13 名由议会内 10 政党按议席比例分配，另 12 名由民间团体分配。据此，执政党坚持它应占 7 名，其余 6 名中民主党占 2 名（原定 3 名），国民发展党 1 名（原定 2 名），其余名额由其他小党分摊。[①] 这一方案遭两大反对党坚决拒绝。多次斡旋努力均告失败，宪审会建立不成，整个宪审进程也告搁浅。

另外，民间团体（如妇女和宗教团体）之间对宪审会名额的分配也存在争论。但名额分配只是问题的一面。莫伊总统和执政党其他要人曾对 NCEC 和号称全国妇女共同组织的"妇女政治核心组"等民间团体的代表性持否定态度，多次强调宪法审查和修改应由民选代表机构——议会负责进行，这是宪法赋予议会的权利。据报道，莫伊总统在 1999 年 2 月中旬就认为让"市民社会"和其他民间团体参加宪法审查进程是个"错误"。[②] 看来这才是事情的原委。

1999 年 10 月，民主党主席齐贝吉声称，不管执政党是否参加，该党将与宗教团体和法律协会合组一个"宪法审查委员

---

① *The Weekly Review*, May 14, 1999, pp. 6—7.

② *The Weekly Review*, February 19, 1999, p. 12.

会"，以便立即开展收集有关修宪意见的活动。他还竭力主张吸收最大多数的人参加"公开和民主"的宪法审查进程，坚决反对执政党和另一些党提出的只通过议会对现行宪法稍作修正的建议。① 齐贝吉的目的似乎是如同在 1997—1998 年那样造成一种强大压力，迫使执政党退让。但如今局面不同，执政党地位稳固，反对党进一步分化（国民发展党和肯尼亚民主论坛主要领导人都已同执政党讲合作），"市民社会"团体意见分歧，NCEC 这类极端派则已失势。因此，齐贝吉等人的算盘多半要落空。宪法审查和修改问题前景仍难预料。

（原载《西亚非洲》2000 年第 1 期）

---

① *Kenya Times*, October 7, 1999, p. 3.

肯尼亚多党制和三次大选初析

肯尼亚于1992年修改宪法实行多党制,至今已逾10年。这期间政党纷起,并为赢得定期的总统和议会选举(还有地方政务会选举)展开激烈竞争;到2002年底肯尼亚已举行3届多党大选。前两届大选均由原执政党肯尼亚非洲民族联盟(以下简称"肯盟")获胜,但是第3届大选获胜的是新成立的全国彩虹同盟(简称"彩盟"),从而实现了政权更替,这是肯尼亚实行多党制以来最重大的事件,也最体现西方民主观念中多党民主的实质和要求。

十多年前多党制在非洲初建时,人们议论纷纷,叫好的,责备的,观望的,见仁见智。经过十多年的实践,这个制度究竟运行得怎样?本文以肯尼亚为例,考察多党制在该国的具体特征和3届多党大选,并得出几点启示。

肯尼亚多党制的基本特征

肯尼亚多党制运行的基本特征表现在以下方面:

(一)与众多非洲国家一样,肯尼亚各政党有明显的族群——

地区背景。尤其新的反对党更是如此。

应该说，原执政党"肯盟"是全国性民族主义政党。虽然党内有派，且各派所依靠或代表的常常是不同族群及其聚居区，它们相互间也有斗争、倾轧，但被限于党内。同时，在当时一党制条件下，党内斗争更多的是个人或派别间的权与利之争，有时并不完全以族性划线。如在1976年修改宪法的风波中，吉库尤人显然分为两派，而吉库尤族出身的总统肯雅塔支持了反对修宪的一派，实际上也就支持了卡伦金族出身的副总统莫伊（在肯雅塔去世后能按现行宪法顺利继任他的职位——党的总裁和共和国总统）。1992年实行多党制后，肯盟出现了以族性为基础的分裂，但肯盟维持了跨地区和跨族性。而新成立的反对党大都有明显的族群与地区背景。这从1992年和1997年两届总统选举的得票情况中可看得很清楚。

1992年首次多党总统选举有8个党的候选人参选，主要对手即肯盟的莫伊、正统恢复民主论坛的马蒂巴、民主党的齐贝吉、肯尼亚恢复民主论坛的奥京加·奥廷加。他们的得票情况见表1。

表1　　　　　　1992年各党总统候选人在各省得票率（%）

省　份	莫伊	马蒂巴	齐贝吉	奥廷加
内罗毕	16.6	44.1	18.6	20.2
中部省	2.1	60.1	36.1	1.0
东方省	36.8	10.2	50.5	1.7
东北省	78.1	10.1	4.5	5.2
滨海省	64.1	11.4	7.6	16.1
裂谷省	67.8	18.7	7.6	5.7
西方省	40.9	36.3	3.6	17.9
尼扬扎省	14.4	3.3	6.4	74.7
总得票率	36.4	26.2	19.1	17.6

资料来源：［肯尼亚］《民族日报》1993年1月5日。

　　1997 年有 15 个党的总统候选人参加竞选，其中主要竞争对手即肯盟的莫伊、民主党的齐贝吉、国民发展党的拉依拉·奥廷加、肯尼亚恢复民主论坛的马瓦尔瓦、社会民主党的恩吉鲁和正统恢复民主论坛的希库库。他们在各省的得票情况见表2。

表 2　　　　　1997 年各党总统候选人在各省得票率（%）

省份	莫伊	齐贝吉	奥廷加	马瓦尔瓦	恩吉鲁	希库库
内罗毕	20.6	43.7	16.2	6.8	10.9	0.6
滨海省	61.1	13.5	6.1	3.0	10.0	0.2
东北省	73.1	18.6	0.3	7.0	1.0	0.2
东方省	35.9	28.8	0.8	0.7	32.4	0.3
中部省	6.0	88.7	0.7	0.3	3.0	0.5
裂谷省	69.4	20.9	2.2	6.2	0.7	0.2
西方省	44.7	1.4	1.9	48.0	0.5	2.3
尼扬扎省	23.5	15.1	56.6	1.6	1.7	0.2
总得票率	40.1	31.1	10.9	8.3	7.7	0.6

　　资料来源：〔英〕《非洲研究公报》（政社文篇）1998 年 1 月 26 日，第 12967 页。

　　这两次投票情况可以说明很多问题。单就各党候选人在各省所获支持率而言，莫伊（卡伦金人）得到的支持来自全国 8 个省区中的 5 个省，即裂谷省、滨海省和东北省，以及较小程度上还有西方省和东方省。这种情况在两次大选中无变化。这些省份的居民主要是卡伦金族、索马里族以及其他少数民族。莫伊在吉库尤族聚居的中部省、内罗毕特区和卢奥族聚居的尼扬扎省支持率很低或较低。

　　马蒂巴是吉库尤族人，他得到的支持主要来自中部省和内罗毕特区以及西方省，而前两省（特区）的居民主要是吉库尤族人及其近亲梅鲁族人和恩布族人。

齐贝吉也是吉库尤族人，他在首次大选中得到的支持主要来自东方省和中部省尼耶里地区，这里的居民主要是坎巴族、吉库尤族、恩布族和梅鲁族人。而在第二次大选中，齐贝吉取代未参选的马蒂巴成为中部省和内罗毕特区也即吉库尤族最受支持的候选人；他在中部省得到的支持率高达近89%。

奥京加·奥廷加获得的支持主要来自尼扬扎省，也即卢奥族的聚居地。1994年他去世后，取代他作为肯尼亚恢复民主论坛总统候选人的马瓦尔瓦在1997年第二次大选中获得的支持主要来自西方省，即他所属卢希亚族的聚居地，而他的前任曾在卢奥族聚居地尼扬扎省所获得的支持这次几乎全部丧失。

新崛起的国民发展党的拉依拉·奥廷加所获得的支持，主要来自卢奥族聚居的尼扬扎省。

恩吉鲁是坎巴族人，她得到的支持主要来自坎巴族聚居地东方省。在1992年大选中，社民党未参选，这里的选民（主要是坎巴族以及恩布族和梅鲁族人）有一半以上跟随恩吉鲁等领袖支持了民主党的齐贝吉。但在1997年大选中，这个省有近1/3的选民（主要是坎巴人）转向了恩吉鲁。

由此可见，各党尤其是反对党的族群与地区背景十分清楚。

（二）不同族群和地区选民支持的实际上是领袖个人而非政党。对照一下1992年和1997年两次大选的得票情况，可以发现好几个党的总统候选人的得票率因候选人变动而发生很大变化。如正统恢复民主论坛在1992年大选时，其总统候选人马蒂巴的得票率达26%强，名列第二，而在1997年大选中该党总统候选人换了希库库，其得票率仅占总得票数的0.6%，为倒数第一。肯尼亚恢复民主论坛也因总统候选人换人，其得票率由17.8%

降至 8.3%。社民党参加了 1997 年和 2002 年的大选，该党先后两名总统候选人恩吉鲁和奥伦加的得票率分别为 7.7% 和不到 1%（见下文表 3）。原执政党肯盟的情况也如此：1997 年莫伊做总统候选人时得票率超过 40%，而 2002 年该党总统候选人乌呼鲁·肯雅塔的得票率仅 29%（见下文表 3）。这些足以说明，选民更多地支持和追随的是领袖与政治家本人，而不是作为政治集团的政党。这与族性也密切相关。当然，也有某些政治人物因主客观原因而失去原选民支持的情况（如马蒂巴）。

（三）一些新政党的领导人和主要成员常常是原执政党的政要，他们建立或参与建立的新党一开始就有较多支持者。他们有些是主动退出原执政党，有些是被开除出原执政党的，但都是有影响的人物。最著名的如齐贝吉、塞托蒂、卡莫索、拉依拉·奥廷加，等等。前两位都曾是原执政党肯盟的副总裁和共和国副总统，卡莫索曾是肯盟多年的总书记和政府部长，拉依拉·奥廷加起初是反对党领导人，但在 2001 年就任肯盟政府的部长，2002 年初他的党与肯盟合并后他本人成为新肯盟总书记，同年 10 月他退出肯盟，并与塞托蒂和卡莫索等原肯盟要员组建自由民主党。上述诸位现均为执政的全国彩虹同盟领导人。

（四）政党众多，而实力较大的党仅两三个，其他都是小党，但这类小党生生灭灭、顽强存在。

如上所述，1992 年有 8 个党参加总统竞选，1997 年增至 15 个，2002 年因反对党结成联盟，参加总统竞选的党减至 5 个，但正式登记并参加议会选举的党多达 38 个。① 许多小党的建立，目的是参加选举，以便获得一官半职，它们大多数在大选后便人去室空，直到下届大选再重操旧业，或者再无消息，或者另建新

---

① http：//www.kenyaelections2002.org/politicalparties/index.asp.

党。一般地说，小党林立的原因可能有二：一是执政党鼓励成立众多小党，以便分散反对党的力量；二是一些人希望通过所建党让执政党注意到他们的存在，达到分享政治和经济利益的目的。同时，不少政治名人常在党派间跳跃，今天是这个党的成员甚至是主要领导人，明天可能就加入或建立另一个党。像马蒂巴，他本是正统恢复民主论坛领袖，后又退党，另建萨巴萨巴党；恩吉鲁曾是民主党人，后加入社民党并成为其总统候选人，接着又退出社民党，另建国民党，2002 年她的党与民主党等反对党联合建立肯尼亚全国联盟党，最终加入全国彩虹同盟；曾在政坛上相当活跃的詹姆士·奥伦加原是肯尼亚恢复民主论坛著名议员，2002 年却做了社民党的总统候选人；拉依拉·奥廷加的变化已如上述。小党众多和领袖人物经常跳槽可能是起步不久的多党政治难免的现象。

（五）政府形式基本上仍是一党组阁或一党主导，反对党参加议会，但不参加政府。在 1992 年和 1997 年两届大选后建立的政府均如此，均由总统任命肯盟成员担任政府各部负责人。2001 年 8 月，莫伊总统任命民族发展党的几名领导人为部长、助理部长，使政府一度具有了联合政府的性质，但半年后两党合并，又恢复了一党组阁的性质。2002 年底大选后建立的"彩盟"政府有点特殊，因为"彩盟"在形式和法律上是一个党，而实际上是十几个党的联合阵线。所以，肯尼亚政府在形式上是一党组阁，而实际上其阁员至少来自两个大党，即全国联盟党和自由民主党。"彩盟"有发展为单一党的可能性，但目前内部两大派分歧甚大。

（六）民间团体（"市民社会"）与反对党一起对推动宪法改革起了重要作用。肯尼亚的这类"市民社会"包括宗教团体与宗教人士、法律工作者团体、妇女组织、人权组织、环保组织和其他非政府组织（而工会和商会未起重要政治作用），其中宗教团体显得尤其活跃。最早公开主张在肯尼亚实行多党制的即是一名宗教人士。1992 年多党大选后，一些民间团体在各地开展公民教育活动，宣传公民权利，鼓动和在法律上帮助农村居民反抗地方当局滥用职权。1997 年初，它们组织全国大会执行委员会，并与部分激进反对派一起在全国掀起全面改革宪法活动，促使议会对宪法和法律进行了若干有利于扩大民主的修改，如规定大选选举委员会应有反对党代表参加，议会内原由总统任命的12 个议席改由各议会党代表按比例分配，删除政府可未经审讯便拘留人的法律，各政党有权平等使用媒体等。2000 年初，由宗教人士牵头的一些民间团体和部分反对党人士形成乌奋加马诺集团，并建立组织（"肯尼亚人民委员会"），在全国收集修宪的意见，与议会的专门修宪机构唱对台戏，对峙数月后终于加入了官方的宪法审查委员会。也就是说，民间团体或"市民社会"的代表也参与了正式的宪法审查工作。肯尼亚的市民社会至今仍是一支不可忽视的政治力量。

（七）法律不允许成立公然打着族群（或部族）和宗教旗号的政党。尽管事实上几乎所有的党都利用族群或部族与地区背景，许多政客也用族性作号召，但在法律上公然以某个族或某个宗教的名义建党是违法的。所以，肯尼亚没有以族群冠名的党。"部族主义"在舆论上也是受谴责的。20 世纪 90 年代初曾出现以宗教冠名的党，即伊斯兰党，因违法而不得登记。

（八）各政党的纲领和政策无重大差异，有些小党可能连成文的纲领也没有。总体上它们都代表城市精英，而缺乏明显的阶级属性（有一个党自称劳工党）。犹如前述，不少政党包括现执政党"彩盟"的头面人物本来是原执政党政要，他们改换门庭并非因政策分歧。如果说有政策差异，无非是有的党（如原民主党）更强调市场自由化，主张加速私有化和加强反腐败的力度等。而这些在原则上与前执政党宣布的政策并不矛盾，关键在于实施。

三次大选及其结局初析

　　肯尼亚实行多党制后，已举行三次大选。如前所述，在前两次大选中，原执政党肯盟均获胜，莫伊蝉联总统，肯盟在议会中也居多数；但在第三次大选中肯盟惨败，不仅总统落选，该党在议会中也降为少数。具体地说，在议会的 222 席中，肯盟仅获 68 席，而新建反对党联盟"彩盟"获 132 席（包括总统委任的 7 席），其余为人民恢复民主论坛（15 席）、萨菲纳党（2 席）、西西党（2 席）、正统恢复民主论坛（2 席）和希里克肖党（1 席）所获。按美国学者范德·沃勒的观点，在首次多党大选中获胜的政党有许多有利条件可巩固其地位，并在下届选举中再次获胜，那么为什么肯盟连胜两次后却在第三次大选中落败了呢？在分析这个问题以前，不妨回顾肯盟在前两次大选中获胜的原因。

（一）肯盟在前两次大选中的取胜之道

　　1. 利用执政地位的有利条件。一般来说，执政者掌握着国家资源，可以封官许愿，或用经济利益拉拢选票，同时在政治上压制反对派的活动。这类事例在肯尼亚也不少见。如在 1992 年大选前，肯政府大量印发钞票，用以普遍满足增加工资的要求及其他需要，达到拉拢选票的目的。反对派受到骚扰的报道也不少。同时，政府还控制着广播电台、电视等媒体，在宣传上尽占优势。

2. 总统选举法中的简单多数原则对执政党有利。肯尼亚的选举法规定总统候选人在全国 8 省中的 5 省获票达 25%，并在总票数中占简单多数（不必像其他多数国家那样超过半数）即可当选。由于肯盟长期执政，在全国有组织网络，而反对党多系新建，有些虽带走了肯盟一部分支持者，但立足未稳，要同时在几个省内与肯盟抗衡比较困难。

3. 反对党四分五裂，几个较大党的领导人都想竞争总统职位，或者别有所图。1992 年莫伊所获选票仅占总票数的 36%，当时只要任何两个反对党联合竞选，其得票数都能超过肯盟（见表 1）；在 1997 年大选中，如果最大两个反对党（民主党和国民发展党）联合，其得票数也足以击败肯盟候选人（见表 2）。但反对党就是不联合，因而一败再败。除了都想获得总统一职外，有些党的领导人可能权衡利弊，采取了显示实力达到最终与执政党合作和分享利益的策略。国民发展党的拉依拉·奥廷加显然是走的这条路。

4. 莫伊个人的执政经验和权威是他取胜的重要因素。莫伊是参加民族独立斗争的老政治家，1967 年就任副总统，1978 年任总统，1988 年连任；也就是说，到 1992 年他已担任国家领导人达 25 年之久，1992 年首次多党大选后又蝉联总统。期间，他为国家的发展和政局的稳定作了许多努力。西方和反对派人士批评他独裁、偏向卡伦金族、在经济改革上步子慢、政府腐败而又未采取有力的反腐败措施，等等。这些批评都有一定事实根据。但他有功于国家也是事实，因而得到许多人的拥护和支持。1997 年大选前，他审时度势，促使议会通过“最低限度”的宪法和法律改革，安抚了大部分反对派，从而不仅保证了 1997 年大选按时举行，还提高了莫伊本人和肯盟的支持率：在这年大选中，莫伊的得票率超过 40%，比 1992 年约增加 4 个百分点；肯盟在议会所得席位也稍多于 1992 年。

（二）肯盟在第三次大选中因何落马

从 1997 年大选后到 2002 年初，形势对肯盟有利，特别是 2002 年拉依拉·奥廷加的国民发展党并入肯盟后，新肯盟声势大振。但是，在同年底第三次大选中肯盟却一败涂地，总统候选人落选，失去了持续近 40 年的执政地位，在议会里也占少数。具体地说，在这次总统选举中有 5 个党的候选人参选，结果彩盟候选人齐贝吉在 8 省中获票超过 25%，总获票率达 64%，而肯盟候选人乌呼鲁·肯雅塔只在 5 个省中获票超过 25%，总获票率仅为 29%；此外，人民恢复民主论坛的候选人尼亚切获票率为 5.9%，社民党的奥伦加和另一个党的候选人获票率均不到 1%。各党总统候选人在各省的得票率见表 3；各党在议会选举中的结果见表 4。

表 3　　　　各党总统候选人在各省的获票率（%）

省　份	齐贝吉	乌·肯雅塔	尼亚切	奥伦加	恩格特
裂谷省	45	52	3	<1	<1
东方省	74	24	1	<1	<1
中部省	71	28	<1	<1	<1
滨海省	66	30	3	<1	<1
东北省	33	66	2	<1	<1
内罗毕	79	19	2	3	<1
西方省	75	22	2	1	<1
尼扬扎省	63	8	28	1	<1
总得票率	64	29	6	<1	<1

资料来源：英国经济情报所：《国情报道——肯尼亚》2003 年 2 月号，第 4 页。

表 4　　　　　　　　各党在议会中所占席位和比重

政　　党	席　位	比重（%）
彩盟	132（包括总统委任 7 席）	59.5
肯盟	68（包括总统委任 4 席）	30.6
人民恢复民主论坛	15（包括总统委任 1 席）	6.3
萨菲纳党	2	0.9
西西党	2	0.9
正统恢复民主论坛	2	0.9
希里克肖党	1	0.5

资料来源：英国经济情报所：《国情报道——肯尼亚》2003 年 2 月号，第 4 页。

　　肯盟在这次大选中大败的原因主要似有以下几点：

　　1. 莫伊本人没有参选，肯盟失去了有较大支持率的总统候选人。据现行宪法规定，总统至多只能连任两任，故莫伊不得再参选。

　　2. 肯盟因莫伊接班人也即总统候选人问题发生严重分裂，大大削弱了肯盟。经长期和反复思考，莫伊在 2002 年年中宣布由前总统乔莫·肯雅塔之子乌呼鲁·肯雅塔为接班人，同年 10 月又确定他为肯盟下届总统候选人。此举遭到党内许多要员强烈反对。而莫伊坚持己见，酿成肯盟分裂。先是副总统塞托蒂等因反对乌·肯雅塔为接班人而被开除出党，继而总书记拉依拉·奥廷加等政要在乌·肯雅塔被确定为总统候选人后退党，这些人（包括前国民发展党成员和一些老肯盟成员）宣布另建自由民主党，拉走了一大批肯盟的支持者。莫伊显然有些失算，但他也有苦衷：后继乏人，无所选择。

3. 乌呼鲁·肯雅塔可能是位有潜力的少壮派政治家，但他一向从商，而从政时间很短，几乎全靠莫伊提拔而一步登天。他在 2001 年才被委任为议会议员，随即出任政府部长；2002 年 4 月他又擢升为肯盟新设的 4 名副主席之一。他作为已故总统之子在吉库尤人地区和边远的东北省拥有部分支持者。莫伊和肯盟为乌呼鲁·肯雅塔发动了宣传运动，他本人也作了很大努力。但毕竟根基太浅，与总统职位无缘。

4. 主要反对党结成了联合阵线，并共推齐贝吉为总统候选人，避免了前两次大选中力量分散的情况。经约两三年的酝酿，民主党、肯尼亚恢复民主论坛、国民党等反对党于 2002 年年中成立肯全国联盟党；10 月该党与自由民主党及十个小党联合成立全国彩虹同盟，推举原民主党领导人齐贝吉为总统候选人。这显然是个正确选择。因为齐贝吉也是位老政治家，曾长期任肯盟副总裁、副总统和部长，为人正派，在国内外口碑较好；他建立的民主党在 1997 年大选后已成为议会最大反对党；他本人作为民主党总统候选人参加两次大选，获票率由 19% 提高到 31%（见表 1 和表 2），位次由第三提高到仅次于莫伊的第二，表明他获得的支持率在明显上升。

5. 1997 年以后肯尼亚经济持续低迷，人民生活水平下降，民心思变。按官方统计，肯尼亚国内生产总值（按 1982 年不变价格计算）的增长率 1997 年为 2.4%，2001 年降至 1.2%（2000 年为负增长 -0.3%），人均国内生产总值增长率一直是负数，且由 -0.6% 降至 -3.6%；用美元计算的人均国内生产总值由 351 美元减为 320 美元。[①] 同时，城乡贫困化加剧。这些对执

---

① ［英］EIU, Country Profile – Kenya 2002, p. 58, Reference Table 9. 美元系按当年肯先令与美元平均比价计算。

政党都不利。

6. 彩盟在竞选中提出的实行免费义务小学、改善各种服务、发展经济和保证惩治腐败等许诺极能赢得人心。

上述原因决定了肯盟的败北和彩盟的胜利。

几点启示

我们从肯尼亚十多年多党制的实践中似可得到以下认识或启示：

（一）肯尼亚的多党制当初多半是外部所强加，政府和原执政党是被迫实行的。经过十多年风风雨雨和三次多党大选，尤其是2002年底第三次多党大选被认为"可能是肯尼亚历史上最自由和最公平的"[1]，政权更替也在和平气氛中实现，因此大体可以说，多党制已成为肯各政党和大多数国人所接受的制度。它还很不完善，但在逐步改进。比如1992年和1997年的两次大选都伴随某些政客煽起的"部族清洗"，导致数千人被杀和更多的人无家可归；而2002年虽发生一些与选举有关的暴力行为，但大选前后没再发生大规模"部族清洗"事件。一种政治制度的确立和完善绝非一二十年可能完成。

（二）在族群众多的国家实行多党制容易导致建立以族群为支持基础的党派，挑起部族主义或地区民族主义情绪，加深族群间的隔阂与矛盾，不利于民族—国家的团结。这是许多观察家早有预见的，也是有些肯尼亚领导人如莫伊曾指出的。肯尼亚部分地区一度还发生了上面提到的"部族清洗"事件，以及由此引起的族际紧张关系。不过，数年来没再出现类似事件。同时，莫

---

[1]　［美］*Current History*, May 2003, p. 201。

伊曾表示担心的"部族战争"并没有发生。看来，在肯尼亚这类无主导族群而是几大族群并立的国家，一个党要在大选中取胜，单靠一个或几个小族群的支持不行，而必须得到几个大族群的支持方可；同时，如果执政者较妥善地解决族群的权利分配问题，那么淡化以族群支持为基础建党的消极因素也不是不可能的。当然，鉴于族群和族群聚居区是客观存在，因此族群政治或部族政治在肯尼亚也将长期存在。

（三）多党制有助于改变或减轻一党制下的独裁倾向，促使执政党扩大和改善民主，但多党民主和政治稳定之间有矛盾。前者可以 1997 年肯尼亚议会通过的几项宪法和法律改革作为佐证。多党制扩大了选民选择其领导人的范围，使不同政见的从政者有了从政和发挥政治才能的合法渠道，而无须进行非法活动。国家的政治气氛相对轻松自由。不过，由于政党活动多，尤其在大选年竞争激烈，不同政党的支持者有时还会发生冲突，造成政局和社会不稳定。多党民主和政治不稳定之间的这对矛盾，甚至一些特别推崇多党制的西方学者对此也有所认识，不过他们似乎并不在意，甚至有点赞赏地认为多党制在引起政治不稳定的同时"也可促成相对较高质量的民主"①。这就有点是非不分了。不管如何，多党民主与政治不稳定的矛盾将长期存在，直到政治精英们不再把大选视为获取地位和权利的主要机会，社会发展为他们提供更多的出路为止。

（四）在多党制下，反对党和市民社会可发挥对执政党的监督作用，因而多党制有助于改善政府治理和反腐败。执政党为继

---

① Nicolas van de Walle, Presidentialism and Clientelism in Africa's Emerging Party System, see *The Journal of Modern African Studies*, Vol. 41, Number 2, June 2003, pp. 307—308.

续执政，当然不能不在改进治理以及外国援助者强烈要求铲除的腐败问题上有所动作，而反对党也必然会把实行良政和加强反腐败作为竞选纲领以争取人心。事实上，多年来肯盟在反腐败方面是采取了一些措施，但被认为不力，一些该被惩治的疑犯逍遥法外，以致国际援助机构中止援助；彩盟也确实把严惩腐败当作一面竞选旗帜，它上台后近一年来已采取多项反腐败措施，如成立了若干机构，专门调查有关单位包括以腐败出名的司法系统和一些国有企业的腐败问题，对数年前曾轰动国内外的涉及几十亿美元但已结案的戈登堡公司骗税案，新政府已决定重新成立机构进行调查①；据悉，新政府在头 3 个月就收回了前政府时期被窃取的近 1.88 亿美元国有财产。② 2003 年 9 月 29 日齐贝吉总统和其他政府高官公布了他们的财产，他同时警告说，政府对腐败官员将采取严厉措施。③ 这表明了新政府反腐败的决心。当然，多党制不可能杜绝腐败，有些靠多党运动上台的政府高官还可能搞新的腐败（如在赞比亚），但总体上多党制对腐败可起一定程度的抑制作用，这是符合逻辑的。

（五）多党制作为一种制度对国民经济的发展基本上不起作用；由于大选期间吵吵嚷嚷的竞选活动，造成社会不稳定，政府要用很多精力关注大选，因此有时还可能影响经济发展。以近两次大选年为例，肯尼亚经济增长率 1997 年仅 2.4%，2002 年估计仅约 0.8%④，均低于大选前一年的增长率（4.6% 和 1.2%），这不可能是巧合。当然，这两年经济增长率下降还有其他原因，

---

① ［美］Current History, May 2003, p. 204（see Frank Holmquist's article）。

② ［英］Africa Confidential, 4 April, 2003。

③ ［英］Africa Research Bulletin（Economic, Financial and Technical Series）, November 6, 2003, p. 15 814。

④ ［英］EIU, Country Report—Kenya, February 2003, p. 22。

但大选年带来的不稳定因素是原因之一。总之,经济发展面临许多制约因素,不能把经济发展寄希望于政党制度上。有些西方学者把多党制等同于民主,而"没有民主,就没有发展"①,看来此论是站不住脚的。

（原载《西亚非洲》2004 年第 2 期）

---

① A. B. Zack‑Williams, No Democracy, No Development: Reflections on Democracy and Development in Africa, in *Review of African Political Economy*, June 2001, pp. 211—212.

作者其他著作和译著目录

专　　著

《非洲民族独立简史》（吴秉真、高晋元主编）1993年世界知识出版社。

《肯尼亚〈列国志〉》2004年社会科学文献出版社。

论文、文章

《非洲资本主义在肯尼亚的发展》（中国社会科学院西亚非洲所《西亚非洲资料》1981年第60期）

《"茅茅"运动的兴起和失败》（载《西亚非洲》1984年第4期）

Sino – African Historical Relations for Thousands of Years, in African Affairs（London），No. 3，1984.

《肯尼亚经济》（中国社会科学院西亚非洲所主编《非洲经济》（二），1987年人民出版社）

《肯民亚民族主义之父肯雅塔》（见陈公元、唐大盾、原牧主编《非洲风云人物》，1989年世界知识出版社）

《对肯尼亚一党政治发展的管见》（载《西亚非洲》1991年第5

期）

《东非三国独立之路》（见吴秉真等主编《非洲民族独立简史》1993 年世界知识出版社）

《南非：联邦制和地区自治问题》（载《西亚非洲》1996 年第 5 期）

《西南部非洲的冲突：由来、发展和政治解决》（载《西亚非洲资料》1996 年第 1 期）

《加纳加速发展的有利与不利因素》（载《西亚非洲》1998 年第 1 期）

《刚果（金）的冲突：回顾与展望》（与黄锡芬合写，载《西亚非洲》1999 年第 5 期）

《坦桑联合过程及经验的研究》（与温伯友、徐济明、魏翠萍合写，见卢晓衡主编《中国对外关系中的台湾问题》附录，2002 年经济管理出版社）

《英国与非洲的经贸关系》（见商务部西亚非洲司、中国社科院西亚非洲所合编《中非经贸合作白皮书：未来五年发展规划》，2003 年 12 月印制）

《中国与东非友好合作关系发展初析》（载《西亚非洲》2005 年第 2 期）

《肯尼亚宪法》（见韩大元主编《外国宪法》（第二版），2005 年中国人民大学出版社）

《东非民族主义之父——乔莫·肯雅塔》（见陆庭恩、黄舍骄、陆耕苗主编《影响历史进程的非洲领袖》，2005 年世界知识出版社）

主要译著

《剑桥拉丁美洲史》（第 5 卷）（第 12—18 章），1992 年社会科学文献出版社。

《剑桥拉丁美洲史》（第 6 卷上），2000 年当代世界出版社。

作者年表

1935 年

3 月，生于江苏常州。

1951 年 1 月—1955 年 1 月

在北京外国语学院（现名北京外国语大学）英语系学习，毕业后留校进修至 1956 年 8 月。

1956 年 8 月—1958 年 12 月

在《人民日报》社国际部工作。

1959 年 1 月—1961 年 9 月

在中国科学院哲学社会科学部对外联络处工作。

1961 年

9 月，调到中国科学院亚非研究所（西亚非洲研究所前身）从事非洲研究；1964 年西亚非所归属中联部）。

1962 年 12 月—1963 年 6 月

在中国人民解放军西藏军区联络部做英语笔译工作。

1964 年 12 月—1966 年 2 月

在我驻加纳大使馆学习豪萨语（约半年），后转入加纳大学非洲研究所当研究生，因加纳政变中断学业回国。

1966 年 7 月—1967 年 1 月

参加中国亚非学会秘书长、西亚非洲所副所长李志和率领的社会历史考察组在坦桑尼亚各地考察。

1968 年 5 月—1971 年 9 月

在中联部"五七干校"劳动。

1971 年 9 月—1978 年

先后在中联部欧美澳组（局）、西亚非洲局工作；1978 年西亚非洲研究所恢复后回所，任东非研究室负责人。

1980 年

随所回归中国社会科学院。1982 年评为副研究员；1989 年评为研究员。

1982 年

3—9 月，在英国作学术访问。

1991 年 8 月—1993 年 9 月

在我驻加纳大使馆调研室工作。

1995 年

退休。